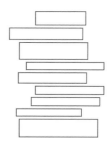

Readings in Criminal Procedure

リーディングス
刑事訴訟法

川崎英明・葛野尋之 編
Hideaki Kawasaki & Hiroyuki Kuzuno

法律文化社

1999年公布の盗聴法（通信傍受法）以降、刑事訴訟法改正が相ついでおり、現在（2015年11月1日）、「新時代の刑事司法制度」の構築を標榜する刑事訴訟法等改正案が国会に上程されている。1948年公布の現行刑事訴訟法（昭和刑事訴訟法）は大きく変貌しようとしているのである。明治、大正、昭和の各刑事訴訟法に続く平成刑事訴訟法が生まれようとしていると言うべきかもしれない。この変貌をどう評価すべきかについて見解は分かれようが、その当否は別として、日本国憲法の洗礼を受けた昭和刑事訴訟法の下での刑事訴訟法学の理論的蓄積に依拠して、将来の刑事訴訟法の姿、あり方を見定めるべき局面に立ち至っていることは確かである。

　しかし、永く刑事訴訟法教育に携わってきた立場からみると、刑事司法改革の問題状況や刑事訴訟法の理論的蓄積を授業の中で語ることが難しくなっている現状にあるように感じられる。刑事訴訟法を受講する学部学生は、刑事訴訟法を専攻して研究者になろうとする者ででもない限り、刑事司法改革の問題状況や刑事訴訟法学の理論的発展過程に関心を寄せることはほとんどないように見受けられる。また、ロースクールで刑事訴訟法を学ぶ学生の多くも、司法試験の重しのためか（それ自体はやむを得ない点があるが）、理論学習よりも判例中心の表面的な解釈論に学習の力点を置く傾向が強く、刑事司法改革のあり方や刑事訴訟法の理論的発展過程への関心は稀薄であるように思われる。しかし、このような状況にあればこそ、刑事司法改革の問題状況や刑事訴訟法の理論的発展過程への関心を喚起し、骨太い刑事訴訟法の理解をしっかりと体得させるための教育的工夫が必要なのではないだろうか。刑事訴訟法における理論と実務の緊張的関係の再構築の必要性がしばしば指摘される昨今の状況を考えて

も、そうであろう。

　本書はこのような問題意識に立って、刑事訴訟法をより深く学ぼうとする学生を念頭に置いて、刑事訴訟法の理論的発展過程を理解する上で重要と思われる基本文献を取り上げて、その主張のエッセンスや学説的位置づけ、そして現代的意義を解説することで、刑事訴訟法の理論的到達点を学ぶ手引きを提供しようとしたものである。こうした本書の性格に鑑み、叙述に際して原則的に敬称を付さないこととした。各位の御海容をいただきたいと思う。

　読者の方々には、本書を道しるべとして、基本文献に直接に接して、刑事訴訟法の理論の深みを味わっていただきたいと思う。

　最後となったが、本書には、編者と研究上の接点をもつ方々に執筆いただいた。貴重な時間を割いて原稿を寄せて下さった執筆者の方々に心より感謝申し上げたい。また、本書の企画は法律文化社の掛川直之氏の発案によっている。記して感謝申し上げる。

　　2015年11月1日

　　　　　　　　　　　　　　　　　　　　　　　　川崎 英明

　　　　　　　　　　　　　　　　　　　　　　　　葛野 尋之

はしがき

| 1 | 基礎理論 ……………………………………………白取祐司 1 |

平野龍一「刑事訴訟法の基礎理論」(1960〜1961年) 同『訴因と証拠』(有斐閣、1981年) 1頁以下所収

| 2 | 歴史的分析 …………………………………………川崎英明 16 |

小田中聰樹『刑事訴訟法の歴史的分析』(日本評論社、1976年)

| 3 | モデル論 ……………………………………………福島　至 29 |

田宮裕『刑事訴訟とデュー・プロセス』(有斐閣、1972年)

| 4 | 弁護論 ………………………………………………岡田悦典 43 |

高田昭正『被疑者の自己決定と弁護』(現代人文社、2003年)

| 5 | 検察官論 ……………………………………………新屋達之 58 |

川崎英明『現代検察官論』(日本評論社、1997年)

| 6 | 裁判官論 ……………………………………………渕野貴生 71 |

小田中聰樹「刑事司法論の基礎視点――田宮裕著『刑事訴訟とデュー・プロセス』を読んで」同『現代刑事訴訟法論』(勁草書房、1977年)277頁以下所収

| 7 | 捜査構造論 …………………………………………緑　大輔 85 |

平野龍一「捜査の構造」同『捜査と人権』(有斐閣、1981年)67頁以下所収

| 8 | 令状主義 ……………………………………………高田昭正 100 |

井上正仁『捜査手段としての通信・会話の傍受』(有斐閣、1997年)

| 9 | 被疑者取調べの性質論 ……………………………高内寿夫 113 |

多田辰也『被疑者取調べとその適正化』(成文堂、1999年)

| 10 | 取調べと防御権 ……………………………………正木祐史 126 |

小坂井久『取調べ可視化論の現在』(現代人文社、2009年)

iii

11 別件逮捕・勾留　　　　　　　　　　　　京　　明　138
川出敏裕『別件逮捕・勾留の研究』（東京大学出版会、1998年）

12 身体拘束と接見交通権　　　　　　　　　辻本典央　153
三井誠「接見交通問題の展開(1)〜(5)」法律時報54巻 3 号・ 5 号・ 7 号・ 8 号（1982年）、55巻 3 号（1983年）ほか

13 検察官の訴追裁量　　　　　　　　　　　葛野尋之　168
三井誠「検察官の起訴猶予裁量──その歴史的および実証的研究(1)〜（ 5 ・完）」法学協会雑誌87巻 9 ＝10号（1970年）、91巻 7 号・ 9 号・12号（1974年）、94巻 6 号（1977年）

14 起訴独占主義とその控制　　　　　　　　水谷規男　182
①三井誠「検察審査会制度の現状と課題」法律時報50巻 9 号（1978年） 8-14頁
②村井敏邦・高山俊吉・二瓶和敏編『検証　付審判事件』（日本評論社、1994年）

15 証拠開示　　　　　　　　　　　　　　　指宿　信　194
酒巻匡『刑事証拠開示の研究』（弘文堂、1988年）

16 審判対象論　　　　　　　　　　　　　　冨田　真　207
平野龍一「訴因概説」同『訴因と証拠』（有斐閣、1981年）所収

17 証拠の関連性　　　　　　　　　　　　　大久保隆志　223
光藤景皎「証拠の関連性について──『条件付関連性』概念の提唱」同『刑事証拠法の新展開』（成文堂、2001年）所収

18 科学鑑定　　　　　　　　　　　　　　　徳永　光　237
浅田和茂『科学捜査と刑事鑑定』（有斐閣、1994年）

19 自白法則　　　　　　　　　　　　　　　関口和徳　252
田宮裕「取調と自白法則」同『捜査の構造』（有斐閣、1971年）281頁以下

20 伝聞法則　　　　　　　　　　　　　　　伊藤　睦　265
平野龍一「伝聞排斥の法理」（1964年）同『訴因と証拠』（有斐閣、1981年）220頁

21 共犯者の自白　　　　　　　　　　　　　上田信太郎　277
小早川義則『共犯者の自白』（成文堂、1990年）

22 違法収集証拠　　　　　　　　　　　　　中島洋樹　291
井上正仁『刑事訴訟における証拠排除』（弘文堂、1985年）

23 | 証明の権利 ———————————————— 笹倉香奈 306
田淵浩二『証拠調べ請求権』（成文堂、2004年）

24 | 証拠評価 ———————————————————— 豊崎七絵 321
①守屋克彦『自白の分析と評価——自白調書の信用性の研究』（勁草書房、1988年）
②渡部保夫『無罪の発見——証拠の分析と判断基準』（勁草書房、1992年）
③木谷明『刑事裁判の心〔新版〕——事実認定適正化の方策』（法律文化社、2004年）

25 | 事実認定（構造）論 ——————————————— 田淵浩二 337
豊崎七絵『刑事訴訟における事実観』（日本評論社、2006年）
中川孝博『合理的疑いを超えた証明』（現代人文社、2003年）

26 | 裁判の効力 —————————————————————— 加藤克佳 351
田宮裕『一事不再理の原則』（有斐閣、1978年）

27 | 控訴審 ———————————————————————— 斎藤 司 366
後藤昭『刑事控訴立法史の研究』（成文堂、1987年）

28 | 再審 —————————————————————————— 中川孝博 381
鴨良弼編『刑事再審の研究』（成文堂、1980年）

29 | 簡易手続 ———————————————————————— 宮木康博 396
福島至『略式手続の研究』（成文堂、1992年）

30 | 裁判員制度 —————————————————————— 三島 聡 409
杉田宗久『裁判員裁判の理論と実践〔補訂版〕』（成文堂、2013年）

1 基礎理論

●基本文献
平野龍一
「刑事訴訟法の基礎理論」
(1960〜1961年) 同『訴因と証拠〔刑事法研究　第4巻〕』(有
斐閣、1981年) 1頁以下所収

白取　祐司

1　学説・実務状況

▶「基礎理論」が論点だった時代

　刑事訴訟法の「基礎理論」は、最近でこそあまり流行らないが、かつては刑事訴訟法学の重要論点であった。ここに「基礎理論」とは、「刑事訴訟法の法律的な性質、その基本的な諸概念を論じるもの」(基本文献1頁)で、公訴権論、審判対象論、訴訟行為の一般理論などがこれにあたる。基本文献が書かれた1950年代から60年代にかけて、とくに訴訟過程の理論分析と体系化の議論が活発で、訴訟法律関係説と訴訟法律状態説の対立、訴訟過程の二面説と三面説の対立などの論点について学説上争われていた。旧司法試験でも、「訴訟法律関係説によって控訴の発展を説明できるか」(1954年度司法試験の刑事訴訟法第1問)という出題がなされている。かつては、基礎理論も司法試験受験生に必要な「論点」だったのだ。

　当時の「基礎試論」は、ドイツの、それも20世紀前半の(民訴法も視野にいれた)「訴訟法の一般理論」(Allgemeine Prozeßrechtslehre) の影響を強く受けたものであった。訴訟の動的・発展的性格を明らかにし、訴訟を実体形成過程と手続過程に分析した団藤重光の二面説も、ドイツのザウアーの所説(ただし、ザウアーは三面説)から強い示唆を受けたものである。三島由紀夫は、若き日の団藤が講じた刑事訴訟法の講義を聴いて、「その徹底した論理の進行が、特に

私を魅惑した」と語る。それは、団藤の刑事訴訟法学が、「独立した純粋な抽象的構造、それに内在する論理によつてのみ動く抽象的構造」だったからだ（『決定版　三島由紀夫全集31』〔新潮社、2003年〕684頁）。抽象度の高い団藤・基礎理論は、基本的に戦前の職権主義的な旧刑事訴訟法の時代に形作られており、その体系書『刑事訴訟法綱要』（初版は弘文堂書房、1943年）も論文集『訴訟状態と訴訟行為』（弘文堂、1949年）の収載論文も、基本的に戦前に書かれたものである。刑事訴訟法が戦後の新憲法のもとで大きく価値転換を果たした後も、団藤のこの基礎理論は、ほとんど原型のまま維持され、学界でも通用した。それどころか、大きな影響力さえもっていた。

▶二面説か三面説か？

それでは、団藤の基礎理論（二面説）とは、どのようなものだったか。出発点は、「訴訟は発展する」（団藤・前掲『訴訟状態と訴訟行為』2頁以下）というテーゼである。訴訟の発展過程は、実体面（実体形成面）と手続面に区別される。前者は、嫌疑から具体的法律関係が形成されるまでの浮動的法律状態である。訴訟の手続面では、そのような実体形成は問題にならず、原則として裁判所を主体とする権利義務の関係、すなわち訴訟法律関係が成立する。このような理解にたって、二面説は、①判断基準について、実体面では浮動的に実体形成がなされるため最終段階が判断基準となるが（同書40頁）、手続面の効力は、それがなされた時点を基準として決定される（手続維持の原則）（同書43頁）ことを導きだし、②訴訟行為とその追加・無効、判決の効力など刑事訴訟法の基本概念について、実体面・手続面からの分析により、統一的な理解と位置づけを示す。この二面説は、当時の学界に大きな影響を与えた（高田卓爾「訴訟過程」高田卓爾・田宮裕編『演習刑事訴訟法』〔青林書院新社、1972年〕16頁）。

これに対して、井上正治は、団藤説に一定の理解を示しつつ、手続過程に手続「形成」的過程が認められるのであれば、「むしろ率直に訴追過程というものをのこして考へることの方が、訴訟構造の本質をとくのに、より正当なものではあるまいか。訴訟追行過程は発展する訴訟の中核であることを銘記しなくてはならない。」（傍点、井上）（井上正治『新刑事訴訟法原論』〔朝倉書店、1949年〕138-139頁）として三面説を主張した。小野清一郎は、団藤理論が「職権主義的な旧刑訴のもとで成立したことを反省してみなければならない」とし、新刑訴

法のもとでは「訴訟追行（攻撃および防御）の線について独自の考慮を払う必要」があるとし、「例へば、公訴事実は職権主義的な実体形成の線に属するが、訴因は当事者主義的な訴訟追行の線に属する」という（小野清一郎『犯罪構成要件の理論』〔有斐閣、1953年〕139頁）。

　他方、岸盛一は、「現行法の手続に即して考えるならば、三面説の主張するような訴訟追行過程を独立の発展過程として追加することは訴訟手続の構造の分裂性を深くするだけのものでその必要はない」とし、「訴訟過程の理論分析としてはやはり二面説を妥当と解する」と主張する（岸盛一『刑事訴訟法要義上巻』〔廣文堂書店、1961年〕68頁）。かくして、学説は、訴訟過程論について二面説、三面説などの主張を展開した。ただし、当時はいまだ現行刑事訴訟法の施行から日も浅く、共通の理論的ないし理念的基盤が十分形成されていなかったこともあり、「基礎理論」をめぐる争いも、各論者の思惑のズレもあってカオスともいえる複雑な様相を呈していた。

▶訴因抹殺論と技術的当事者主義論

　理論のカオスは、「訴因」の理解をめぐっても同様であった。時代は現行刑訴法の定着期にあたり、旧法に馴染んでいた実務家にとって訴因制度には抵抗が強く、「訴因抹殺論」さえあったという（三井誠『刑事手続法Ⅱ』〔有斐閣、2003年〕177頁）。また、今日当然とされている現行法の当事者主義的性格についても、当初は違った理解がなされていた。小野は、「職権主義は、……今日の刑事手続においてもなほ基本原理として内在する。旧刑訴も新刑訴もこの点において基本原理において異るところがない」（小野清一郎「刑事訴訟法の基礎理論」日本刑法学会編『刑事法講座　第5巻』〔有斐閣、1953年〕923頁）と言い、同じ『講座』5巻の中で団藤も、新法（現行刑訴）は「補充的な職権主義を背後に控えた当事者主義」をとったとし、「少なくともわが国の現状においては、完全な当事者主義を採用することは妥当でない」（団藤重光「職権主義と当事者主義」日本刑法学会・前掲書942頁）と述べていた。後に述べるとおり、団藤の二面説は、実は、現行法の職権主義的理解と表裏の関係にあったのである。

2 学説史的意義と位置づけ

▶二面説・三面説論争の対立点はどこにあるのか？

　ところで、当時の学界の論争を表面的にみれば、二面説 VS 三面説の論争のように見えなくはない。平野龍一は、団藤の二面説を批判して三面説を唱えた。しかし、問題の本質はそこにはない。平野自身、このような学説の整理を「好みません」と明言している（後述）。旧刑事訴訟法は、戦後の新憲法のもとで当事者主義と適正手続を基本構造とした新刑訴法（現行法）に「大転換」したが、団藤の基礎理論は、「ほとんど何らの修正も加えることもなく、そのまま維持」された（平野龍一「団藤重光著『訴訟状態と訴訟行為』」同『訴因と証拠〔刑事法研究第4巻〕』〔有斐閣、1981年〕56頁）。団藤の基礎理論は、「一種の純粋法学であって、それ自体は、どういう訴訟の形態にも、どういう時代にも通用するもの」だが、それでいいのか。平野は、このような問題意識から団藤説に鋭い疑問を投げかけ、当事者主義化した現行刑事訴訟法に相応しい「基礎理論」を提示したのである（基本文献2頁）。

　平野は、二面説か三面説かという点でいうと、三面説を採る。しかしそれは、団藤が参考にしたザウアーの三面説ではない。団藤の二面説では、「訴訟が当事者の対立する利益の追求であるという面があまりに捨象されすぎている」（平野・前掲「団藤重光著『訴訟状態と訴訟行為』」57頁）ことから、当事者主義的利益を考慮するため、換言すれば、訴訟が検察官の主張であり、嫌疑の表現ではないことを確認するために、二面説ではなく、訴訟追行過程を実体過程、手続過程と区別された独自な過程として強調する基礎理論が採用されたのである（後藤昭「平野刑訴理論の今日的意義」ジュリスト1281号〔2004年〕59頁参照）。

▶基本文献の意義

　平野にとって、「法律学は真実を発見しようとする科学ではなく、社会統制のための技術」であり、「訴訟法でも一定の理論は一定の政策に奉仕するもの」である（平野龍一『刑事訴訟法の基礎理論』〔日本評論社、1964年〕2-3頁）。刑事訴訟における政策的基礎で最も基本的なものは、職権主義と当事者主義であり、現行法にいたって「当事者主義を徹底することになった」（平野龍一『刑事訴訟法』

〔有斐閣、1958年〕2頁、15頁）ことからすれば、当事者主義を反映しない「基礎理論」などあり得ない。これが、平野みずから言うところの、団藤の動的理論に対置された「動中に静を求め」た、「静的な理論構成」であり、その試みはほかに、訴因（論）にもあらわれている（平野「はしがき」同・前掲『刑事訴訟法』）。

　現行刑事訴訟法が、当事者主義的な要素（起訴状一本主義、訴因など）を多く採用したことは間違いない。しかし、立法にもかかわった団藤は、1958年に刊行された概説書で、「刑事裁判については、職権主義は本質的なものであるといわなければならない。新法では当事者主義が強調されることになったが、その背後にはつねに職権主義がひそんでおり、必要なときにはそれが表面にあらわれるのである」（団藤重光『新刑事訴訟法綱要〔6訂版〕』〔創文社、1958年〕75頁）、と述べている。これに対して、平野は、職権主義か当事者主義かという政策的対抗軸を提示し、その基底に国家か個人（人権）かという問題があることを明らかにした。そのうえで、平野は後者を価値選択し、それを当事者主義的な基礎理論、政策論に結びつけ、見事な学問的成果を生み出したのである（小田中聰樹「平野刑事訴訟法学の軌跡と真髄」法律時報76巻12号〔2004年〕73頁）。ここに、平野・基礎理論の学説史的意義がある。

3　文献紹介

▶基本文献の構成

　基本文献は、法学セミナーに連載されたものを論文集に収載した42頁の論文であり、以下の全7章から構成される。多方向に議論を拡げているようにも見えるが、当事者主義を手続のあらゆる場面で貫徹しようとする平野の意図は明快である。

　「一　刑事訴訟の理論と政策」では、刑事訴訟法における基礎理論を概説し、それと政策論の関係について、法律学の目的から説き起こして両者が無関係ではありえず、訴訟の政策的側面が変われば基礎理論も変化すべきことを論証する。

　「二　公訴権と訴訟条件」では、基礎理論のうち、公訴権論と訴訟条件論を扱う。公訴権の内容をめぐる諸学説と公訴権無用論（団藤）が対置され、当事

者の権利の観点から、公訴権を訴訟条件論に解消させるのではなく訴訟条件論が公訴権論に解消されるべきことが示される。

「三　実体と訴訟条件」では、捜査機関のもつ嫌疑と裁判所のもつ嫌疑とは断絶があること、訴因は嫌疑とは切り離された、証拠によって証明しようとする青写真にすぎないことから、嫌疑は訴訟条件ではないことを導く。そうすることで、裁判所が予断をもたないことが担保される、とする。

「四　実体判決と実体」では、裁判の開始に嫌疑の存在は不要であり、裁判は検察官の主張（訴因）が正しいかどうかを判断するものであるとの立場から、嫌疑のない場合に公訴棄却ではなく無罪を言い渡すことが無理なく説明できること、公訴提起後に罪数の変化があった場合の処理も検察官の主張に対する答えとして処理できることを明らかにする。

「五　訴因と公訴事実」では、訴因は嫌疑（ないし嫌疑を反映したもの）だという考え方を徹底的に批判し、これを検察官の主張である「事実についての観念形象」（訴因）とこれを裏付ける証拠に分けることを主張する。ここから、裁判所の訴因変更命令義務を否定し、職権主義的な「公訴事実」概念を排除する。訴因変更が許される「公訴事実の同一性」にも、「訴因と訴因の比較」以上の意味を認めない。徹底した訴因説が展開されるのである。

「六　証拠と実体」では、嫌疑ないし実体から訴因を取り除いた後の残存物をさらに、心証と証拠に分離すべきことを主張し、それにより訴訟手続の更新の説明が容易になり、また、当事者主義の見地から「あらゆる証拠」と「提出された証拠」を区別するとともに、形式的挙証責任は当事者にあり、職権証拠調べが例外であることを導く。

「七　訴訟法律関係と訴訟状態」では、最後のまとめとして、訴因と証拠の過程（訴訟追行過程）、裁判所の訴因と証拠の判断過程（実体過程）、これ以外の諸々の手続の過程（手続過程）の３過程を示し、この３つの過程によって訴訟が成り立っていることを論証する。

▶基本文献のエッセンス

　平野は、まず、二面説か三面説かの争いを紹介し、自分は後者の立場であることを述べたうえで、次のように言う（基本文献２頁）。

しかしわたくし自身はこういう呼び方［二面説、三面説］をあまり好みません。というのは、問題は二つに分けるのがいいか、三つに分けるのがいいかという同じ平面の議論ではなく、問題はもっと深いところにあるからです。

　もっと深い問題というのは、右のような訴訟の基礎理論というものは、理論そのもの、いわば一種の純粋法学であって、それ自体は、どういう形態にも、どういう時代にも通用するものなのか、それとも、刑事訴訟の基礎理論と呼ばれるものと、当事者主義とか職権主義とかいわれる刑事訴訟の政策的側面とは、おたがいに結びついたものであって、当事者訴訟の政策的目標のちがい、いいかえると訴訟の構造のちがいが、基礎理論と呼ばれるものにも変化を与えるものなのか、にあります。

　団藤先生のお考えは、前の方であるように思われます。……しかし、法律というものが実践的なものである以上、その理論というものも、その実践的な目的にむけられた法律のメカニズムを、明確にするところに、その任務があるのではないかと思います。

　嫌疑の裁判所への引き継ぎを否定すべきことの意義については、次のように述べる（基本文献11頁以下）。

　しかし、私は次のように考えるのです。

　嫌疑は、一本の連続したものではなく、捜査機関のもつ嫌疑と、裁判所の持つ嫌疑との間には、断絶がある。裁判所は、検察官の嫌疑を受けつぐのではなく、白紙の状態で、すなわち嫌疑のない状態で、審理を開始する。公判廷で、検察官が提出した証拠を取り調べたとき、はじめて裁判所にとって嫌疑が発生する。起訴状、あるいはそこに記載された犯罪事実というものは、嫌疑を化体したものではなく、証拠によって証明しようとする対象ないし目標を掲げたものにすぎない。検察官が、これからこういう事実を証明してごらんにいれる、というので掲げた青写真にすぎないのです。このような意味で記載された犯罪事実を訴因とよびます。

　このように考え直すことは、政策的にみて二重の意味で重要です。

　一つは、裁判所が予断を持たないということ。従来の考え方のように、検察官の持っていた嫌疑を受けついで、審理をはじめたのでは、どうしても、この嫌疑を前提としてものを考えることになり、被告人に有利な証拠を十分に評価できなくなるおそれがあります。たとえ、旧刑訴時代のように一件記録を見て現実に予断をいだくことはないにしても、裁判官が同じ心構えで裁判に臨むことは、好ましいとはいえないのです。

　それだけでなく、裁判所が嫌疑を自ら発展させてゆかなければならないとすると、公正な判断ができなくなるおそれがあります。……本当に裁判の公正ということを考えるなら、検察官の示した青写真と現実に提出された証拠とを見比べながら、たしか

にそのとおりであるかどうかを判断するという態度が必要だと思うのです。

　平野の徹底した当事者主義の主張は、審判対象論に最もよくあらわれている。平野は、訴因とは、嫌疑から切り離された「事実についての観念形象」であるとし、次のように言う（基本文献22頁、24頁）。

> 　新刑事訴訟法ができたての頃は、嫌疑、いいかえると公訴事実が、公訴提起によって、裁判所にうけつがれ、裁判所はこの半製品たる嫌疑にさらに加工を加えてゆくものであるという考え方が、学者の間でもむしろ当然だと考えられていました。ですから、訴因というのは、この嫌疑のかたまりに貼るレッテルみたいなもの、だと考えられてきました。……
> 　検察官は、はじめ窃盗の事実を証明してみせるつもりで、目標を掲げたのに、その後集めた資料によると、どうも詐欺らしいと思うときは、目標を転換します。その資料というのは、公判廷で、窃盗の立証のために立てた証人に対する反対尋問の結果として出てくるかもしれません。また弁護人が出した証拠であるかもしれません。この場合に、この証拠にあうように訴因を変えると、一見、訴因は公判廷にあらわれた嫌疑を反映したもののようにみえます。しかし、検察官は、新たに手に入れた、まだ公判廷に提出されていない証拠に基づいて訴因を変えてもいいのです。ですから、さきの場合も、それが検察官の目にふれて、訴因変更の動機になった、というだけで、公判廷にあらわれた嫌疑が反映されたわけではありません。訴因が審判の対象だというのはこういう意味です。

　最後に、平野みずからまとめた、平野・基礎理論の「要約」を掲記する（基本文献38頁、42頁）。批判の対象である「実体面と手続面に分ける考え方」というのは、団藤の二面説を指している。

> 　訴訟というものの上辺に、いわば天井のように、訴因というものがあります。この訴因は、一つの観念形象として、訴訟の終始を通じて——場合によっては途中で変更されますが——存在を続けます。だから、これを一つの「過程」だといっていいでしょう。他方、訴訟の下辺には、いわばその床のように、証拠があります。この証拠は、次第に積み重ねられてゆきます。場合によっては排除決定などで除かれることもあるでしょう。ですからこれも、また一つの過程だと考えることができます。そしてこの二つの過程をあわせて訴訟追行過程と呼ぶことができる、と思います。
> 　この二つの過程の間の空間を埋めるのが、実体の過程です。すなわち証拠が、訴因

を証明しているかどうかという裁判所の判断の過程、いいかえると裁判所の心証がこれです。これはまさに浮動しつつ変化してゆきます。この実体の過程は、実体形成の過程といってもいいのですが、形成というと、第三者が実体を作る過程のようにもきこえます。しかしそうではなく、実体そのものの変化の過程、実体ができあがってゆく過程なのです。

これ以外の種々の訴訟行為、例えば、被告人を召喚するとか、国選弁護人を選任するとか、次回の期日を定めるとか、証拠の順序を定めるとかいう行為は、訴訟追行のいま一つ外側にあって、その準備を整えるためのものですから、これを手続の過程といっていいでしょう。

このように、手続・訴訟追行・実体の三つの過程から、訴訟はできあがっていると考えるのです。

このような、考え方に対して、実体面と手続面とに分ける考え方からは、「実益がない」という批判がなされています。しかし、これまで述べてきましたように、訴因を実体から分離し、証拠を実体から（あるいは手続から──なぜかといえば、証言とか自白とかは、実体形成行為であって、手続面に属するとされますので）分離することは、多くの解釈問題に解決を与えるものであって、十分に実益があると信じます。
……

訴訟というものは、手続も実体もともに、訴訟状態であると同時に訴訟法律関係であるという方が正確であるように思います。そうだとすれば、しいて実体と手続に分ける必要もないわけです。

それにもかかわらず実体面と手続面とに分けられるのは、職権主義的な訴訟の構造を分析するために便利な理論であるからだと思います。それは、「理論それ自体」ではないのです。これに対して当事者主義の訴訟の構造を明らかにするための理論としては実体・訴訟追行・手続に分ける考え方の方が「実益」があるように思います。

▶平野理論と「当事者主義」

基本文献1頁以下で平野は、いわゆる「基礎理論」と、当事者主義か職権主義かなどの「政策論」を対置させ、両者が密接に関連すること、また「純粋にみえる理論」も実践的な目的とつながっていることを強調する。当時、平野はすでに体系書『刑事訴訟法』（有斐閣、1958年）を著しているが、同書では「政策的基礎」（第1編第1章）が、「理論的基礎」（同第2章）より前に置かれている。平野自身、この点について、（ドイツの代表的な教科書が「法理論的基礎」の次に「法政策的基礎」を置いているのとは）「順序が逆になっていることに注意してください。どちらが重要かという点について意見が違うためです」（平野「はしがき」同・

前掲『刑事訴訟法の基礎理論』）と明確に述べているように、平野にとっては「政策論」あっての「基礎理論」だからである。そして、平野は、徹底した当事者主義の立場から、「基礎理論」の個々の論点、すなわち審判対象論、公訴権論などについて、職権主義の残渣の残る従前の理論を論破し、当事者主義に依拠した「基礎理論」を提示する。

　平野が、当事者主義をどのようなものと理解していたのかについては、基本文献では十分に述べられていない。しかし、基本文献をもとにまとめられた同じ題名の『刑事訴訟法の基礎理論』（日本評論社、1964年）8頁以下では、「当事者主義の精神」について次のように語られている。刑事裁判の弁護人の活動は、裁判所とは違った視点から、「被告人から見た面に光をあて、それが見落とされることのないようにする」ものであり、「それは、いかに裁判官がまんべんなく心をくばっても、一人の者の能力にはかぎりがあり、ものごとは、立場により見方によって、すいぶん違ってくるものだ、という人生の知慧にもとづいているともいえるでしょう。そして、このような違った見方も考慮した上で判断するのでなければその判断は公正とはいえない、というのが、当事者主義の精神なのです」。広義の当事者主義は、「民主主義の精神そのものだといってもいいすぎではありません。民主主義のもとでものごとを決定する場合には、判断者はあらかじめ結論を出してこれを人におしつけてはいけないのであって、とらわれない気持ちで、すべての、おのおのの立場や見方の違った人々の意見を十分に聞き、その上で決断を下さなければなりません。このような民主主義の精神の訴訟への反映が、当事者主義にほかならないのです」。これに対して、職権主義は、「国家機関である裁判所はつねに良心的であり、まちがいのない判断をすることができるものだという国家への信頼を前提としているといってもいいでしょう。その意味では職権主義の訴訟は国家主義的な考え方の現れだということができます」。

　このように、平野にとって当事者主義は、決して「技術的当事者主義」（団藤）ではなく、刑事訴訟「理論」の前提となる「政策」だった。このことは、基本文献の（個別論点に関する）叙述からも容易に推知することができる。

▶**訴因・公訴事実と訴因変更命令**

　たとえば、審判対象論において、平野は、それが犯罪の嫌疑から切り離され

た青写真ないし観念形象にすぎないことを強調する。この姿勢は、訴因変更についても貫かれており、訴因変更も公判廷にあらわれた嫌疑とは理論的に切り離されたかたちで説明される。ここでいう「嫌疑」とは、裁判所の心証のことだから、もし訴因が嫌疑の化体したものと解する立場にたてば、審理の過程で嫌疑が変化したときは、裁判所に訴因変更の義務があることになる。

　この点について、「訴因は現実的な審判の対象であり、公訴事実は、潜在的な審判の対象である」（団藤説）という考え方がある。この見解をとっても、裁判所は、嫌疑＝公訴事実に変化があれば、公訴事実が潜在的にせよ審判対象である以上、裁判所は審判する義務がある。したがって、その義務を尽くすため、訴因以外の事実であっても、裁判所は訴因変更命令をだす義務があるはずだ。そして、現実にこの義務を尽くすためには、訴因以外の事実であっても、公訴事実を同一にする範囲では積極的に証拠を許容しあるいは職権で証拠を集めて取り調べ、訴因を変更しなければならない。だとすれば、裁判所の証拠調べの態度は著しく職権主義的にならざるをえない。

　他方、訴因だけが審判の対象だという考え方からすると、裁判所には一般的に訴因変更義務はないことになる。ただ、すでに公判廷に提出されている証拠からみて、訴因を変更するのが当然だと思われるにもかかわらず、検察官がうっかりしているときにだけ、訴因変更命令をだせばいいのである。この見解をとった場合でも、公判廷にあらわれた証拠によれば訴因を変更しなければならないことが明々白々であるときには、裁判所にも訴因変更命令を出す義務があると考える余地はある。しかしそれは、きわめて例外的な場合であり、一般的に裁判所に義務を認めるのとは違う（基本文献26頁）。もし、一般的に義務があるとすると、窃盗の訴因で審理が行われ、第1審では詐欺（訴因）について何も証拠を出さないでおいて、第2審になってから新たに詐欺の証拠を出し、訴因を変更すべきであったという理由で破棄してもらえることになる。第1審の裁判官は、第2審で破棄されないために、公訴事実を同じくすると思われる事実について、いつも積極的に心がけて職権ででも証拠を調べておかなければならなくなる。しかし、裁判所がこのような態度で審理に臨むのは、好ましいことではない。また、上級裁判所としては、第1審裁判所の訴因変更義務を安易に認めて下級審に干渉しないように戒心しなければならない（平野・前掲『刑事訴訟

法の基礎理論』83頁）。ここでも当事者主義的な訴因論は貫かれているのである。

4 残された課題

▶「課題」は残されなかった？

　そろそろまとめに入ろう。かつて、一世を風靡した基礎理論をめぐる論争は、旧法時代にドイツ法の影響を受けてつくられた「理論」を堅持するのか、「変革の要請を受け入れるのかという問題」であった（松尾浩也『刑事訴訟法講演集』〔有斐閣、2004年〕162頁）。結果として、マクロ的にみれば、「平野先生のテーゼが学界に受け入れられ、争いは終わったといってよい」（松尾・同上163頁）。一体、平野の「基礎理論」は、基礎「理論」というかたちはとっているが、政策と断絶した「理論」それ自体にはおよそ価値をおいていない、いわば（当時の意味における）「基礎理論」否定論ではなかったか。ではなぜ、平野は「基礎理論」を書いたのか。それは、平野自身の言葉を借りれば、「ある書物を批評しうるのは、その書を書きうる者だけである」からだと思う（平野・前掲「団藤重光著『訴訟状態と訴訟行為』」56頁）。

　平野・基礎理論は、「理論」の方法論自体に反省を迫ったものであった。そして、背後に職権主義的理念を押し隠した、形而上学的「理論」の方法論が否定された以上、学界も論争を続ける必要がなくなったのである。「団藤博士と平野博士の後、これらを超える独創的かつ実践的な基礎理論の仕事はない」「これをもって、……実践的な問題意識を基礎理論に反映させた仕事は、これにとどめをさす」（酒巻匡「刑事訴訟法理論の現代的意義」井上正仁・酒巻匡編『刑事訴訟法の争点』〔有斐閣、2013年〕6頁）と言われるのも、ほぼ同様の指摘であろうか。「基礎理論」にとどめをさしたのは平野自身だった、のである。

　なお、平野・基礎理論から十余年後、鈴木茂嗣「刑事訴訟過程の理論的分析に関する一考察——いわゆる二面説・三面説について」（初出1975年、鈴木茂嗣『刑事訴訟の基本構造』〔成文堂、1979年〕所収）が公刊される。鈴木はここで、決着がついたと思われた旧基礎理論が「必ずしも理論的に整理されているとはいい難い点があった」ので、「従来の諸見解の真に目指そうとしたところを私なりに整理し、理論的に有効な新たな三面説を主張する」として、「三つの三面説」

を提示する（鈴木・前掲『刑事訴訟の基本構造』191頁注(1)）。すなわち、訴訟過程は、第一に、訴訟状態面・訴訟関係面・訴訟行為面という「縦の三面説」、第二に、訴訟状態面に関する分析としての、対象面・実体面・手続面という「横の三面説」、第三に、訴訟による実体法の実現する際の、実体面・訴追（基盤）面・訴訟面という三面（説）から構成されるという。「理論」として回顧的というか、an sich な理論を排除する平野・基礎理論からみると、ある種の後退ではないのかという印象をぬぐえない。

▶新しい「基礎理論」の可能性

　その後、基礎理論は、田宮裕によって新しく蘇る。団藤理論から出発した田宮は、ドイツ既判力の追究の過程で英米法の「二重の危険」にたどりつく（田宮裕『一事不再理の原則〔刑事訴訟法研究3〕』〔有斐閣、1978年〕参照）。田宮みずから、このとき、「理論から政策へ」という啓示を得た、と語っている（田宮裕『刑事法の理論と現実』〔岩波書店、2000年〕55頁）。田宮の一事不再理研究は、「理論」と「政策」の見事な融合であり、その後の理論研究の手本となった。他方、松尾浩也は、平野・基礎理論の最大の「残された課題」が、外国法に接近しては離隔することで確認される日本法の「『個性』が過剰の域に達した」ことではないかと言う（松尾浩也「刑事訴訟法の基礎理論」同『刑事訴訟の理論』〔有斐閣、2012年〕253頁）。ここでいう「個性」とは、刑事司法の「日本的運用」、すなわち、精密な事実認定、高い有罪率の確保、起訴における精密な判断などを内容とする「精密司法」のことである。松尾は、この日本的運用が「極限状態」にきているとして、改善の方策を提言する（同上254頁以下）。松尾の精密司法論に対しては、実務の現状を肯定的に捉える際に用いられることがあり、批判もないわけではない。しかし、平野が当事者主義理論の構築を最優先の課題としたためにできた実務との距離を、松尾・理論は縮める役割を果たした。これも、ポスト平野の刑事訴訟法学（基礎理論）の新しい在り方といえよう。

　ところで、平野の公訴権論は、嫌疑がなくても検察官は起訴して公訴事実を主張すればよい。すなわち、「あっさり起訴」を認めるものであるが、この見解は受け入れられなかった。これを弾劾的訴追観とよぶとすれば（松尾、三井）、これに対する支持がまったく伴わなかったため、平野の弾劾的捜査観が一定の支持を得ながらも、実務は全体としてその方向に動かなかった。松尾は、この

4　残された課題　13

ように分析する（松尾・前掲『刑事訴訟法講演集』222頁）。この課題は、刑事訴訟法のグランドデザインをどう描くかにかかわるものであり、今なお重要な理論課題である。

その他、パッカーのモデル論に触発された「モデル論」も、訴訟の基本構造にかかわる政策論的基礎理論といえるかもしれない（白取祐司「モデル論と精密司法論」同『刑事訴訟法の理論と実務』〔日本評論社、2012年〕22頁参照）。

5　現代的意義

▶学説における意義

平野・基礎理論は、学説に「圧倒的な影響を与えた」（後藤・前掲論文61頁）。当事者主義を懇切かつ説得的に論じる平野の文章は、今日の若い読者には何の違和感もなく読めるに違いない。それ自体、平野の影響の強さを示すものであり、平野理論が今日の刑事訴訟法学の土台となっているあかしでもある。

平野は、当事者主義の長所として、「被告人の人権が保障され、その自由が尊重されること」を第一にあげる（平野・前掲『刑事訴訟法』16頁）。職権主義のもとでも黙秘権は認められていたが、旧法時代には被告人尋問が行われたため、事実上供述が強要され、被疑者にいたっては、「拘禁が事実上供述を強要するためのものであることは、公然と認められていたといってよい。このような事実上の強要がなされないよう、十分の防止策を設けるところに当事者主義の意味がある」（同上16頁）のである。だとすれば、たとえば、証拠開示について、「当事者主義」を理由に検察官手持ちの証拠の全面開示を否定することはできない、というべきであろう。

平野・基礎理論でほかに圧倒的影響を与えたものとして、訴因論がある。訴因と公訴事実の関係については周知のような議論があったが、今日の通説は、平野の訴因論に従っている。ただし、議論の仕方は、平野の「訴因か公訴事実か」ではなく、「審判の対象は公訴事実、すなわち訴因」とする松尾説に拠っている（松尾浩也「公訴事実と訴因」同『刑事法学の地平』〔有斐閣、2006年〕171頁以下）。平野・訴因論とは理論枠組みが異なるだけで、後者も平野理論をベースにしたものである。

▶実務における意義

　司法研修所を経験した後藤昭は、そこで実務家らに「学説は役にたたない」と言われたという（後藤昭「刑事訴訟における学説と実務」法学教室280号〔2004年〕21頁）。筆者も、司法修習（33期）中に、とくに名指しで「平野刑訴は実務に役にたたない」と何度も言われた。以上は決して個人的経験ではなく、他の法分野と異なり、刑事訴訟法だけが、「現実からあまりに離れた学説」などと批判を受けてきた（白取・前掲書4頁以下）。その「学説」とは、平野説であり、その影響を強く受けた学界の通説であった。平野・基礎理論も、平野・弾劾的捜査観（取調べ受忍義務否定論を含む）も、実務はおよそ拒否の姿勢を変えることなく、今日にいたっている。例外が訴因論である。これは、後藤の説明仮説を借りれば、訴因＝審判対象説が当事者主義的ではあっても検察権限強化と結びつくから受容されやすかったのである（後藤・前掲「平野刑訴理論の今日的意義」63頁）。そのほかの、被疑者・被告人の人権保障のための当事者主義は、実務からは受け入れられなかった。ただし、近年の（立法を含む）被疑者弁護の充実は、平野理論が、間接的ではあれ後押ししていると見ることができよう。

　1985年、平野は、「現行刑事訴訟法の診断」と題する論文で、変わらない糾問的捜査と形骸化した公判を指して、「我が国の刑事裁判はかなり絶望的である」と断じた（平場安治ほか編『団藤重光博士古稀祝賀論文集(4)』〔有斐閣、1985年〕407頁）。頑なな捜査実務、裁判実務に対する嘆きでもあったろうか。それから30年、刑事司法「改革」は、なお動きを止めない。ここで改めて、平野理論の実務と学説に対する意義を問い直してみてはどうだろう。

2 歴史的分析

●基本文献
小田中聰樹
『刑事訴訟法の歴史的分析』
（日本評論社、1976年）

川崎 英明

1 学説・実務状況

▶刑事訴訟法史の研究状況

　法はそれぞれの時代の社会的経済的諸条件に規定された歴史的産物である。とりわけ刑事訴訟法は、国家の最も峻厳な権力である刑罰権の実現を担保する手続法であり、そのために時々の国家の権力的性格が直接的に反映する。このことは、近世絶対主義国家には秘密・書面の糺問訴訟が対応し、近代市民国家には（手続形式としては）公開・口頭の弾劾訴訟が対応した大陸法（フランス法やドイツ法）の刑事手続の近代化の過程に明瞭に見てとれる。このような刑事訴訟法の歴史的発展過程の分析は、それ自体が刑事訴訟法学の固有の研究課題である。

　社会構造史的視点から、英米独仏、そして日本の刑事訴訟法の歴史的発展過程を概観した研究書が、1968年の沢登佳人・沢登俊雄著・庭山英雄訂補『刑事訴訟法史』（風媒社）であった。現行刑事訴訟法の理念・構造も近代刑事訴訟法の理念・構造の上に組み立てられているが、ドイツ刑事訴訟法の近代化の過程を理論史的に解明しようとした研究が、光藤景皎「ツアハリーエの刑事訴訟法論(1)～(3)」（法学雑誌27巻3・4号〔1981年〕、28巻1号、28巻3・4号〔1982年〕）や川崎英明「ミッターマイヤーの刑事司法論（1・2完)」（法学雑誌25巻2号〔1978年〕、同3・4号〔1979年〕）であった。近代刑事訴訟法の理念・構造は、市民の自由と権利主体性を承認する近代市民国家の構成原理に対応して、刑事手続に

おいても市民たる被疑者・被告人の訴訟主体性と防禦権保障に立脚する公開・口頭の弾劾訴訟として捉えることができる。著名なチェーザレ・ベッカリーア〔風早八十二・風早二葉訳〕『犯罪と刑罰』（岩波書店、1959年）は刑事手続の近代化の道を切り開いた啓蒙主義者による近世絶対主義国家の糾問訴訟批判の書である。

▶刑事訴訟法学における歴史的分析の位置

　もっとも、刑事訴訟法学は、実定法学の一部門として、他の法分野と同じく現行刑事訴訟法の体系的解釈を課題とする法解釈学としての性格が強い。そのために、刑事訴訟法学では、刑事訴訟法の歴史的発展過程の総体を解明しようとする歴史的分析の作業は、刑事訴訟法学の主要な課題とは位置づけられてこなかった。個別テーマの制度史・理論史研究は多いが、それらは刑事訴訟法の解釈論的主張を正当化しようとする問題意識に規定された、限られた歴史研究であった。

　しかし、上述のような刑事訴訟法の権力的性格を考えると、刑事訴訟法の歴史的発展過程を踏まえた明確な解釈理念と解釈方法論がなければ、刑事訴訟法学は、被疑者・被告人の防御権を犠牲にして刑罰権の効率的実現を図る権力主義的解釈・運用の学に堕する危険がある。戦後刑事訴訟法学（1948年公布の現行刑事訴訟法の下での刑事訴訟法学）の展開過程を巨視的に見れば、職権主義的刑事訴訟法理論から当事者主義的刑事訴訟法理論への展開過程として把握することができる（本書1 **基礎理論**参照）が、その過程に登場した平野龍一の当事者主義刑事訴訟法理論（本書1 **基礎理論**参照）や田宮裕の無辜の不処罰の理念に基づくデュー・プロセス論（本書3 **モデル論**参照）、あるいは小田中聰樹の無罪判決請求権を基軸とした憲法的刑事訴訟論（後述）などは、基本的には、刑事訴訟法の権力主義的解釈・運用に対抗して、刑事手続における人権、したがって被疑者・被告人の訴訟主体性とその防御権を確立しようとした刑事訴訟法理論であったと捉えることができる。このような刑事訴訟法学の理論的営為の背後には、旧刑事訴訟法（大正刑事訴訟法）から現行刑事訴訟法への移行を職権主義から当事者主義への訴訟理念的、構造的転換と捉える歴史的認識があった（この点につき川崎英明「刑事訴訟法の半世紀と展望」村井敏邦ほか編『刑事司法改革と刑事訴訟法　上巻』〔日本評論社、2007年〕1頁以下参照）。ここに、刑事訴訟法学に

1 学説・実務状況 | 17

おける「刑事訴訟法の歴史的分析」の固有の意義を見いだすことができる。

2　学説史的意義と位置づけ

▶刑事訴訟法学と歴史的分析

　基本文献の「序言」の冒頭で、小田中は、「刑事訴訟法学は、刑事手続の法現象を対象とする社会科学であり、刑事手続の法現象の論理分析、イデオロギー分析、歴史的分析、現状分析を課題としている」と定式化した。この定式化の下に、小田中は、もっぱら刑事訴訟法の体系的解釈論の構築に力を注いできた従来の刑事訴訟法学（法解釈学としての刑事訴訟法学）に相対して、刑事訴訟法学の在り方として、「刑事手続の法現象の総体の構造、およびその歴史的発展のある種の『法則性』の解明」をめざす「社会科学としての刑事訴訟法学」を対置したのである。

　むろん「社会科学としての刑事訴訟法学」にあっても、刑事訴訟法の体系的解釈（法解釈学としての刑事訴訟法学）は重要な課題として位置づけられている。この点について、小田中は、1983年の著書『刑事訴訟と人権の理論』（成文堂）の「はしがき」の中で、それまでの自らの刑事訴訟法研究について刑事訴訟法現象の「歴史的分析および現状分析に立脚した、歴史的評価に堪え得る解釈論を展開することの意義、重要性を常に強く意識し、その基礎を固めるためにも歴史的分析や現状分析に取り組んできた」と述懐し、同書を刑事訴訟法の「解釈の体系的展開の出発点」として位置づけている。つまり、小田中刑事訴訟法学にあって、刑事訴訟法の歴史的分析は刑事訴訟法現象の総体の構造と法則性を解明する科学的認識作業であると同時に、「社会科学としての刑事訴訟法学」を構成する「論理分析」（小田中のいう刑事訴訟法の「論理分析」とは刑事訴訟法解釈論に相応するものと理解される）の正当性を担保する認識作業と位置づけられているのである。小田中が、「刑事訴訟法の歴史的分析の意義」について、「人身の自由を中核とする刑事手続における人権の歴史的存在構造を明らかにするため」と捉えている（小田中聰樹『刑事訴訟法の史的構造』〔有斐閣、1986年〕236頁以下）のも、このことを含意しているであろう。この視角から、刑罰権の権力的行使の便宜に資する刑事訴訟法学は、言わば官僚法学として厳しく批判され

ることとなる。

▶基本文献の意義

このように法解釈学としての刑事訴訟法学という従来の刑事訴訟法学に対して、「社会科学としての刑事訴訟法学」を対置し、刑事訴訟法の歴史的分析を「社会科学としての刑事訴訟法学」の中心的課題として捉えて、刑事訴訟法学における「刑事訴訟法の歴史的分析」の位置づけを明確にしたところにも、基本文献の重要な理論的意義がある。

基本文献の中心は「大正刑事訴訟法の歴史的意義」を解明した第2編にあるが、基本文献によって初めて、大正刑事訴訟法の「糺問主義的検察官司法」という歴史的構造的特質が実証的に解明され、大正刑事訴訟法を自由主義的色彩の濃いものとみる従来の通説的理解は修正されることとなった。

3　文献紹介

▶基本文献の構成

第1篇「刑事訴訟法の歴史的分析」は、歴史的分析の方法を提示した「序章　刑事訴訟法の歴史的分析の方法」、そして日本の刑事訴訟法の近代化の過程における大正刑事訴訟法の歴史的位置を概観した「第1章　わが国における近代刑事手続の歴史的展開」、さらに大正刑事訴訟法を比較法的に位置づける「第2章　ドイツ刑事手続の構造」からなる。これが基本文献の総論部分である。第2篇「大正刑事訴訟法の歴史的意義」は全7章からなる。第1章で「大正刑事訴訟法の歴史的分析の意義」を確認した後、第2章で「明治刑事訴訟法（明治23年公布）の構造」を解明し、第3章から第5章までの章で各改正草案（明治34年案、大正5年案、大正10年案）の構造的特質を分析している。第6章は「帝国議会における大正刑事訴訟法の審議過程」の検討であり、第7章で「大正刑事訴訟法の歴史的意義」を確認して結語としている。

▶基本文献のエッセンス

以下は、基本文献第2篇第7章の451頁から454頁までの本文の引用である。

3　文献紹介　│　19

一　人権蹂躙問題の推移と刑事手続の自由主義的改革の構想

　一　……明治30年代後半から始まり明治43年にピークを形成した人権蹂躙問題では、一般刑事事件における一般市民の人権蹂躙が日本弁護士協会を中心とする在野法曹によって問題とされた。一般の市民が一般の刑事事件に関与した場合にさしあたって捜査や取調の主体として現れるのは、警察官である。司法警察官による一般市民の人権蹂躙がこの時期の人権蹂躙問題の内容をなしたのはこのためであった。だからこの時期には司法警察官による訊問の禁止、聴取書の排除、違警罪即決例廃止などが主要な改革要求として登場したのであった。

　ところが、明治末期から大正初期にかけて新しい型の人権蹂躙問題が登場し、それがこの時期の人権蹂躙問題の主要な内容をなしたのであった。それは、贈収賄等の事件における高官、政治家、有産者の人権蹂躙問題である。そして、この場合に人権蹂躙の主体として注目を引いたのは、日糖事件（明治42年）以来捜査権限行使に積極化しつつあった検事であった。だから、この時期には、検事取調（なかんずく、起訴後の取調）や検事聴取書の排除、検事跋扈の抑制、検察制度の改革などが主要な改革要求とされ、違警罪即決例廃止は前面からやや後退するに至ったのである。

　二　在野法曹はこの時期に至って刑事手続の自由主義的改革の構想を提示し、その立法化に取組んだ。その構想は「犯罪捜査法案」や「人権保護に関する法律案」に先ず集約され、さらには大正10年案に対する日本弁護士協会の「修正主旨」で一段と発展していったが、その基本的枠組みを析出すれば次のようになるであろう。

(1)　捜査手続においては、検事・司法警察官の強制権限を現行犯に限る。その被疑者・関係人の取調に隣佑または弁護士の立会を認める。

(2)　予審を存置し、起訴後手続とし、弾劾化する。

(3)　直接主義の原則を採用し、聴取書と予審調書を排除する。

二　大正10年案の人権蹂躙合法化の側面

　一　右のような改革要求に対して大正10年案は、聴取書を排除し、予審弁護制を導入して改革要求に応える姿勢を示した。勾留に対する諸規定を改正し（とくに未決勾留期間の制限と勾留要件の厳格化）、黙秘権規定を新設するなど、被告人の地位の改善を図る規定を置いた。しかし、一方では、隣佑または弁護士の立会の構想を拒否し、また予審弾劾化も採用せず、単にそれらに代わるべきものとして各種の訓示規定を設置するに止まった。……

　二　大正10年案は、一方では、このように人権保護法の装いをこらしたが、他方では従前の人権蹂躙に法的ベールを被せそれを合法化するに過ぎないと評しうるところの、捜査検察機関の強制捜査権限の強化を実現した。とりわけ要急事件の新設は、その要件の広範さとあいまって、検事や司法警察官が従前承諾の名の下に行ってきた強制処分を合法化した。また裁判上の捜査処分が予審判事や区裁判所判事による司法的

抑制のなされうる体のものでないことは、規定の上からも司法部内の勢力状態からみても明白であった。従ってこの事態は、捜査権の司法的抑制の強化として把握されるべきではなく、捜査検察機関の予審判事（区裁判所判事）駆動体制確立の法的表現として把握されるべきものであったといってよい。

　このように考えると、大正10年案は、遂に人権保護法たりえぬであろうことが明確に予見される体のものであったばかりでなく、「人権蹂躙の合法化」と評すべき側面を濃厚に持つものであったといえるだろう。

三　各党修正案の自由主義的改革性の喪失
　一　ところが政友会に党籍を持つ在野法曹出身の議員にしろ政友会や国民党のそれにしろ、大正10年案の本質を鋭く追及しながらも、当時在野法曹が到達した前記の如き刑事手続改革の構想を修正案として全面的に具体化することをしなかった。しかも前に述べたように、全刑事手続の弾劾化と自由主義化の契機をそれなりの論理で内蔵していたところの各党修正案の基軸部分（要急事件の削除、裁判上の捜査処分の削除、聴取書排除の徹底）をすら、貴族院や政府の抵抗にあうや簡単に断念し、大正10年案をほぼ全面的に受け入れたのであった。
　……
　二　大正刑事訴訟法の制定過程に示された人権保護法化の挫折ないし自由主義的改革性の喪失、および権力論理との妥協は、一体何に起因したのであろうか。この問題に答えることは困難なことであるが、一応次のように考えることができるのではないだろうか。
　大正10年案＝大正刑事訴訟法は、手続的に何らの保障も意味しない訓示規定を置くことによって人権保護法としての外観を装った。この訓示規定の有効性は、司法機関、なかんずく検事および予審判事の公正な運用に全面的に依拠するが、政党内閣の成立は政党・ブルジョアジーに対しその運用を自己の制御下に置く可能性の存在を意識させた。それは宇都宮事件、鈴ケ森事件、京都豚箱事件に見られたような人権蹂躙事件の責任者の処分の実現に裏打ちされたものであった。一方、階級闘争の激化と社会運動の高揚は、ブルジョアジーに対して、その司法的処理に当たっての刑事手続の重要性を意識させずにはおかなかった。その結果、彼らは、いわば自己の人権は大正刑事訴訟法の訓示規定に託しつつ、同法を社会運動の取締のための法規として位置づけるに至ったのである。……

四　糾問主義的検察官司法の確立
　大正刑事訴訟法は、検察官の公判前手続の主宰者としての地位の事実上の確立に最もふさわしい予審廃止ないし起訴前予審の立法化には成功しなかった。しかし、事実上の確立にふさわしいいくつかの規定を置くことには成功した（要急事件、裁判上の

捜査処分など）。

　残るのは、予審判事の「従属化」の完成を待つのみであり、それが完成したときに予審の存廃論議が再び立法論として登場するであろう。そして現に昭和10年代にその論議が登場するのである。

▶刑事訴訟法の歴史的分析の方法

　基本文献第1篇「刑事訴訟法の歴史的分析」の「序章　刑事訴訟法の歴史的分析の方法」では、刑事訴訟法の歴史的分析の課題と方法が明確に提示されている。

　小田中は、基本文献の「序言」と「序章」の中で、「国家権力側の『治安政策的刑事手続政策』とこれに対抗して展開される『刑事手続における人権保護要求運動』」との対抗・葛藤・交錯の内に、刑事手続の法現象（したがって各時代の刑事訴訟法）の歴史的展開過程の総体を究明するという歴史的分析の方法を提示している。この分析方法は、明治刑事訴訟法から大正刑事訴訟法への展開過程を分析した基本文献と、戦時刑事手続の形成・確立・展開・再編・崩壊の歴史過程を究明した『刑事訴訟法の史的構造』（有斐閣、1986年）、そして戦後刑事手続の法現象の展開過程を究明した『現代刑事訴訟法論』（勁草書房、1977年）という小田中の一連の著作に貫徹されている。国家の権力的性格を直接的に反映する刑事訴訟法の本質的性格に照らして、この歴史的分析の方法は社会科学的正当性を有しており、その方法的正当性が大正刑事訴訟法の歴史的分析の中で実証されている。

　なお、第1編第3章の「ドイツ刑事手続の構造」では、1877年のドイツ帝国刑事訴訟法の改正案たる1908年草案と1920年草案における予審弾効化と直接主義の論理と思想が解明されている。この分析は、ドイツ帝国刑事訴訟法をモデルとしつつ、予審弾効化や直接主義徹底を拒絶した大正刑事訴訟法の比較法的性格を明らかにするものとなっている。

▶大正刑事訴訟法の歴史的意義

　基本文献では、大正刑事訴訟法の制定に至る過程に登場した改正草案（明治34年案、大正5年案、大正10年案）の立案過程を詳細に追跡し、各改正草案の構造的特質を、人権蹂躙問題を契機とする在野法曹の刑事手続改革構想とこれに

対する権力側の対応という対抗関係の中で実証的に解明している。ここでいう人権蹂躙問題とは、上述の「基本文献のエッセンス」で引用したように、明治30年代から40年代に一般市民が一般刑事事件で警察から受けた人権蹂躙行為であり、これに対して在野法曹らは警察の聴取書の排除や違警罪即決例の廃止などの刑事手続改革を主張した。また明治末期から大正初期には、新たに政府高官や政治家、ブルジョアジーが贈収賄事件等で受けた人権蹂躙問題が登場し（京都豚箱事件や日糖事件等）、在野法曹らは被疑者・関係人の取調べへの隣佑または弁護士の立会や調書排除等の改革案を提案した。この時代に、現在の取調べ可視化に相当する先駆的な改革構想があったことを銘記すべきである。しかし、国家の側はこれらの改革案に対しては、聴取書の排除や予審弁護制度の導入あるいは人権保護の訓示規定等を置くことで対応した。予審廃止と検察官への強制処分権の委譲という国家の側の刑事手続政策は遂に実現に至らなかったが、予審弾劾化は阻止し、要急事件の創設や（司法部内における検察官僚支配体制の確立による）裁判上の強制処分の事実上の自由な活用によって、検察官が主宰する糺問主義的捜査・予審が公判を事実上左右する「糺問主義的検察官司法」の成立にこぎ着けた、というのが基本文献の結論である。

　小田中は、このような歴史的分析を経て、明治刑事訴訟法から大正刑事訴訟法への歴史的展開過程を、大陸型の「糺問主義的予審判事司法」（すなわち、「糺問手続をほぼそのままに維持している公判前手続（なかんずく予審手続）にその中核をもち、したがって予審判事を全刑事手続の実質的支配者としている」刑事手続〔基本文献6頁〕）から「糺問主義的検察官司法」（すなわち、「検察官の公判前手続の主宰者としての地位の事実上の確立」を経て、予審判事に代わって検察官を全刑事手続の実質的支配者とする刑事手続〔基本文献454頁〕）への展開過程と把握している。この過程における対抗関係の鍵は、予審制度の改革方向（弾劾化か廃止か）、強制処分権の帰属（予審判事か検察官か）、そして直接主義の徹底（聴取書の排除か）であった。ここに、「糺問主義的予審判事司法」から「糺問主義的検察官司法」への移行という、戦前日本の近代刑事訴訟法の歴史的展開過程の全容が解明されたわけである。上述のような明確な方法論と精緻な実証分析に支えられた分析結果であるだけに、基本文献の結論は容易に反論を許さない。松尾浩也が、基本文献を「学界の共有財となっている」と評した（松尾浩也「日本における刑事手

続の過去、現在、そして未来」刑法雑誌49巻2＝3号〔2010年〕、同『刑事訴訟の理論』〔有斐閣、2012年〕421頁所収）のも、このことを含意しているであろう。

▶現行刑事訴訟法の歴史的特質

　小田中は、以上の分析を前提に、戦後の刑事司法改革を経て成立した現行刑事訴訟法を、当事者主義化・デュー・プロセス化の一面とともに、大正刑事訴訟法の「糺問主義的検察官司法」の合理的再編の側面（連続面）を内包した歴史的構造の特質をもつものと捉えている。英米法化あるいは当事者主義化という比較法的ないし訴訟構造的性格付けとは異なった、より深層のレベルで、大正刑事訴訟法を核とする近代日本の刑事訴訟法の歴史的展開過程の内に現行刑事訴訟法の歴史的構造的特質を捉えたわけである。そこから、小田中は、「糺問主義的検察官司法」の残滓の克服、したがって糺問的捜査依存の調書裁判の抜本的改革を刑事司法改革の歴史的課題として捉えたのである。ここに、国家権力の治安政策的刑事手続政策と下からの人権保護要求運動（刑事手続改革運動）との矛盾的契機の内に刑事訴訟法の抜本的改革の可能性を見出そうとする小田中の方法論の実践的意義がよく現れている。

4　残された課題

▶もうひとつの歴史的分析──「精密司法論」

　松尾は、1979年の体系書『刑事訴訟法(上)』（弘文堂）の中で、「刑事手続の日本的特色」を「精密司法」と把握した。すなわち、「捜査は徹底して行われ、拘禁中の被疑者の取調も、手続の適正と正面から抵触しない限度で最大限に実行される。警察だけでなく検察官も捜査に深い関心を持ち、公訴の提起は、十分な証拠固めをした上で、確信をもってなされるのが常態である。公判では、相手方の同意によって、または証人の記憶喪失や供述の矛盾を理由に、捜査の過程で作成された供述調書が、きわめて頻繁に証拠とされる。この書証依存の傾向は、裁判所が一般に多数の事件を並行的に審理していることと密接に関連する。二回以上の開廷を要する事件では、その開廷間隔は長く、通常、週の単位、場合によっては月の単位ではかられる」（松尾・同書〔新版、1999年〕15頁）、と。松尾は、1987年の論文で、この「精密司法」は日本の「法文化そのものの

所産」であるという歴史的認識の下に、「精密司法」の「岩盤」は強靱で「容易にその修正を許さない」から、その「抜本的改革」は不可能であり、「刑事司法改善」の処方箋は「微調整の積み重ね」に求めるほかないと主張した（松尾浩也「刑事訴訟法の基礎理論」『国家と市民——国家学会百年記念　第３巻』〔有斐閣、1987年、後に同・前掲『刑事訴訟の理論』225頁以下所収〕参照）。

　「精密司法」が日本の刑事手続の「岩盤」であり「法文化そのものの所産」だとする歴史的認識の前提には、松尾の歴史的分析があった。松尾は、前掲論文（「刑事訴訟法の基礎理論」）において、明治期以降の日本の刑事手続の近代化の歴史的展開過程を検討した後、明治以降の刑事訴訟法における公判前手続の重視と検察官の権限拡大傾向を指摘し、そのゆえに日本の刑事手続には「擬似当事者主義〔検察官の権限強化を主眼とする当事者主義—引用者注〕的な基盤が熟成していたために」、アメリカ法の強い影響下にあった戦後刑事司法改革を経て成立した現行刑事訴訟法は、「これ〔擬似当事者主義—引用者注〕を基層とし、アメリカ法を表層として成立した複合的当事者訴訟」とならざるをえず、その結果『精密司法』を実現させた」との歴史的認識を表明したのである。

▶ **歴史的分析と刑事司法改革ヴィジョン**

　戦前の刑事訴訟法の展開過程の歴史的認識において松尾と小田中との間に基本的な点で齟齬はないようにみえる。すなわち、松尾のいう「疑似当事者主義的な基盤」という把握と、これを「糺問主義的検察官司法」への志向と捉える小田中との間には、認識において差異はないようにみえる。しかし、小田中が現行刑事訴訟法における「糺問主義的検察官司法」の残滓を克服の対象として把握し、刑事司法改革の課題をその抜本的改革に求めるのに対して、松尾は、「精密司法」は「擬似当事者主義的な基盤」に支えられた「法文化そのものの所産」であり、日本の刑事手続の強靱な「岩盤」ないし「基層」であって、したがって「精密司法」の存続は容認せざるを得ず、ただその負の側面（「擬似当事者主義」のマイナス面）の「微調整」がこれからの刑事司法改革の課題だと主張した。かくのごとく、両者の刑事司法改革ヴィジョンは対照的なのである。

　小田中と松尾が歴史的認識を共有しながら対照的な改革ヴィジョンに到達した、その分かれ目は、現行刑事訴訟法の歴史的構造的特質を規定する要因の評価の相違に帰するように思われる。上述のように、小田中の歴史的分析は、国

家の権力的性格を規定する社会経済的諸関係を視野に入れつつ、国家の治安政策的刑事手続政策と刑事手続における人権保護要求運動との対抗・葛藤・交錯の内に刑事訴訟法の法現象が歴史的に展開するという分析視角・方法に立っていた。そのゆえに、刑事訴訟法が内在する矛盾的契機の内に刑事司法改革の可能性を見いだし、刑事手続における人権保障のために「糺問主義的検察官司法」の残滓の克服、すなわちその抜本的改革を刑事司法改革の課題として設定したのである。これに対して、松尾は、「精密司法」を克服の対象とは捉えず、むしろ、日本の近代刑事訴訟法の歴史的発展過程を見れば、「精密司法」の歴史的基盤は強靱な「岩盤」であり「基層」であるから、その抜本的改革は不可能であるとの立場に立ったのである。松尾の歴史的分析には、小田中とは異なり、刑事訴訟法の法現象の発展を規定する矛盾的要因（国家の治安政策的刑事手続政策と人権保護要求運動との対抗）に着目する分析視点は見あたらない。ここに、現行刑事訴訟法の改革課題を抜本的改革として捉えるのか、現状を宿命論的に捉えて、改革課題を「微調整」的改革として捉えるのかという対立が生じた根本的原因があったように思われる。そして、その背後には、刑事手続における本質的対抗軸を「刑罰権力（国家）対人権（市民）」と捉えるのか、それとも「犯罪（犯罪者・犯罪組織）対安全（社会・個人）」と捉えるのかという、刑事訴訟観（刑事訴訟の本質論）に帰する対立があったようにも思われる（刑事手続における対抗軸について、川崎・前掲「刑事訴訟法の半世紀と展望」22頁以下参照）。小田中の刑事訴訟観は前者であり、そのことは、歴史的分析の方法に発現しており、『刑事訴訟と人権の理論』（前掲）において、人権の刑事訴訟法理論の構築を目ざして、刑事手続における権力抑制（捜査の抑制、公訴の抑制、証拠の規制、誤判救済）と人権の論理とを刑事訴訟法解釈論の基軸に据えようとしている点に現れている。この刑事訴訟観を支えているのは、刑事訴訟法の歴史的分析を通して獲得された刑事手続における「人権の歴史的存在構造」の認識であろう。小田中が指摘するように、刑事手続における人権保障が刑事訴訟法の課題である限り、刑事手続の本質的対抗軸を「権力（国家）対人権（市民）」として捉える近代法的思惟を放棄することはできない。

5 現代的意義

▶実用法学としての刑事訴訟法学？

　最近、刑事訴訟法学が目ざすべき「刑事訴訟法『理論』」とは、刑事手続の関与者、とりわけ「公権的最終判定を行う裁判所の判断過程を統制・制御する言語技術」であるとし、そのような「実用法学」としての刑事訴訟法学は、刑事訴訟法の「基本的設計図」を構築する「構成原理や制度趣旨・政策的目的に係る議論」としての刑事訴訟法の「理論」の「洗練」をめざすべきであり、訴訟制度の本質や法的性格を「無目的に追求する『理論』は、無意味」であるとする指摘がなされている（酒巻匡「刑事訴訟法理論の現代的意義」井上正仁・酒巻匡編『刑事訴訟法の争点』〔有斐閣、2013年〕4頁以下参照）。ここには、刑事実務にとっての有用性（実用法学性）を刑事訴訟法学の評価基準とする志向が見てとれる。

▶刑事訴訟観と刑事訴訟法の歴史的分析

　既に述べてきたように、現在の刑事訴訟法学は法解釈学としての性格が強いが、刑事手続は国家の刑罰権力（捜査・訴追権限）と人権（被疑者・被告人の防御権）とが鋭く対峙する領域であるから、刑事訴訟法の体系的解釈を構築しようとする（法解釈学としての）刑事訴訟法学には、刑事手続についての明確な本質論と機能論、また（憲法的）理念論が不可欠である。これは刑事手続における対抗軸は何かという刑事訴訟観にかかわる問題であり、権力抑制と人権保障の理念を基軸とする刑事訴訟観が欠ければ、刑事訴訟法学は人権の犠牲の上に刑罰権の効率的実現を図る権力的手段となりかねない。このような視点から考えると、刑事訴訟法「理論」を「裁判所の判断過程」を「統制・制御する言語技術」と捉えた場合、「統制・制御」自体には（その方向が明示されていなければ）正当化根拠は存在せず、「洗練」された「刑事訴訟法『理論』」の正当性を担保するものはないから、正当化根拠はその「理論」を支える刑事訴訟法の本質論と機能論、そして理念論に求めるほかないことになる。この本質論、機能論、理念論とは刑事訴訟観の問題であり、刑事訴訟観は刑事手続における「人権の歴史的存在構造」の認識に規定される。小田中が提起した「社会科学としての刑事訴訟法学」は、刑事訴訟法の歴史的分析を不可欠の構成部分として位置づけ、歴

史的分析の課題と方法を明確化し、そのような歴史的分析に基づく「人権の歴史的存在構造」の認識に立脚して刑事司法論を構築するという刑事訴訟法学の課題と方法を明確に提示した。この問題提起に学ぶならば、「刑事訴訟法理論」の正当性は、刑事訴訟法の歴史的分析に基づく「人権の歴史的存在構造」に依拠するほかあるまい。そうであればこそ、刑事訴訟法学は、「実用法学」という狭い刑事訴訟法「理論」の追求ではなく、「人権の歴史的存在構造」の認識に立脚した刑事司法論の構築をこそめざすべきであり、ここに、刑事訴訟法学における歴史的分析の現代的意義を見い出すことができるように思われる。

既に指摘されている（白取祐司『刑事訴訟法の理論と実務』〔日本評論社、2012年〕10頁参照）ように、実用法学は刑事訴訟法学の一側面にすぎず、そのような、主として実用法学的な評価基準に基づいて、刑事訴訟法「理論」の「洗練」度を測定しようという発想は、刑事訴訟法学の価値尺度としては狭隘であろう。それは、「理論」の正当性の根拠基準を欠いており、刑事訴訟法「理論」の実務追随的傾向をいっそう促進することにもなりかねない。のみならず、刑事立法の動きが活発化している現在、刑事訴訟法学は、実用法学という狭い領域に止まってはならず、より広い歴史的視野が要請されている。現在の時点こそ、小田中が提起した「社会科学としての刑事訴訟法学」に学ぶ意義は大きいというべきである。

3 モデル論

●基本文献
田宮裕
『刑事訴訟とデュー・プロセス
〔刑事訴訟法研究2〕』
(有斐閣、1972年)

福島　至

1 学説・実務状況

▶モデル論の意義

　刑事訴訟法学においては、糾問主義と弾劾主義や、職権主義と当事者主義、実体的真実主義とデュー・プロセス主義など、いくつかの対概念を用いて諸問題を論じることが行われてきた。このような二項対比的方法論は、端的には、もともと刑事訴訟法が有している性格に起因するとも言えよう。刑事手続きの場は、国家刑罰権の発動を通して国家の刑事・治安政策の実現を行おうとするベクトルと、被疑者・被告人の人権を保障し、市民の人身の自由を確保しようとするベクトルとが鋭く対抗する場であるからである。

　加えて、そこには、とくに日本固有の歴史的事情も影響している。大日本帝国憲法下の刑事手続きは大陸法的な（とりわけドイツ法的な）影響の強かった手続きであったのに対し、日本国憲法下の刑事手続きは英米法的な影響を強く受けた刑事手続きへと改革された事情である。これらが構造上対照的なものとして捉えられたのである。

　しかし、モデル論の意義は、単に相対立するベクトルのぶつかり合いを描写することや、手続き構造の違いを明らかにするところにあるだけではない。論者が自らの置かれた歴史的、社会的状況の中で、モデルとして、相対立する理念や価値の意味を自覚し、眼前の法現象を分析・解釈し、あるべき姿を論じよ

うとする方法論であるところに一層の意義がある。

　なかでも、日本におけるモデル論の発展に大きく寄与したのが、田宮裕の2つのモデル論である。とくに、日本国憲法の理念に基づいてデュー・プロセス・モデル論を展開したところにその特徴があり、最後に述べる通り、いまなお現代的意義を失っていないと思われる。

▶パッカーのモデル論

　刑事手続きのモデル論が脚光を浴びたのは、1964年にアメリカ合衆国（以下「アメリカ」という）の刑事法学者パッカーが論文「刑事手続きの二つのモデル」(H.L.Packer, *Two Models of the Criminal Process*, 113 U. Pa. L. Rev.1,1964) を公刊したことにさかのぼる。パッカーは、クライム・コントロール・モデル（犯罪抑制モデル）とデュー・プロセス・モデル（適正手続モデル）の2つの価値モデルを示して、アメリカの刑事司法においてデュー・プロセスが貫徹していくべきことを説いたのである。

　パッカーによれば、クライム・コントロール・モデルとは、国家公共の利益を重視する立場である。刑事手続きのもっとも重要な機能・目的は犯罪の処罰確保にあり、効率のよさを目指して有罪答弁の多用など行政的な適切処理を重点にして、処罰確保を優先する方式である。たとえて言えば、有罪判決に向けたベルト・コンベアーのような流れ作業の手続きイメージである。他方、デュー・プロセス・モデルとは、個人の利益を重視する立場である。人権の尊重を目的として、効率よりも裁判所による正しい事実認定が重要であるとし、行政的処理ではなく司法審査による手続的保障を強調する方式である。手続きイメージは、法律要件のハードルが並ぶ障害物競争にたとえられる（田宮裕『日本の刑事訴追〔刑事訴訟法研究5〕』〔有斐閣、1998年〕11頁）。

　パッカーが2つのモデル論を発表したことは、アメリカの時代背景と密接な関係をもっていた。当時のアメリカは、深刻化する犯罪情勢に対する断固とした取締りや対応を求める国家のタフな刑事政策が志向される一方で、連邦最高裁（ウォーレン・コート）が刑事手続きに関して、飛躍的に人権保障を伸張させる一連の自由主義的な判例を宣告し始めていた時期であった。パッカーはこのような時代状況の中で、刑事手続きは犯罪抑制の方向ではなく、デュー・プロセスの下で憲法的価値を実現する方向に進むことこそが正当であることを示そ

うとしたのである。パッカーのモデル論は、きわめて実践的であった（白取祐司『刑事訴訟法の理論と実務』〔日本評論社、2012年〕25頁）。

2　学説史的意義と位置づけ

▶旧刑事訴訟法典から新刑事訴訟法典への転換

　冒頭で述べたところであるが、日本の刑事訴訟法学においては、第二次世界大戦後、対概念を用いて諸問題を論じる二項対比的思考方法が用いられてきた。その背景には、現行刑事訴訟法典の有する性格がある。

　1947年に施行された日本国憲法においては、刑事司法における人権保障規定が、例を見ないほど大きく強化された。令状主義や弁護人の援助を受ける権利、証人審問権、黙秘権、自白法則などが詳しく規定されたのである。これは、大日本帝国憲法下の刑事司法が、人権蹂躙をもたらす原因となっていたとの認識にもとづく改革の成果である。現行刑事訴訟法典の制定に際しても、憲法の人権保障規定を受けて、それらと同様の保障を規定することになった。

　ところが現行刑事訴訟法典においては、その一方で糾問的色彩の濃い規定や職権主義的概念を継受した規定などが設けられたのである。たとえば、罪証隠滅を疑うに足る相当な理由を勾留の要件に掲げる規定、逮捕・勾留中の被疑者に取調べ受忍義務があるかのように読める規定、勾留の期間が20日間まで認められる規定、弁護人の被疑者接見について捜査機関による指定を認める規定、伝聞法則があるにもかかわらず自白調書の証拠能力を容易に肯定する規定などである。これは、現行法のもつ二面性の問題である（福井厚「いわゆるモデル論の意義」松尾浩也編『刑事訴訟法の争点』〔有斐閣，1979年〕20頁）。

　また、現行刑事訴訟法典の規定上は、起訴状一本主義や訴因制度、交互尋問制度の採用などによって手続きの当事者主義化が進められたが、制定の当初は手続きの担い手である法曹は職権主義的なやり方に慣れ親しんでいたのであり、その意識変革はそう簡単にはいかない状況も存在していた。

　これらの状況も、日本国憲法の保障内容を刑事訴訟法典の施行に貫徹させようとする問題意識を鮮明にさせ、二項対比的考察方法をもたらすことになったと言えよう。

▶基本文献の意義

　二項対比的考察として比較的早期から行われていたものは、大陸型手続きと英米型手続きとの対比、職権主義と当事者主義との対比などである。これらは、手続き構造に着目した基礎理論的考察であり、政策的価値と結びつけて論じられることはほとんどなかった。

　こうした中で、刑事訴訟法学において政策的思考の重要性を最初に説いたのは、平野龍一である。平野は、概説書の中で政策論の意義を強調し、糺問的捜査観と弾劾的捜査観を対比させた捜査の構造論を展開した（本書7　**捜査構造論**参照）。糺問的捜査観とは、「捜査は、本来、捜査機関が、被疑者を取り調べるための手続であって、強制が認められるのもそのため」であり、「捜査は被疑者取調のための手続」であるとする見方とされた。他方の弾劾的捜査観は、「捜査は捜査機関が単独で行う準備活動にすぎない。被疑者も、これと独立に準備を行う」として、「逮捕・勾留は、将来公判廷へ出頭させるためであって、取調のためではない」とする見方とされた。

　平野はそのような対立軸を設定した上で、当事者主義的な刑事手続きを推進する立場から、弾劾的捜査観に立つべきことを主張した（平野龍一『刑事訴訟法』〔有斐閣、1958年〕83頁）。このほか、平野は、当事者主義とは民主主義の精神そのものだといってもいいすぎではないとする一方で、職権主義の訴訟は国家主義的な考え方の現れだということができると述べている（平野龍一『刑事訴訟法の基礎理論』〔日本評論社、1964年〕8頁）。平野は、国家主義ではなく民主主義を価値選択し、それを当事者主義的な基礎理論、政策論に結びつけて体系化したのである（小田中聰樹「平野刑事訴訟法学の軌跡と真髄」法律時報76巻12号〔2004年〕73頁）。

　この平野の捜査構造論を、公判を含めた手続き全体のモデル論へと発展させたのが田宮である。田宮は、平野を指導教官とし、平野と同様にアメリカ留学をした。田宮は当事者主義論をさらに深化させたデュー・プロセス論を展開して、刑事手続きが憲法価値を体現すべきことを説いた。そして、デュー・プロセス・モデルと必罰主義モデルとを対比させる2つのモデル論を示したのである。

　田宮のモデル論の意義は、デュー・プロセス論を単なる裸の人権論に留め置かず、刑事司法の機能、訴訟の目的や構造などと相互に関連させながら、無辜

の不処罰主義、無罪推定原則を刑事司法の機能と強調する自由主義的刑事司法観を、包括的、体系的にまとめ上げたところにある（小田中聰樹『現代刑事訴訟法論』〔勁草書房、1977年〕285頁）。日本国憲法と現行刑事訴訟法典の制定の歴史的意義を踏まえて評価し、自らの学者としての存在意義を自覚しながら、自由と民主主義の確立を推進する方向で理論的作業に取り組んだ成果である。しかも、それが優れて実践性に富んでいたことにも意義がある。

3　文献紹介

▶基本文献の構成

　基本文献は、田宮が1963年から71年にかけて法律雑誌等に発表した論文を集めたものである。その内容はおおむね以下の通りである。

　第1章は、「刑事裁判の機能」で、「Ⅰ　現代における刑事裁判の機能」、「Ⅱ　分離公判か統一公判か──学生運動の大量起訴と裁判」、「Ⅲ　近代裁判史素描：甘粕事件、福田大将狙撃事件、山本宣治暗殺事件、赤化判事事件、横浜事件」の各論稿からなる。この章では、刑事裁判の機能を論じ、手続きの純化論を説く。すなわち、刑事裁判の機能は刑事事件の解決という社会的機能をもつに過ぎず、これを超えた無関係ないし遠い関連性しかない政治的イシューなどを対象にすべきでないことを主張する。

　第2章は「刑事訴訟におけるデュー・プロセス・モデル」で、本章がモデル論の中心となる。「Ⅰ　デュー・プロセス・モデルと弁護の機能」、「Ⅱ　有罪と無罪の間」、「Ⅲ　刑事手続とデュー・プロセス──アメリカにおける判例の展開を中心に」、「Ⅳ　デュー・プロセスの課題」の各論稿からなる。詳細は後に紹介するが、アメリカの判例展開に基づいてデュー・プロセス保障論を確立し、それを捜査や訴訟の構造論と結びつけてモデル論を展開している。

　第3章「刑事裁判官の役割」は、「Ⅰ　刑事手続と裁判所の役割──証拠開示問題を素材として」、「Ⅱ　刑事政策と法曹の役割」の各論稿からなる。デュー・プロセス実現の担い手として、裁判官に期待する姿勢を鮮明にし、その役割論を展開している。

　第4章は「デュー・プロセス各説」とされ、「Ⅰ　迅速な裁判を受ける権利

付《判例研究》 起訴後10年間の事件の放置と迅速な裁判の要求」、「Ⅱ 長期裁判と刑事訴訟上の救済——高田事件をめぐって」、「Ⅲ 証明力を争う証拠——証人対質権の片面的構成」、「Ⅳ 上訴の理由」、「Ⅴ 最高裁と事実審査——八海事件をめぐって」、「Ⅵ 破棄判決の拘束力」、「Ⅶ 再審を考える——白鳥事件・金森事件を契機に」の各論稿からなる。ここでは、デュー・プロセス論から導かれる具体的な解釈論を展開し、被告人の迅速な裁判を受ける権利の保障が真実究明に優先することや、被告人に優位に保障されるべきいわゆる「訴訟の片面的構成の理論」が伝聞法則や検察官上訴、挙証責任などに適用されるべきことを説いている。

▶デュー・プロセス論の確立

田宮は1960年秋から1962年夏まで、ミシガン大学ロー・スクールに留学し、マップ事件判決（1961年）など当時のアメリカ最高裁のドラスティックな判例展開を目の当たりにした（田宮裕「アン・アーバのことども」法学教室Ⅰ期7号〔1963年〕147頁以下）。この時代の判例展開を踏まえて、デュー・プロセス論の意義を確認し、総括的な考察を加えたのが基本文献第2章Ⅲの「刑事手続とデュー・プロセス」である。これは、1963年初出の論文であり、基本文献の中で最も初期のもののひとつである。

田宮は、この論文を執筆した問題意識について、アメリカの最高裁の示す人権感覚や人権の保障に対する熱意は、十分他山の石とすることができるとした上で、次のように述べる（基本文献174頁）。

> わが国の憲法では、いわば三三条以下に詳細なかたちで、刑事手続におけるデュー・プロセスが拡張され具体化されているわけだが、その解釈・構成に当たって、何が基本的な公正の要求かを知ることは、大いに参考になるといってよい。まして、右の規定をなかなか動かしたがらないわが国の裁判所に対して、せめてデュー・プロセスとされている程度の保障は宣言してほしいと要求できる意義はある。それに、三三条以下の保障が詳細ではあれ、決して網羅的ではないのであるから、三一条の総括規定にどういう内容をおりこむかという仕事は残っているはずである。こうして、修正一四条の内容を考察することは、わが憲法の問題を論ずる上にも十分意義のあることと思われる。

こう述べた上で、田宮は、アメリカにおけるデュー・プロセス法の発展を、

弁護人に依頼する権利、自白法則、違法収集証拠排除法則、その他のフェア・トライアルの基準などについての判例をフォロー・検討することによって、示したのである。

この論文執筆時期と相前後して、基本文献第4章の「Ⅰ 迅速な裁判を受ける権利 付《判例研究》 起訴後10年間の事件の放置と迅速な裁判の要求」や「Ⅲ 証明力を争う証拠——証人対質権の片面的構成」などの論文も執筆し、田宮はますますデュー・プロセス論の内容を深化させ、いよいよモデル論の確立へと移っていくのである。

なお、田宮自身によれば、基本文献の内容については次のように語られている（基本文献「はしがき」1-2頁）。

> 読者は大まかにいって三つの柱があることに気づかれるであろう。第一は、デュー・プロセスの保障機能の総括的分析、第二は、その担い手としての裁判官の役割論、第三は、刑事訴訟は国家の処罰のためのルートというよりは、被告人の防御のためのバリアーであるというデュー・プロセス論の帰結を具体的問題に適用した片面的構成の理論、がそれである。

▶基本文献のエッセンス——モデル論

田宮は、内容を深めたデュー・プロセス論を手続き構造と結びつけた上、さらにその背後にある対抗する価値を看破して、二項対比的モデル論を提示する。

モデル論につき総括的に論じられている第2章「Ⅱ 有罪と無罪の間」の末尾を、紹介する（基本文献167頁）。

> 三 必罰主義からデュー・プロセスへ
> 　一 二つの手続類型
> 　被疑者・被告人の地位との関連で、刑事手続を支える思想を、わたくしは二つのモデルにわけてみたい。一つは必罰主義のモデルであり、もう一つはデュー・プロセス主義のモデルである。そして、後述のように、この基本思想のモデルは、訴訟構造論としては、前者が職権主義のモデルに、後者は当事者主義のモデルに結びつくのである。

田宮は、こう明確に対比させた上で、以下詳しい説明へと移る（基本文献168-169頁）。

3 文献紹介 | 35

必罰主義とはなにか、それは文字通り犯人は必ず処罰しようという思想である。従来は「実体的真実主義」とよばれていたものを、わたくしがこのようにいいかえてみたものである。いいかえたのは、内包する意味の変更を欲したためではなく、その意味を明確にしたかったからにほかならない。日本でも、刑訴一条は「事案の真相を明らかにし」といって、実体的真実主義の大目標を宣言しているといわれる。なるほどそれにまちがいはないが、この語の本来の意味は、端的に誤りのない事実認定をしようといった無色の宣言なのではなく、処罰の確保というすぐれて秩序維持的な発想にあった。実体的真実主義とはもともと犯人必罰主義そのものだったのである。したがって、犯人を誤りなく有罪にすることを積極的真実主義とよび、両者は表裏一体、相即不離であるかのように理解されているが、実体的真実主義は概念の問題ではなく基本思想であって、その意味では後者はまったく新しい──異質の──発展観念なのである。

そして、デュー・プロセス主義はまさにこの消極的真実主義からの流出物だといってよい。デュー・プロセスとは元来被疑者・被告人に適正な手続を保障することを意味するから、刑事手続における人権の尊重といいかえることができる。そこで、デュー・プロセスは刑事手続における人権主義だと理解されている。これは誤りではない。デュー・プロセスの観念は、アメリカ法において近時めざましい発展を遂げたものであるが、なるほどそこで問題となったのは、弁護人依頼権であり、証人審問権であり、黙秘権であり、違法な自白の排除法則であり、不当な捜索・押収からの自由の法則等であった。デュー・プロセスの発展史は、即人権の発展史にほかならなかった。

しかし、その背後にある思想は、人権保障というばかりでなく、かりにも無辜を罰すまいといういわゆる消極的真実主義だと思う。「一〇人の有罪者を逃がすことがあっても一人の無辜を罰するな」という法格言があるが、このような無実者の不処罰の原則がデュー・プロセスの基礎にある思想なのである。すなわち、被疑者・被告人として嫌疑をかけられ訴追されている者でも、無実ならば決して処罰してはならないのだし、そういう無実の市民が混在している可能性がある以上、被疑者・被告人には可及的に人権が保障されなければならない。また、処罰主義の要求が強烈でなければ、手続の負担の忍従を強いてまで、事実を糾明する必要もないことになる。

ここで重要な指摘は、無辜の不処罰がデュー・プロセスの基礎にある思想であるとの指摘である。

さらに、田宮はこの対立の基礎にある国家主義と民主主義を対置させて、論理を展開する（基本文献169-170頁）。

二 二つの類型を支えるもの

必罰主義は、国家の犯人処罰の欲求が強い場合の手続の類型である。ところで、犯人つまり有罪者とは裁判の結果、判決で有罪を宣告された者以外にはないのであるから、判決が下るまではだれもまだ犯人ではない。つまり被疑者や被告人も無罪者と変わりがないはずである。それにもかかわらず、犯人処罰が至上命令である場合には、そのために捜査・訴追は不可欠であるから、何人もその活動に協力すべきことになる。被疑者・被告人は疑われた以上、国家の訴追力の前に忍従を余儀なくされるのである。すなわち、かれは未だ犯人ときまったわけでないのに、自由を拘束されるなどすでに市民的権利の剥奪状態を体験せざるを得ない。

これに対して、必罰主義を克服した手続の類型がデュー・プロセスのモデルである。むろん国家の訴追力が働くが、それは必罰主義が支配するものではなく、かりにも無辜を罰すまい、訴追すまいという方向に主たる関心が注がれるから、無罪の推定が純粋に貫かれることになる。無辜の訴追は可及的に回避され、強制処分の要件は厳格となり、無罪の可能性のあるすべての被訴追者に、できるだけ市民的権利を保障しようという方向が指向される。処罰・訴追の苦痛を受けるのは犯人だけのはずであるから、犯人ときまらない手続段階では、被疑者・被告人もたんに嫌疑を受けたというにすぎず、もともと人権を制限されるいわれはないのである。

刑事手続の思想としてこのどちらのモデルをとるかは、いろいろの要因に左右されるであろうが、前者は、政治的・社会的には治安が乱れていて秩序維持の必要が強いとか国家の権威を示す必要があるなどの権威主義ないし国家主義体制に相応し、刑罰論的には、犯罪において特異な犯罪人の類型を見、犯罪抑止のために刑罰の機能に信頼を置く刑法思潮に相応するといえる。実体的真実主義がヨーロッパとくにドイツで発展し強調されたのはゆえなしとしないのである。これに対して後者は、政治的・社会的には、相対的に安定した自由主義・民主主義体制に相応し、刑罰論的には、犯罪人は必ずしも特異な人種であるわけではなく、一般市民もいつ犯罪現象にまきこまれるかもしれないと考え、また社会統制の機能としては刑罰に必ずしも絶対的な優越性を認めない刑法思潮に相応するといえる。デュー・プロセスの観念が英米法で展開をみせたのは根拠があるのである。

このように必罰主義と不処罰主義、無罪推定原則を対比させ、不処罰主義には民主主義的根拠があることを示すのである。ひき続き、訴訟構造と結びつけて説明する（基本文献170-171頁）。

三 職権主義と当事者主義

ところで、このような手続の思想は、訴訟の構造と必然的な関連をもつ。訴訟構造

としては、裁判所が自己の責任において事実を糾明する方式たる職権主義（糾問主義）と、当事者に証拠資料を出させ、その攻撃・防御によって事実を浮かびあがらせようとする方式たる当事者主義（弾劾主義）とに大きくわかちうるが、必罰主義は前者にデュー・プロセス主義は後者に結びつく。このことは従来必ずしも了解されてはいないが、以下のべるように、この点もしっかり確認しておく必要があるとわたくしは思う。

　すなわち、職権主義のもとでは、裁判所が自ら事実を糾明するという空疎な観念ではなく、実態である。そしてその実態とは、ドイツでも旧法下の日本でも、端的に有罪事実と無罪事実を糾明するということでは決してなく、起訴前に捜査機関の用意した事件を確認し、不足があれば補充するということであった。捜査機関が一応準備した事件を検察官が訴追するわけだが、そのさい裁判所が責任をもって真実糾明を後見したのである。すなわち、検察官の訴追という上手の手から水が漏れないように、裁判所の職権主義が処罰を担保したわけである。この意味で、職権主義は必罰思想の表現形態にほかならないといえよう。これに対して、当事者主義は、このような検察官と裁判所の処罰のための互恵関係を切断して、当事者性を認められた被告人に、無罪のための立証活動を許容するところに本質がある。いわば被告人側の真実証明の権利を保障する形態なのである。ここでも、一般には、当事者に主体的な訴訟活動の権限を与えるものを当事者主義と称するという抽象的な観念論が支配しているが、こうして当事者主義は消極的真実主義と結合した実践的な主張であることを忘れてはならない。そして、この意味で、それはわたくしが右に説いてきたデュー・プロセス・モデルの構造的な表現形態なのである。

　こうした上で、デュー・プロセス保障の方向へ進むべきことを結論づけるのである（基本文献171頁）。

　さて、こうしてみてくると、わたくしがここで結論として示すべきことは明らかである。刑事手続はややもすると必罰主義の傾向をもち、日本の現行体制もまだまだこれを払拭し切っていないが、近代的な民主社会では、デュー・プロセス・モデルへと脱皮がはかられなければならない。そして、その脱皮は職権主義と当事者主義の調和といった遁辞としてではなく、必罰主義の完全な放棄でなければならない。なぜなら、ここで問題なのは思想と構造そのものだから。むろん、新しい障害がつぎつぎに生じてくるだろう。しかし、それはそれとして解決方法を考えていくほかはないのである。

▶モデル論の性格

　これまで述べてきた通り田宮モデル論の意義は、それ以前から議論されてきた訴訟構造論等と価値モデルを組み合わせたところにある。田宮自身も、後に

なって、従来の日本の理論とパッカーのモデル論を組み合わせることによって、非常に有用なモデル論が生まれるのではないかと考えたと述べている（田宮・前掲『日本の刑事訴追』45頁）。田宮はパッカーの影響を受けたのであった（なお、パッカーのモデル論を直ちに翻訳して日本に紹介したのは、田宮であった。田宮・前掲『日本の刑事訴追』3頁）。

　このようにして生まれた2つのモデル論は、次のような意義をもつと言われている（福井・前掲20頁）。第一に、分析概念としての意義である。現行法の歴史的位置を明らかにする意義である。第二に、法解釈の根拠を示す意義である。モデル論は、基本的な解釈論的視座を与える。第三に、刑事手続のあるべき姿を示す意義である。これは現状の批判概念であるとともに、立法の方向性、改革提案を示すものとなる。これらの多様な意義があるとされるのは、田宮の2つのモデル論がもつ特質から起因することは明らかである。

4　残された課題

▶2つのモデル論への異議

　松尾浩也は、田宮より1年先に平野の下で助手になったが、田宮より3年遅れてミシガン大学に留学した（松尾浩也『来し方の記――刑事訴訟法との五〇年』〔有斐閣、2008年〕297頁）。松尾は田宮と共著で、『刑事訴訟法の基礎知識』（有斐閣、1966年）を出版している。同書の「はしがき」においては、日本の刑事司法の現実を作り出し、また動かしている根源的な思想的因子は、実体的真実主義とデュー・プロセスとの対立として把握していることが明記され、2人がほぼ等質的であることも記されている。加えて、同書1頁以下の「刑事手続におけるデュー・プロセスとはなにか」は、改題されて基本文献第2章Ⅳとして収録されている。同書を執筆した時点においては、松尾も田宮の2つのモデル論を共有していたことは明らかである（松尾浩也『刑事訴訟の原理』〔東京大学出版会、1974年〕「第1章　刑事訴訟における二つのモデル」3頁以下。また同『刑事訴訟法講演集』〔有斐閣、2004年〕90頁）。

　しかし、その後になって、松尾は2つのモデル論の修正を唱える（松尾・前掲『刑事訴訟の原理』249頁以下）。松尾がそこで指摘した2つのモデル論の問題

性は、4つあった。第一は、現実との不整合が大きい点である。第二は、立法論と解釈論との区別をあいまいなものにしたことである。第三は、基本的な観念の内容が究明不十分に用いられて、議論がかみ合わない状態が生じた点である。第四は、実体刑法との関係を見失いがちであったことである。このうち、第一の点は、井戸田侃が検察官の起訴便宜主義を前提に展開した第三の捜査観に触発されて指摘したものである（本書7　**捜査構造論**参照）。

　松尾はこのように述べた上で、2つのモデル論から離脱し、いわゆる「精密司法論」を説くようになっていくのである（本書2　**歴史的分析**参照）。しかし、田宮は、「精密司法論」について、松尾の言う捜査の徹底や書証の多様がなぜ「精密」司法になるのかとか、その主張するところは現状肯定論や宿命論につながるとの指摘を払拭できないのではないか、今後の日本法の展望が見えにくいなどと、反論をしたのである（田宮・前掲『日本の刑事訴追』20頁）。田宮の反論は、刑事手続きの現状を改革しようとする実践的意義をもって展開されたモデル論の立場からすれば、ごく当然のことであったろう。

▶田宮デュー・プロセス論自体の限界

　田宮の2つのモデル論の中核をなすデュー・プロセス論は、憲法学者にも好意的に受け止められた。杉原泰雄は、田宮説が魅力的できわめて示唆に富むと指摘した上で、従来の憲法学が、刑事手続きの問題について、憲法解釈論として批判的に定着させてこなかったことを反省している（杉原泰雄『基本的人権と刑事手続』〔学陽書房、1980年〕39頁以下）。

　しかしながら、杉原は田宮説を評価しながらも、若干の問題を提起している（杉原・前掲46頁以下）。第一は、裁判官をデュー・プロセスの担い手としていることに対する危惧である。不処罰主義および憲法の立場からすれば、裁判所や裁判官を内容不明確なデュー・プロセス実現の担い手として、これに強大な権限を付与する論理構成はすべきでないと説いている。第二は、手続純化論への危惧である。ひとしく「政治的訴訟活動」とみえる場合であっても、検察官の場合と人権の主体である被告人・弁護人の場合とを同等に論ずるべきではなく、なお「片面的純化論」を考慮すべきではないかと説いた。類似の指摘は、小田中聰樹からもなされている（小田中・前掲『現代刑事訴訟法論』288頁以下）。

　デュー・プロセス論が採る裁判官への信頼に対し寄せられた上述の危惧は、

田宮が立法によらずに、強制処分としての写真撮影を解釈上認めたことによって、現実化することになる（田宮裕『捜査の構造〔刑事訴訟法研究１〕』〔有斐閣、1971年〕259頁など）。これは、憲法31条の規定を根拠に、刑訴法197条に該当しない強制処分として、写真撮影の許容基準を導出することを認めたのであり、強制処分法定主義の軟化を導くとして批判されたのであった。人権保障を推進するデュー・プロセス論が、人権を制約する根拠として用いられかねないことに違和感が生じたのである。

5　現代的意義

▶二項対比的モデル論自体の意義

パッカーのモデル論が公刊された後、今日までアメリカを中心にさまざまな批判が加えられたり、新たなモデルが提示されている。グリフィスやダマシュカ、ゴルドスタイン、ケント・ロウチなどからである（白取・前掲『刑事訴訟法の理論と実務』30頁以下）。これらの批判や新たなモデルの中身は、そもそも価値対抗的なモデル論自体に対する外在的批判や、犯罪被害者を等閑視していることに対するアンチ・テーゼであったと言える。それゆえ、これらはいずれも、パッカーの前提とした問題次元と位相を異にするものであったり、従来のモデル論で吸収することが可能な問題であるように思われる。そのことから考えるならば、これらの議論は、田宮の２つのモデル論の意義を大きく損なうような影響を与えないように思われる。

また、モデル論の中には、３つ以上のモデルを提示したり、種々組み合わせて比較検討するものも見られる。しかし、モデル論は二項対比的方法論をとるところに分析や解釈、立法上の意義を発揮できるものであるし、簡明で汎用性がある。問題の土俵を拡げて、種々の価値を織り込んで複雑なモデルを提示することは、モデル論の意義を低下させかねない。その意味で、パッカーや田宮が用いた二項対比的モデル方法論には、なお現代的意義があると思う。

▶刑事司法の現状とモデル

田宮の２つのモデル論自体の現代的意義は、どうであろうか。日本の刑事手続きにおいて職権主義は払拭され、当事者主義は十分浸透し、被疑者・被告人

の無罪推定原則が実現され、無辜の不処罰主義は貫徹したと言えるのであろうか。なるほど、田宮がモデル論を展開した時代に比べて、被疑者段階にまで国選弁護制度は拡充され、接見指定が実務上問題となることはほとんど無くなった。しかし、取調べの可視化は限定された範囲にとどまる一方、取調べ受忍義務の否定はなされていない。まして、取調べへの弁護人立会いは認められていない。勾留制度についての改革もない。このような刑事手続きの現状を前提にすれば、モデル論の意義は終焉していないと言うべきであるように思われる。

4 弁護論

●基本文献
高田昭正
『被疑者の自己決定と弁護』
（現代人文社、2003年）

岡田 悦典

1 学説・実務状況

▶現行刑事訴訟法制定における弁護の位置づけ

　わが国の刑事訴訟法学においては、第二次世界大戦後に現行刑事訴訟法が成立すると、弁護論が着実に展開してきた。それは、現行刑訴法がアメリカ法における当事者主義の思想を受け継いだことに大きく影響している。弁護権の拡大、そして弁護論の進展は、刑事訴訟における被疑者・被告人の権利保障の進展と繋がるわけであり、わが国の刑事訴訟に適正手続の理念が進展していったことへの証左でもある。このような弁護論の進展においては、主に①弁護権の拡充の他に、②刑事弁護制度の整備、③弁護権の実質化および弁護のあり方という3領域に跨がって、展開してきたといえる。

　現行刑訴法の成立には、①に焦点が当てられた。まず現行憲法において、憲法34条、37条3項に、それぞれ「弁護人依頼権」が規定されたことが大きい。現行刑訴法の成立過程では弁護権の強化が指摘され、被告人だけではなく被疑者にも弁護権が付与され、国の費用に基づく国選弁護制度が新しく整備された。このことはその当時において画期的なことであり、改革の柱のひとつであったと評することができる。

▶被疑者国選弁護制度の確立への議論

　1950年代から1960年代にかけては、当事者主義の実践を目指して、「集中審理」の実現が目指された時代である（岸盛一・横川敏雄『事実審理』〔有斐閣、1960年〕

参照)。もっとも、国選弁護制度の強化も指摘され、アメリカ法を中心に比較研究がなされた。そして、たとえば、アメリカで実践されているような、刑事弁護専従の弁護人が公的に保障されるパブリック・ディフェンダー制度についても、少しずつ関心が向けられるようになった。しかし、いわゆる「荒れる法廷」の問題が取り上げられると、必要的弁護制度のあり方が問われるようになり、1970年代に「弁護人抜き法案」が登場するに至る。そして、1970年代から80年代にかけて、とくに③の視点のうち、弁護人と依頼者との関係が議論されるようになった。たとえば、依頼者と弁護士の間には「信頼関係が弁護士の業務の中心点の一つであるとはいえ、弁護士が法律家である限りは、司法の独立した機関として固有の責任を持つ」、「弁護士の職業的機能はこの二つの中心点から画かれる楕円によって形成される」と指摘された（大野正男「楕円の論理——弁護士と依頼者の間」判例タイムズ528号〔1984年〕9頁参照）。

　もっとも現行刑訴法の制定以来、未完の改革として意識されてきたのが捜査手続の弾劾化である。すでに1950年代には、当事者主義の理念を前提とした刑事訴訟法理論が、平野龍一より展開されたが、中でも弾劾的捜査観が提唱されたことは重要である（平野龍一『刑事訴訟法』〔有斐閣、1958年〕83-85頁）。ここでは、従来の手続が糾問的捜査観と名付けられ、アンチテーゼとしての弾劾的捜査観に基づけば、被疑者が手続の主体として位置づけられる。この考え方は、学説においては専ら通説の地位を占めるに至った。その視点から導き出される帰結のひとつが、被疑者段階における弁護権保障の充実化であったといえよう。より具体的には被疑者段階の国選弁護制度の確立であった。

　すなわち、権利があったとしても制度がなければ、権利の実現は甚だ難しいのが実際である。とくに、被告人の弁護人は国選弁護人であることが大半であるから、そのような状況であれば、被疑者段階に弁護人が付かない場合が日常的であると理解できよう。また、実際の多くの冤罪事例で、虚偽自白を生む構造の問題性が指摘される中で、被疑者取調べのあり方の適正化に自ずと関心が向けられ、問題解決のための重要な論点となったのである。そして手続のあり方として、被疑者弁護の重要性、被疑者国選弁護制度の確立が強く意識された。また、刑事訴訟法の解釈論として、接見交通権、中でも39条3項の「捜査のため必要があるとき」という接見指定の要件を巡り、その要件を厳格化させてい

く議論（物理的限定説）と判例法（最判昭和53・7・10民集32巻5号820頁、最判平成3・5・10民集45巻5号919頁、最判平成3・5・31判時1390号33頁参照）が、展開していった（なお、最高裁は、接見指定制度自体を、最判平成12・6・13民集54巻5号1635頁で合憲とした）。

被疑者弁護の充実化、被疑者国選弁護制度の確立は、主に②を巡る議論である。この観点は、1980年代、1990年代に強く意識されるようになる。具体的な解釈として、上記憲法34条、37条3項において、被告人だけではなく被疑者にも国選弁護制度が保障されるという解釈が展開された。また実務でも、1990年代になると、弁護士会の自前による「当番弁護士制度」が全国に確立し、有志の形での刑事弁護制度が進展したことは、画期的なことであった。自ずと「被疑者弁護はどうあるべきか」、「何をなすべきなのか」、「何ができるのか」が問われるようになった。基本文献は1990年代と2000年代初頭に扱われた論稿をまとめた著書であり、その時代を背景とした理論的営みであった。

2　学説史的意義と位置づけ

▶弾劾的捜査観とデュー・プロセス論

刑事弁護実務の展開には、理論的背景がある。すでに指摘したように、被疑者弁護に限っていえば、最も影響を与えた理論のひとつが1950年代の平野の弾劾的捜査観の提唱であることに疑いはない。弾劾的捜査観によれば、被疑者は捜査の客体ではなく、主体として位置づけられ、捜査はあくまでも公判の準備活動として位置づけられる。その結果、逮捕状・勾留状は裁判所による命令状とされ、逮捕・勾留の目的に取調べは含まれない。この理論は、被疑者の当事者としての主体性を確保することに意義があるため、自ずと被疑者弁護に光が当てられる。

もうひとつは、アメリカ法に影響を受けつつ展開されたデュー・プロセス論である。田宮裕は、1972年に発刊された著書『刑事訴訟とデュー・プロセス〔刑事訴訟法研究2〕』（有斐閣）所収の論文「デュー・プロセス・モデルと弁護の機能」において、次のように弁護論を展開した。すなわち、現行刑訴法への展開を、「実体的真実主義からデュー・プロセスへ、または職権主義から当事者

主義へのそれであった」とし、「前者は訴訟の目的に関する原理であり、後者はその構造に関する原理であるが、この訴訟の二つの基礎的な理念に変革がもたらされた」(田宮・前掲書139頁) とする。そして、「実体的真実主義のもとでは、犯人の処罰に関心のあるのは捜査段階では捜査機関、公判では裁判所であるから、弁護人は一方でたかだか被告人が不当に処罰されないよう監視するに止まるものであり、他方では真実追求への協力義務が要請される。ところが、デュー・プロセスのもとでは、無罪立証のためのあらゆる便宜が与えられるべきであるから、被告人の無罪主張のためにもまた人権保護のためにも最大限の活動が要請され、むろん真実追求への協力義務は否定される」(田宮・前掲書144頁) とした。さらに、田宮の採用する不処罰主義を基礎にもつ当事者主義のもとでは、「第一に、被告人は本来市民的権利を享有すべきものであるから、弁護人はそれが保障されるべく権利の守護者でなければならないと同時に、第二に、無罪の推定がある以上そのための立証には最大限の便宜がはかられるべきであり、そのためにこそ弁護人が付くのであるから、無罪立証の重大な任務が課されることとなる」(田宮・前掲書148頁) とし、「デュー・プロセス = 当事者主義を基礎とした新しい弁護の機能をふまえると、弁護範囲は可及的に拡大し、弁護内容も有効なものたるべきことが要請される」(田宮・前掲書150頁) と述べた。そして、同時期に「有効な弁護」の概念を提唱するに至った(田宮裕「弁護権の実質的な保障(1)──『有効な弁護を受ける権利』」北大法学論集16号2・3号〔1965年〕287頁以下)。田宮は、弁護人依頼権を実質的に理解すべきことを、デュー・プロセス論から展開したのである。

▶憲法論と弁護機能論

　もっとも、細部にわたる弁護論については、なお、その後の議論の展開を待たなければならなかった。これには2つの方向性がある。第一に、デュー・プロセス論を基調とする、より拡大していく弁護論の内実を理論的に基礎づける試みと、刑事訴訟における弁護人の役割とは何かといった訴訟理論から導き出される役割論である。第二に、弁護人には真実義務があるかという古典的かつ基礎的な弁護活動の極限的な限界に関する問いへの回答であり、弁護士倫理とも密接に結びつく領域の議論である。

　学説は1980年代から1990年代にかけて、被疑者弁護の充実化こそ、わが国の

刑事訴訟のあり方を巡る課題であるという認識に関心が向けられた。具体的には、当番弁護士制度の実施に伴う変革によって、被疑者国選弁護制度の確立を意識した制度論と、捜査段階では弁護人は何をなすべきかといった理論面の関心が、交錯しつつ展開した。まず、その前提として被疑者弁護への憲法的保障の位置づけが検討されたことは、特筆すべきであろう。すなわち、憲法37条3項の「被告人」の語は、"the accused" という英文であったことから、これには被疑者も含まれ、被疑者国選弁護制度をも保障するものであるとする解釈が展開された。また、憲法34条を基礎に、被疑者取調べへの弁護人立会権が保障されるといった解釈が展開された（大出良知「刑事弁護の憲法的基礎づけのための一試論」自由と正義40巻7号〔1989年〕124頁など参照）。そして、上記第一の点については、被疑者段階の弁護人機能論、役割論として理論的に基礎づけられた（刑法学会の分科会の特集として、「刑事弁護の機能と本質」刑法雑誌44巻3号〔2005年〕参照）。たとえば、保護的機能、情報収集機能、監視・救済機能として位置づける見解や（石川才顯『捜査における弁護の機能』〔日本評論社、1993年〕）、包括的防御権という概念から被疑者の主体性確保、適正手続確保、公訴権抑制、立証準備という分類が指摘された（渡辺修『捜査と防御』〔三省堂、1995年〕310頁）。こうした中で、基本文献は、憲法論と役割・機能論を総合しつつ、積極的かつ実践的な捜査弁護のあり方を、比較法を基礎に理論的に模索したものであった。

3　文献紹介

▶基本文献の構成

基本文献の構成は次の通りである。

第一部では、第1章「1990年代における刑事弁護の展開と課題」、第2章「刑事手続の憲法的基礎——主体的防禦権の体系化の課題」、第二部では、第3章「ドイツにおける被疑者の強制的取調べ」、第4章「ドイツにおける実効的捜査弁護——被疑者供述の証拠化と取調べ」、第5章「被疑者の取調べと黙秘権」、第6章「被疑者取調べと自己決定」、第7章「接見指定制度の問題性と違憲性——物理的不能説から違憲説へ」、第8章「接見交通権の実効的保障をめざして」、第9章「身体拘束と証拠開示——ドイツにおける被疑者勾留と証拠的基

礎の開示」、第三部では、第10章「ドイツの捜査弁護」、第11章「捜査弁護は何をすべきか——実効的捜査弁護の課題と方法」となっている。

▶**基本文献のエッセンス**

以下は、基本文献203頁から205頁までの本文である。

この捜査弁護は、具体的には何をすべきなのか。もっとも、「何をすべきか」という問題を立てた途端、「現状でそもそも何ができるというのか」という反駁が返ってくるだろう。

たとえば、いまの捜査実務では、被疑者が身体を拘束された事件でさえ、捜査書類の一断片も弁護人に開示されることがない。被疑者や共犯者、被害者の供述調書も、押収された証拠物も、嘱託鑑定の結果も、なにもかも一切が捜査機関の許に秘匿されたままである。被害者が逮捕されず、在宅のまま捜査が進められる場合であれば、弁護人は被疑者から十分に主張や事実を聴取することもできる。それによって、「捜査資料を開示されず、捜査状況も窺えない」という問題を部分的であれカバーすることができる。しかし、被疑者が身体を拘束された場合は、それもできない。執務場所である法律事務所で必要な限り何時間も、十分な時間をとって、依頼者たる被疑者の供述を逐語的に記録化する手段を施したうえで、被疑事件について主張や事実を、吟味しつつ、聴取する——というようなことが、警察留置場や拘置所に留置された被疑者に対してはできないというのである。

それだけにとどまらず、事件によっては、弁護人との接見日時や時間について、被疑者の処遇を知悉しない捜査主任官が形式的に接見指定処分を下してこれを制限する、という問題も生じる。この問題は、1988（昭和63年）の事件事務規程改廃によっても解決されなかった。また、起訴前は被疑者の保釈制度がないという立法政策上の不備も、問題をいっそう深刻なものにする。

「捜査機関の手持ち証拠を知悉しないで被疑者を弁護しなさい」というのは、「弁護人は暗闇を走れ」と要求するようなものであろう。それは、本来、あってはならない要求である。

……

……しかも、逮捕・勾留された被疑者は、身体の拘束がつづく限り、実務上、この秘密の取調べを受忍する義務を負わされる。その取調べは、被疑者に迎合を求めるような—供述に関する被疑者の自己決定を否定するような—取調べであった。捜査機関の尋問に対し被疑者がきっぱりと供述を拒否しても、あるいは明確な返答となる供述をした場合であっても、捜査機関は、何のはばかりもなく、自己の見込み・予断にそった供述が得られるまで同じ内容の尋問を繰り返す。そのような尋問に被疑者は耐えつづけなければならない。このような取調べに弁護人は立ち会うことができないのであ

る。

　それは、被疑者供述が証拠化される過程（身体拘束中の被疑者取調べ）とその結果（捜査機関の被疑者供述調書）について、弁護人のコントロールがおよそ及ばない、ということを意味する。……

　捜査上の処分を被疑者に科す根拠となる証拠資料が、弁護人に対してさえ一切開示されない――。被疑者が自己の供述を証拠化する過程・結果に関して、弁護人の実質的援助を受けることができない――。このようなわが国の現状は、被疑者の尊厳と主体的地位を貶め、その主体的防禦権に対する重大な侵害にあたるものであり、やはり異常なことだといわなければならない。

　次は、基本文献209頁から215頁までの本文である。

　実効的捜査弁護をどう捉えるべきか。結論を先取りすることが許されるならば、独立した主体的な捜査弁護こそが実効的な捜査弁護でなければならない――、と思う。そのような実効的捜査弁護の具体的内容を明確にする、あるいは捜査弁護の課題ごとにその具体的内容を位置付け、体系化するという作業が、いま、必要な時期であろう。

　独立した主体的捜査弁護とは、たとえば、「被疑者の供述を適正に証拠化する課題」を果たす捜査弁護実践である。その課題は、捜査機関との関係で言い直せば、「捜査機関の取調べに依存しないで、弁護人のイニシアティブないしそのコントロール下で被疑者の供述を証拠化する課題」である（捜査弁護の独立性）。被疑者との関係では、「弁護人の援助の下で、被疑者の供述を、その主体的な自己決定の結果として証拠化する課題」だということができる（捜査弁護の主体性）。

　　……

　身体を拘束された被疑者は、その事実だけですでに自己の尊厳を損ない、主体的力量から制限される。……この課題を果たす具体的な方法が――あえて図式的に言えば――、まず「黙秘権を行使させる」、ついで「被疑者自身に供述書を書かせる」、「弁護人自身が被疑者の供述を調書に録取する」、そのうえで〔必要であれば〕「検察官の取調べを受けさせる」ことであった。それは、被疑者の供述を適正に証拠化するために――捜査機関の取調べには依存しない――独立のルートを、弁護人自身が確保することだ、とまとめることもできる。

　　……

　そして、被疑者自身の尊厳・自己決定を保障し、貫徹させるための「黙秘権の行使」は、それだけの機能にとどまらない。捜査機関手持ち証拠を事実上「開示」させたり、事件処理について検察官と対等に「交渉」するうえでも、重要な弁護上の武器となりうるもの――弁護上の武器として大きな射程と多様な可能性をもつもの――なので

3　文献紹介　49

あった（捜査弁護の実効性）。捜査弁護を実効化する重要な武器となるのが、被疑者の黙秘権なのであった。

　……

　……理論的には、自白事件などを典型とするいわゆる「日常的捜査弁護」と、捜査弁護について刑事訴訟法が保障するすべての防禦手段を駆使するいわゆる「先進的捜査弁護」をつなぐ捜査弁護の統一的な理論枠組み、すなわち、日常的捜査弁護も先進的捜査弁護も一人の弁護人が自己矛盾なしに実践できる捜査弁護の統一的理論枠組み──画一的ではなく、事件・被疑者などの個性に応じ柔軟に実践される捜査弁護の統一的枠組み──が構築されなければならない。

　……

　……自白事件を典型とする日常的捜査弁護についても、また、否認事件に顕著な先進的捜査弁護についても、被疑者の尊厳と自己決定の擁護ないし回復という基本課題を共有する点では同じだ、ということができる。言い換えれば、自白事件の捜査弁護、あるいは被疑者に自白させる捜査弁護活動も、①弁護人が手続・事件処理（身体拘束・不拘束、起訴・不起訴決定など）の行方を見極め、②その助言・援助の下で被疑者が主体的に決断して自白するものである限り、先進的捜査弁護と等価値な、正しい弁護実践なのであった。両者の違いは、被疑者や事件の個性・特殊性に基づいた、防禦手段の選択の違いなのだということができる。

▶捜査実務における被疑者の権利保障

　被疑者弁護を語る上では、わが国の捜査手続についても評価を加える必要である。具体的には、①被疑者取調べにおける黙秘権保障、②自由・秘密の接見交通権の保障、③被疑者取調べへの弁護人立会権の実現というテーマである。さらには、④捜査段階における証拠開示の問題へも敷衍していくことになろう。これらのテーマについては、わが国では英米の法制度を研究することが多かった。しかし、基本文献はドイツ法を素材として次のように展開する。

　すなわち、基本文献は、ドイツの被疑者の強制的取調べの動向から、ドイツでは黙秘権行使の被疑者に取調べ目的で勾引することが基本法に違反し、黙秘権行使の場合取調べは終了したものとされると指摘する。そして、勾引命令による滞留義務を課した取調べには、弁護人立会権が保障され、取調べのために被疑者を勾引する警察の強制的取調べ権限は認められないことを明らかにする。さらに、被疑者側の独立した主体的弁護実践が、規範的な論理、枠組みを要求しているとする。第4章では、ドイツ刑事弁護人へのインタビュー調査か

ら、ドイツ捜査弁護では、被疑者供述の証拠化を弁護人がコントロールするということを基本課題として捜査弁護が追求され、「『黙秘の貫徹による取調べ排除』のもとで『捜査書類の早期開示』を獲得し『被疑者供述書や弁護人意見書の提出』によって不起訴処分の獲得や身体拘束処分からの解放を目指す」（基本文献81頁）ものであることを明らかにする。ここで、基本文献の考え方の基礎となる分析が行われる。すなわち「捜査機関の取調べについて、被疑事実の認否など被疑者の主張を聴取させる機会として純化させることが捜査弁護の課題になる。それは、捜査機関の取調べが被疑者供述を証拠化する手続ないし過程となることそのものを拒否するという、弁護実践のバリエーションにあたるものであった」と。

　これらを基礎に、基本文献は、第5章で、黙秘権行使に伴う被疑者取調べの終了、取調べ受忍義務の否定、憲法34条・38条に基づく弁護人立会権の保障を基礎付ける。また、第7および8章で接見交通権を取り上げ、主体的防禦活動のための基本的な前提であるとして、刑訴法39条3項の接見指定制度違憲説を展開する。また、第9章で、ドイツの議論を参照しつつ、身体拘束の証拠的基礎の開示を提唱する。

▶弁護と自己決定権

　手続における具体的な権利保障のあり方を考究すると同時に、弁護の本質を見据えた場合には、被疑者・被告人の自己決定権との関係性を意識することが不可欠である。第6章は、「被疑者供述の証拠化を捜査機関に独占させず、弁護人の援助を得て、被疑者自身がコントロールする」という課題が、被疑者・被告人の自己決定を実現するという上位概念に包摂されるとして、そのための基盤の確保がわが国では必要であるとする。基本文献の重要概念である「自己決定」は、同章で次のように説明される。すなわち、「第一に、主体的防禦の地位や権利は、本来、被疑者・被告人自身から、すなわちその個人としてのあり方から由来するものであり、他の何ものからも、すなわち、国家的な政策とか刑事訴訟の構造からも、由来しないということを認める考え方である」（基本文献112頁）、「第二に、憲法や刑事訴訟法によって法的地位と権限が創設され、かつ制限される裁判官・検察官・弁護人などは、個人の尊厳・幸福追求権に由来する被疑者・被告人の自己決定を制限できるような地位・権限を、本来、そ

の固有のものとしてはもたないと考える」(基本文献113頁)、「第三に、この被疑者・被告人の自己決定も、それが実現される場合には、現実の法的条件の制約というものを受ける。……被疑者・被告人の自己決定は、自らをより深く、広やかに実現できるように、制約となる現実の法的条件について、その変革を不断に求めるものとなる」(基本文献113頁)と。

このように基本文献は、被疑者・被告人の自己決定という概念を基軸としつつ、被疑者弁護活動の幅広い活動を視野に入れる試みである。同時に、既存の手続を前提とはしない展望的視点も提供するところに、基本文献は、それまでの弁護論とは一線を画し、かつこれまでの弁論論の限界を乗り越えようとする。また、これまであまり意識されてこなかった、被疑者供述などの証拠化を目指す弁護活動の具体的提案など、実践的弁護論を提示するところに、特色がある。

4　残された課題

▶自己弁護権と捜査手続

高田昭正の理論は、「捜査弁護」という新たな弁護理論の提示である。それは、わが国の身柄拘束制度への変革を求めると同時に、現実の手続に苦心する弁護の有り様を明らかにし、具体的かつ統一的な弁護のあり方を提示するものである。さらに、従前のように、弁護のあり方を否認、自白事件などとくに区別することなく論ずるのではなく、とくに両者の違いを念頭に置きつつ、自己決定を基軸として、被疑者の尊厳・権利・利益を擁護する弁護論を理論的に明らかにしようとした。この理論は、基本文献の中にいくつか引用される、具体的な刑事弁護活動を意識しているものでもあると思われる。したがって、このような営みは、従前の議論を、より積極的かつ具体的に提示したものとして、さらに、刑事弁護実務をも意識し、吸収したものであると評することができ、学説史的にも重要な意義があるものといえる。

たしかに、自己決定を軸として主張は、とくに接見指定制度の違憲性など、手続のあり方を考えた場合に、最も適切かつ説得的な議論が展開でき得る素地を整えている。しかし、現在の手続制度を前提に、高田が述べる「非常さ」の中で、実際の刑事弁護人は弁護実践を行っているわけであり、場合によっては、

自己決定が十分にできない中で、何らかの判断を、被疑者と弁護人は行っているという可能性も否定できない。したがって、具体的な弁護においては、実践者によっておそらく強弱がある。つまり、自己決定を尊重する理想的弁護論のための段階的な具体案は、ここでは示されているわけでは必ずしもない。その追求は、わが国においては、あるいは諸外国の手続においても見果てぬ夢なのかどうかも、現段階では定かではない。もっとも、刑事弁護の視点から手続の課題を体系的（かつ憲法的）に明らかにしたという意味では、これまでの学説にはない180度視点を転回させた理論を構築したことになる。そしてまた、その視点からわが国の捜査手続のあり方を批判的に検証したという意味で、重要な意義があるものといえる。

▶自己弁護権と弁護人の倫理・義務

　高田は、被疑者・被告人の自己決定を理論的支柱として、捜査弁護の全容を理論的に解きほぐそうとする。しかし、自己決定を突き詰めていくと、とくに、被疑者・被告人と弁護人との関係をどのように理解をしていくべきなのか、古典的かつ現代的問題に行き着くことになる。もちろん基本文献は、このような問題を、直接、検討しているわけではない。

　弁護人の真実義務を巡っては、古くから議論されてきた経緯がある。すなわち、被疑者・被告人の意思に反して、何らかの独立した弁護権行使が可能かといった議論を検討しなければならない。この点で、職権主義のドイツの議論に影響を受けていたこともあるのか、伝統的に、たとえば弁護人は「一つの司法機関」であるから、被疑者・被告人の代理としての限界があると強調した説明されることがあった。すなわち、弁護人には、被疑者・被告人の意思に反してでも、何らかの公的性格があるために行動する義務があるという議論である。しかし、当事者主義の理念が浸透していくと、あるいは、憲法が保障する弁護人の援助を受ける権利の視点が浸透していくと、基本的に、被疑者・被告人の利益を代弁・防禦していくことこそが、弁護人の役割であると、力点を置いて主張されるようになった。そのため、それまでは、弁護人には「真実義務」があるかという論点を巡って議論がなされてきたが、積極的真実義務は否定されるようになり、たとえば、真実義務は「積極的な提示開示義務ではなく、消極的な妨害回避義務」があるとの主張もなされるようになった（田宮裕『刑事訴訟

法〔新版〕』〔有斐閣、1996年〕36頁）。さらに、アメリカ法の影響をますます受けるようになると、「当事者訴訟の成長進展そのものにとって、弁護士倫理の確立遵守が必要」であるとするように（松尾浩也『刑事訴訟の原理』〔有斐閣、1974年〕28頁）、弁護士倫理の発展を見据えた意見が展開されるようになった。その他、かつては裁判所の後見的義務として「実質的弁護」といった概念が強調されることもあったが、このような構成もあまり表現されなくなっていった。

　こうした中で、わが国では誠実義務論が大きな主流として認められるようになり、弁護論に浸透していった。佐藤博史は、『刑事弁護の技術と倫理──刑事弁護の心・技・体』（有斐閣、2007年）において、次のように説明する。被疑者・被告人には自己弁護権が保障され、「弁護人が被告人に対する任務を全うすることが、結果的に刑事裁判の目的に適い、公的意義を有するのであって、被告人に対する任務を離れて、あるいは、ときにそれと矛盾する弁護人の公的義務があるのではない」（佐藤・前掲書22頁）、「弁護人の任務とは、依頼者である被告人に誠実に尽くすこと、すなわち誠実義務にほかならない」（佐藤・前掲書23頁）とし、弁護人には、被告人のためにのみ献身的に最善を尽くすこと（積極的誠実義務）が任務であるとした。そのため近年では、消極的真実義務に関する論争が残され、議論されることとなった。

　村岡啓一は、さらに誠実義務純化論を主張し、次のように説いた。「被疑者・被告人の防禦の主体性を承認し、本人の持つ自己防御権を補完するために弁護人の援助を受ける権利があると考え、弁護人の本来的役割が依頼者に対し法律専門家としての法的助言をすることになる以上、弁護人は依頼者のための『武器』に徹するべきであ」り、「さらに進んで被疑者・被告人の自己決定にまで干渉すべきではない」（村岡啓一「被疑者・被告人と弁護人の関係①」季刊刑事弁護22号〔2000年〕25頁）と。この問題は、たとえば、被疑者・被告人が身代わり犯人であるとしながら有罪弁護を依頼された場合に、弁護人としての対応が問われる。村岡は、身代わり犯人が客観的事実として明らかであれば、犯人隠避罪の共犯に弁護人が問われることになるため、一般的禁止規範に違反する弁護活動はできないから辞任することになるとする。しかし、いまだその審議が不明な場合には、その意思に従って弁護すべきであるとする（村岡・前掲論文26頁）。こうした議論は、いわゆる誠実義務を尽くすことと、真実義務を果たすべきか

という2つの問題の間のジレンマに関する問いかけである。この点で、刑事弁護人の間でも、どの程度真実を知っているかという観点からどのように対応するべきかについて強弱があるように思われる。たとえば、上田國廣は、「憲法的あるいは人権保障的な機能を発揮できるように司法過程の監視を担う憲法上の責務」が弁護人にはあり、「依頼者の決定と異なる弁護活動を余儀なくされる場合もありうる。あるいは、依頼者の弁護人への要求を受け入れないこともありうる」とする（上田國廣「被疑者・被告人と弁護人の関係②」季刊刑事弁護22号〔2000年〕35頁）。この点で、身代わり犯人の問題については、供述内容は被告人の判断に委ねるとともに、法廷に現れた関係証拠に基づき、無罪弁護をすべきであると主張され、誌面上で論争を闘わせた（上田・前掲論文35-36頁）。一般的禁止規範に違反する弁護活動は許されないという意味では、共通の理解が得られているようである。しかし、弁護人の意思決定を被疑者・被告人の自己決定に完全に委ねるか、あるいは客観的な何らかの基準に依拠すべきか（またはその基準は何らかの公的利益を意味するのか）については、なお、弁護人によって温度差があり、議論の成熟が待たれるところである。

5　現代的意義

▶基本文献の出版以後の実務の展開

　ともあれ、現行刑訴法の施行以来、当事者主義に基づく訴訟運用と適正手続の理念の浸透により、弁護論の進展は弁護権拡充と弁護の質的向上への歩みであったといってよい。それは、刑事手続のあり方を検証することに繋がっていった。さらに、刑事弁護制度の充実化と国家の責務との関係について研究がなされるとともに（岡田悦典『被疑者弁護権の研究』〔日本評論社、2001年〕）、1990年代以降には、刑事弁護の哲学的本質が真正面から検討されるようになったのである。

　基本文献の出版以降、被疑者国選弁護制度が全面的ではないものの設立され、被疑者弁護は弁護実務の中でいわゆる市民権を獲得したといってよいであろう。2004年総合法律支援法により、各地の法テラスに配属されるスタッフ弁護士も登場し、また法曹人口の拡大に伴い、捜査段階の弁護活動に多くの弁護士

がかかわるに至っている。たしかに、一定の犯罪に限定され、かつ勾留段階という限定ではあったが、被疑者国選弁護制度が実現したことは画期的であった。法制審議会・新時代の刑事司法制度特別部会による取りまとめ（2014年7月）の構想では、勾留段階の全被疑者への制度拡充も提案され、その後、立法化されるに至っている。しかし最大の課題は、逮捕段階における被疑者国選弁護制度の創設である。スタッフ弁護士と個別の弁護士との関係、弁護士の独立性確保、財政的基盤の整備など、弁護の本質論にかかわる制度の充実化の課題は多い。

　また、前述の誠実義務論についても、被告人の意思と弁護人による弁護活動に齟齬があった事例において、それを適法とする判断を示す判例が登場した（最決平成17・11・29刑集59巻9号1847頁）。この判断は、現時点において、被告人の意思に依拠しない弁護のあり方に好意的姿勢を示したものであり、近年の学説展開とは若干の隔たりがある。しかし、弁護人の誠実義務については、その補足意見で上田豊三裁判官が「弁護人は、被告人の利益のために訴訟活動を行うべき誠実義務を負う」とされ、判例上も、知られるようになった。

　さらに、従前のような不適切な弁護活動についての議論も、依然として行われる余地があるが、より積極的な被疑者・被告人の弁護、すなわち「有効な弁護」について裁判所で議論されるようになった。同補足意見では「誠実義務に違反し、被告人の防御権ないし実質的な意味での弁護人選任権を侵害するものとして、それ自体が違法とされ」ることもあり得るとした。つまり、アメリカで行われるような「不十分弁護の抗弁」、すなわち、具体的な判決を上訴で争う際に、弁護人の援助を受ける権利が侵害されたことを被疑者・被告人が主張する素地も、表現されるようになった。このような主張を手続の中で争い、かつ、それを適正手続の保障という観点からどのように位置づけていくのか、議論の余地が残されている。

▶新たな弁護論の登場と捜査手続改革

　また、裁判員制度の導入により、公判弁護の技術や公判前の弁護活動の技術についても進展しつつある（日本弁護士連合会編『法廷弁護技術〔第2版〕』〔日本評論社、2009年〕、山室惠編『刑事尋問技術〔改訂版〕』〔ぎょうせい、2006年〕）。さらには、被疑者・被告人の「更生」を視野に入れた弁護活動の重要性が指摘され

るようになり（奈良弁護士会編『更生に資する弁護——高野嘉雄弁護士追悼集』〔現代人文社、2012年〕）、障がいをもった被疑者・被告人の弁護活動についても、光が当てられつつある（内田扶喜子ほか『罪を犯した知的障がいのある人の弁護と支援——司法の福祉と協働実践』〔現代人文社、2011年〕）。このように弁護活動のあり方も、多様化しつつある。これら弁護論の意義と理論的位置づけも、今後の課題といえよう。

　もっとも基本文献は、現在においても重要な意義を脈々と放ち続けている。それは、基本文献の示すような、被疑者が自己決定できるような環境にはないとする捜査手続、中でも被疑者取調べや身柄拘束制度について、現在においても根本的な変化が十分には見られないからである。すなわち、法制審議会・新時代の刑事司法制度特別部会では、被疑者取調べの録音・録画制度の導入について議論された。その過程で、諸外国で実現している弁護人による取調べ立会いについても議論されたが、現状では、実現する見込みは乏しい。接見指定制度についても、基本文献が唱えるような違憲を前提とした議論ではなく、むしろ接見における秘密性の保障に関する事例と議論が展開している。つまり、高田が想定する捜査弁護の困難な状況に、弁護人は苦闘しているというのが実情である。

　したがって、基本文献が示す数々の提言は、現在においても、重要な示唆を与えるものであろう。そして、基本文献の提案する捜査弁護モデルは、ひとつの理想をいまだ示すものであり、困難の中で苦悩する弁護人のあるべきモデルとして、あり続けているといってよい。基本文献は、時間を超えて現在に生き続けており、それは皮肉なことに、日本の捜査手続への問題提起として、存在し続けている。このように基本文献は、時代の変化において見失われがちとなる、重要な理念を基礎とした思考の重要性を説く書といえる。

5 検察官論

●基本文献
川崎英明
『**現代検察官論**』
（日本評論社、1997年）

新屋 達之

1 学説・実務状況

▶旧刑訴的検察官像

(1) 検察制度の始まり

　日本の検察制度は、1872年の司法職務定制第7章（検事章程）が「検事ハ法憲及ヒ人民ノ権利ヲ保護シ良ヲ扶ケ悪ヲ除キ裁判ノ当否ヲ監スル」として、「孤弱婦女ノ訟ニ於テハ殊ニ注意保護シ貧富貴賤平当ノ権利ヲ得枉屈無カラシム」（同24条）とか「衆ノ為ニ悪ヲ除ク」（同25条）ために設けられたことに始まり、これをもって民衆のための人権保護者としての役割を期待したものと評価されることさえある（毛利敏彦『江藤新平──急進的改革者の悲劇〔増訂版〕』〔中公新書、1997年〕150頁以下参照）。日本初の近代刑事手続法である治罪法も、国家でなく社会に公訴権が帰属することを前提に、検察官は「社会公衆ノ代人」（村田保『治罪法註釈　巻2〔再版〕』〔内田正栄堂、1882年〕2丁）。あるいは「政府ト公衆トノ代理ヲ為ス者」（堀田正忠『治罪法釈義　第1巻』〔1880年〕460頁）であり、「公衆の代理人」という視点が強調されていた。

　しかし、このような理解は、治罪法が依拠したフランス法からドイツ法への法継受の転換、それを促した要因である天皇制国家主義思想による「上からの近代化」の中で、転換を余儀なくされる。

(2) 旧刑訴法の検察官像

　戦前の司法制度においては、判事・検事の職務は、制度上はそれぞれ独立で

あったとはいえ、検事局は裁判所内に付置され（裁判所構成法6条参照）、判検事と弁護士では養成制度も異なる（裁判所構成法57・58条、旧弁護士法2条）など、検事は裁判官と同格の在朝法曹とされていた。

訴訟法上は、検事が当事者であるということ自体は、一般に認められていた。旧刑訴法の理論的総括者である団藤重光（『刑事訴訟法綱要』〔弘文堂、1943年〕）によれば、旧刑訴法も「当事者訴訟の形式」を取るとされる（3頁、147頁）。しかしそれは、検事が原告であり、その公訴提起がなければ刑事訴追が始まらないという意味にとどまり（149頁参照）、多分に形式的なものに過ぎなかった。むしろ、検事と被告人の対立は「いわば全体と部分の対立」であり（3頁、151頁）、両者は立場が相違する以上、その主張が矛盾対立するものの、その関係は闘争関係でなく、「本質的にはむしろ協力関係であるべきである」（4頁、149頁）。「当事者平等（対等）の原則」も、純粋な形で貫徹されず、「差別則平等」の意味であるべきだとされる（151頁以下）。

とくに、日本ファシズムが高揚した時期においては、「検事は国家を代表して公訴を提起するものであって、被告人の恣意を抑えて刑事訴訟が開始運行さるることが真理であらねばならぬ」、「検事を原告官とし、被告人と相抗争せしめ、裁判所は第三者の地位に立ち、裁判を為すと謂ふが如き泰西式刑事訴訟の建前は再検討を要するのではなからうか」とまで主張され（佐々波與佐次郎『日本検察法論　上巻』〔有斐閣、1941年〕118-119頁）、検事の絶対的地位と、検事への大幅な強制処分権限の付与が主張された（実際、国防保安法や1941年治安維持法では、検事に強制処分権が付与された）。

検事の訴訟法上の地位は、いわば、裁判所と同格の立場に立ち、裁判所の職権活動を補助する準司法官であった。法廷の構造が、検事席は裁判官席の横に、被告人・弁護人を見降ろす形をとっていたのも、その表れである。

(3)　現行刑訴法の旧刑訴的運用

日本国憲法の制定とそれに伴う刑事訴訟法改正で、制度上は、このような刑事手続は改められたといってよい。法曹三者の養成は統一・平等とされ、検察庁も裁判所から分離された。また、刑事手続も当事者追行主義・当事者対等主義の徹底が図られた。

しかし、当初は、新旧刑訴法における訴訟構造の転換の事実は認めつつ、「わ

が刑訴法において当事者主義が強化されたとはいへ、その基底においてなほ職権主義的である」「職権主義の基底の上に当事者主義の手続形式を被せてある」というように（小野清一郎「刑事訴訟法の基礎理論」日本刑法学会編『刑事法講座　第5巻（刑事訴訟法1）』〔有斐閣、1953年〕932頁）、新旧両手続の連続性を強調する（しかも肯定的に）立場も根強かった。新刑訴法が当事者主義を基調とし、それが憲法上の要請であることを認める見解においても、当事者主義に対して「職権主義が規制的ないし補充的にはたらく」（団藤重光「職権主義と当事者主義」日本刑法学会編・前掲『刑事法講座　第5巻』945頁）とか、「依然として従来の職権主義の伝統を保留した」というように（岸盛一「総説」団藤重光責任編集『法律実務講座刑事編　第1巻』〔有斐閣、1954年〕2頁）、刑事手続の職権主義的側面はなお重視されていた。

　さらに、検察実務においても、「戦後の犯罪の大波を乗り切る」ためのやむを得ない措置との留保をつけつつも、「比喩的にいえば」「新刑訴をできる限り旧刑訴的に運用すること」が「不可避的であった」とされた（亀山継夫「刑事訴訟法50年と検察の課題」ジュリスト1148号〔1999年〕25頁。同「刑事司法システムの再構築に向けて」芝原邦爾・西田典之・井上正仁編『松尾浩也先生古稀祝賀論文集　下巻』〔有斐閣、1998年〕13頁も参照）。

　このような状況の下では、検察官の地位・役割も、旧刑訴的な色彩を残すことになったのはいうまでもなかろう。「公訴権を国家機関としての検察官に専属させ、しかもその職権の大である点で明らかに職権主義」であるという評価がなされるのである（小野・前掲論文928頁）。捜査の構造との関係でも、糺問的捜査観が予定する捜査は、検察官に準裁判官的な役割を期待するものだと評された（田宮裕『刑事手続とその運用〔刑事訴訟法研究4〕』〔有斐閣、1990年〕309頁〔初出は1978年〕）。

▶当事者主義的検察官論の胎動

(1)　弾劾的捜査観

　しかし、このような旧法的感覚は、平野龍一による弾劾的捜査観と訴因対象説の提唱ならびにその普遍化という状況の下、学説においては力を失う。むしろ、「職権主義を規制する」べく、刑事手続の当事者主義的解釈・運用が強調されるようになった。他方、1950年代、とくにその中盤以降には、幸浦事件・

二俣事件・八海事件といった糺問的捜査に由来する冤罪事件、あるいは松川事件・メーデー事件をはじめとする刑事弾圧が示唆される事件が相次いで発覚する。これらの事件における検察の姿勢には国民的批判が高まり、社会的にも刑事手続のあり方が根本的に問われることとなった。この2つの動きが刑事手続改革を連携して目指すことはなかったように思われるが、これらの動きが、旧来的な刑事手続像とそれを維持してきた検察のあり方に目を向けることとなったことは否定できないであろう。

そして、学説上は、「当事者主義論は、まず検察官論としてあらわれる」といわれるが（田宮・前掲書297頁）、訴因対象説は公判における当事者主義の確立を意味する。すなわち、これにより裁判所の審判の対象は検察官が設定した訴因の限度であることが明らかにされ、検察官の地位も、原告としての地位に純化が図られることとなる。このことはまた、裁判所が公平な判断者としての地位に純化されることでもある。そして両者はあいまって、被告人の当事者的地位の確立をも意味する。検察官と被告人は対等な当事者として向き合うべきことが、明らかにされることとなる。

他方、弾劾的捜査観は、「検察官の地位の問題のひとつの発展形態」であり（田宮・前掲書309頁）、捜査における当事者主義論である。すなわち、糺問的捜査観によれば、検察官を含む捜査機関のみが捜査手続の主体であり、「職権主義のもとにおける裁判所のような立場」であり（田宮・前掲書286頁）、被疑者は捜査の客体としての地位に過ぎない。これに対し、弾劾的捜査観の基本的立場からすれば、被疑者と捜査機関は対等な当事者としての地位に立つべきだとされる。ここにも、検察官を手続の主催者から当事者の地位に引き下ろそうという意図が見られた。

(2) 公判専従論

こうした、学説における当事者主義思想の進展ならびに誤判や弾圧事件の相次ぐ発覚は、「検察の危機」とも呼ばれる状況を生み出し、検察サイドも、それへの対応を迫られることとなった。

その表われのひとつが、「真実発見を公判に委ねる弾劾的捜査観にも適合的な考え方」とも評される（基本文献18頁）、公判専従論である。「検察官が警察の送致事件の上塗り捜査に忙殺されているようでは、検察官の地位からみても、

検察の能率的運営の面から考えても不当なこと」だとして、「検察官の主たる職務は公訴官とし、犯罪の捜査に関しては、指揮官であり、判断官であらしめねばならない」（高木陸記「新しい検察」研修162号〔1961年〕35頁）とされ、公判における当事者に徹すべきことが主張されたのである。

このような動きは結局検察内部では定着することなく、検察が捜査機能をもつことはむしろ当然とされ、糺問的捜査を温存する結果となった。しかし、検察内部でも、糺問的捜査を一定限度問い直す動きがあったことは確かである。

2　学説史的意義と位置づけ

▶現代検察官論の胎動

このような状況が生まれれば、各論的な問題のみならず、刑事手続における検察官の地位・役割を改めて包括的に捉えなおそうとする動きが出てくるのは、当然であった。

刑事訴訟の本質は職権主義にあるとの見解を排し、当事者主義を確立する必要がある。しかし、被告人と検察官は現実には対等たりえない。そこで、井戸田侃は「検察官の公益の代表者としての地位も、まさしく当事者対等に導くために、とくに法により課せられた検察官の義務たる面を強調していると考えることができるのである。検察官は、その故にこそ、そのなしうべき範囲内において被告人の有利となる点についても捜査を遂げ、主張、立証する義務があり、法の正しい適用を監視する義務があるというべきである」という主張を提起する（井戸田侃『刑事手続の構造序説』〔有斐閣、1971年〕137頁〔初出は1959年〕）。

この主張は、捜査段階では、訴訟的捜査観として、被疑者・警察双方の主張に対する判断者としての検察という構図を描き出す。石川才顕も、「検察官を令状裁判官とともに司法警察職員の捜査活動に対する規制者ないし批判者として捜査手続に位置付け、司法警察職員の捜査活動をデュー・プロセスに乗せ、それを順守させるため監視すべき機能を検察官に予定している」とした（石川才顕『刑事手続と人権』〔日本評論社、1986年〕67頁〔初出は1974年〕）。

▶検察官の客観義務論

この主張を集大成したのが、岡部泰昌「刑事手続における検察官の客観義務」

(1)～（6完）金沢法学11巻2号、13巻1号・2号、14巻1号・2号、15巻1＝2号（1966～70年）である。すなわち、「当事者主義の刑事訴訟においては、人権保障、実体的真実主義の見地から、検察官は、公訴権行使にあたり、被告人が公訴の内容となっている犯罪事実を行なったという確信を十分な証拠に基いて形成しておかなければならないことになるし、また、国家の刑罰権の適正な発動という見地からは、刑事訴追を為すことが社会秩序の維持にとり必要かつ妥当であるという確信を刑事政策その他の考慮を客観的に行うことによって形成しておかなければならないと考えられうる。そして、検察官の公訴権行使を客観的に抑制するためには、公訴提起の基礎をなす訴因の構成において、事件との密接かつ鋭い対応関係を維持しつつ、法の適正な手続を通して収集された証拠の十分性に裏打ちされるべき義務と、刑事訴追を必要かつ妥当とする刑事政策その他の考慮を客観的に行うべき義務とを検察官に負担させるべきであり、これらの義務を検察官の客観的な職務遂行の義務、つまり客観義務として観念し、公訴に関連する諸理論との関係において新しく位置づけることが重要となり、検察官は公訴権行使においてこの客観義務を尽くすべきであるということができる」（11巻2号9頁）。

そして、ドイツおよび従前の日本における検察官の客観義務論、捜査から上訴・再審に至る手続の各段階での客観義務の現われを詳細に検討し、「旧来から存した検察官の客観義務なる概念をとりあげ、便宜的に用いながらも、その内容を民主的社会における人権擁護、尊重を主眼とすべき刑事裁判制度および刑事手続に正当に適合せしめるべく換骨奪胎することにより、検察官の客観義務を全く新しい角度から改めて一般的に構成した」（15巻1＝2号132頁）とする。

▶検察官のデュー・プロセス擁護義務論

他方、客観義務論とは別の角度から、検察活動を内在的に規正しようとしたのが、デュー・プロセスの擁護者として検察官を位置づける松尾浩也の見解であった（松尾浩也『刑事訴訟の理論』〔有斐閣、2012年〕63-64頁〔初出は1967年〕）。松尾は、おおむね以下のように主張する。

ドイツと比較して、戦後の日本では、「検察官は行政官だという認識が急速に徹底し」、「『検察権は、社会の治安を維持することを目的とする行政作用である』という観点が、あらわな形で表面化してきた」。それは「高能率の検察

の実現という意味で、少なからぬ長所をもつ」が、「現在のわが検察には、合目的性の考慮が優位に立ちすぎてはいないかという反省」を要する。公判専従論もその反省の表われだが、それは「可及的に司法官的性格の復活を求めようとする主張にほかならない」。これは高く評価されるべきである。

だが、検察官の司法官的性格の強調は、当事者主義の後退と職権主義の復活に連なることも懸念される。刑事訴訟の根本理念を実体的真実主義とみれば、検察官は真実発見のために活動するが故に司法官視され、訴訟構造としては当事者訴訟の排斥に繋がる。しかし、刑事司法の本質としてデュー・プロセスの実現を措定すれば事情は異なり、「訴訟構造の面では当事者訴訟が要求されると同時に、検察官はデュー・プロセスの実現に努める者として、その限度で司法官性をもつことになる。それゆえ、司法官的性格の承認と当事者訴訟とは、なんら矛盾しない」と。

そこで、検察官に期待される役割は司法的なもので、「純粋な当事者ではない（技術的当事者構成）と強調すること」が重要とされ、「検察官には、警察捜査の批判者として、デュー・プロセスを擁護する機能が期待されなければならない」。これは、裁判所の役割が実体的真実の発見からデュー・プロセスの維持に脱皮することに相応したもので、「検察官に真に司法官的性格を回復させるのである」として、検察官のデュー・プロセス擁護義務を強調する（松尾浩也『刑事訴訟の原理』〔東京大学出版会、1974年〕262頁〔初出は1968年〕）。

▶その評価

だが、検察官の客観義務やデュー・プロセス擁護義務を肯定する見解は多数説化することなく、現在まで、否定説が大勢である。これは、いかに概念を再構成するといっても、客観義務論自体が職権主義的検察官像を前提とするものであり、論者の意図に反してかえって刑事手続の糺問化を進めかねないこと、「検察官はもっとも客観的な官庁である」との建前がかえって現実の検察活動のひずみを糊塗しかねないこと、検察官の司法官的性格の強調は裁判官・検察官を実質的に等質と見る立場に近づき、これまた当事者主義と整合し難いこと、といった理由があるためである。

さらにより根源的な理由として、刑事手続は、たとえそれが正当なものだとしても、市民に対する権利の侵害・剥奪を不可避的に伴い、刑事手続において

検察官が有する諸権限も、そのような権利侵害・権利制限に向けられたものである。とすれば、検察官の訴訟行為が権利保障的に作用する事実があることは否定できないとしても、警察捜査の批判者、デュー・プロセスの擁護者という地位を内在的に認めることはできないのでないか。裁判官論との関係で指摘されたことであるが、デュー・プロセスの担い手は「人権擁護に関心をもつ社会集団と、それに支えられる弁護士集団」でないのか（小田中聰樹『現代刑事訴訟法論』〔勁草書房、1977年〕289頁〔初出は1972年〕）という疑問にゆきつく。

そうすると、「弁護権論を基軸とした当事者主義論」こそが、刑事手続論（ならびに刑事手続改革）のめざすべき方向性として現われ、検察官論もこの観点から見直されるべきだということとなる（基本文献259頁以下）。

3　文献紹介

▶基本文献の構成

「第1章　検察官論の課題」は、戦後刑事司法改革から1990年代前半までの検察の現状を明らかにし、課題としての「検察の民主化」を提起する。「第2章　検察制度の史的考察」では、ドイツ検察制度の形成と変容を俯瞰し、もともと検察制度は刑事手続の自由主義的改革のために要請されたものであったが、それは被疑者・被告人の権利主体性の確立をめざしていたのであるから、「そのような要請に見合った検察官論こそが自由主義的法治国家の検察官論と呼ぶにふさわしい」として、「行政官・当事者性」に立脚する検察官像と公訴権の帰属を市民に求め（「市民の公訴権」）、市民の負託に基づいてそれを行使するのが検察官の役割である（「市民社会の代理人」）と帰結する。

「第3章　検察官論の展開」は、検察官の重司法官論・客観義務論の批判、ドイツにおける自由主義的検察官論に由来する「市民の公訴権」理念に基づく「市民社会の代理人」としての検察官像の措定を行うとともに、問題意識は共有しつつも基本文献とは異なる方向性をめざした「私人訴追主義」を批判的に検討する。そして、「第4章　検察官論の展望」では、「弁護権論を基軸とした当事者主義論」と「市民の公訴権」理念に基づく検察官像を総括する。

▶基本文献のエッセンス

(11-12頁、32-34頁)

戦後刑事司法改革の歴史的課題は、「糾問主義的検察官司法」の克服にあった。……。しかし、戦後改革の過程では、「検察の民主化」は達成されなかった。(11-12頁)。

……「検察の民主化」は、半世紀になろうとする戦後刑事司法史の中で、依然として今日的課題なのである。問題はこの課題にいかにアプローチするかにある。

「検察の民主化」の課題が要請するのは、まず第一に、当事者主義論の追求であろう。当事者主義論は依然、検察に浸透はしておらず、それどころか検察の反発は強まり、当事者主義論を排斥することが検察の基調となっている。しかし、上述のように、このことは当事者主義論に問題があったことを意味せず、むしろそれが権利論の観点からの検察変革の理論であったことに胚胎している。検察の実態が「検察の民主化を排斥するものであればあるほど、権利論に立った検察の実態変革の必要性は逆に強まる。刑事弁護の活性化が明瞭となった今日、当事者主義論を弁護権論を基調として再構築する課題がとりわけ重要なのである。第二は、当事者主義論に立った検察官論の追求である。当事者主義論の主流的潮流にあっては、裁判官をデュー・プロセスの担い手と位置づけ、裁判官による検察のチェックが可能だという認識があったといってよい。その分、当事者主義的検察官論の追求に立ち遅れが生まれたように思われる。確かに、上述のように、客観義務論や準司法官論は、論者の意図としては、当事者主義的検察官論を追求するものであった。しかし、問題は、それが権利論との矛盾をはらんでいたこと、現実の検察を所与の前提とした結果、検察の変革の道筋が不分明となったことにある。戦後五〇年の検察の動きが「検察の民主化」の理念に沿うものではなかったという認識に立つ限り、制度改革をも視野に入れた当事者主義的検察官論の定率は不可欠の現代的課題なのである。

二 このような検察官論の課題を追求する場合、その理念は、歴史的今日的課題としての「検察の民主化」でなければならない。もっとも、「検察の民主化」は抽象的理念であり、これを理論的解釈論的次元に具体化することが必要となる。この点で、かつて私は、ドイツ検察制度の歴史的分析を通して「市民の公訴権」理念に注目したことがある。詳細は本書第四章で展開するが、本章で確認した現代検察官論の課題に照らして、この理念のもつ意義と射程について簡潔に考察しておきたい。

一九世紀半ばにおけるドイツ検察制度創設の背景にあったのは、刑事訴訟の近代化、すなわち弾劾訴訟の導入であった。この時期華々しく展開された検察官論の対立は、弾劾訴訟に適合的な検察官像をめぐる対立に他ならなかった。そして、そこには、次のような筋だった検察官論の歴史的展開があった。すなわち、①検察制度が導入されると、被告人は裁判官と検察官という二つの国家機関と対抗する状況におかれる。したがって、裁判官の判断者としての地位の純化と検察官の当事者性の確立が不可欠と

なる。②検察官に独立性を与えると、裁判官と同様の司法官的地位をもつこととなり、当事者たる地位と矛盾する。したがって、検察官は政府に従属する行政官とせざるをえない。③しかし、そうなると、訴追権を政治的に行使する危険が生じるから、起訴独占の控制手段が不可欠となる。その最も重要な手段は公衆訴追主義である、と。

　このような検察官像は当事者主義下でも妥当しうるであろう。とりわけ、公衆訴追論は検察官の地位にも関わる広い理論的射程をもっている。もっとも、公衆訴追を制度として導入することには問題が残る。というのも、公衆訴追制度は訴追の充実・強化の方向での起訴独占の控制手段であって、それ自体の中には訴追の抑制が射程に入っていないからである。その意味で、濫訴の抑制こそが課題である現代においては、そして検察官論の現代的視点の樹立という観点からすれば、公衆訴追制度の導入の主張を支えた理念にこそ着目すべきである。それが「市民の公訴権」理念である。公衆訴追主義論の前提は、公訴権は本来市民に帰属すること、すなわち「市民の公訴権」を承認することである。そして、この「市民の公訴権」理念は、以下のような帰結をもたらす。第一に、検察官は市民に帰属する公訴権を代理行使する機関であるから、その地位は訴追された市民たる被疑者・被告人と対等・同質のものでなければならない。検察官が当事者である本質的根拠はここにあり、検察官の当事者性は単なる訴訟技術的要請ではない。第二に、市民の代理機関たる検察官がその権限を市民の負託に応えて適正に行使しているか否かは、不当不起訴の方向でも濫訴のチェックの方向でも、付託者たる市民の実効的コントロールに服さなければならない。第三に、検察官が「公益の代表者」とされる所以は、検察官が市民の代理機関であるところに由来しており、したがってその行為規範は市民的常識、すなわち法律家としての良心に合致したものでなければならない。第四に、したがって、「公益の代表者」たる検察官は政府の代理機関ではない。通常の行政機関とは異なって一定の身分保障と独任制の組織原理が採用される根拠はここにある。(32-34頁)

4　残された課題

▶基本文献後の検察の動き

　基本文献が刊行されたのは1997年であるが、これと前後して、検察制度に関連するいくつかの大きな動きが見られた。

　制度面では、検察に直接かかわるものとして、少年事件への検察官関与 (2000年)、検察審査会への強制起訴権限付与 (2004年)、刑事手続への被害者参加 (2008年) 等が見られる。検察官関与は、それを肯定する見地からは事実認定の適正

化に資するとの意見もある一方、少年審判の理念とそぐわないとの批判もある
が、検察権限の拡大という面をもつことは間違いない。他方、検察審査会の強
制起訴権限や被害者参加は、一面で検察権限に対する市民的チェックといえな
くもないが、いずれも訴追強度を強化する方向での改革であることも留意する
必要がある。

　法現象面でも大きな動きがあり、ジャーナリズムにおいては、産経新聞特集
部『検察の疲労』(角川書店、2000年)、魚住昭『特捜検察の闇』(文芸春秋、2001年)、
別冊宝島編集部編『暴走する「検察」』(宝島社文庫、2009年。初版は2003年) な
どのタイトルにも表れているが、検察の捜査能力の低下、政治家や経済関連事
件における恣意的で無理筋な捜査・訴追 (いわゆる国策捜査) といった問題が俎
上に挙げられた。さらに、検察の「裏ガネ疑惑」も、この時期にクローズアッ
プされた (三井環『告発！　検察「裏ガネ作り」』〔光文社、2003年〕など)。

　とくに衝撃的であったのは、いずれも2009年に立件された陸山会事件や厚労
省事件であった。前者においては強制起訴の契機となる議決をした検察審査会
に担当検事が虚偽の捜査報告書を提出していた事実、後者においては担当検事
が証拠改竄を行った事実が発覚し、被疑者・参考人への過酷な取調べも明らか
にされている。そして、事件自体がいわば空中楼閣であり、事件の核心部分に
ついては、最終的に無罪判決が確定している (陸山会事件につき東京高判2012〔平
成24〕・11・12東高刑時報63巻1～12号234頁、厚労省事件につき大阪高判2010〔平成
22〕・9・10判タ1397号309頁)。また、この時期、足利事件、志布志事件、宇和島
事件、氷見事件などの冤罪事件の発覚が相次いだ。

　そこで、2010年には検察の在り方検討会議が設けられ、2011年3月に最終文
書『検察の再生に向けて』を公表した。これを受け、「取調べ及び供述調書に
過度に依存した捜査・公判の在り方の見直しや、被疑者の取調べ状況を録音・
録画の方法により記録する制度の導入など、刑事の実体法および手続法の整備
の在り方について、御意見を承りたい」として、法制審「新時代の刑事司法制
度特別部会」が設けられ、2014年9月に法制審総会が同部会の作成にかかる「新
たな刑事司法制度の構築についての調査審議の結果 (案)」を承認した。

　この「新たな時代の刑事司法制度」は、裁判員裁判予定事件や検察独自捜査
事件における取調べ可視化や、被疑者国選弁護の全勾留事件への拡大、いわゆ

68 5 検察官論

るリスト開示なども謳うものの、通信傍受の拡大、刑事免責、捜査・公判協力型協議・合意制度など、捜査・訴追権限の大幅な拡大を盛り込んだ。このため、冤罪防止のための制度改革構想が忘れ去られたに等しい一方、捜査・訴追権限の強化論へと転化し、審議段階から捜査機関の「焼け太り論」が問題視されてきた。取調べ・供述調書への「過度の依存」は戒められたとはいえ、糺問的取調べの本質自体は温存され、かつ、刑事免責や協議・合意制度により「現代化」されるというのがその基本的構図である。これらの動きは、基本文献（基礎理論、捜査構造論、取調べと防御権などの項目も参照）が批判の対象とした糺問主義的検察官司法をいわば現代的に再編して強化するものといえよう（新屋達之『『新時代の刑事手続』のめざす刑事手続像」大宮ローレビュー10号など参照）。

このような流れは、1980年代の「検察の失地回復」（基本文献25頁）の成功を継承した上、その後のグローバリゼーションの進展に基づく社会構造の変化を踏まえたものではあるが、基本文献のもっとも重要なキーワードである「検察の民主化」との関係では、その拒絶に他ならない。基本文献のめざす方向性は、さらに遠ざけられたといってよい。

▶ 「市民の公訴権論」と市民像

また、「検察の民主化」を支える「市民の公訴権論」が前提としてきた市民像と、近時の刑事手続論において措定される市民像の乖離という深刻な問題もある。

すなわち、「市民の公訴権論」における市民像は、検察活動の統制とそれによる刑事的介入の限定を図るものである。国家権力による権利侵害の対象になりうるという意味では、被疑者・被告人もそれ以外の一般市民も変わるところはない存在と描かれることとなろう。「憲法の精神に従い、刑罰権力の濫用や裁判官の恣意に対して十分な保障を与えることができ、有罪の宣告に先立って被告人の自由で独立した権利主体としての人格を否定することを許さない刑事手続をめざす」市民像（ツァハリーエ）ともいえよう。

他方、検察実務は、従来から、糺問的構造をとることが国民感情や国民性に合致することをその正統化根拠としてきた。とくに近時は、重大人身犯罪における公訴時効の廃止（2010年）をはじめ、厳罰化世論と被害者保護論の高まりの中で、「強い刑事司法」への期待が見られる。ここにおいては、善良な市民

4　残された課題　69

に対し、被疑者・被告人は、市民と敵対的関係に立つもの、社会から排除すべき対象として理解されているといってよい。

このような市民像が正しいか否かは別としても、「市民の公訴権論」の存在基盤自体が相当に掘り崩されているのが現状であり（基本文献に対する石塚伸一「刑事法学の動き　川崎英明著『現代検察官論』」法律時報71巻1号〔1999年〕90頁以下の書評も参照）、この点でも「検察の民主化」は後退を余儀なくされているのが実情である。

5　現代的意義

しかし、このことは基本文献の主張が時代に合わないとか破たんしたということを意味しない。すなわち、近時問題となったさまざまな事件は、いずれも糾問的捜査に内在する歪みに由来するものであり、その現代化によって解決されうる性格のものでない。この点で、「新時代の刑事司法制度」は新たな矛盾を内包するものであり、早晩それが噴出するであろうことは疑う余地がない。また、弁護権論に支えられた当事者主義論が、当番弁護士制度（1990年）に始まり、被疑者国選弁護の導入（2004年）など、刑事弁護活性化の動きの中で一定の制度的基盤をもったことも事実ではある。さらに、いくら強い厳罰化要求の世論が存在するといっても、他方で捜査・訴追機関による人権侵害、その最たるものである冤罪事件に対しては、厳しい目が向けられる。

そうであるとすれば、「検察の民主化」は先の遠い「永遠の課題」とはいえ、このような刑事手続の糾問的性格とそれを支える検察のイデオロギーに対する根源的な対抗軸である。このことをふまえた上での諸手続のリベラルな改革が刑事手続変革の指針となるべきであろうし、またそれが求められているといえよう。

付記　2014年の法制審答申を経て、2015年3月には「刑事訴訟法等の一部を改正する法律案」が国会に提出された（2015年7月現在、審議中）。

6 裁判官論

●基本文献

小田中聰樹
「刑事司法論の基礎視点——田宮裕
著『刑事訴訟とデュー・プロセス』
を読んで」

同『現代刑事訴訟法論』(勁草書房、1977年) 277頁以下所収 (初
出：法律時報44巻13号〔1972年〕88頁以下)

渕野　貴生

1　学説・実務状況

▶刑事司法のあり方と裁判所

　戦後の刑事訴訟法が職権主義から当事者主義へと構造的な転換を図るにあたって、裁判官を訴訟構造のなかにどのように位置づけるかという問題が、刑事訴訟法における重要な研究課題となるのは必然であった。なぜなら、憲法は、戦前の歴史に対する反省を踏まえ、令状主義、証人審問権、自白法則など、デュー・プロセス保障を明文で具体的かつ詳細に規定したが、これらの規定を日本の社会において実際にどのように具現化していくかという課題に対して、裁判官が果たす役割は、理論的にも、実際上も、非常に大きいからである。

　実際、基本文献が執筆された1970年代前後は、司法と裁判官をめぐって、さまざまな問題が噴出していた。

　第一に、捜査機関が写真撮影、強制採尿、所持品検査など、刑事訴訟法や警職法に明文の規定のない捜査手法を次々と編み出し、最高裁判例がそのような捜査手法を容認するという例が続いた。すなわち、写真撮影については、1969年に京都府学連事件判決 (最判昭和44・12・24刑集23巻12号1625頁) が、所持品検察については、1978年に米子銀行強盗事件判決 (最判昭和53・6・20刑集32巻4

号670頁）が、さらに強制採尿については、1980年の江南警察署採尿事件決定（最決昭和55・10・23刑集34巻5号300頁）が、それぞれ一定の要件を課したうえで、各捜査手法について適法になしうるとの判断を行った。裁判所のこのような流れを受けて、「判例による立法」の是非が、デュー・プロセスの担い手論とも関連付けられて、学説において激しく議論されたのである。

　第二に、学生運動をめぐる逸脱行為で起訴された被告人に対する公判のありかたとして、いわゆる東大事件において、被告人側から統一公判要求が出され、分離公判を主張する裁判所との間で激しい対立が生じた。両者の対立点は、「東大事件」は社会的に重要な問題を提起したのだから、事件の社会的な意味づけをすることが刑事裁判の課題であり、そのためには「東大事件」を全体として捉える必要がある（統一公判）のか、それとも刑事法廷では犯罪事実の存否を判断するのであって、政治体制や大学制度の在りかたを直接裁く場ではない（分離公判）と考えるべきか、という点にあった。同時に、対立の解決方法として、出廷を拒否する被告人に対して欠席裁判を強行するような訴訟指揮のありかたの是非も問われた。

▶最高裁判所による裁判官統制と裁判官の独立

　裁判官論研究の背景として、もうひとつ欠かせない重要な問題は、最高裁が人事や最高裁長官の講演を通じて、個々の裁判官に対して露骨に統制を強めるとともに、保守層によってフレームアップされた偏向裁判批判キャンペーンが、裁判官の独立を脅かしかねない深刻な事態を引き起こしたことである。このような事態はまず、『全貌』という雑誌が、1967年10月号において、「裁判官の共産党員」という特集記事を組み、憲法擁護の立場を取る「青年法律家協会」（青法協）に所属する裁判官名簿を挙げて、偏向した裁判を行っていると非難したことから始まる。ところが、これに対して、最高裁判所は、この特集が掲載された『全貌』誌を公費で大量に購入し、全国の裁判所に配布するという、偏向裁判批判を後押しするかのような奇妙な対応を取った。次いで、1969年8月、札幌地方裁判所の平賀健太所長が、長沼ナイキ基地訴訟の執行停止事件を担当していた福島重雄裁判官に対して、請求棄却の雛形ともいうべき内容の書簡を交付した長沼事件・平賀書簡問題が起こった。平賀所長の行為は、露骨な裁判干渉であり、平賀所長自体は最高裁から注意処分を受けたが、その後、飯守重

任裁判官などによって（飯守重任「平賀書簡事件の背景」同『裁判と裁判所の危機
──憲法解釈の容共性』〔嵯峨野書院、1978年〕77頁以下所収。初出は1969年）、福島
裁判官が青法協会員であることに論点がすり替えられ、裁判官の青法協加入を
非難する政治的キャンペーンの動きが強まった（経緯について、詳しくは、福島
重雄・大出良知・水島朝穂『長沼事件　平賀書簡──35年目の証言　自衛隊違憲判決と
司法の危機』〔日本評論社、2009年〕136頁以下参照）。

　これに呼応するような形で、最高裁は、司法行政において、裁判官に対して
青法協からの脱会を強く勧告し、1970年1月には、最高裁判所事務総局局付判
事補10名が全員脱会するという事態が生じた。さらに、1970年4月8日、岸盛
一最高裁事務総長が「裁判官が政治的な色彩を帯びた団体に加入していると、
その裁判官の裁判がいかに公正なものであっても、その団体の構成員であるが
ゆえに、その団体の活動方針にたった裁判がなされたと受け取られるおそれが
あるから、裁判官は政治的色彩を帯びる団体に加入することは慎むべきである」
との談話を発表した。一方、平賀書簡問題をめぐっては、福島裁判官と平賀裁
判官のそれぞれについて国会の裁判官訴追委員会に訴追請求がなされたが、訴
追委員会は、1970年10月19日、平賀裁判官については、先輩として老婆心から
助言したものにすぎず、裁判干渉には当たらないとして不訴追決定としながら、
福島裁判官に対しては、平賀書簡のコピーを東京の裁判官に送って公表するに
任せたことにより裁判官会議非公開の原則に反し、また青法協に加入したこと
により裁判官の威信を失わせたとして、訴追猶予処分にするという顛倒した決
定を出した。そして、ついに、1971年4月に、最高裁による、宮本康昭判事補
再任拒否事件が発生した。最高裁は、事務総長談話として、「青法協会員とい
う理由だけではない」と述べるだけで、再任拒否の理由について明示はしてい
ないが、この談話からは、最高裁が、青法協会員であることも、再任拒否の理
由として考慮していたことを暗示させる。

　裁判官の中立・公正性をいかにして確保し、デュー・プロセスをいかにして
実現せしめるか、という課題に取り組んだ基本文献は、1970年代前後に裁判官
ならびに裁判所をめぐって巻き起こった以上のような激動的状況のもとで、き
わめて実践的な意義をもつとともに、デュー・プロセスという理論問題を単な
る抽象的・観念的解釈論にとどめず、担い手に着目し、社会的動態の文脈のな

1　学説・実務状況

かに位置づけ、法社会学的な分析と相関させて考察・検討したアプローチそれ自体にも学ぶべき点は多い。

2 学説史的意義と位置づけ

▶デュー・プロセスの担い手論と裁判官の独立のあり方

小田中聰樹が基本文献を公表した1972年は、平賀書簡問題に端を発した司法権の独立をめぐる論議が、裁判官の独立論や司法行政のありかたという論点を経て、ひろく裁判ないし裁判官はどうあるべきかという問題に発展したとされる時期に当たる。日本刑法学会でも、1971年秋の大会において刑事訴訟法分科会が「刑事裁判官論——当事者主義における裁判官の役割」をテーマとした。オルガナイザーを務めた田宮裕は、刑事裁判官論の意義を次のように語っている。「裁判官の生命は、何といっても具体的争訟における裁判にあるから、裁判における機能ないし役割論が最も重要である。……現行刑事訴訟の特色は、一言でいえば当事者主義訴訟たることにあるから、問題は当事者主義訴訟における裁判官の役割ということになろう。……戦後刑事訴訟法の経験をふりかえりつつ、当事者主義という側面から、裁判官論を通じて、その総括的な批判的検討をしておくことは有益な作業であると思われる」（田宮裕「刑事裁判官論の意義」刑法雑誌18巻3＝4号〔1972年〕116頁）。

裁判官の独立のありかたをめぐっては、憲法学者である樋口陽一が、裁判官は社会や世論から距離を置き、専門合理性を追求することによって外部からの司法の自律性を回復すべき、と論じた（樋口陽一『比較のなかの日本国憲法』〔岩波書店、1979年〕131頁以下）。また、刑事裁判官論としては、田宮が、デュー・プロセス保障の担い手を裁判官に求め、裁判官がデュー・プロセス保障の役割を果たしうる場を適切に設定する必要があるとして、刑事手続純化論と訴訟指揮権等についての裁判官の「固有権」論を展開した（田宮裕『刑事訴訟とデュー・プロセス〔刑事訴訟法研究2〕』〔有斐閣、1972年〕3頁以下）。

これに対して、小田中は、裁判官の専門合理性が官僚制と結びつくことで、裁判所の一体性が強調され、かえって個々の裁判官の職権の独立がおびやかされる危険性を指摘し、デュー・プロセス保障の担い手としても、むしろ弁護士

が相応しいと論じた。

▶法社会学的基礎に基づくリアルな裁判官論

　小田中も田宮も、刑事手続においてデュー・プロセス保障を貫徹しなければ
ならないという方向性において、径庭はない。また、偏向裁判批判や最高裁に
よる人事統制について、裁判官の独立を侵す動きとしてきわめて深刻に受け止
め、これらの動きに対抗して裁判官の独立を確立する必要性を強調する点にお
いて、小田中と樋口の認識は一致している。

　方向性を同じくしながら、小田中と田宮あるいは小田中と樋口の主張の違い
をもたらしたものは何か。小田中の学説の特徴は、一言で言えば、現実の裁判
官の行動様式や、裁判官が現実に置かれている裁判所という組織の構造に対す
る透徹した法社会学的分析を土台にした主張であり解釈であるという点にあ
る。小田中は、論文のなかで、「現実の力関係」（基本文献288頁）、「国家権力機
構における裁判所の役割や裁判官集団の具体的存在構造の分析・把握」（基本
文献294頁）などと述べ、繰り返し、このような視点の重要性を強調している。
このような視点は、小田中がそれまでの研究で、日本の刑事司法において裁判
所が、戦前戦後を通じて被疑者・被告人の権利保障に対してどのような姿勢を
とり、どのような判断を繰り返してきたか、翻って、被疑者・被告人の権利保
障に尽力してきたのは誰なのかということについて歴史的・実証的な分析を積
み重ね（本書2　**歴史的分析**参照）、司法政策を治安政策の展開過程と関連付け
て分析してきたことからの自然の帰結として生み出されたもののように思われる。

　刑事訴訟法は、犯人必罰・治安維持という国家の論理が優位に立ちがちな刑
事司法を押しとどめ、被疑者・被告人＝市民の人権擁護の砦としての役割を果
たすことを重要な使命のひとつとする。そうであるからこそ、裁判官の中立性・
独立性の確保が、刑事裁判においてはとりわけ重要な課題になる。この課題に
取り組むアプローチとして、基本文献は、法社会学的な分析を踏まえた透徹し
た現実の把握を土台に、裁判官も国家機構のなかに組み込まれているという構
造上、裁判官の自律性のみに課題の解決を委ねるのは現実的ではなく、当事者
や市民による十全な訴訟活動の保障を通じてはじめて、裁判官をして中立・独
立たらしめることができるという視点を刑事訴訟法学において確立した。ここ
に基本文献の重要な理論的意義がある。

3 文献紹介

▶基本文献のエッセンス

　以下は、基本文献291頁から295頁までの本文である。

四　刑事手続純化論について
　……

　二　……すでに述べたところであるが、刑事裁判に政治の論理を持ち込もうとする者としては検察側と被告人側とがありうるとしても、その性格、形態および克服の契機の点では、両者は全く違う。ごく概括的に言うならば、検察側の場合、裁判の政治化の契機は政治体制維持の必要から生じるいわば構造的なものであり、しかもそれを内部的に克服する契機は検察機構内部に存在しない。それにもかかわらず、その形態においては常に適法性を一応保障されている（政治目的の起訴をみよ）。

　これに対し、被告人側による裁判の政治化の契機は、少なくとも現行憲法下にあっては、むしろ過渡的、一時的なものであり、内部的に克服される社会運動法則がある。しかしその形態においては不適法の疑いを免れ難いことが多い。従って、刑事手続の純化の要求は、主として、あるいは専ら被告人側による裁判の政治化に向けられることになることは避け難い。現に田宮教授も、公訴権濫用など検察側による政治化の例をも摘示してはいるけれども、主として東大事件弁護人の弁護活動に理論的批判の焦点を当てている。しかも、公訴権濫用の理論は創造者の当初の意図とは異なって微罪起訴の場合の問題に矮小化する傾向を見せつつあり、刑事手続純化の理論としての色彩を稀薄にしている。このようにして、刑事手続純化論は、専ら被告人側の防禦と弁護活動に向けられる。これが手続純化論の具体的な意味内容の第一である。

　確かに、田宮教授の指摘するように、被告人側の防禦・弁護活動といえども、実体法上も訴訟法上も、正当性の理論や関連性の理論などの刑事裁判の理論に基づいて適法に行われなければならない。その限りで刑事手続純化論は正当である。しかし、考えなければならないことは、法理論は先験的に一挙に確立されるものではなく、具体的事案の解決を模索するプロセスのなかで、当初は単なる政治思想や社会思想であったものが漸次精緻な法理論に結晶していくものだという平凡な事柄である。……とりわけ、価値観の激動に伴い社会的規範が大きく流動している現代にあっては、憲法理論の発展を触媒としながら、刑法や訴訟法の理論が急角度に発展することは間々ありうることである。そうであるだけに、刑事手続純化論をふりかざし、関連性がないことを理由に被告人側の防禦・弁護活動を制約することには、極度に慎重でなければならない。その意味で、刑事手続純化論は、柔かな、開かれた純化論でなければならな

いように思われるのである。この点を看過する場合には、被告人側の防禦・弁護活動を訴訟指揮権や法廷警察権の積極的行使によって制約する役割を果す結果になることは、避け難いと思われる。これが刑事手続純化論の具体的な意味内容の第二である。……

三 田宮教授は、デュー・プロセス司法の担い手は裁判官であるとして、次のように説く。司法の機能は理論的にも政策的にもモデストなものだが、その機能すべき本来の範囲ではむしろ積極的かつ自由な法創造活動をすることが要請されるのであり、刑事裁判官はデュー・プロセスの守護者としてその任に当らなければならない、と。

裁判官は基本的人権の擁護者でありデュー・プロセスの守護者であるという命題は、戦後民主司法の基本理念であり、公理である。しかしながら、現実の具体的な法制を設定するに当って、国家権力機構における裁判所の役割や裁判官集団の具体的存在構造の分析・把握を抜きにしてこの公理を無条件にその前提とするわけにはいかない。その意味で、担い手論は、現実の精密な分析、検討、評価を十分に踏まえなければならないのである。そして、法社会学的に考察した場合、デュー・プロセスの担い手は、刑事手続上の人権に関心を持つ社会集団とそれを支えている弁護士集団であると私は考える。

また訴訟制度論的には、この担い手の訴訟活動を如何にして十全に保障し、それによって裁判官をしてデュー・プロセスを実現せしめるか、という発想が基本的モチーフとならなければならない。

もっとも、田宮教授の担い手論の発想と右に述べたところとは、さしたる相違がないともいえる。教授にあっても、如何にして裁判官をデュー・プロセスの守護者たらしめるか、という観点が欠落しているわけではないからである。したがって、問題はむしろ、田宮教授が、裁判官はデュー・プロセスの守護者であるという命題から具体的に何を引き出そうとしているかであるともいえよう。

田宮教授は、裁判所はデュー・プロセスの場を作るために訴訟手続の進行について絶対権を持つ主宰者であり、当事者はこれに服する義務があるのであって、この点でいわゆる「固有権」理論は正しいと主張する。そして、訴訟指揮権に基づく証拠開示命令を認めた最高裁判例（最決昭和44年4月25日『刑集』23巻4号275頁）を、「固有権」理論を採用したものとして高く評価する。これが教授の担い手論の具体的な意味内容の第一である。

田宮教授は、固有権の観念は司法優位の伝統のないわが国では屈折を余儀なくされ、その結果、固有権としての訴訟指揮権も「立法府の干渉を排除するほど強力なものではないが、かといって、明文の根拠がなければ行使しえぬほど非力でもない機能」に止るとする鈴木茂嗣教授の見解を支持し、このように解することによって裁判所は法規の羈束から解放されて「自由な翼」を得た、と賞揚するのである。

証拠開示に限らず、違法収集証拠排除、囮捜査、公訴権濫用、迅速裁判など、解釈

によって必ずしも十全に解決しえない問題が山積している、にも拘らず立法的手当が殆ど期待できないとするならば、その解決は裁判官の利益衡量に基づく実質的な法創造活動に期待するより外はない、という田宮教授の政策的思考過程は、十二分に理解できる。しかし、だからといって「固有権」理論を一般的な形で積極的に主張しなければならないことにはならない。

　そもそも「固有権」なる概念は、裁判所がデュー・プロセスの守護者であることへの当事者（国民）の深い信頼がないところでは成立しえないことは、改めて指摘するまでもない。この意味で、歴史的土壌が全く異なるこの英米法の概念をわが国に持ち込むことには、慎重であってよい。わが国の歴史的、伝統的な土壌の中では「固有権」理論は、訴訟指揮権を過度に職権主義化し、その権力主義化を正当化する役割を果すことになりはしないかと私は危惧する。それだけではない。理論的にみても、訴訟指揮権を裁判所の「固有権」として捉えることには疑問がある。むしろ裁判所は訴訟法によって始めて訴訟指揮権を付与されるのであり、しかもその権限の基礎はむしろ当事者の自律権にあるとするのが当事者主義的ではないのか。

　「固有権」理論は、田宮教授が自ら承認されるように「裁判所にデュー・プロセスの具現を無条件に委任するに等しい」ものである。しかし、そもそもデュー・プロセス思想が究極の根拠とする人権思想は、決して国家権力の機構内における裁判所の相対的独自性を利用することはあっても、裁判所を無条件に信頼することをしないのである。

▶基本文献の構成と特徴

　基本文献は、「田宮裕著『刑事訴訟とデュー・プロセス』を読んで」との副題が付されているところからも明らかなように、田宮の著作を批判的に検討するという形式で、小田中の主張が展開されている。基本文献は、まず、田宮のデュー・プロセス研究と思索の展開過程を丹念にフォローし、そのうえで、田宮のデュー・プロセス論の特徴を以下の4点にまとめている。すなわち、第一に、戦前・戦時の絶対主義的明治憲法下の刑事司法の目的・構造と民主主義的日本国憲法下のそれとの間には、訴訟目的の点では実体的真実発見からデュー・プロセスの保障へ、訴訟構造の点では職権主義から当事者主義へ、刑事司法の機能の点では処罰機能から不処罰機能への原理的転換があることが強調されているとする。第二に、民主社会にあっては、「デュー・プロセス＝当事者主義＝不処罰機能」こそあるべき刑事司法の原理を構成するとして、自由主義刑事司法の原理と原則を包括的に提示しようとしたとする。第三に、不処罰機能説を訴訟理論のレベルにまで具体化し「無罪の推定」の法理を媒介とす

る片面的構成の理論を展開したことによって、高度の実践性をもつに至った点を挙げる。そして、デュー・プロセスの担い手論をもち、裁判所を担い手とするデュー・プロセス論を構築した点を第四の特徴にあげる。

　小田中は、以上のように田宮「デュー・プロセス」理論について精緻な分析を行ったうえで、その中核的理論をなす裁判官担い手論、刑事手続純化論、固有権論に対して、それぞれ、弁護士担い手論、被告人の防禦活動に対して開かれた手続、当事者の自律権論を対置して、民主主義刑事司法の実現に向けた方法論を提示している。そのエッセンスは、上に引用したとおりであるが、さらに、基本文献の他の箇所において「民主主義刑事司法は、裁判官への信頼と権限強化については極度に慎重でなければならない。そして、とりわけここでも指摘おきたい点は、〔田宮〕教授の担い手論が、手続純化論とあいまって裁判官の職権強化を正当化し、上からの近代化＝合理化のイデオロギーとして独り歩きするのではないかという危惧が持たれる点である」（290頁）と指摘されているところからは、小田中の現実を踏まえた問題の把握と解決を志向する方法論的特徴が鮮やかに浮かび上がってくると言えよう。

4　残された課題

▶デュー・プロセスの担い手と裁判官

　裁判官をデュー・プロセスの担い手として措定した田宮は、違法収集証拠排除法則や迅速裁判違反による打ち切りなどを例に挙げ、裁判所は、裁判所による救済に対する期待に応えることができるような思想的脱皮を遂げているので、判例のリーダーシップの発揮という最高裁の新しい傾向を支持し、育てていくべきと主張した（田宮・前掲『刑事訴訟とデュー・プロセス』236頁以下）。そのうえで、田宮は、裁判所が、デュー・プロセスの担い手としての役割を良く果たすことが可能になるためには、精巧に用意された一定の場が必要であるとして、刑事裁判の課題を裁判官が応えることのできる領域としての刑事事件に純化すべきであると述べた（田宮裕「公安裁判とデュー・プロセス──刑事裁判のありかた雑考」自由と正義23巻2号〔1972年〕2頁以下）。そして、さらに刑事手続純化論を貫徹するためには、訴訟の進行をつかさどり、指揮命令する裁判所に当事者

は服する義務があるとして、裁判所の固有権を積極的に肯定したのである。

田宮が、デュー・プロセス保障を裁判官に託そうとした背景には、言うまでもなく、最高裁を頂点とする裁判所に対する田宮の期待が存在する。このことは、田宮が、訴訟指揮権に基づき証拠開示を認めた最高裁判例（最決昭和44・4・25刑集23巻4号275頁）を手がかりに、裁判官担い手論を展開し、このような判例の動きについて「雪どけ」と表現しているところからも明らかである。田宮は、「問題をやや一般化するならば、ひとり証拠開示問題に止まらず、刑事訴訟法の運用全般に対する裁判所の積極的姿勢に今後は期待できるのではないでしょうか。……実は最高裁にも、今次の開示判例のほか、東京都教組事件や仙台の全司法事件の判例があります。これは地公法や国公法における『あおり行為』を限定的に解釈したものですが、いわゆる合憲解釈のアプローチをした特色のある判例です。まだ数は少ないし、それとさだかに確認できるほど顕著ではありませんが、最高裁が転機を迎えているというのは、必ずしも大げさないい方ではないと思われます」（田宮・前掲『刑事訴訟とデュー・プロセス』239-240頁）とも述べており、田宮が、最高裁に対して期待をもっていたことが、かなり率直に語られている。

これに対して、小田中は、デュー・プロセス保障の担い手に相応しい主体は弁護士であるとする。そして、手続純化論およびそれを担保する固有権論について、かえって被告人の正当な訴訟活動を制約し、機能的治安法の迅速果断な適用を正当化する理論に化しかねない、として強い警戒の念を示している（基本文献288-289頁）。デュー・プロセス保障の実効化という同一の問題意識をもちながら、対照的なアプローチを取った両者の間を分けたのは、一言で言えば、裁判所の現実のありように対する評価の温度差である。この温度差の意味を分析し、どちらのアプローチに舵を切るかという点が、当時において残された課題であったと見ることができるだろう。

▶「公正らしさ」論と裁判官の独立

最高裁が個々の裁判官に要求した「公正らしさ」論、「中立性の外観」論に対しては、憲法学説からも刑事訴訟法学説からもさまざまな批判がなされた。そのなかでも、樋口は、思想をもっている裁判官に裁判してもらいたくないというのが国民の声だとして裁判官の全人格＝思想を詮索し、えり好みしうると

の考え方を認めるならば、裁判官にとって、「中立であると国民全般から受け取られること」が肝要になりかねず、そうすると、他人の反応を考えて自分の態度を決める裁判官が作り上げられる危険があり、その結果、一般世間では非常識視される、疑わしきは被告人の原則や黙秘権保障を裁判官が貫けなくなりかねないと中立らしさ論を強く批判した（樋口陽一『司法の積極性と消極性』〔勁草書房、1978年〕182頁以下）。樋口はさらに、政治的中立性の主張が、「国民」の名を援用することによって、あるいは「体制」への忠誠を要求することによって自己の政治的主張だけを貫徹し、それ以外の主張を「政治的中立」に反するものとして切り捨てるという恣意的特徴を有していることを指摘する（樋口・前掲『司法の積極性と消極性』166頁以下）。

　一方、小田中は、体制的政治的裁判官を生みだしてきた司法行政当局の行動を正当化してきたのは、価値中立、憲法中立、政治的中立に義務づけられた中立的裁判官像のイデオロギーであると認識する。この認識は、先に挙げた樋口の認識と基本部分において一致する。しかし、樋口が、中立的裁判官イデオロギーからの脱却の方法として、裁判所が多種多様な国民や世論から距離を取り、具体的事案の性質に即して専門合理的見地を貫くことに求めたのに対して（樋口・前掲『比較のなかの日本国憲法』190頁以下）、小田中は、「伝統的裁判官像か民主的裁判官像か──樋口陽一著『比較のなかの日本国憲法』に対する若干の疑問」社会科学の方法1980年5月号（小田中聰樹『続現代司法の構造と思想』〔日本評論社、1981年〕226頁以下所収）において、専門合理性と自律性の追求は、とりわけ官僚制と結び付ける場合には、個々の裁判官の専門合理性や自律性よりは裁判所全体の専門合理性と自律性が重視され、その結果として、裁判所の一体化と職権の独立に対する侵害を引き起こす危険があると指摘する。そして、たしかに、政治的多数派による国民の僭称が行われ、国民の名による権力の国民統制がなされているという現実があるが、権力側が持ち出す国民なるものの実体、そのイデオロギー性を批判し、真の社会的多数派の利益を国民の利益として対置する作業こそが必要であり、そうだとすると、国民が多種多様であるからこそ、より開かれた姿勢を取ることが望ましいともいえると結論付けるのである。

　小田中と樋口は、裁判所の中立性・独立性が、裁判所の内外から、現に侵されているという現状認識と危機意識において共通の基盤に立つ。しかし、その

危機から脱却するための方法論には違いがある。その違いを生んでいるのは、裁判所の外と内からの圧力にダイレクトに晒されたときの裁判官の耐性に対する評価の温度差のように思われる。樋口は、裁判所外からの圧力の危険性を重視し、国民の声のうち、政治的多数派による大きな声の圧力および、国民の声の圧力を利用してさらに圧力を強めようとする裁判所内からの統制に裁判官が屈してしまうことを恐れ、裁判官が耳をふさぐことで自衛するという道を選んだ（樋口陽一・栗城壽夫『現代憲法大系11　憲法と裁判』〔法律文化社、1988年〕67頁以下）。小田中は、裁判所内からの圧力、すなわち司法官僚制を通じた裁判官統制の圧力の危険性の方をより重視する一方で、国民の声に対しては、裁判所が政治的多数派からの圧力に耐えて少数者の声を汲み取ることに期待をかけている。この温度差の意味を分析して、昇華していくことが当時において残された課題であったと見ることができるだろう。

5　現代的意義

▶ヤヌスの顔をもつ最高裁判所

　基本文献で提起され、小田中—樋口論争、小田中—田宮論争として展開された裁判官論は、現代においても、刑事訴訟法の課題であり続けている。

　第一に、裁判官の独立性・中立性をどのような方法で確保するか、という課題である。青法協裁判官部会が青法協本部から離れた後、裁判官の独立や裁判官の身分保障、さらには広く司法の問題を真面目に考えたいと考える裁判官たちが自主的に集まり、1971年10月に、全国裁判官懇話会を立ち上げた（守屋克彦「日本国憲法と裁判官」同編『日本国憲法と裁判官——戦後司法の証言とよりよき司法への提言』〔日本評論社、2010年〕17頁以下）。全国裁判官懇話会は、2006年まで20回にわたり司法行政問題に限らず、裁判実務の問題について幅広く、裁判官が自由な意見交換を行える貴重な場として存続し続けた。また、2000年9月には、司法改革を機に、裁判官の自主性・自律性に基礎を置き、司法改革を指向し、市民に開かれた活動を行おうとする日本裁判官ネットワークという裁判官の団体も設立された（日本裁判官ネットワーク編『裁判官と司法改革を考えよう！』〔日本評論社、2001年〕）。そして、これらの裁判官の集まりに対して、最高裁判所は、

かつて青法協会員に対して行ったような露骨な人事差別、脱会の働きかけ、偏向裁判批判は行っていない。また、人事に関しても、最高裁判所は、判事および判事補の指名過程の透明性を高め、国民の意見を反映させるため、国民的視野に立って多角的見地から意見を述べる機関として検察官、弁護士、学識経験者などの外部委員を含む下級裁判所裁判官指名諮問委員会および地域委員会を設置し、指名の適否について外部の意見を聞く仕組みに改めた。さらに、人事評価のあり方についても、「裁判官の人事評価に関する規則」を制定し、評価書の開示と不服申し出の手続を整備して、一定の透明化を図っている。

　しかし、他方で、最高裁判所は、令状審査が厳格に行われているかについて疑問を提起する新聞への投書を行った寺西和史裁判官に対して、1997年10月8日に、旭川裁判所長による厳重注意処分を行い、また、寺西裁判官が、盗聴法案に反対する団体が主催する集会に参加し「集会でパネリストとして話すつもりであったが、地裁所長から懲戒処分もありうるとの警告を受けた。仮に法案に反対の立場で発言しても、裁判所法で定める積極的な政治活動に当たるとは考えないが、パネリストとしての発言は辞退する」と発言したことを捉えて、1998年7月24日、「言外に同法案反対の意思を表明する発言をし、もって、同法案の廃案を目指している前記団体等の政治運動に積極的に加担した」と非難し、分限裁判に基づく懲戒処分を課した（小田中聰樹ほか編『自由のない日本の裁判官』〔日本評論社、1998年〕）。また、人事制度の透明化も、見方を変えれば、人事差別の制度化・勤務評定の制度化とも解しうる（小田中聰樹『司法改革の思想と論理』〔信山社、2001年〕284頁以下）。公正らしさ論に基づく裁判官に対する干渉・介入は、現代においても、決してあり得ない事態ではないのである。

▶市民的常識に対する裁判官の耐性

　これに対して、裁判官が多種多様な国民の意見に対して、より開かれた姿勢をとり、そのなかから少数者の意見を汲み取るという方法論も新たな課題に直面している。2000年代に入り、犯罪被害者の救済を求める世論が急速に高まり、被害者意見陳述制度や被害者参加制度など、刑事手続への被害者の関与を強める制度が次々と創設された。しかし、これらの制度は、いずれも被疑者・被告人のデュー・プロセス保障と鋭い緊張関係に立つ。それゆえ、これらの制度は、慎重なうえにも慎重な運用が求められ、条文上も、被害者の関与の相当性を裁

判所がチェックし、関与の可否を振り分ける仕組みが設けられた。ところが、現実の実態を見ると、裁判所は被害者側からの申出をほぼすべて認めており、適切なチェック機能を果たしているのか甚だ疑問であると言わざるを得ない（渕野貴生「裁判員裁判と少年の主体的な手続参加——立法合理性の検証と説明責任」武内謙治編『少年事件の裁判員裁判』〔現代人文社、2014年〕255頁以下）。樋口が懸念したように、裁判所は、被害者という世間的常識の圧力に対して、非常に脆弱な存在であることが露呈したと言えよう。

しかも、裁判員制度の導入によって、市民自身が裁判体の内部に入ることになり、事態は一層複雑化している。なぜなら、裁判官にとっては、裁判所外の市民の意見だけでなく、裁判体内の市民の意見にどのように接するかという新たな課題が登場し、さらに、市民（裁判員）自らが、市民からの批判や圧力を受ける存在でもあることになったからである。そして、運用の実態を見ると、裁判員裁判のもとで、「疑わしきは被告人の利益に」原則を純粋に貫く判決が出るようになっている一方で、高裁・最高裁が破棄せざるを得ないような極端な重罰化（とくに死刑）量刑が出されもしている（2つの事件に関する最決平成27・2・3判夕1411号80頁および判夕1411号87頁、最決平成27・2・9判例集未登載）。

▶担い手としての弁護士層の変容？

第二に、デュー・プロセスの担い手をどこに求めるか、という課題も見逃すことができない。一方で、当番弁護士制度の定着と国選弁護の広がりを通じて、刑事弁護の活性化は確実に進んでいる。取調べの可視化実現に向けた弁護士層の実践にも目を見張るものがある。そういう意味では、デュー・プロセスの担い手を弁護士に求めることは基本的に正しいと考える。しかし他方で、今次の刑事司法制度改革に当たって、デュー・プロセスの根幹的部分について日弁連が検察・警察とある種の妥協をしたと見ざるを得ない（その象徴が、盗聴の拡大である）決断をしたことに対しては、一抹の不安を覚えざるを得ない。翻って、刑事訴訟法学者自身が、デュー・プロセスの担い手を支える理論的支柱になり得ているのか、ということも問われている。

これらの現代的課題を考えるうえで、現実の裁判官の行動様式や、裁判官が現実に置かれている裁判所という組織の構造を踏まえた裁判官論の必要性を明らかにした基本文献は、今なお重要な意義を有している。

7 捜査構造論

●基本文献
平野龍一
「捜査の構造」
同『捜査と人権［刑事法研究　第3巻］』（有斐閣、1981年）
67頁以下所収（初出：書研所報24号［1974年］）

緑　大輔

1　学説・実務状況

▶捜査構造論と2つの年代

　捜査構造論とは、論者によって意味合いが異なる場合もあるが、わが国の捜査段階における捜査の在り方を理念型として示す営みである。ここに取り上げる論文、平野龍一「捜査の構造」が刊行されたのは、1974年である。しかし、「捜査の構造」に関する叙述は、既に平野龍一『刑事訴訟法』（有斐閣、1958年）において示されていた。1974年に刊行された本論文は、後述するように、平野『刑事訴訟法』が1958年時点で示した「捜査の構造」を大正刑訴法やアメリカ法と対比しつつ詳述したものである。以上のような経緯に照らせば、本論文が刊行された1975年頃（昭和50年代）もさることながら、「捜査の構造」という問題意識が登場した1955年頃（昭和30年代）の学説・実務状況も意識することが重要であろう。

▶1955年頃の状況

　現行刑訴法は、1948年に大正刑訴法の改正という形で制定された。現行刑訴法の制定過程の初期は、令状主義の導入を始めとする諸制度の変革を受けて、捜査の在り方が重要な問題とされた。しかし、その後の過程において、起訴状一本主義、訴因制度、そして伝聞証拠に関して深刻な議論となった。1949年の現行刑訴法施行後、訴因や証拠法についての論考が数多く発表され、1953年に

85

は勾留理由開示手続の簡素化や簡易公判手続の創設、控訴審における事実取調べの拡大などの刑訴法改正が行われた。

　そのような状況の下で、「最初の10年は訴因や伝聞証拠の問題が中心になり、捜査は相対的に閑却されていた」（松尾浩也『刑事訴訟法講演集』〔有斐閣、2004年〕274-275頁）。訴因、伝聞証拠といった、アメリカ法の影響下で導入された新たな概念の解明に、研究の力点が置かれていたということであろう。実際、1940年代後半〜50年代前半は、捜査部分の解釈論にかかわる論考の数は多いとはいえない。以上のような状況下で、体系書『刑事訴訟法』の中で示した捜査構造論は、捜査が相対的に「閑却」されていたことに対する「強烈な一撃」であったと評される（松尾・前掲275頁）。平野は２年間のアメリカ留学の際に、捜査の在り方が「日本とアメリカとでは随分違う」という感想を抱き、それが「弾劾的捜査観の提唱へと繋がって」いった（松尾浩也ほか「座談会・平野龍一先生の人と学問」ジュリスト1281号〔2004年〕20頁〔小田中聰樹〕）。平野が主張した捜査構造論は、弾劾的捜査観と糾問的捜査観の対比によるものである。前者は、捜査段階の被疑者側と捜査機関の双方を、公判準備を行う対等な主体として扱う見方である。そこでは、強制処分は裁判所の権限であり、捜査機関はそれを執行するにとどまる（したがって令状は命令状としての性質を帯びる）。これに対して、後者は捜査を、捜査機関による被疑者取調べを中心として事実を解明する手続だと考えた上で、そのために捜査機関はその強制処分権限を行使できるものだと説明する（したがって令状は許可状としての性質を帯びる）。また、前者の見方は取調べ受忍義務を否定する見方に馴染み、後者の見方は同義務を肯定する見方に馴染むとされた。

　このような捜査構造論が提唱された時期は、いわゆる新刑訴派ともよばれた岸盛一裁判官らが「集中審理」を強調して、公判の在り方の改革を志向するなど（当時の議論の成果をまとめたものとして、岸盛一・横川敏雄『事実審理』〔有斐閣、1960年〕参照）、学説・実務ともに制度・運用を変えていくという雰囲気が強い時代だったといえる。それは、「希望に満ちた社会変革の議論の雰囲気を伝えるもの」（小粥太郎『日本の民法学』〔日本評論社、2011年〕）９頁）だともいえよう。平野の捜査構造論は、戦後日本が新たな社会を構築しようとしていたときに、捜査手続の変革を企図し、その変革の方向性を示す羅針盤として主張されたの

である。

▶1975年頃における状況

しかし、本論文が公刊されたのは、それから20年近く経ってからのことである。1960年代には、アメリカではウォーレン・コートの下で刑事手続について適正性を重視した判決が次々と示され、いわゆる「デュー・プロセス革命」というべき状況を迎えていた。そのことが追い風となって、日本でも、平野が強調した弾劾的捜査観の下で、両当事者の攻防を公判に集中させ、証人や鑑定人の交互尋問を通じて事実の認定を行い、集中審理を実施して、有罪・無罪を決するという形になったのか。──必ずしもそうではなかった。1970年代に定着していった運用は次のようなものであった。すなわち、捜査段階での徹底した証拠収集に基づき、公判に付する事件を公訴提起時に綿密に選別する。そして、公判では捜査段階の調書を多用して判決を導くという審理方式である。

高度経済成長という良好な経済状況の下で、実務家の間に、「日本ではむしろ犯罪が減少し、刑事司法関係者の間に精密司法は成功しているという感じが広がった」（松尾浩也『刑事法学の地平』〔有斐閣、2006年〕196頁）。また、令状実務において「捜査の構造論、弾劾的捜査観にしても、当時裁判官に青法協という組織があって、その研究会に属する若手裁判官が平野先生の理論を令状実務で実践しようとする動きがありました。しかし、……そういう動きが1970年代に入ってストップし、それ以上には展開し得ないままに終わってしまいました」と伝えられている（松尾ほか・前掲20頁〔小田中聰樹〕）。本論文は、高度経済成長期の下で安定した社会状況になりつつあった時期に、それでもなお捜査の在り方をどのような方向に導くべきかを訴える性質を帯びている点に留意すべきであろう。後に確認するように、本論文が体系書『刑事訴訟法』と異なり、弾劾的捜査観に関して大正刑訴法やアメリカ法に目を配りつつ論証がなされているのも、平野理論が目指す方向性の妥当性をより積極的に論証すべき時代背景の変化が生じたことを示唆している。

2　学説史的意義と位置づけ

▶政策論としての刑事訴訟法学と捜査構造論

　平野刑事訴訟法理論の特色の1つは、当事者主義の徹底を志向した点にある。

　現行刑訴法制定後、團藤重光は当事者主義が原則となったことは認めつつ、「職権主義の内容を当事者主義の形式に盛ったものだ」として、技術的当事者構成だと説明していた（團藤重光『新刑事訴訟法綱要〔7訂版〕』〔創文社、1967年〕88頁）。背景に、團藤理論はいわゆる基礎理論において、刑事訴訟を実体面と手続面に分別し、犯罪事実への嫌疑や事実認定にかかわる「実体形成は手続面によって制約され、その意味で当事者主義的制約を受けるけれども、実体面そのものの内部にはもはや当事者主義は及ばないのである。このことは、刑事法の本質からいってむしろ当然のことといわなければならない」としていた（團藤重光「職権主義と当事者主義」日本刑法学会編『刑事法講座　第5巻（刑事訴訟法1）』〔有斐閣、1953年〕935頁以下、947頁）。起訴状一本主義や訴因制度が導入された現行刑訴法の下においても、團藤理論は「修正を必要とすることにはならない」としたのである（團藤重光『訴訟状態と訴訟行為』〔弘文堂、1949年〕40頁）。團藤理論は、刑事司法制度にかかわる政策・個別具体的な制度趣旨から切り離された、訴訟の性質にかかわる理論（訴訟状態等に関する理論）を分別し、後者を精緻化させた側面があろう。それは、大正刑訴法から戦時刑事特例法、現行刑訴法と制度が大きく変転する中で、「変わらないもの」を見出す営みでもあったのかも知れない（本書1　**基礎理論**参照）。

　これに対して、平野理論は、職権主義から当事者主義へと訴訟の構造が変われば基礎理論も変わらなければならない、という主張をした（平野龍一『刑事訴訟法の基礎理論』〔日本評論社、1964年〕参照）。このような理解は、訴訟の構造は政策的に決定されるところ、政策優位の理論であることを表現している。当事者主義は、国家権力を抑制しつつ被疑者・被告人の権利を保障するために採用された訴訟の構造であり、「憲法の趣旨に従って」現行刑訴法を解釈することによって弾劾的捜査観が導かれるという論理を提示した（平野・前掲『刑事訴訟法』85頁）。平野刑訴理論に対して、「現実の法運用を一定の方向に動かすため

の戦略として、理論を編み出した」との評価があるが（後藤昭「平野刑訴理論の今日的意義」ジュリスト1281号〔2004年〕58頁以下、60頁）、まさに捜査構造論は、当事者主義をベースとした訴訟の構造を前提として、被疑者・被告人の権利の保障を実現するという戦略のために、政策的に主張された理論枠組みだといえよう。團藤理論と対比して、「変えるべきもの」とその方向性を見出す営みであったのではないか。その理論的な展開の1つが、捜査構造論なのである。

▶本論文の意義

　以上のような背景を抱えつつ、捜査構造論が提示された。その意義は、第一に、捜査手続において重視されるべき価値を対照的に示すことで捜査の領域の在り方の重要性について意識を喚起したこと、第二に、現行刑訴法の限界を意識した上で、解釈運用上、「被疑者」の権利・利益の保障の必要があることを包括的に提示した点にある。そして、第三に、「捜査」の構造を示しつつも、そのことが公訴提起の在り方、ひいては公判手続の在り方とも連動することを示した点にある。捜査構造論が初めて示された1958年の時点では、まだ刑事訴訟に関するモデル論（本書3　モデル論参照）が提示されていなかったことを想起すれば、このように刑事司法制度全体の在り方を見渡した捜査構造論の先駆性は意識されるべきであろう。

　捜査構造論で示された、捜査および公訴提起に関する基本的な枠組みは、平野理論の中で一貫して変化しなかった（小田中聰樹「平野刑事訴訟法学の軌跡と真髄」法律時報76巻12号〔2004年〕70頁以下）。弾劾的捜査観の下で捜査における徹底した捜査が行われないことを前提として、嫌疑の存在を訴訟条件としないという理解を示したのである（平野龍一「刑事訴訟における実体判決請求権説」同『捜査と人権〔刑事法研究　第3巻〕』〔有斐閣、1981年〕189頁以下）。

3　文献紹介

▶本論文の内容

　本論文は、平野がアメリカ留学中に「アメリカの捜査というものを見ているうちに、どうも考え方が日本の捜査と根本的に違っているのではないか」「個々の規定についての技術的な違いだけではなく、捜査というものに対する考え方

自体が少し違っているのではないか」と考えるようになったことが契機となっている（本論文68頁）。日本の訴訟は、ドイツ的な訴訟からアメリカ的な訴訟に変わったというより、むしろアメリカ、ドイツと違った訴訟であることを、大正刑訴法、諸外国の捜査を瞥見した上で、弾劾的捜査観・糾問的捜査観の対比を通じて明確にしようとしたものである。

▶ **大正刑訴法と戦後の運用の連続性**

まず本論文は、検察官の権限強化や捜査の非司法化の思想が、大正刑訴法のころから現在の日本国憲法の下に至るまで続いていることを指摘する。すなわち、大正刑訴法下での予審廃止論、とりわけ小野清一郎のそれには、検察官の権限を強化し、予審判事が行う権限を検察官に行わせるという理解が根底にあったとする。これは、本論文によれば、執行権を強化して能率的な行政を展開しようという考え方と対応しており、とくに「準戦時的な体制」の下ではその傾向が強かったと評価される。憲法上、個々の条文は必ずしも明示的に執行権の強化を禁止しておらず、実際、憲法33条の逮捕にかかわる令状発付権限を有する「司法官憲」に検察官が含まれるという解釈が主張された。本論文は、このような主張も「戦前のように予審判事にやらせる必要はない、検察官にやらせても同じことだという考え方が、そのまま受けつがれて」いるものだと指摘する。このような大正刑訴法下の議論の連続性が、現行刑訴法の制定時にも根底に存在していた結果、「その背後にあるものは憲法の予想するものとはかなり違ったものになってしまっている」という（本論文70頁）。

▶ **アメリカと日本の距離**

アメリカでは、1930年代に警察の違法行為が問題となり、フランスの予審制度のような形で捜査の司法化をするという選択肢が検討された。しかし、予審制度下でも、実際上明文規定がないにもかかわらず、捜査機関が強制的な処置をとる上、予審判事に権限を与えることで捜査機関の違法行為が減るわけでもないこと、予審判事による被疑者の強制出頭を伴う取調べが黙秘権侵害になりうることなどが理由となって、実現しなかった。そこで、捜査の司法化による捜査機関の制禦ではなく、むしろ証拠法による捜査機関の制禦という選択肢がアメリカで採用されたことが紹介される。すなわち、取調べ方法の適否によって自白の証拠能力の有無を判断するという手法（マクナブルール）、合衆国連邦

最高裁のウォーレン・コートの下での違法収集証拠排除法則の積極的な適用
（ミランダ判決・マップ判決）である。

　ここに、本論文は日本とアメリカの違いを見出す。アメリカでは、「裁判官
であっても捜査の段階で権限を与えるということ自体がよくない」という発想
で予審制度が採用されなかった。日本は、「予審判事がもっているような権限
を捜査官に与えてもいいという考え方」であった。この違いが、日本で予審制
度廃止と同時に、憲法に反しない限度で捜査官に権限が与えられることになっ
たと指摘している（この理解の詳細は、平野龍一「刑法及び刑事訴訟法における『西
欧法の日本化』」警察研究61巻3号〔1990年〕12頁以下も参照）。

　例として、逮捕の期間は、アメリカでは裁判官に引致する過程にすぎないの
に対して、日本では警察が被疑者を手許に置く時間だという理解になっている
ことが挙げられる。日本のような理解は、逮捕状が捜査機関への許可状として
理解されていることが前提となっており、その背景には、逮捕するか否かの第
一次的な責任は検察官・警察官にあるという発想、そして「戦前の執行権強化
が立法者の頭の中にかなり強くしみ込んでいて、それを訴訟法の中におり込ん
でしまった」ことがあると指摘する（本論文75頁）。

　また、逮捕・勾留されている被疑者の取調べについても、アメリカでは被疑
者が弁護人立会いを求める場合には取調べ時に弁護人が立ち会わなければなら
ない。そして、上述のとおり、裁判官が被疑者を強制的に出頭させて取り調べ
ることは憲法違反の疑いがあるところ、検察官にそのような権限を認めること
はなおさら憲法違反になるだろうとする。イギリス、ドイツも、間接強制を加
えることができるか否かは別として、強制的な取調べを正面から認めてはいな
い。それにもかかわらず、日本では逮捕・勾留されている被疑者については、
取調べ時に出頭滞留義務を課していることを指摘する。

　また、捜索、差押えについても、令状による場合は許可状だとするのが一般
的な理解であるが、「強制力を使って集めた証拠というものは、本来は被疑者、
被告人も利用できる性質のもの」だと主張している。被告人、被疑者の請求に
よって第1回公判期日前に証拠保全が行われる場合に、検察官が証拠を閲覧で
きる。これと同様に、罪証隠滅のおそれが大きい場合は別として、強制処分に
よって集めた証拠については証拠開示を認めるべきだという考え方も示唆する

3　文献紹介 | 91

（本論文77頁）。そして、以下のように述べるのである。

▶基本文献のエッセンス（基本文献78-81頁）

　……逮捕とか、押収、捜索について考えますと、結局捜査という場合にも、やはり、公判において裁判官と検察官と被告人とが、いわば三角の関係で両当事者と第三者である裁判所という形で訴訟ができているのと同じような意味で、捜査の段階においても、やはり検察官と被疑者、弁護人というのは対立した当事者という形をとり、その各々は捜査の段階では独自の立場で自分の訴訟の準備をやるわけです。ただ両方が接触する、すなわち強制処分の必要がある、強制的に証拠を集める必要がある、あるいは被疑者の身柄を確保する必要があるという場合には裁判官がでてきてやる。すなわち捜査の段階における裁判所あるいは裁判官の関与というのは、やはり当事者主義的な構造をもっているのではないか。それが基本的な捜査の構造ではないかと考えられるのです。

　これに対して糾問的捜査観というのは、捜査は検察官、警察官と被疑者との上下の関係である。ただ検察官が一定のことをやるときに、部分的にそれがいきすぎないようにチェックするのが裁判官の任務であるというふうに考えるわけです。そして、公訴提起前は検察官の仕事であり、公訴提起後に、はじめて裁判所の仕事がはじまる。裁判所は公訴提起前のことには口を出さないが公訴提起後のことはすべてのことについて裁判所がやる、という考え方になる。裁判所というのは公訴提起後のことをやる役所のことである。公訴提起前は検察庁がやるのだという考え方が強いのです。

　もちろん、最初にいいましたように、ここに述べたのは、いわば考え方にすぎないのであって、こういう前提をとったから、形式論理に従ってすべての点で一貫した結論が出るべきだ、というほど機械的な原理ではないだろうと思います。しかし、基本的な考え方がどちらであるかによって、いろいろな問題点を解決する場合に、どちらを選ぶかという選び方の違いが出てくると思います。その場合に少しずつ一方のほうを選ぶということが今後の訴訟にとって重要なことです。おそらく訴訟法の改正というものは、かなり困難なことだろうと思われますけれども、裁判所の判決によってある程度変わっていくという可能性は残っているので、解釈ないし運用は重要な意味を持つのです。

　……もちろん検察官がいいかげんな起訴をすべきでないというのは当然ですけれども、検察官の起訴に十分な嫌疑を要求するには、当然それだけの権限を与えなければならない。それなしに期待するのは無理です。ですから非常に客観的な真実を発見する任務を与えれば、どうしても同時に権限を強化するということになるわけです。もし権限の強化が望ましくないというのであれば、その真実性の程度、客観性の程度というものには常に問題は残っているという前提で、次のステップをとらなければならない。裁判官が白紙の状態で公判にのぞまなければならない起訴状一本主義というの

も、ただ形式的に起訴状だけを出すというのではなく、やはり現在のような捜査について かなり制限のおかれた訴訟法の下では、検察官はいかに一生懸命やっても、必ずしも客観的な真実が発見されているとは限らない。したがって常にその点について十分の考慮を払えというところに、むしろ意味があると思います。

　起訴猶予などの権限にいたしましても、わが国の場合は起訴猶予の範囲が広くなっておりますけれども、刑事政策的な考慮を全面的に検察官が担当してやるのだと、荷がかちすぎるということになるでしょう。起訴猶予を完璧にやろうということになりますと、起訴前に情状証拠というのを完全に集めなければならない。そのための権限というのも必要になってくるということになりますけれども、そういう権限を全面的に検察官に与えるよりも、明らかに起訴の必要がないという場合にとどめたほうがむしろ望ましい。そのために逆に公訴提起後について、現在の執行猶予のような制度だけではなくて、もう少しやわらかな制度が必要になってくると思われます。

　ディスカバリーの問題にしましても、検察官が準司法官であるから、客観的なものであるから、見せなくちゃいけないんだという考え方も主張されていますけれども、しかし、ディスカバリーというのは、むしろ検察官がまさに当事者的なものである。すなわち集めた証拠というものが客観性が乏しい。検察官としては客観的な証拠を集めるつもりでも、しかし権限の制約のためにその証拠に客観性が乏しいから、これを第三者の検討にゆだねなくちゃならない。もしほんとうに準司法官である検察官は十分の権限をもって客観的な証拠を集めることができるのだという前提をとれば、検察官が集めると客観的ですから、何もほかの人にもう一ぺん検討してもらう必要もないことになるといってもよいのです。現在でも、少なくとも公判廷において被告人、弁護人の面前において一度証拠を示さなければ証拠にしてもらえないというのは、やはり検察官の集めた証拠は必ずしも客観性の保証ができないからだということを前提とするだろうと思います。それをもう一歩公判前において、検察官の出した証拠の客観性を十分に吟味させるために、前もって被告人あるいは弁護人の閲覧に供する必要があるのです。ですから、むしろ当事者としての性格がディスカバリーの前提になっているといってよいでしょう。

▶解釈・運用の指針としての弾劾的捜査観

　平野が弾劾的捜査観の下で主張した射程は広い。1958年刊行の『刑事訴訟法』で示された弾劾的捜査観とその帰結は、実務において受け容れられなかった。平野理論はその原因を、1974年刊行の本論文において、大正刑訴法下の予審廃止論における捜査権限強化の考え方が、現行刑訴法の下でも連続していることに見出した。そして、「最近では一応安定を示しているといってもいいと思われますけれども、しかし決して現在の訴訟法が現在のままでいいというもので

はない」という言葉とともに、「捜査の構造をじっくり考える必要がある」として締めくくっている。

ここに、現状批判ないし変革のための解釈論、そして立法論のために、弾劾的捜査観が示されているといえよう。その枠組みは、捜査段階の捜査機関の権限や公訴提起段階での検察官の訴追裁量を限定する一方で、公判で実質的な審理を行おうというものである。刑事司法に関係する人々への負荷が、捜査段階に重くかけられている現状を変えて、公判段階により重い負荷をかけて捜査段階にかかる負荷を軽くしようということである。後年、平野は、以上のような理解を、より先鋭的に表現することになる（平野龍一「現行刑事訴訟法の診断」平場安治ほか編『團藤重光博士古稀祝賀論文集　第4巻』〔有斐閣、1985年〕407頁以下）。

もっとも、本論文が留保しているように、弾劾的捜査観は、そこから論理一義的な帰結を導くものではなく、「基本的な考え方」である。したがって、弾劾的捜査観が特定の解釈論的帰結を正当化するという関係にはない。弾劾的捜査観は、捜査と公判の関係について、1つの設計の在り方を示したものだと理解すべきであろう。

4　残された課題

▶その後の捜査構造論

平野理論は、捜査の権限を限定することで、捜査の糺問化を回避する一方で、公訴提起に要する嫌疑の高さについて「ある程度無罪が出てもやむを得ないという態度」でよいという表現を用いている（平野・前掲「刑事訴訟における実体判決請求権説」194頁）。これは、「逮捕→勾留→起訴→有罪判決という手続の順を追って嫌疑が高まるべきであるという、常識的な考え方に対する強烈な反対命題」だと評価されている（後藤・前掲62頁）。

田宮裕は、基本的には平野理論の弾劾的捜査観を継承する見解を示した（田宮裕「捜査の構造」同『捜査の構造〔刑事訴訟法研究1〕』〔有斐閣、1971年〕1頁以下）。捜査を弾劾化しつつ、検察官の公訴提起に必要な嫌疑に関して、客観義務を要求する見解などを批判し、徹底した捜査の実施を否定する。さらに、弾劾化のための具体的方策を提示している。そこでは、諸外国の捜査の在り方を確認し

た上で、逮捕・勾留について、①逮捕から勾留請求までの時間制限を「不合理な遅滞がない程度」たる最大24時間として、②起訴前勾留における早期釈放のため、勾留の取消請求を弁護人が積極的に行い、あるいは勾留執行停止を積極的に運用すべきこと、立法論としては起訴前保釈も考えること、③勾留質問に弁護人の出頭・立会いを認め、司法手続化すること、④別件逮捕を、逮捕理由を潜脱する取調べ目的の違法拘禁だとして、勾留請求却下や自白の証拠能力の否定などで対応することを提案している。また、取調べについては、①立法論として逮捕後の国選弁護制度を認め、自由な接見を許し、勾留質問後は弁護人立会いなき取調べを許さないこと、②逮捕後の取調べ状況につき時間的記録と録音または速記をすべきこと、③取調べ方式を細則化し、違反時に自白の証拠能力を否定することで制裁を加えることを提案している。現在、これらは一定程度実現しつつあるが、課題として残っているものもある。

以上のような見方に対して、異なる見方——いわゆる訴訟的構造論——を示したのが、井戸田侃である（井戸田侃「捜査の構造序説」同『刑事手続の構造序説』〔有斐閣、1971年〕67頁以下）。井戸田理論は、捜査の目的を「起訴、不起訴を決定するために嫌疑の有無を明らかにし、起訴すべき必要があるかを決定することにある」とした上で、捜査段階においては、第一次的捜査機関である司法警察員と被疑者がそれぞれ証拠収集を行い、検察官は「公訴官たる立場」から客観的にその結果を判定するという訴訟に類した構造をもつと説明する。論者自身が、捜査も「訴訟」的な構造をもつことができるという所以である。その結果、被疑者の取調べは、「準当事者的な地位」の下で防御権を行使する場面でもあるという位置づけが与えられる。また、起訴後の強制処分は起訴・不起訴の判断のためではないため許容されず、「客観的嫌疑」の存在が訴訟条件とされると説明される。また、捜査機関は、被疑者側にとって有利か不利かを問わず、証拠収集をすべき義務があるとされる。

この訴訟的構造論は、捜査段階で事件を選別することが、「起訴するに足る嫌疑のない——かつその必要のない——被疑者の訴追を避け、被疑者を一日も早く手続から解放するという使命が捜査そのもののなかに当然含まれることになり、基本的人権の尊重という法の理念にかなう」という発想を前提としている（井戸田・前掲74頁）。このような発想の背景には、論者自身が、弁護士とし

て活動していたことも影響しているのかも知れない。実際、このような発想を共有する実務家は、現在も少なくないだろう。

しかし、平野理論が示したように、公訴提起前に事件を綿密に選別するためには、検察官に強い証拠収集権限を与える必要性をもたらす。訴訟的構造論の下では、公判手続は検察官の処分の確認をするための手続となり、その狙いに反して公判手続が形骸化するおそれが生じる。たしかに、訴訟的構造論は、伝聞証拠禁止原則を厳格に適用すること等により、捜査段階の書証が公判に流入することを防げば、公判中心主義は維持できると主張する。しかし、検察官が綿密に選別する結果、多くの事件は、非公開の手続において実質的には事件の帰趨を決することになるのは否定しがたいであろう。また、公判では一方当事者となる検察官が捜査段階で常に中立性を保ち、被疑者側の有利不利を問わずに証拠を収集し、判断することが可能であろうか。この点では、手続の適正性の担保について問題が残るようにも思われる。

▶捜査と公判の関係

しかし、現実には、訴訟的構造論は、捜査の在り方としては採りうる選択肢として広く意識されているように思われる。被疑者国選弁護制度が導入され、被疑者段階で弁護人が選任される事件が以前よりも増加し、依然として依頼人を起訴猶予にすることが弁護戦術上も非常に重視されている。検察官は、公訴提起に必要な嫌疑の程度としては高い水準を念頭に置いているように見える。このような状況は、学説においても存在してきたといえる。捜査段階に対する弾劾的捜査観の示唆は、学説上は多くの見解に受容された一方で、公訴提起に必要な嫌疑の程度にかかわる示唆は必ずしも広くは受容されなかった。松尾浩也が「学界の採った態度は非常にアンビバレント」であり、「平野理論の前半だけ賛成して、後半は賛成しないという意味では、ほとんどすべてといってよい位の刑訴学者が、私を含めて一貫していない」と述べたことは（松尾浩也「刑事訴訟の基礎理論」同『刑事訴訟法講演集』162頁）、このような状況を表現している。実際、松尾理論も「修正された弾劾的捜査観」として、検察官に「警察捜査の批判者として、デュー・プロセスを擁護する機能」を期待すべき点において、検察官は「純粋な当事者」ではなく、「司法官的性格」を見出すべきだとしたのである（松尾浩也「捜査の構造について」同『刑事訴訟の原理』〔東京大学出版会、

1974年〕252頁以下、262頁）。弾劾的捜査観から出発しつつも、「若干の現実的考慮」を加えたという松尾理論は、概説書執筆の際にも「大いに悩み」、結果的に平野理論とは異なり、公訴提起には「犯罪の確実な嫌疑」が必要だとして、捜査の密度を高める帰結をもたらすものだった（松尾浩也「刑事訴訟法50年——総括の試み」現代刑事法 1 巻 1 号〔1999年〕34頁以下、40頁）。

　これに対して、平野理論が検察官の当事者性を強調していた点は異なる。また、参審制度の採用を前提として、公判廷に顕出された証拠だけで心証を採る公判を想定し、捜査記録も「要を得た、そして事件の核心を突いた短いもの」にすることが求められるとした。また、証人尋問、反対尋問も「核心的なものになるかもしれない」とした（平野龍一「参審制の採用による『核心司法』を」同『刑事法研究　最終巻』〔有斐閣、2005年〕182頁以下、190頁）。平野理論において想定される「公訴提起に必要な嫌疑の程度」は必ずしも明確ではないが、捜査において幅広い事項を詳細に調べることを回避するために、公判で審理すべき事実も事件の核心にかかわる部分に限定しようとする姿勢を看取できよう。捜査の弾劾化と公判の核心を突いた審理は、平野理論において、いわば車の両輪として位置づけられていたのである。裁判員制度が導入された現在、平野理論は部分的にであれ、実現しているようにも思える（なお、捜査法の実定法解釈の基礎理論として捜査構造論を構築しようとしたものとして、鈴木茂嗣「捜査の本質と構造」同『続・刑事訴訟の基本構造　上巻』〔成文堂、1996年〕66頁以下参照）。

5　現代的意義

▶変革期における捜査構造論

　平野の捜査構造論、とりわけ弾劾的捜査観は刑訴司法制度の在り方を見直すための羅針盤としての機能を有しうる見方であった。平野は、1974年という実務運用が比較的安定していた時代に、本論文のもとになった講演を書記官研修所において実務家に対して行った。このことは、捜査構造論が実務に対して問題を提起し、変革の方向性を示す意図があったことを感じさせる。

　しかし、捜査段階において被疑者が捜査機関と対等な主体として訴訟準備をできるか否かにかかわって、最も重要な問題となる取調べ受忍義務の問題は、

依然として解消せず、近時は立法過程においても棚上げされる論点となっているのが実情である。被疑者が逮捕・勾留されている場面において、取調べに出頭・滞留しなければならない状態が「主体」といいうるのかは、依然として大きな問いである。また、身体拘束の制度設計にかかわって、立法論として起訴前保釈や中間処分制度を設けた場合に、取調べのための出頭を条件に付することができるか否かが、取調べ受忍義務の肯否に左右されるのかどうかも問題である。

　他方で、公訴提起に必要な嫌疑の問題は、逮捕・起訴前勾留の要件解釈や、勾留の場所としての代用監獄の適否、伝聞例外の範囲（捜査段階で作成された書証を公判で用いる程度）などにも波及しうる問題である。さらに、起訴裁量にかかわって、被疑者に対する福祉的な考慮をした上で起訴・不起訴を決定することの適否も重要である。「被疑者の再犯可能性を低減させるための環境整備ができたときには起訴猶予にする」という運用が、近時は検察庁において行われつつある。これに対する平野理論の評価は、どのようなものになるか。「刑事政策的な考慮を全面的に検察官が担当」することに対して、平野理論は消極的であった。情状事実などの証拠収集も行うことになり、結果的には捜査手続が肥大するからである。むしろ、公判中心主義の下で、「逆に公訴提起後について、現在の執行猶予のような制度だけではなくて、もう少しやわらかな制度が必要になってくる」としていたことが影響してこよう（本書13　**検察官の訴追裁量**参照）。

　これらは、依然として私たちに突きつけられている問いである。

▶公判への負荷、被疑者・被告人への負荷──「自律する被告人」像の課題

　さらに、平野は弾劾的捜査観とかかわらせて、主体として訴訟準備を行い、公判で検察官と対峙する被疑者・被告人というイメージを有していたように読める。ここにいう「主体」として、被疑者・被告人がどこまで強い個人、自律した個人であるべきなのかは深刻な問題である。平野は、アレインメント制度の導入を主張した（平野龍一「参審制度採用の提唱」同『刑事法研究　最終巻』〔有斐閣、2005年〕191頁以下、206頁）。また、「弁護人が争わない部分を明確にし、その点に関する限り、被告人の承認を証拠とし、それ以上に調書を採用しない」という「承認」制度の明確化による簡易な手続の設置を提案し、「被告人が被告人として申立・主張をする席と、被告人の証人として（宣誓はしなくとも）供

述する席とを明確に区別すべき」だと主張した（平野龍一「公判手続」同『訴因と証拠〔刑事法研究　第4巻〕』〔有斐閣、1981年〕169頁以下）。ここに見出せるのは、弾劾的捜査観の下で、訴訟準備をしてきた被告人側が、公判において手続負担を負いつつも、検察官と対峙して自ら種々の事項について意思決定をしてゆく自律性を有した、「強い被告人」のイメージであるように見える。

　今後、捜査・公判協力型の協議・合意制度、刑事免責制度が運用されるときには、被告人側は利害得失を熟慮した上での判断が求められる。あるいは、日本では導入されていないものの、被告人の証人適格も、被告人側の判断が求められる制度の可否という側面がある。これらの制度は、被疑者・被告人の判断にあたって、彼らに負荷を与える側面もある制度である。

　被疑者段階での防御のための制度の整備が、漸進的とはいえ進行するほど、被告人側に一定の判断能力があることを前提として、これら諸制度を使いこなすことが求められる議論が増えていく可能性がある。また、弾劾的捜査観の考えの重要なポイントの1つである、公訴提起に必要な嫌疑の切り下げが実現した暁には、公判に付される事件の件数が増大する可能性がある。そうなれば、司法取引的な側面を有する諸制度は、刑事司法における資源をどこに集中させるかにかかわって活用されよう。そのときには、被告人側の主体的な判断にかかわる問題がさらに先鋭的に現われてくるだろう。平野理論は、被疑者・被告人の主体性を制度的に担保することを目指しつつ、刑事弁護人に高度な専門性をも要求する。被告人側はこれら制度における自らの決定に耐えられるのか否か（どのような制度であれば耐えられるのか）。弾劾的捜査観の下で捜査の諸制度を設計したときに、公判の諸制度がどのようなかたちになるべきなのか。これらは、司法取引的な諸制度の採否や適用範囲もかかわって、大きな問いとして私たちの前に残されているといえよう。

　平野の捜査構造論は、このように捜査と公判の関係について意識を喚起する理論として、今後も重要な意味をもち続けるであろう。

8 令状主義

●基本文献
井上正仁
『捜査手段としての通信・会話の傍受』
(有斐閣、1997年)

高田 昭正

1 学説・実務状況

　捜査手段としての通信・会話の傍受について、任意捜査の範囲で会話傍受を許す判例があっただけでなく（かつて、東京高決昭和28・7・14東高刑時報4巻1号17頁が、居室外側に増幅器を取り付けた会話盗聴について「合法的な〔任意〕捜査行為」と断じた。なお、最近でも東京高判平成22・12・8東京高裁（刑事）判決時報61巻1〜12号317頁は、下階ベランダにおける携帯電話の通話肉声を上階ベランダから秘密録音した捜査機関の行為を任意捜査として適法とした）、東京高判平成4・10・15高刑集45巻3号85頁は、覚せい剤密売の専用電話である疑いが濃い電話の通話内容について、検証許可状を得て傍受・録音した捜査機関の行為を合憲・適法とした。旭川地判平成7・6・12判時1564号147頁も、過去の犯罪（組織的、継続的な覚せい剤の営利目的譲渡）の捜査のため、検証許可状を得て電話通話を傍受・録音できると判示し、上告審の最決平成11・12・16刑集53巻9号1327頁も、この電話傍受を合憲・適法だと判示した。

　検証令状による通信傍受を適法とする判例の動向について、憲法21条（通信の秘密）、31条（強制処分法定主義）、35条（令状の特定性要件）に違反するという批判や、合憲だとしても、通信傍受は刑事訴訟法が定める検証の法形式に適合せず、新たな立法を必要とするという批判がなされた。しかし、「この論争が十分には決着しない内に、組織犯罪を対象とする通信傍受立法の動きが始まった」（松尾浩也『刑事訴訟法(上)〔新版〕』〔弘文堂、1999年〕82頁）。すなわち、上記判

例よりも緩やかな要件と広い範囲で、捜査手段としての通信傍受を許容しよう
とする立法の動きが1996（平成8）年10月に始まった。紆余曲折を経たのち、「犯
罪捜査のための通信傍受に関する法律」（以下、通信傍受法という）が1999（平成
11）年8月に国会で可決され、成立する（批判的立場からの「犯罪捜査のための通
信傍受に関する法律」の総合的研究として、奥平康弘・小田中聰樹監修『盗聴法の総合
的研究──「通信傍受法」と市民的自由』〔日本評論社、2001年〕）。

2　学説史的意義と位置づけ

　基本文献の井上正仁『捜査手段としての通信・会話の傍受』は、この通信傍
受立法の動きに合わせ、捜査手段としての通信・会話傍受の合憲性・適法性を
真正面から論じ、その立法化に向け理論的障害を取り除く役割を果たした重要
な著作である。
　基本文献は、もともと通信傍受法の立法過程と深い関係をもった。1996（平
成8）年10月に法務大臣は法制審議会に対し、通信傍受制度の新設を含む組織
的犯罪対策立法を諮問した（諮問第42号別紙第4事項「令状による通信の傍受／一
定の罪（例えば、死刑、無期懲役又は無期禁錮に当たる罪、薬物又は銃器に関する罪、
略取及び誘拐の罪等）の捜査に関し、裁判官の発する令状により、犯罪の実行に関連し
て行われる電話その他の電気通信を傍受する制度を設けること」）。井上はこの法制審
議会刑事法部会幹事として、1996年10月から翌1997（平成9）年7月まで前後
15回の審議に関与した。この刑事法部会審議と並行し、井上は1996年12月から
翌1997年7月にわたり雑誌ジュリストに論稿「捜査手段としての通信・会話の
傍受」を7回連載する。その論稿を、必要な加筆を行い、一書にまとめたのが、
基本文献であった。

3　文献紹介

▶基本文献の課題と方法

　通信捜査手段としての通信・会話傍受の問題は、井上の研究にとって、どの
ような意味をもったか。井上は「捜査法上の様々な問題につき考究」（基本文献

はしがきi頁）することを自らの研究課題とし、その課題を果たす方法として、「捜査に関する実体的な法規制の内容やその方式についての体系的な考察」（同上）を目指す。その「捜査法の体系的把握」にとり解明すべき基本的問題点として、「強制処分と任意処分の区別やそのそれぞれの限界、憲法の令状主義保障の意義、それに、問題解決における解釈論や判例と立法との間の役割分担のあり方」が挙げられ（同上）、「それらの基本的問題点が集中的に現れる場が、まさに、通信・会話の傍受の問題」（同上）だとされた。

井上がいう「捜査法の体系的把握」については、井上自身の著書である『強制捜査と任意捜査』（有斐閣、2006年）からも、その趣旨が窺える（2014年に新版が出された）。右著書のはしがきで、「捜査——中でも、捜索・差押えをはじめとする非供述証拠の収集・保全手続——に関する従来のわが国における議論が、個別法規の散発的解釈にとどまるか、あるいは、『糺問的捜査観』対『弾劾的捜査観』、『実体的真実主義』対『デュー・プロセス』（ないし「適正手続主義」）といった両極の理念型の対抗による二元論的議論に終始する結果、体系的に必ずしも整序されていないばかりか、内容的にも充分成熟したものとはなっていない」（井上・前掲『強制捜査と任意捜査』はしがきi頁）とした。そのうえで、「捜査法の基本枠組や支配原理についての明確な理解に基づく——法解釈論のみならず立法論の基盤としても通用する——理論体系の構築が必要だ」（同上）とする。そのような問題意識の下で、井上が取り組んだ重要な個別課題が、捜査手段としての通信・会話傍受の合憲性・適法性であり、その立法化の可否・当否であったわけである。

▶基本文献の構成と内容

基本文献は、第1章「通信・会話傍受の合憲性」（第1節「通信・会話の傍受とプライヴァシーの保護」、第2節「令状主義と特定性の要件」、第3節「適正手続の保障」）と第2章「通信・会話傍受の適法性」（第1節「強制処分法定主義」、第2節「『検証』としての通信・会話の傍受」）で、総論的な論述を行い、第3章「立法上の課題」で、法制審議会が採択した整備要綱骨子などを素材に、捜査上の手段としての通信・会話傍受に適した手続を整備するために立法上考慮すべき問題点を整理、検討する（法制審議会刑事法部会が策定した「組織的な犯罪に対処するための刑事法整備要綱骨子（案）」は、1997〔平成9〕年9月、法制審議会で原案どおり採択され、

法務大臣に答申された）。この第3章は、第1節「一般的論点」、第2節「対象犯罪」、第3節「傍受の要件」、第4節「傍受令状」、第5節「傍受の期間」、第6節「傍受の実施」、第7節「事後手続」から構成され、通信傍受立法の重要論点を網羅する。

井上は、第1章「通信・会話傍受の合憲性」第1節で、アメリカ、ドイツの比較法的研究を踏まえ、「通信についても……、個人の私生活の一局面ないしはその延長領域として、……住居等におけると同等のプライヴァシーの保護を受けるというのが〔通信の秘密を保障するわが国の〕憲法21条2項の趣旨だとすれば、同35条による令状主義の保障との関係でも、住居等におけると同等に取り扱われて然るべきものと考えられる」（14頁。〔　〕は引用者。以下、同じ）と結論し、強制処分の性質をもつ通信・会話傍受には憲法35条の令状主義が保障されねばならないとする。

第2節では、通信・会話傍受に令状主義の保障を及ぼすとき、傍受対象について、「憲法上の特定性の要件」（17頁）が充たされるか、問題とする。この点で、現存しない将来の、しかも、複数人の意思にかかる通信・会話を対象に傍受するため、また、犯罪に関係しない通信・会話まで網羅的に傍受するため、「憲法35条の特定の要請をもともと充たすことができない」（小田中聰樹ほか著『盗聴立法批判——おびやかされる市民の自由』〔日本評論社、1997年〕93頁〔川崎英明〕。川崎「盗聴の規制と令状主義・強制処分法定主義」石松竹雄判事退官記念論文集『刑事裁判の復興』〔勁草書房、1990年〕63頁以下も参照）という指摘があった。この点について、井上は、「令状主義において特定性が要求される趣旨は何かという根本に立ち返って検討することにより、特定性判断の基準を明らかにし、それに照らして、電気通信や会話の傍受につき特定性の要件を充たすことが果たして、そしていかなる場合に、可能かを検証してみる、という作業」（17頁）に踏み込む。すなわち、憲法35条が倣ったアメリカ合衆国憲法修正4条の「制定に至る歴史的経緯に照らし」（23頁）、「一般探索的・渉猟的な捜索・押収を不当とするのが、修正4条の制定に繋がる流れの基底をなす考え方であった」（26頁）と捉え、「電話や会話の傍受についても、その〔修正4条の〕規制の『心髄』を成す特定性の要件の充足が求められる」（27頁）としたうえで、特定性の要件の趣旨について、「捜索場所および目的物の特定も、その場所および目的物に

つき捜索・押収を行う根拠——すなわち、〔アメリカ合衆国憲法修正4条の〕『相当な理由』（わが憲法35条にいう「正当な理由」。以下、同じ）——が存在することを予め裁判官に確認させ、それを令状の上に明示させて、その範囲でのみ捜索・押収を行うことを捜査機関に許すことにより、その点についての捜査機関の恣意ないし裁量の余地を封じるというところに、その趣旨がある」（38頁）と捉える。また、特定性の要件の存在意義について、「捜索の空間的・時間的範囲の適切な限定」、「捜索および押収の実施面での限界設定」（40頁）のほかに、押収目的物が存在する「実質的な蓋然性の認定を確保する」（41頁）ことにもあるとした。すなわち、「手続の段階順に整理していうと、押収目的物の特定は、第1に、捜索・押収の根拠となる『相当な理由』——すなわち、特定の犯罪に関連する証拠等が捜索場所に所在するという蓋然性——の存否につき令状裁判官により実質的な審査がなされることを確保し、第2に、その目的物の発見に合理的に必要かつ相当な範囲でしか捜索を許さないという意味で、捜査機関による捜索活動の及ぶ客観的・時間的範囲を適切に限定し、第3に、押収にあたっての誤りや逸脱を防止する、という使命を負う」（41頁）とする。そのような「使命」が通信・会話傍受について果たされる場合として、「当の〔傍受が行われる〕通信設備（電話機・回線等）や場所が専ら当該犯罪の実行や準備、共犯者間の連絡などに用いられており、それを介して行われる通信、あるいはそこで行われる会話はすべて、当該犯罪に関係するものである蓋然性があると認められる場合」を挙げ、その場合には「その通信設備あるいは場所が特定されている限り、そこにおけるすべての通信ないし会話を傍受することを許したとしても、特定性の要件に欠けるところはないといってよい」（43頁）とした。ただし、実際上は、被疑事実と無関係な通信や会話が混じり込む場合であっても、「電気通信や会話の傍受についても、被疑事実が特定され、その性質・内容や当該通信設備ないし場所との関係などから、当該事件に関連する一定の趣旨・性質の通信ないし会話がなされる蓋然性があると認められる場合には、例えば、『〔これこれの趣旨の〕通信ないし会話』、さらには、『本件犯行に関係する通信ないし会話』といった表示でも、それに該当する通信ないし会話を合理的に識別できると認められる限り、特定性の要請は充たされる」（46頁以下。この引用箇所の〔　〕は井上自身による）とした。井上は、通信・会話傍受が網羅的傍受となる問題点

について、「要は、目的の通信や会話がなされる蓋然性、および、それを傍受することの必要性・重要性の程度と、混入する可能性のある無関係な通信・会話の広範さとの間に適正な権衡が保たれているかどうかということであって、当該事件の性質・内容や関与者の範囲、当該通信設備ないし場所の性質やその通常の使われ方（公衆電話や多くの人が利用する場所であるか、個人の電話や場所であるか……）、傍受の期間の長短や時間帯、目的とされる通信・会話の特殊性やそれよる識別の容易性などから、前者〔目的の通信・会話〕の蓋然性が相当高いうえ、当該事件が重大な犯罪を内容とするものであるのに、その事実関係の重要な部分を解明し、あるいはその関与者を特定するために他に容易に用い得る方法がないなど、傍受の必要性・重要性が極めて高く、他方、これに比して後者の〔混入する〕可能性のある〔無関係な〕通信・会話の範囲が不相当なほど広くはないと認められるような場合には、許容性を肯定することができると思われる」という（51頁）。つまり、利益衡量を内容とする相当性（すなわち、比例原則の適用）の問題として捉え、関連する考慮事項をほぼ網羅的に列挙したわけである。傍受対象の通信・会話を合理的に識別できる表示が令状でなされ、かつ、その令状の表示が、上記事項を考慮し画定される「相当性の範囲」から逸脱した傍受を許すものでない限り、特定性の要請は充たされるとした（52頁）。

なお、令状の表示における特定性の要請を重視する一方で井上は、令状呈示の手続について、アメリカの立法を参照しつつ、「立法政策上の措置にとどまる」と捉え、「令状主義そのものの要請だとまでいえるかは、疑問である」とする（74頁）。すなわち、「令状主義は、むしろ、裁判官が特定の場所・目的物につき捜索・押収を正当化する事由のあることを確認し、その確認がなされた……範囲を令状に明示して捜査機関にその権限を付与する、という形を取ることにより、捜査機関の権限行使をその範囲に限定させようとするところに、その本来の趣旨があった」とし（73頁以下）、「それに加えて、捜査機関による捜索・押収が実際にもその限定を遵守して行われるか否かを、その場で〔処分前に令状を事前呈示し〕処分対象者に確認させるというのは、その〔権限行使の範囲を限定する〕趣旨をさらに徹底させるものであることは確かであり、立法政策としては成り立ちうる考え方だとしても、そのことから直ちに、それが令状主義そのものの要請だとまでいえるかは、疑問である」とした（74頁）。そのため、「優越する

必要ないし正当な理由のあるときは、その〔令状の事前呈示の要請に〕例外を認めても、令状主義の保障に反しないと解する余地は、充分ある」と指摘する（78頁）。ただし、井上は、「電気通信や会話の傍受についても……、令状の事前呈示という形によることは必ずしも必要ではないとしても、事後的ではあれ、何らかの形で実質的に、当該通信・会話の当事者に対し、処分がなされたという事実およびその内容や理由を告知し、不服申立を可能とすることが、最低限、必要とされるように思われる」（81頁）として、通信・会話傍受についても、事後的ではあれ、告知と聴聞を受ける憲法31条の権利を保障すべきだとした。

そのように、捜査手段としての通信・会話傍受が合憲となる場合があることを確認したうえで、井上は、「問題は、目的とするもの以外の通信・会話についての――該当性判断のための――聴取ないし認識行為を、現行法の検証の枠内で適法なものとすることが果してできるか、ということであろう」（98頁）とする。その点で、「該当性判断のために必要な範囲に限るとはいえ、検証令状だけで、無関係のものを含む通信・会話のすべてにつき、傍受を行うことを正当化することはできない」（100頁）と結論する。また、「仮に、電気通信や会話の傍受が、処分の性質という点で、『検証』として許される範囲にあるといえる場合があるとしても、憲法31条で要求される『告知』と『聴聞』の権利の保障という点では、〔現行刑事訴訟法の〕『検証』の手続によるのでは、これを充たし得ないように思われる」（102頁）とした。

井上は、以上の検討に基づき、「犯罪捜査の手段としての電気通信や会話の傍受が、憲法上許されないものでは必ずしもないものの、現行法の枠組の下では、これを行うことはできないか、あるいは適切でない」と結論し、「立法により、それに適した手続を整備することが必要となる」とする（109頁）。

▶具体的立法とその理論的正当化

そのような基本的立場を明らかにした井上は、具体的な通信傍受立法の内容にかかわる議論を展開する。結論からいえば、法制審議会刑事法特別部会に提出された「組織的な犯罪に対処するための刑事法整備要綱骨子に関する事務局参考試案」、特別部会が策定した「組織的な犯罪に対処するための刑事法整備要綱骨子（案）」、法制審議会が採択した「整備要綱骨子」の内容について、井上は基本文献で、理論的な裏付けを与え、ほぼすべて正当化する。

たとえば、整備要項骨子が、令状による通信傍受の対象犯罪を組織的犯罪に限定せず、一般犯罪にも拡大する点について、「組織的犯罪の内容は極めて多極化・多様化し、複雑化するに至っているのであり、規制薬物や銃器に関する罪の範囲でのみこれ〔組織的犯罪の内容〕を捉えることは、余りにも狭きに失する」(137頁)、「通信傍受の場合には、組織的犯罪に対する有効な捜査手段を設けるということに主眼がある」(139頁) という立場から、「傍受の要件として、組織的に行われるということの疎明まで要求するのは、現実の適用可能性を極めて小さなものとし、通信傍受制度設置の意味を大きく失わせてしまう結果となるおそれがある」(140頁) とし、対象犯罪の拡大を積極的に肯定する。また、整備要綱骨子が、将来犯罪を通信傍受の対象犯罪にするうえで、その将来犯罪が過去の同種犯罪を継続するものであること、あるいは、その将来犯罪の実行に必要な予備的犯罪が行われたことを要件とした点について、「令状発付の時点において存在する事実や情報などから合理的にみて法定の傍受対象犯罪が行われる蓋然性が相当に高いと認められる場合であれば、〔その将来犯罪を理由に〕電気通信等の傍受を許すことができるはずである」、「通信傍受の本来の対象は、あくまで、これから行われようとしている〔将来の〕対象犯罪なのであり、先行する罪についての通信の傍受は、それに付随して許されるものに過ぎない」(158頁) という立場から、過去の犯罪の継続や準備的犯罪の実行を要件に将来犯罪を理由とする通信傍受を許容する趣旨は、「〔将来の〕対象犯罪発生の蓋然性についての認定をできるだけ確実な根拠により行わせようとする〔政策的な〕もの」(158頁) と位置づけた。このほか、傍受すべき通信かどうか該当性判断のための予備的傍受を許容する点について、「該当性判断のためには、個々の通信・会話につき、その内容を一定程度聴くなどしてみる必要があるが、このような該当性判断のための傍受は、捜索・差押えの場合の捜索に相当し、通信・会話傍受の処分それ自体を構成する基本的要素であるから、それを行うことは、傍受令状による許可ないし授権の範囲に当然に含まれるといってよい」、ただし、「あくまで、該当性判断のために合理的に必要かつ相当な判に限って許されるにとどまる」(185頁)、「その点での限界付けが厳格に履行されなければ」ならず、「如何にしてその限界付け〔すなわち、無関係通信傍受の最小化〕を実効的に確保するかが、重要な問題となる」(185-186頁)、「該当性の有無がなお不

明な段階での傍受は該当性判断に必要最小限の範囲で行い、関連性のない通信であることが判明したらその都度傍受を中断する」などの措置により、「憲法の要請を充たすような最小化は充分確保できる」（187頁）とした。さらに、傍受中に別の犯罪に関連する通信を認めたときは無令状で緊急傍受でき、その緊急傍受は事後の司法審査に服さない点についても、井上は理論的な正当化を行う。井上の立場を象徴する論述（197頁以下）でもあり、引用しておく。

　　押収などについても、実質的に、その現行犯逮捕あるいは緊急逮捕の場合に認められるのと同等の利益状況があれば、令状主義の例外を認めてもよいといえるのではなかろうか。すなわち、(a)特定の犯罪の証拠物または没収すべき物であることが明らかな物件が現に存在し、その証拠の性質などからみて、直ちに保全しないと消失してしまうなど、緊急に保全する必要性が高い場合に、無令状でそれを押収することや、(b)当該物件がそのような特定の犯罪（もし緊急逮捕の場合の対象犯罪の限定が憲法上の要請であるとすると、この場合にもそれに相応するような重大な犯罪）の証拠物等に当たると疑うに足りる充分な理由があり、緊急にそれを保全する必要性が著しく高い具体的状況にあるため、裁判官の令状を求めることができないような場合に、事後速やかに裁判官の令状を求めることを条件にして、ひとまず無令状でこれを押収すること、を認めることは、所要の立法措置を取れば、憲法上は許されるものと思われるのである。……

　　これを当面の問題に当てはめて考えると、適法な傍受処分の実施の過程で認知された他の犯罪に関連する通信や会話を傍受する場合、当の通信・会話の捕捉を求めてそれに該当する蓋然性のある通信や会話を新たに傍受していくという作用を必要とするわけではなく、専ら当の通信・会話を傍受するにとどまるものであり、その意味で、捜索を伴わない押収に等しい。従って、例えば緊急逮捕と同等——すなわち、上記(b)——の状況がある限り、事後速やかに傍受要件の存在につき裁判官の確認を求めることを条件として、ひとまず無令状でそれを傍受・保全することを許してよいように思われる。

　　ましてや、事務局参考試案の提案する他の犯罪の実行に関連する通信の傍受は、その関連性が明白であることを前提とするものであり、そのことからすると、それは、むしろ現行犯の場合に等しい利益状況のある——すなわち、上記(a)の——場合だとさえいえる。そうだとすれば、その限りでは、裁判官の追認は必ずしも必須の要件ではないことになろう。

　このほか、事後通知の範囲を、傍受された通信当事者でなく、傍受記録に記録された通信当事者に限定する点について、井上は、傍受された情報の抹消や

使用差止め、損害賠償など、事後的な救済を図るためにも、「整備要綱骨子が、……可能な限り、『刑事手続に使用するための傍受記録』に記録されている通信のすべての当事者に対し、〔事後的な〕通知を行うべきものとすることにした（第四—三1(1)）のは、適切な措置であった」（226頁）とし、これに対し、記録されない通信、すなわち、「該当性判断のために傍受されたが、結局該当性がないと認められた通信」は、ほとんど無内容か、きわめて短時間にとどまるため、通知の必要がないものが少なくないうえ、通知を必要とすると、通信当事者を特定する調査のためプライヴァシー侵害が拡大することにつながるなど、「必ずしも適切とは思えない」（227頁）などとした。

　捜査手段としての通信・会話傍受の立法提案が、これまで学説でなされたことはあった。しかし、将来犯罪を理由とする傍受、該当性判断の予備的傍受、別件の緊急傍受などまで、すべて肯定する学説は、基本文献以前にはなかった。基本文献は、通信・会話傍受の捜査手段について、体系的・包括的な正当化を行った最初のものであり、「盗聴法を丸ごと容認する」もの（奥平・小田中監修・前掲『盗聴法の総合的研究』97頁〔川崎英明執筆部分〕）と評価ないし批判された。

4　残された課題

　日本国憲法21条2項第2文は、「通信の秘密は、これを侵してはならない」と定める。基本的人権の内容とされた通信の秘密について、何らの制限も許さない絶対的保障を定めたものと解するならば、捜査手段としての通信傍受も許されないものとなる。ただし、最大判昭和32・3・13刑集11巻3号997頁は、「憲法の保障する各種の基本的人権についてそれぞれに関する各条文に制限の可能性を明示していると否とにかかわりなく、憲法12条、13条の規定からしてその濫用が禁止せられ、公共の福祉の制限の下に立つものであり、絶対無制限のものでない」とし、検閲を禁止した憲法21条2項第1文の表現の自由についても、「公共の福祉によつて制限される」と判示した。その立場からは、同項第2文の通信の秘密についても、「公共の福祉によつて制限される」と解すべきものとなる。たとえば、匿名の通信自体が犯罪行為に該当するときは、通信の秘密の基本的人権を濫用したとして、通信行為を処罰しても憲法違反とはいえない

であろう。しかし、そのような立場をとったとしても、ただちに捜査手段としての通信傍受を許容することにはつながらない。

　なぜなら、井上も基本文献で指摘するように、アメリカ合衆国憲法（修正条項）には「通信の秘密」を定める規定がなく（6頁）、ドイツ基本法10条は「通信の秘密」を保障しつつ法律の留保を付す（10頁）。それらと比較するとき、通信の秘密を明文で基本的人権として保障した日本国憲法21条の特殊性が重視されねばならないからである。すなわち、捜査上のたんなる手段として通信傍受を許容することについては、憲法21条が、相当性を欠くものとして、これを一切禁止する硬質的で厳格な保障を定めたと解釈することは十分な理由がある。しかし、井上は、学説（「傍受はおよそ許されないとする意見は、少なくとも学説に見る限り、存在しなかった」〔11頁〕）や、刑事訴訟法（「現行法上……、通信の途次にある郵便物などについても、差押えが可能とされている」〔11頁〕）を援用して、通信の秘密の絶対的保障を否定し、そのことからただちに、通信傍受を憲法21条違反とする解釈を簡単に――他の緻密な論述と比較し、簡単に――否定する。

　また、「不合理な捜索・押収」をまず禁止し、令状の要求を原則としないアメリカ合衆国憲法修正4条と違い、日本国憲法はその35条1項で、捜索・差押え（検証も含む）の強制処分について、原則として令状を要求する。かつ、その令状には捜索場所や押収目的物の特定を要求する。すなわち、憲法35条1項は、捜索場所や押収目的物を特定した令状がない限り、侵入・捜索・押収を受けない権利は侵されないことを明文で定めた。侵入・捜索・押収を受けない権利に対し、基本的人権として、やはり硬質的で厳格な保障を与えたのであり、この憲法35条1項の特殊性が重視されねばならない。しかし、そのような憲法35条1項の硬質的で厳格な保障に対する特別な考慮というものが、基本文献では窺われなかった。とくに、他の犯罪に関連する通信・会話の傍受――別件の緊急差押えに匹敵する通信・会話傍受の強制処分――を肯定するため、井上は、そもそも、「憲法〔35条1項〕の規定を文字通り厳密に当てはめ、規定上明示的に認められている例外の場合を除き無令状の処分は一切認められないとする考え方」（191頁）自体を批判し、「そのような極めて法規実証主義的な理解が、果たして充分な理由のあるものであるのか」疑問だとした（191頁）。そのうえで、緊急逮捕の合憲性を認める立場が多数を占めることを挙げ、「憲法の令状主義

規定の文言を絶対のものとして、解釈による例外の余地を一切認めないとする態度を頑なに維持することは、必然性・合理性を失ってしまっている」という（192頁）。この立場から井上は、一定の厳格な要件（①明らかな犯罪関連物件の存在と緊急保全の必要性〔現行犯に等しい利益状況〕、または、②犯罪関連物件と疑うに足りる充分な理由と緊急保全の必要が高い具体的状況〔緊急逮捕に等しい利益状況〕）の下で、令状によらない緊急差押えを「令状主義の例外」として肯定し、事後的な令状請求などの「所要の立法措置を取れば、憲法上は許される」とした（198頁）。そのような総論的論述の後、通信・会話傍受についても同様に考え、「適法な傍受処分の実施の過程で認知された他の犯罪に関連する通信や会話を傍受する場合……、緊急逮捕と同等の……状況がある限り、事後速やかに傍受要件の存在につき裁判官の確認を求めることを条件として、ひとまず無令状でそれを傍受・保全することを許してよい」（198頁）とした（ただし、裁判官の事後確認を条件とする意見は、法制審議会刑事法部会で「採用されるには至らなかった」〔201頁〕）。さらに、事務局参考試案が提案する、他の犯罪関連通信の傍受について、「その関連性が明白であることを前提とするものであり……、現行犯の場合に等しい利益状況のある……場合だとさえいえる。そうだとすれば、その限りでは、裁判官の追認は必ずしも必須の要件ではないことになろう」（198頁以下）とした。結局、井上は、令状主義を形骸化するような別件の緊急差押えや現行犯逮捕的な無令状差押えまで、あえて許容することによって、他の犯罪関連通信の無令状傍受（通信傍受法14条）を認める通信傍受立法の具体的内容を正当化しようとする。しかし、そのような正当化が、井上自身がいう「捜査法の体系的把握」の内容であり、また、結果だというのであれば、そのような考察方法自体に賛同できない。

5　現代的意義

いま、捜査手段としての通信傍受は、捜査効率化・実効化のための新たな立法（通信事業者立会いの排除、傍受対象犯罪の拡大）により、その要件と範囲を緩められ、ますますその相当性を失おうとしている（〈暗号技術を活用し、記録の改変等ができない機器を用いることにより、通信業者の立会いを不要とした傍受を実施で

きるようにする〉、〈対象犯罪に殺人、略取・誘拐、詐欺等を追加しつつ、組織的な事案に限定するための要件を付加する〉などを内容とする通信傍受法の一部改正案が、2015年3月、第189回国会に提出された）。基本文献の基礎にあると思われる方法論、すなわち、通信傍受の立法化という抗いがたい現実を認めたうえで、その立法の内容について、適切な法的規制を施すための考察を体系的かつ緻密に行うという方法論の限界が、いま現れているように思われてならない。むしろ、憲法21条や憲法35条1項が、通信の秘密や令状による捜索場所・押収目的物の特定について、基本的人権として保障したことを、われわれはあらためて考察の起点にし、捜査手段としての通信傍受の拡大を批判しなければならないと思う。

9 被疑者取調べの性質論

●基本文献
多田辰也
『被疑者取調べとその適正化』
(成文堂、1999年)

高内 寿夫

1 学説・実務状況

▶平野龍一の卓見

　被疑者取調べの性質論とは、刑事訴訟法198条1項の解釈として、逮捕・勾留中の被疑者取調べを強制処分と位置づけるか任意処分と位置づけるかという議論である。同条1項但書から、在宅被疑者には、取調べ場所への出頭を拒否する自由およびそこから退去する自由が与えられており、この取調べが任意処分であることに争いはない。また、逮捕・勾留中の被疑者であっても黙秘権（供述拒否権）が認められている（同条2項）。問題は、逮捕・勾留中の被疑者に出頭義務および滞留義務が課せられるか否かという点である。なお、一般には、出頭義務と滞留義務とをあわせて「取調べ受忍義務」とよんでいるが、松尾説のように、「出頭拒否および退去の自由」と「取調べを拒む自由」とを区別し、逮捕・勾留中の被疑者には前者の自由はないが後者の自由はあるとする学説もあるので注意を要する（松尾浩也『刑事訴訟法(上)〔新版〕』〔弘文堂、1999年〕67頁）。

　この問題をはじめて提示したのは平野龍一であった。従来の通説は、刑訴法198条1項但書で「逮捕又は勾留されている場合」が除外されているのは、逮捕・勾留中の被疑者に取調室まで出頭する義務があり、取調べがすむまでそこに留まる義務があるためであると解していた（取調べ受忍義務肯定説）。これに対し、平野は、逮捕・勾留中の被疑者取調べを任意処分と位置づけ、通説の理解では、供述の義務はないといっても、実質的には供述を強いるのとは異ならないとし、

刑訴法198条 1 項但書の規定は、出頭拒否・退去を認めることが、逮捕または勾留の効力自体を否定するものではない趣旨を注意的に明らかにしたものであると主張した（平野龍一『刑事訴訟法』〔有斐閣、1958年〕106頁）。この考え方が後に取調べ受忍義務否定説とよばれ、学説の多数説を形成していく。

　また、平野の考え方は捜査構造論と結びついている。平野は、捜査の構造について、糾問的捜査観と弾劾的捜査観とを対比させ、糾問的捜査観によれば、捜査は、本来、捜査機関が被疑者を取り調べるための手続であって、強制が認められるのもそのためであるとし、これに対し、弾劾的捜査観では、捜査は捜査機関が単独で行う準備活動にすぎず、強制は、将来行われる裁判のために（すなわち被告人・証拠の保全のために）、裁判所が行うだけであるとした。また、被疑者取調べについては、「糾問的捜査観では、捜査は被疑者の取調のための手続であるから、供述を直接に強要することはできないにしても、それ以外の強制は、この取調を目的として行われる。逮捕・勾留もそのためであり、弁護人との接見交通の制限もそのためである。しかし、弾劾的捜査観からすれば、逮捕・勾留は、将来公判廷へ出頭させるためであって、取調のためではない。」と述べた（平野・前掲書84頁）。すなわち、取調べ受忍義務論の対立は、逮捕・勾留の目的の中に被疑者取調べを含めるか含めないかという対立でもある。

▶捜査実務・裁判実務の立場

　しかし、捜査実務・裁判実務は、現行刑事訴訟法の制定以来、現在に至るまで一貫して、逮捕・勾留中の被疑者には出頭義務、滞留義務があると解している。逮捕・勾留中の被疑者が出頭を拒否し、出頭後自由に退去できないのは、刑訴法198条 1 項但書の反対解釈から明らかだと考えるからである。いまだ最高裁は、取調べ受忍義務に関する見解を明確にはしていないものの、接見指定制度の合憲性を認めた最大判平成11・3・24（民集53巻 3 号514頁）は、「身体の拘束を受けている被疑者に取調べのために出頭し、滞留する義務があると解することが、直ちに被疑者からその意思に反して供述することを拒否する自由を奪うことを意味するものではないことは明らかである。」として、上記平野説を意識し、それを否定する判断を示している。なお、取調べ受忍義務を認める下級審の中には、その範囲について、逮捕・勾留の基礎とされた被疑事実に限定されるとする裁判例（東京地決昭和49・12・9、浦和地判平成 2・10・12など）と

それには限定されないとする裁判例（東京高判昭和53・3・29など）とがある。また、被疑者には供述拒否権が認められていることから、取調べ受忍義務肯定説の論者も、逮捕・勾留中の取調べは強制処分ではないと解している点に留意が必要である（河上和雄ほか編『大コンメンタール刑事訴訟法〔第2版〕4巻』〔青林書院、2012年〕168頁〔河村博執筆〕）。

▶被疑者取調べの任意処分性をめぐる学説

ところで、取調べ受忍義務肯定説を批判する学説の中においても、逮捕・勾留中の被疑者取調べの任意処分性の理解には多様なバリエーションがある（酒巻匡「逮捕・勾留中の被疑者の取調べ受忍義務」松尾浩也・井上正仁編『刑事訴訟法の争点〔新版〕』〔有斐閣、1991年〕57頁）。たとえば、取調べ受忍義務否定説をとる論者についてみても、上述した松尾説のほか、外界と遮断され弁護人と自由に接触しえない拘束状態にあること自体が事実上一定の強制的作用を営むが、現行法はこの範囲の強制は適法としているとする説（鈴木茂嗣『刑事訴訟法の基本問題』〔成文堂、1988年〕71頁、田宮裕『刑事訴訟法入門〔3訂版〕』〔有信堂高文社、1981年〕97頁）などがある。

また、捜査手続は起訴・不起訴を決定するための手続であるとする見地（訴訟法的捜査観）から、被疑者取調べは、被疑者の弁解・主張を捜査機関が聴取する機会であり、むしろ被疑者の権利であるとする見解もある（井戸田侃『刑事訴訟法要説』〔有斐閣、1993年〕87頁）。

これに対して、刑訴法198条1項但書において「逮捕又は勾留されている場合」が除かれているのは、逮捕・勾留中の被疑者取調べが許されていないからだとするのが取調べ否定説の考え方である（沢登佳人「逮捕または勾留中の被疑者の取り調べは許されない」法政理論12巻2号〔1979年〕1頁、上口裕「身柄拘束中の被疑者取調について」南山法学5巻1・2号〔1981年〕119頁、横山晃一郎『誤判の構造』〔日本評論社、1985年〕57頁）。取調べ否定説では、逮捕・勾留中の取調べは本来的に黙秘権の侵害であって強制処分であると理解される。また、取調べは否定されないが、逮捕・勾留の性質から、捜査機関が被疑者を自由に取調室に連れ出すことは許されず、取調べが一般接見の枠内で行われることによって任意性は確保されるとする学説も主張されている（梅田豊「取調べ受忍義務否定論の再構成」島大法学38巻3号〔1994年〕1頁、高内寿夫「逮捕・勾留中の被疑者取調べに関する一

試論」白鷗法学 3 号〔1995年〕73頁)。

2　学説史的意義と位置づけ

▶多田辰也の見解

　基本文献は、被疑者取調べの性質論の観点から見れば、学説の多数説と同様に、取調べ受忍義務否定説に立つものである。しかし、多田辰也は、刑訴法198条 1 項但書の解釈について次のような独自の見解を示している。「むしろ、但書は、大正刑訴法下において、取調べ目的のために行政検束等が濫用され、いわば刑事訴訟法外で取調べが事実上強制されていたことに対する反省から生まれた規定とみるべきであろう。すなわち、出頭拒否権や退去権は、取調べとの関係で問題となる。もし、それらの権利が認められなければ、被疑者は、逮捕・勾留の理由や必要がない場合でも、取調べのためだけに身柄拘束されることになってしまう。しかし、現行法はそのような身柄拘束を認めておらず、但書は、取調べのための身柄拘束をなしえないことを規定したと解される。そして、逮捕・勾留されている場合が除外されているのは、逮捕も勾留も法律の定める要件が満たされている場合にのみ認められ、取調べのための身柄拘束などということは考えられないから除外されたとみるべきであろう（209-210頁)。」多田の解釈は若干分かりづらいところがあるが、逮捕・勾留の目的の中に被疑者取調べは含まれないとする平野が指摘した立場を強調したものと思われる。

▶被疑者取調べの適正化

　ところで、多田が、刑訴法198条 1 項但書の解釈について、被疑者取調べと逮捕・勾留との関係を断ち切るという点にとどめる立場をとったのは、多田の被疑者取調べに関する検討の視点が関係している。すなわち、基本文献の目的は、出口の見えない取調べ受忍義務論の対立を超えて、いかにして被疑者取調べの適正化を確保するかという観点から被疑者取調べの問題を検討することにある。基本文献のはしがきで多田は、「被疑者の黙秘権および弁護権等を実質的に保障して取調べに対する事前規制を強化するとともに、自白法則等による事後的規制をも有効に機能させるという意味での適正化の実現、この二つの側面から問題を検討すべきであるというのが、わたくしの基本的立場である。」

と述べている。

　なお、被疑者取調べの適正化を目指した論理をはじめて具体的に展開したのは、自白法則における違法排除説の主張であったと思われる。田宮裕は、「自白が排除されるのは、虚偽を排除するためでも、黙秘権を担保するためでもない。自白採取の過程における適正手続（デュー・プロセス）ないし合法手続を担保する一つの手段なのである。」と述べた（田宮裕『捜査の構造〔刑事訴訟法研究１〕』〔有斐閣、1971年〕293頁）。

　また、被疑者取調べの適正化という論点が自覚的に取り上げられたのは、1984年の日本刑法学会分科会においてであった。三井誠はそこで、被疑者取調べの適正化を図る現実的方策として、黙秘権告知の徹底、取調べ者の人数制限、戒護者の取調べ不関与、取調べ時間の制限、取調べ時刻の規制、手錠・腰紐の使用禁止、弁護人立会いおよび接見などを挙げた。また、三井は、「取調べの可視化」に言及し、供述調書に、取調べを行った者およびそれに立ちあった者の氏名、取調べ年月日、取調べ場所、取調べ時間、夜間に及んだときはその理由を記載することなどを提言した（三井誠「被疑者取調べとその規制」刑法雑誌27巻１号〔1986年〕179頁）。

　取調べ受忍義務否定論を貫徹することによって、取調べの適正化に寄与する論理が導かれるとしたのは後藤昭である。後藤は、取調べ受忍義務否定説の論理的帰結として、①被疑者の取調べ拒否権を侵害して獲られた自白は任意性を欠く、②被疑者は、身体拘束下にあっても弁護人の立会いを、取調べに応じる条件として要求することができる、③取調べないしその予定は、接見指定の要件たる捜査のための必要には当たらない、④逮捕・勾留中の余罪取調べは、実質的に強制されたものでない限り、余罪に関するからという理由で禁じられることはない、⑤否認ないし黙秘する被疑者は代用監獄に勾留すべきではない、⑥披収容者に対して、取調べの拒否を理由に不利益な取扱いをすることは違法である、⑦他罪目的での逮捕・勾留は禁止され、⑧被告人の取調べは禁止されるとした（後藤昭『捜査法の倫理』〔岩波書店、2001年〕170頁）。

　また、被疑者取調べの事前規制として、弁護人の立会い権に注目させたのは、1966年のアメリカ連邦最高裁のミランダ判決である。ミランダ判決は、合衆国憲法修正５条の自己負罪拒否特権を根拠として、身柄拘束中の被疑者には、取

調べを中止し弁護人の立会いを求める権利があるとした（小早川義則『ミランダ
と被疑者取調べ』〔成文堂、1995年〕）。渡辺修は、アメリカにおける取調べの実情
を検討した上で、わが国の憲法が保障する黙秘権、包括的防御権、弁護人依頼
権から、取調べにおける弁護人立会い請求権が認められること、取調べは接見
指定の要件としての捜査のための必要には当たらないことなどを主張した（渡
辺修『被疑者取調べの法的規制』〔三省堂、1992年〕）。

3　文献紹介

▶基本文献の主張

　基本文献の考え方は以下の記述によくまとめられている（211-212頁）。

　　わが国の捜査手続においては、逮捕・勾留と取調べが直結しているといえるほど、
身柄拘束中の被疑者取調べが励行されている。しかも、その間、被疑者は取調べ受忍
義務を負うと解され、そのためには一定限度での有形力の行使も認められている。そ
の背後には実体的真実発見重視の考え方が存在することは明らかである。
　　右のような取調べや自白重視の運用（解釈）に対しては、現行刑訴法施行後10年余
りして、平野博士による理論的批判が向けられた。取調べ受忍義務否定説の登場であ
る。そして、現在では、学説においては受忍義務否定説がかなり有力に主張されてい
る。しかし、受忍義務否定説にも、黙秘権を保障したうえでの取調べとはどのような
ものかについての議論を十分に展開していなかったなど、問題がなかったわけではな
い。そのため、「任意処分説（受忍義務否定説―筆者）は、自白の排除法則を別とす
れば、その実質において、捜査機関に精神論……を説くことにより取調べの実態の変
革を目指す説でしかないのである」とさえいわれる。そして、受忍義務否定説は現実
には取調べの実態を変革しえなかったとの認識から、最近では、身柄拘束中の被疑者
取調べ否定説が、学説上主張されるようになったのである。
　　しかし、わたくしは、身柄拘束中の被疑者取調べ否定説には与しない。また、刑訴
法198条1項による取調べは、捜査機関が被疑者の弁解・主張を聴取することに限ら
れるとの見解にも立たない。すなわち、刑訴法198条1項は、身柄拘束中の被疑者に
対する捜査機関による証拠収集としての取調べを認めていると考える。ただし、取調
べ受忍義務は、否定すべきであろう。もっとも、被疑者が黙秘権を行使すれば以後一
切の取調べが許されなくなると考えるのは、妥当ではないように思われる。
　　これまでは、あまりにも取調べ受忍義務の問題にとらわれすぎていたのではないだ
ろうか。受忍義務否定説といえども一定範囲での取調べは認めているのであり、また、

受忍義務肯定説といえども一定範囲の取調べが禁止されることは認めるが、これまでは、その範囲すら明らかにされていないのである。しかし、被疑者取調べの問題を考えるうえで重要なのは、取調べの適正さをいかに保障するかという実質論であろう。そこで、被疑者取調べの適正化を考える際には、どのような要件のもとで、どの程度の取調べが許されるかを問題にすべきではないだろうか。

▶基本文献の構成

　基本文献は、以上のように、被疑者取調べの適正化という観点から被疑者取調べを総合的に検討したものである（なお、被疑者取調べの総合研究としては、基本文献のほかに井戸田侃編集代表『総合研究＝被疑者取調べ』〔日本評論社、1991年〕がある）。基本文献は２部構成であり、第１部「刑事訴訟における被疑者取調べの地位」では、刑事手続における被疑者取調べの位置づけおよびその改革の方向性が示され、第２部「被疑者取調べの法的規制」では、わが国の被疑者取調べの歴史的沿革、被疑者取調べの現状、英米における被疑者取調べの規制のあり方などが考察されている。

　第１部「Ⅰ　『自白偏重捜査の改善』から『日本的捜査の中心』へ」は、現行刑訴法施行後の刑事警察の動向を分析し、「自白偏重捜査の改善」に向けてスタートしたが、実際には、被疑者取調べが「日本的捜査の中心」となっていった過程を分析する。「日本的捜査の中心」とは、取調べ受忍義務に支えられて、「代用監獄における身柄拘束」→「取調べによる真相究明（実体的真実の発見）」→「治安の維持」という構図で捉えられる捜査実務の現状を述べたものである。

　「Ⅱ　取調べの比重軽減化への一試論」では、被疑者取調べの実務とそれに対する学界の対応を概観した後、取調べ実務を改善するための提言を行っている。その内容は後述する。

　第２部の「Ⅰ　被疑者取調べとその適正化」は６つの章で構成されている。

　「一　はじめに」において、基本文献の基本的立場が示された後、「二　被疑者取調べの歴史的沿革」では、旧法下の被疑者取調べの沿革と現行刑訴法の制定過程とが考察されている。

　「三　被疑者取調べの現状と問題点」では、17のケースについて、訴訟記録をもとに員面調書、検面調書の作成状況などが丹念に検討された後、被疑者取

調べに関する理論的問題点および被疑者取調べの事後的規制としての自白法則の存在理由が分析されている。

「四　被疑者取調べについての比較法的考察」は、英米における被疑者取調べの法的規制のあり方を検討するものである。イギリスにおける被疑者取調べの適正化については、1984年の「警察および刑事証拠法」が分析され、被疑者の身柄拘束に関して身柄管理官が詳細な身柄管理記録を作成する点、取調べのための身柄拘束が認められている点などが指摘されている。アメリカにおける被疑者取調べについては、1966年のミランダ判決が捜査実務に与えた影響、ミランダ判決の適用範囲などに関するその後の判例の動向が検討されている。

「五　わが国における被疑者取調べ——事態改善のための若干の提案」では、著者自身の被疑者取調べの適正化に向けた提案が示されている。この点は後述する。

「六　おわりに」では、捜査手続の現状についての共通認識を持つことが急務である点が指摘されている。

「補論1　裁判官準則と自白法則」は、イギリスの制度を補完するものであり、19世紀における警察の誕生、裁判官準則と自白法則による被疑者取調べの規制のあり方が検討されている。

「補論2　弁護人の取調べ立会権」では、弁護人の立会い権を認めるとしても、捜査機関の取調べ権との調整は必要であり、立会いの範囲や権利放棄の要件を検討すべきである点を指摘している。

「補論3　被疑者取調べの法的規制——アメリカにおける最近の議論を手掛かりに」では、ミランダ判決の適用範囲をめぐるその後の判例の動向、ミランダ判決後のアメリカにおける被疑者取調べの改革提案などが紹介されている。

▶被疑者取調べの適正化への提言

次に、基本文献の中心的課題である、被疑者取調べに対する事前規制と事後規制とに向けた多田の提案を眺めてみよう。

多田は、全体的提言として、①逮捕・勾留と取調べとの密接な関連を断ち切ること、②身柄拘束中の被疑者取調べにおいても取調べに応じることを強制されないこと、③取調べ中であっても、被疑者・弁護人が接見を求めたときは、捜査機関は原則としてその要求に応じなければならないこと、④被疑者国選弁

護制度を実現し、遅くとも勾留質問前の接見が確保される必要があること、⑤勾留質問時の弁護人の立会いを認めること、⑥警察署までの距離等の関係で迅速な接見の確保が困難な場合には初回だけでも電話接見を認めること、⑦弁護人の取調べ立会いの問題を立法的に解決すること、⑧取調べを手続的に規制するために、違法排除説を採用すべきことなどを提案している（50頁以下）。

　具体的提案として注目すべきものをいくつか紹介する。まず、逮捕・勾留と取調べとの関係を断ち切るための運用による改善として、①逮捕・勾留の要件の判断を厳格に行うこととし、とりわけ、「被疑者が罪を犯したことを疑うに足りる相当な理由」については、被疑者と犯人の同一性についても、相当な理由が存在するか否かをも判断しなければならないこと、②勾留の必要性判断に際して、裁判官は、これまでの捜査結果や被疑者の供述態度等を考慮し、勾留が被疑者の黙秘権を事実上侵害するための手段として利用される危険が大きい場合には、勾留の必要性を欠くとすべきであり、捜査機関に対して、今後どのような点についてどのような捜査が必要であり、その際どの程度の被疑者取調べが必要とされるかについて主張させるべきであること、③たとえ勾留が認められたとしても、被疑者取調べが連日長時間にわたって行われた場合には、もはや勾留の目的を逸脱するものとして、刑訴法89条により勾留を取り消すのが相当であること、④勾留が取調べ目的で認められたものでないことを考えれば、少なくとも、被疑者が黙秘あるいは否認している場合には、拘置所に身柄拘束すべきであることなどを提言している（50頁および294頁以下）。

　また、被疑者が逮捕・勾留された場合には、被疑者ごとに身柄拘束等についての詳細な記録簿の作成を身柄管理者に義務づけ、この点に関しては捜査官の介入を一切許さないようにすべきであるとし、「その記録簿には、身柄拘束開始・終了日時、出房・帰房日時、何のための出房なのかその理由等を記載すると同時に、確認のため被疑者の署名を求めることにする。また、入所時には、逮捕状あるいは勾留状の謄本（コピー）と黙秘権・弁護権等被疑者の権利を記載した書面を、被疑者に交付すべきであろう。そして、移監の際あるいは起訴後に、先の記録簿のコピーを被疑者・被告人に交付することにするのである。これによって、身柄関係についても、ある程度可視化を高めることができると思われる。」としている（296頁）。

3　文献紹介　121

次に、被疑者取調べの規制に関しては、被疑者の権利保障と犯罪者の処罰という社会的利益との間に適切なバランスをはかることが重要であるとした上で、「しかし、黙秘権を行使している被疑者の取調べを認めるからと言って、時間的にも、あるいは方法的にも無制約の取調べを認めるものではない。まず、時間的制約については、深夜あるいは早朝の取調べは許されるべきではなかろう。そして、取調べが許される時刻等については、立法によって規制することも十分可能なように思われる。たとえば、食事時間および朝何時以前、夜何時以降の取調べを原則として禁止するわけである。これに対し、一回の取調べにどの程度の時間が許されるかについては、立法による解決よりも、判例による規準の樹立が望ましいといえよう。次に、取調べ方法等の規制としては、まず、取調べに先立つ被疑事実、黙秘権および弁護権の告知、ならびに告知がなされたことを確認するために被疑者の署名を求めることは、当然に考えられてしかるべきであろう。」と指摘している（300頁）。

　また、取調べに関する実務規範の必要性について、「わが国においても、イギリスの実務規範やアメリカ法律協会の模範捜査手続法典などを参考にして、取調べ状況や方法について、ある程度詳細な規定を設けるべきであろう。そして、これらの規定は、犯罪捜査規範中に取り入れることも可能であると思われる。ただ、その場合でも、それらの規定に違反する取調べが行われた場合には、違法の程度を考慮して、自白排除や懲戒処分などによる事後的規制を加えることを検討する必要があろう。」と指摘している（303頁）。

4　残された課題

▶取調べ受忍義務否定説の課題

　取調べ受忍義務否定説は、これを支持する論者からも、そこからどのような帰結が導き出せるのか、包括的黙秘権の保障をどのようにして実効化できるのかなどについて具体的な検討が十分ではない点が批判されていた（三井・前掲論文176頁）。先述した後藤、渡辺両者の提言、基本文献における多田の提言は、この批判に対するひとつの回答である。しかしながら、取調べ受忍義務否定論に立った場合、被疑者取調べはいかなる範囲で許容され、いかなる範囲で禁止

されるのか、また、それは取調べ受忍義務肯定説に立った場合と比較してどのような相違が生じるのかなどについての分析はいまだ十分とは言えない。これらの点についての検討が今後の課題と言えよう。

▶**黙秘権保障という視点**

　なお、取調べ受忍義務論は、肯定説であれ否定説であれ、黙秘権と出頭拒否権・退去権とを区別して論じる傾向にあるが、この点自体に問題はないだろうか。元来、平野は、逮捕・勾留中の被疑者に出頭する義務、滞留義務を認めては、実質的には供述を強いるのとは異ならないと指摘していた。すなわち平野は、出頭拒否権・退去権の侵害イコール黙秘権の侵害とする見方を示していたのである。酒巻匡は、身柄拘束下の取調べの問題の核心が被疑者の包括的黙秘権の実質的保障にあるならば、解釈論として、具体的にどのような態様の取調べが黙秘権侵害になるのか、言い換えれば、供述拒否権の不行使（放棄）が任意のものだったと言えるのはどのような場合かを直截に検討していくことが重要であると指摘している（酒巻・前掲論文59頁）。被疑者取調べにおいて保護されるべき被疑者の権利は、刑訴法198条2項で規定されている黙秘権である。黙秘権が憲法上の権利である以上、出頭拒否権・退去権も含め、被疑者の黙秘権保障という観点から被疑者取調べの適法性の範囲を検討することが必要ではないだろうか（この点については、高内寿夫「被疑者取調べの適法性について」國學院法學52巻4号〔2015年〕117頁参照）。

▶**取調べの適正化の現在**

　被疑者取調べの性質論に関する議論が停滞しているのに対し、被疑者取調べの適正化に向けた取組みは、とりわけ裁判員制度の施行を受けて、基本文献発行当時からすると、相当な進展を見せている（本書10　**取調べと防御権**参照）。

　まず、2001年の司法制度改革審議会意見書が「被疑者取調べの適正さを確保する措置」に言及したのを受けて、2003年に犯罪捜査規範が改正され、逮捕・勾留中の被疑者の取調べに際して「取調べ状況報告書」の作成が義務付けられた（182条の2）。2008年には、その範囲は在宅の被疑者取調べにまで拡大された（なお、検察段階については、「取調べ状況の記録等に関する訓令」による）。

　また、2004年から、日弁連は、各弁護士会に、身柄拘束中の被疑者に「被疑者ノート」を差し入れ活用することを呼びかけた。被疑者ノートとは、一定の

フォーマットに従って毎回の取調べ状況を被疑者自身にまとめさせるものである。被疑者ノートの実践は、取調べの状況を被疑者自らが把握し、これを弁護人に伝えることによって、被疑者側から取調べの適正化を実現するものである。

2006年には、被疑者国選弁護制度が開始され（刑訴法37条の2以下）、2009年にはその対象範囲は勾留を請求された長期3年を超える懲役・禁錮に当たる事件にまで拡大された。

そして現在、被疑者取調べをめぐる最大の論点は、被疑者取調べの録音・録画である。すでに2006年から、検察庁は、裁判員裁判対象事件などについて、取調べの一部録音・録画の試行を開始した。2011年に設置された法制審議会・新時代の刑事司法制度特別部会は、2014年7月、「要綱（骨子）」を取りまとめ、同年9月、法制審議会が答申案を法務大臣に答申した。これに従って、2015年3月、刑事訴訟法改正案が国会に提出された。同法案では、裁判員裁判対象事件および検察官独自捜査事件に限定されたものの、警察段階を含め、逮捕・勾留中の被疑者取調べ全過程の録音・録画を義務づけている。元来、取調べの録音・録画の議論は自白の任意性立証を容易にするためのものとして始まったが、後に被疑者取調べの適正確保もその目的に加えられている。取調べ全過程の録音・録画については、従来、警察・検察から、取調官と被疑者との人間関係の構築を困難とし取調べの真相究明機能を害するという、糾問的捜査観に親和的と思われる視点から懸念が表明されていた。被疑者取調べの全過程の録音・録画は、取調べの性質論および被疑者取調べの適正化論の議論を飛躍的に進める可能性をもつものである（特集「取調べの可視化と捜査構造の転換」法律時報83巻2号〔2011年〕6頁以下参照）。

5　現代的意義

▶歴史的分析の重要性

基本文献は、被疑者取調べについてその適正化という観点から総合的に検討したものであるが、その特徴のひとつとして、歴史的分析とくに現行刑事訴訟法の制定過程に着目して被疑者取調べの問題を検討した点を挙げることができる。被疑者取調べの性質論争の火種はすでに現行刑事訴訟法の制定過程にある。

旧刑事訴訟法では予審制度が存在したことから、捜査機関による被疑者取調べの条文は存在しない。現行刑事訴訟法が予審を廃止したことに伴い、捜査機関による被疑者取調べの問題が浮上したのである。そして、政府側が捜査機関に対する強制的な被疑者訊問権の付与や黙秘権の保障をめぐって流動的であったのに対して、占領軍総司令部は明確に被疑者の黙秘権を保障しようとした。こうした両者の思惑の中で、現行刑訴法198条では、捜査機関による出頭要求および取調べの権限が規定されるとともに、捜査機関の黙秘権告知義務および被疑者の出頭拒否権および退去権が規定された。本条の条文構成それ自体に、受忍義務論の論争を引き起こす要因が内包されている。この点を常に念頭に置いて、被疑者取調べの性質論は議論されなければならない。

▶被疑者取調べの実証研究

　基本文献のもうひとつの特徴は、訴訟記録の検討を通じて、被疑者取調べの現状分析を行った点である。被疑者取調べの問題点は、現状を理解してはじめて明確になるものである。また、被疑者取調べの改革提案は常に実証研究を踏まえて行われなければならない。上述した取調べ全過程の録音・録画は、この観点からの考察をさらに進める可能性をもつものである。そして現在、被疑者取調べの実証研究は、供述心理学の観点からも進められるようになった（浜田寿美男『自白の研究』〔三一書房、1992年〕）。裁判員制度が開始されたことによって、この研究はさらなる展開をみせている。被疑者取調べの任意処分性は、単なる外形的要素ばかりではなく、被疑者および取調官の心理学的考察を踏まえて判断されるべきである。この観点からも、被疑者取調べの実証研究は、被疑者取調べの性質論を議論する際に大いに活用されるべきものと思われる。

　被疑者取調べの問題はいまだに捜査実務・裁判実務と学説との認識の相違が顕著である。被疑者取調べの性質論および被疑者取調べの適正化論は、刑訴法198条の立法趣旨に立ち返り、また、被疑者取調べの実証研究を踏まえて進めていかなければならない。その意味において、基本文献を起点として被疑者取調べの問題を考察する意義は大きい。

10 取調べと防御権

●基本文献
小坂井久
『取調べ可視化論の現在』
（現代人文社、2009年）

正木 祐史

1 学説・実務状況

▶被疑者取調べと自白

　戦後刑事訴訟法にあって、違法な被疑者取調べの規制と（捜査機関側から見たときには）その成果物である自白の証拠としての取扱いは、当初からの重要課題であった。その中で、平野龍一『刑事訴訟法』（有斐閣、1958年）など一連の著作における捜査構造論による分析（本書7　**捜査構造論**参照）等をもとに、身体拘束を受けている被疑者の取調べ受忍義務を否定し（本書9　**被疑者取調べの性質論**参照）、取調べに対する接見交通権の絶対的優位性を説く主張や（本書12　**身体拘束と接見交通権**参照）、自白法則における違法排除説の提起がなされ（本書19　**自白法則**参照）、それらが学説上の展開をみることとなった。

　他方、身体拘束中の被疑者に対する取調べ受忍義務について言えば、捜査実務においては、依然としてそれを肯認した取調べが行われており、判例もその実務を明確に否定してはいない状況にあるといえる。また、自白法則についてどのような理論構成をするにせよ、取調べ情況・供述情況についてはほとんどの場合、客観化・可視化された資料が存在せず、その任意性に係る法廷での立証は、ともすれば取調官供述と被告人供述との「水掛け論」ともよばれるような状態が続いてきた。その中で、いわゆる死刑再審4事件を始めとする冤罪・誤判事例は生じ続けたのである（これらの状況に照らして編まれたものとして、井戸田侃編集代表『総合研究　被疑者取調べ』〔日本評論社、1991年〕を参照）。

▶取調べの可視化

　取調べ場面をめぐるこのような実務状況に対しては、アメリカ合衆国最高裁判所によるミランダ判決（Miranda v. Arizona, 384 U.S. 463〔1966〕）を素材にすることなどによる取調べへの弁護人立会い制度、あるいは1984年のイギリス（イングランド・ウェールズ）における警察刑事証拠法（Police and Criminal Evidence Act：PACE）の制定・施行を契機とする取調べ過程の録音・録画制度の議論の高まりなどがあった（後者に関して、渡辺修・山田直子監修／小坂井久・秋田真志編著『取調べ可視化──密室への挑戦』〔成文堂、2004年〕参照）。1990年には日本弁護士連合会に刑事弁護センターが設置され、また、1992年までには全国の単位弁護士会に当番弁護士制度が整備されたほか、2004年の刑訴法改正により被疑者国選弁護制度が導入された（2006年一部施行・2009年完全施行）こともあって、起訴前弁護（捜査弁護）充実の取組みが続けられ、それらは弁護実践にも反映していった。しかし、捜査機関は従来一貫して弁護人立会いや取調べ過程の録音・録画の導入には否定的であり、立法の動きも緩慢で、それらの実現は困難との見方が強かったといえる。

　このうち、取調べ過程の録音・録画について、その局面に変化をもたらしたのが、2004年の裁判員法成立である。検察庁では、2009年5月の裁判員制度施行が迫ったことを直接の契機として、2006年8月以来、一部の庁で検察官取調べの一部についてDVD録画の試行を開始した。2008年3月には「取調べの録音・録画の試行の検証について」を公表して同年4月より全庁で本格試行に移り、2009年2月には「取調べの録音・録画の施行についての検証結果」を公表して、同年4月より本格実施に入っていた。ここでは、自白調書を取調べ請求することが見込まれる裁判員裁判対象事件につき、取調べの機能を損なわない相当な場面を適切に選択して録音・録画が行われるとされていた。また、警察段階での取調べの録画も始まっているが、上記とはまったく別の要因、すなわち、鹿児島・志布志における公職選挙法違反事件、富山・氷見における強姦等事件と相次いで冤罪が明らかとなったことなどを、直接の契機としている。

1　学説・実務状況　127

2 学説史的意義と位置づけ

▶基本文献の背景

　基本文献は、弁護士である小坂井久が1995年以降、2009年の裁判員法施行直前までに、取調べ過程の録音・録画を中心とする取調べ可視化について著してきた諸論攷をまとめたものである。「あとがき」によれば、小坂井が取調べ可視化というテーマに着手したのは1994年とのことである。これは、起訴前弁護の充実と実践展開が図られていった時期と合致する。それ以来、小坂井は一貫してこのテーマを扱い続けてきていることになる。

▶基本文献の意義

　このことは、基本文献の内容的特徴を際立たせるものとなっている。内容について詳しくは後述するが、基本文献は、取調べの録音・録画というテーマについて、その時どきの情勢を注視し続け、その理論化を探求し、制度設計について考察し、起訴前・起訴後の弁護実践についての提起を重ねたものである。理論と実務との架橋ということが言われるが、基本文献は、それを自らの思索と実践の中で追求し、実際の形にしたものといえる。

　また、基本文献のもう1つ特筆すべきは、取調べ過程の録音・録画について、その理論化、わけてもその権利論的構築という課題に取り組んでいる点である。弁護人立会いについては、上述のとおりアメリカ合衆国のミランダ判決の紹介・検討により、憲法38条1項の黙秘権や同34条の弁護権との関係で議論がされてきたが、取調べ過程の録音・録画については、そのような理論化が十分になされてはこなかったように思われる。小坂井はそのような認識に立ち、55頁以下において、「①デュー・プロセスと『実体的真実』の発見（憲法31条、刑訴法1条）／②黙秘権＝自己負罪拒否特権（憲法38条1項、刑訴法198条2項）／③取調べ受忍義務との関係（刑訴法198条1項、3項、4項、5項参照）／④弁護人立会権の一環・代替（憲法34条、37条3項参照）／⑤任意性を担保する状況を自ら設定する権利・任意性に関する状況を（予め）的確に証拠保全しておく権利（憲法38条2項、刑法319条1項、322条1項、そして、179条参照）／⑥人格権・プライバシー権・自らの表現を自ら保持する権利（憲法13条・21条）／⑦いわゆる包括

的防御権の一環」と、広範な点について検討を加えているのである。本テーマ
の理論的検討を行うにあたっては、まずもって基本文献の同部分が参照される
べきであろう。

3 文献紹介

▶基本文献の構成

基本文献は、「序 国際人権（自由権）規約委員会の最終見解と取調べの可視
化をめぐって」から始まり、大きく以下の3部構成をとって、「結びに代えて
可視化と裁判員裁判」で締めくくられている。

「第Ⅰ部 原理論・必要性論」は、1995年から1998年にかけて6回にわたり
大阪弁護士会刑事弁護委員会の会報『刑弁情報』に掲載された「『取調べ可視化』
論の現在──取調べ『全過程』の録音に向けて」、2003年に著された「取調べ『不
可視化』論の現在──取調べ録音・録画制度導入反対論批判」、2008年の「取
調べ可視化論の現在・2008──裁判員裁判まであと1年の攻防」からなり、基
本文献の過半がここに割かれている。

「第Ⅱ部 情勢論・制度論」は、2001年から2009年までに著された「捜査の
可視化」、「取調べ可視化実現に向けての動きと基本的考え方」、「現実的な立法
課題となった『取調べの可視化』（抄）」、「刑事司法改革と可視化」、「裁判員制
度に取調べの可視化は不可欠」、「取調べ可視化論の新展開──吉丸論文が示し
た録音・録画記録制度論の概要について」、「取調べ可視化（録画・録音）制度
導入の必要性と構想について」、「最高検『取調べの録音・録画の試行について
の検証結果』批判」からなる。

「第Ⅲ部 実務論・弁護実践論」は、1998年から2009年にかけて著された「弁
護士から見た任意性の基準・その立証について」、「平成刑訴と可視化に関わる
弁護実践」、「取調べ可視化問題の現状と課題」、「取調べの一部録画DVDに対
峙する弁護活動」、「一部録画DVD作成者（＝取調官）に対する尋問──その
試論」、「取調べの適正化をめぐる課題」、「今、可視化弁護実践とは何か」、「結
びに代えて──可視化と裁判員裁判」からなる。

3 文献紹介 | 129

▶基本文献のスタンス

　基本文献の中核をなすスタンスは、ここに収録されたものの中では最終盤となる2008年末に著された「序　国際人権（自由権）規約委員会の最終見解と取調べの可視化をめぐって」の中で、自由権規約委員会の最終見解（「見解」）への着目点として、以下のように表現されている（1頁）。

　1つは、「見解」においては、大きな枠組みとして、我が国の刑事司法に対して、21世紀的パラダイムへの転換を強く求めているということである。「取調べ」についても「見解」は明確に、「刑事捜査における警察の役割は、真実を打ち立てること（establishing the truth）ではなく、裁判のために証拠を収集すること（to collect evidence for the trial）である」とし、警察に、そのことを認識するよう求めている。このとき、「締約国は……被疑者の黙秘が有罪であることを示すものではないことを確認し、警察の取調べにおいてなされた自白よりも現代的な科学的証拠に依拠するよう、裁判所に働きかけるべきである」としているのである。

　神の如き観点から「実体的真実」を探求しようとする刑事司法観は前近代的なものであって、まさに18世紀・19世紀的なものにすぎない。人は神にはなれない。神になろうとするときに人は、大きな過ちを犯す。しかし、このことが我が刑事司法においては、未だその関係者の間においてさえ、十分認識されるに至っているとは言い難いのではないか。神の如くに真実を究明すべきだとする発想さえ、ときに見受けられるのではないだろうか。

　刑事司法で行われるべきことは、客観的な証拠・科学的な証拠にもとづく「訴訟的事実」の確定であり、それ以外ではない。そのような事実認定こそが、裁判員裁判の下での21世紀的な刑事司法の在り方である。「見解」は、そのことを明確に示している。

　2つ目として、上記したことの当然の帰結ともいうべきであろうか、「見解」においては、取調べの全面的な検証可能性の確保、すなわち、取調べ全過程の録画が強く要請されている。さらに「見解」は、リアルタイムの取調べ適正さの確保として、弁護人立会を要請している。

　その「勧告」は取調べの適正化確保の志向において、徹底的なものといってよい。取調べの全過程についての録画・録音は「systematic」なものでなければならない。また、弁護人の立会いは、当然のこととはいえ、取調べ中に「present」なものを意味する。

　日本の捜査機関は、被疑者の精神にとって、膝に石を抱かせるのと変わらない取調べを続けている。時には、身体的にさえ、それに等しい取調べが、未だに行われているのだ。我が国においては、虚偽自白を生み出す必然的システムがなお強固に存在しているのである。

取調べの可視化と弁護人立会によって、これを打破すべきこと（換言すればそれしかないこと）を「見解」は明確に教示している。取調べの可視化こそが我が刑事司法の最優先課題であることが「見解」によって改めて示された（可視化に対し、批判的言説を唱える論者が一部にいるが、その意義を正解しないもので明らかに失当である）。そして、現在の現実的課題として、取調べへの弁護人立会を視野に入れるべきときが来ていることも示されているのである。

　さらに３つめとして、「見解」は、2008年に続けて出された、取調べに関する、警察の適正化指針や規則、あるいは検察の通達といったものが、まったく不十分なものであることを明確に示している。「警察の内部規範で定められている被疑者取調べの時間制限が不十分であること」についての「懸念」が表明されたのである。検察・警察は、志布志事件・氷見事件の教訓であるとして、指針・規則・通達などを発し、たとえば、取調べの時間を一定制限しているなどとし、これが、取調べの適正化に、あたかも資するかの如き姿勢を顕わにし、その旨喧伝してきた。

　しかし、「見解」は、はっきりと「締約国は、虚偽自白を防止し、規約14条に定められている被疑者の権利を確保にするため、取調べの厳格な時間制限や、法律を遵守しない行為への制裁につき規定する立法措置を取る」ことを求めている。「見解」は規則レベルや通達レベルでは足りないことを明らかにした。さらに、「見解」は、今回の指針等が、制裁措置に対する言及において不十分なものであったことを踏まえ、それが明確化されるべきことを「勧告」している。

　「見解」によって、可視化を拒まんがために提示された警察・検察の一連の取調べ適正化指針等は、その無意識さを露呈せしめられ、その旨、明白に宣告されたものといってよい。けだし、そのような適正化指針等の存在を明確に踏まえたうえで、今回の、かような「見解」が表明されるに至っているのだからである。その意味でも、今回の「見解」は、まさに現在的な意味を有しているし、極めて重要な意義をもつ。

　我が国政府は、さらに取調べの適正化のための方策を強く前進させなければならないことがはっきりしたのである。これを現在の規則・通達レベルの如く、中途半端で曖昧なレベルにとどめることなど到底許されない。「見解」の姿勢は、このことを明確に示すものに外ならない。

　以上、「取調べ」についての「見解」の内容を概観した。それは我々にとっては、弁護実践に投げ返されるべき課題に外ならない。今、「見解」を実現する弁護実践が求められている。今やそのことが弁護人にとって、依頼者に対する誠実義務の履践と同義であるといわなければならない。「取調べ」に関しても、「見解」は21世紀型の刑事司法を打ち立てるための指針足りうることを示している。

▶「取調べ録音権」の提示

　すでに述べたように、基本文献の特筆すべきこととして、取調べ過程の録音・

録画の権利論的構築という課題に取り組んでいる点が挙げられる。この点に関する小坂井の主張は、概要以下のようなことになる（58-82頁）。

①デュー・プロセスと「実体的真実」の発見

　フェアでリーズナブルな取調べ過程というものが本質的に要求されていると考えるとき、その過程をそのまま証拠として保存しておくという要請は当然の要請ではないだろうか。被疑者はこれを求める権利を有していると考えることに何の問題があるだろうか。しかも、「取調べのテープ録音化」の要請は、……「事案の真相を明らか」にすることにも極めて適合的というべきであって、これは正に法に適った要求ということになるはずである。……

②黙秘権＝自己負罪拒否特権

　黙秘権は、これをポジティブな権利として捉えることが出来るはずである。自ら供述するに際して、即ち、黙秘権を放棄する条件として、デュー・プロセスに則った条件を要請することは当然許されなければならない。録音されない限り供述しないという権利が黙秘権に含まれるものとして存在することは自明であり、そうだとすると、供述する以上録音されなければならないとする権利は、被疑者の黙秘権からダイレクトに導かれる。……

　……黙秘権は、国家から刑事責任を問われる立場に立った者の、国家と対峙する際の防禦権として存在している。このことは疑いようがないが、その重要性が認識されたからこそ、我が国において、黙秘権は憲法上の権利として定位されたのである。黙秘権は、見方によってはあるいは人間の自然な感情に反するようにさえ視え、人為的なものに視える権利であるやもしれないが、人類の多年の歴史と経験を通じて、国家と対峙する立場に立った一人の人間に付与すべきものとして見出された権利であること自体は間違いがないのである。換言すれば、国家と対峙したときの個人のいわば唯一の防禦権は、それしかないと考えられたのである。……少なくともその謂においては、これは個人の尊厳そのものから導かれた基本的人権といえる。それ故、本来、これは行使することに消極的であることを予定されているようなものではなく、ポジティヴな機能をもちうる権利であることを当然の前提としているはずのものである。今日の捜査弁護実務の最重要の課題が黙秘権を如何に実効化せしめるかという問題であることは疑いを容れないと思われる。……

③取調べ受忍義務との関係

　取調べ受忍義務がないとするならば……、取調べを受忍していくに際して、右①及び②で明らかにした憲法上の（憲法の要請する趣旨に従った）権利に基づきテープ録音化（取調べ可視化）を要求し、これを実現させるのは当然の権利といわなければならない。それは何処までいっても全くの任意捜査なのであるから、任意に取調べに応じるについては、それが法の趣旨に背くようなものでない限り、条件を附することが

出来なければならない。まっとうな条件設定を捜査機関側が肯わないのであれば、取調べはなし得ない。それを無視して無条件の取調べが強行されれば、明らかに重大な違法というべきであり、もし調書作成に至ったとしても、その調書には証拠としての許容性はないものとしなければならない。換言すれば、条件を拒むのは捜査機関側の自由であり、そのときは取調べをしなければよいだけのことである。

　また、仮に受忍義務を課し得るとしても（出頭・滞留義務があるとしても）、それは手続的保障をしたうえではじめて認められるものというべきである。取調べを忍受せしめるには、そもそもそのような内在的制約が存しているといわなければならないのであって、被疑者・弁護側から取調べについてテープ録音化要求がなされたとき、これを実現することが、むしろかかる義務を肯認するための前提になる。要するに、義務を課して取調べを受忍せしめようとするかぎり、前述の如き憲法上の要請と言える要求については、これを実現させ、その手続的保障を全うさせなければならない。従って、このばあい（いわば条件附受忍義務肯定説）においても、捜査機関側がかかる手続的保障の措置を採らないときは、前述したところと同様に解される。……

④弁護人立会権の一環・代替

　上述の①ないし③は、いずれも、弁護人立会権の論拠にもなっているといえる。また、弁護人立会権の場合は、更に憲法34条、37条3項がその根拠として論じられていることも周知のとおりである。

　……要するに、憲法の保障する弁護人依頼権というものは、被疑者に取調べの場が設定されたそのときに、弁護人に在席してもらうことを当然に含んでいると解されるのである。

　……そのとき、残される現実上の問題は何かと問うてみるならば、捜査機関側が頑なな姿勢を採り続けるであろうとの問題を除外したうえでのそれは、やはり、弁護士の側の現実の受け入れ態勢の問題ということになるであろう。

　……此処で指摘しておきたいのは、現実問題として取調べへの立会が困難であるとき、その代替として「取調べ録音権」が当然に存在しうるということである。弁護人立会権が肯認されるならば、その一環・代替として「取調べ録音権」が認められなければならない。けだし、弁護人立会権とは、取調べ状況というものの弁護人への全面開示（即ち、まさしく可視化）の側面をもつのであって、立会権は当然に「取調べ録音権」を含んでいると考えうるからである。……

⑤任意性を担保する状況を自ら設定する権利・任意性に関する状況を（予め）的確に証拠保全しておく権利

　上記②の一環とも言えるし、③あるいは④に含まれることにもなろうが、「取調べ録音権」を証拠法則との関係で構成することも可能であると思われる。即ち、憲法38条2項が、もともと「自白は、それが被告人（ジ・アキューズド）の弁護人の面前でなされたものでない限り、効力がない」という規定として想定されていたことは周知

のとおりであるが、其処には取調べに対する法的規制というものについて、事後的規制のレベルのみにとどめるということではなく、それをそのまま事前の規制に転化せしめようという発想がみてとれるというべきである。つまり、証拠法的側面における規制は、本来、事前的・現在進行形的なリアルタイムの規制という意味を持っている。これは、現行の規定においても変わりはないはずである。

そうだとすると、憲法38条2項から導かれ、刑訴法319条1項に定められたとされる「任意性の原則」というとき、任意の供述のみを確保すべきとの要請が当然存在しているのであり、それを確保する措置が供述時にリアルタイムで講じられるべきことも予定されているとみなければならない。

また、証拠法の規定は本来、それに関する事実が客観的に明確に検証されることを自明の前提としているといわなければならないのではないか。そのような領域は能う限りクリアーであって然るべきというのが法の立場であると思われる。それこそがデュー・プロセスがデュー・プロセスたる所以というべきであろう。

……実際、被疑者・弁護人は証拠保全を請求することができるが（刑訴法179条）、肝腎の被疑者自身の供述過程（その状況）については、何ら証拠保全の途がないというのであれば、それは如何にも妙というべきではあるまいか。要するに、被疑者・弁護側に「任意性」を担保する権利（それを自ら設定する権利）あるいは「任意性」を客観的に検証することの出来る権利（あらかじめそれを証拠保全する権利）というものを認めなければならないのである。……

⑥人格権・プライバシー権・自らの表現を自ら保持する権利

……むろん、供述、そして自白を拒む自由がある以上、供述して自白することを選択する自由がある。彼の自己決定においては、その主観・主体的な謂はともかくも、純客観的にはそれは等価なはずである（それを等価とするのが黙秘権の意味であることは既に言及したとおりである）。しかし、自白もまた、現在のような「自白調書」でなければならないという必然性を何も持ってはいないのだ。

そのように考えていくとき、これはその者の人格の根本的な自己決定権に関わる問題であると思われてくる。既に述べたとおり、黙秘権＝自己負罪拒否特権自体がそのような個人の尊厳（＝人格権といってもよいであろう）から導かれたものといえるわけであるが、自己負罪に関わる供述（＝言語表現）を自らの側で確保するということは人格権そのものの内容であるともいえるはずである。……

⑦いわゆる包括的防御権の一環

以上のように考えていくとき、「取調べ録音権」は、これをいわゆる包括的防御権の一環として捉えるべきものであることは明らかだと思われる。……

この考えに拠れば、そもそも被疑者（もとより被告人も同じ）は、一方当事者として、その法的地位に内在する包括的権利を有しているのであって、法もそのような防御権の存在を前提としていると考えられる。……法において条文の規定がないからと

いって、規定のない領域について、法が、司法、まして捜査機関の裁量に全て委ねて
いるということでは全くない。一方当事者として当然有していると考えられる権利（包
括的防御権）は、法自体が明文で定めていなくても、権利として存在していることを
認められねばならない。おそらく法自体に規定がないときの権利性如何を判断する基
準は、憲法そのものの規定・趣旨であると考えられていよう。
　……いずれにせよ、被疑者には防禦主体として自らの供述過程を的確に保存してお
く権利があるはずである。「取調べ録音権」は包括的防禦権から当然に導かれる。の
みならず、これは包括的防禦権そのものの存立を確保するそれと表裏になった権利、
あるいは、その存立にとって不可欠の権利であるといわなければならない。

4　残された課題

▶理論化の営み

　すでに繰り返し述べたように、取調べ過程の録音・録画についての権利論的
構築については、基本文献が総合的に検討する以前にあっては、十分な検討が
なされてきたとは言い難い状況があった。そのことに小坂井が取り組んだのが
1995年から1998年にかけてであり、それが基本文献に収録され公刊されたのが
2009年のことである。その間、渡辺修「被疑者取調べの録画──『可視化原理』
と『包括的防御権』」季刊刑事弁護39号（2004年）105頁などがあったものの（な
お、基本文献では、理論的根拠に言及している唯一の例として渡辺の同文献が引用され
ている。57頁注62参照）、さらなる理論の深化に向けた取組みは活発とは言えず（な
お、後藤昭『捜査法の論理』〔岩波書店、2001年〕参照）、基本文献に示された内容
がなお総合的で出発点となるべきものであったといえる。
　また、基本文献は、裁判員制度施行前夜にあって、具体的な動きを見せてい
た取調べ過程の録音・録画制度に焦点を当てて編集されたものであるが、取調
べ「可視化」といったときに、取調べ過程への弁護人立会制度も検討すべき重
要課題であることは論を俟たない。そのことはもちろん小坂井も認識していた
（上記で引用した「序」などを参照）。上述したとおり、弁護人立会制度については、
録音・録画制度と比較して研究が進められていたところであるが、さらなるそ
の深化が待たれるほか（最近の研究として、葛野尋之「被疑者取調べにおける黙秘権

と弁護権」同『未決拘禁法と人権』〔現代人文社、2012年〕185頁以下参照）、両制度を包括して理論化する研究は未だしの状況にあるといえよう。

さらに、被疑者取調べの問題というものをあえて問題提起的に設定するならば、①包括的黙秘権を有する被疑者に対し、②（逮捕・勾留下では）取調べ受忍義務を課して、③代用監獄における、④長期間の拘束をする中で、⑤長時間、密室において、⑥捜査官が自白調書を作成するために、行われるものということができる。「取調べの可視化」としての録音・録画制度は、直接には、上記⑤（の一部）に対応するものということになる。究極的には理論問題としての①と②との対抗問題ということになるが（この点については、後藤・前掲書を参照）、それを踏まえたうえで、たとえば、③については勾留場所の問題が、④では拘束期間や要件の解釈適用、⑤については取調べ時間、⑥では自白その他の調書一般のあり方ないしその公判廷における利用の是非が問題となる。これらについては刑訴法の解釈や、いわゆる拘禁二法案への対応を始めとする議論として一定の蓄積がされているところであるが、具体的な解決にはなお至っていない。

▶録音・録画制度の立法化

小坂井が本テーマに取り組み始めた時点ではもちろんのこと、基本文献が公刊された時点においても、取調べ過程の録音・録画制度は、具体的な立法過程に乗せられていたわけではなかった。裁判員制度施行前夜にあって具体的に動き出していたのは主として、検察官による自白調書の任意性立証のための一部録音・録画の試行と本格実施であり、これについては基本文献においても、その第Ⅱ部および第Ⅲ部で取り上げられている。

この制度が具体的立法過程の議題となるのは、法制審議会に対して「近年の刑事手続をめぐる諸事情に鑑み、時代に即した新たな刑事司法制度を構築するため、取調べ及び供述調書に過度に依存した捜査・公判の在り方の見直しや、被疑者の取調べ状況を録音・録画の方法により記録する制度の導入など、刑事の実体法及び手続法の整備の在り方について、御意見を承りたい。」とする諮問第92号が発せられたのを受けて、同審議会内に設置された法制審議会新時代の刑事司法制度特別部会による議論が2011年6月に始まってからである（そのきっかけとなったのは、大阪地検特捜部による一連の不祥事を受けて設置された「検察の在り方検討会議」が2011年3月に公表した「提言」である。それに前後する時期、指

宿信編『取調べの可視化へ！──新たな刑事司法の展開』〔日本評論社、2011年〕が刊行されている）。小坂井は、同特別部会に幹事として参加し、それをも踏まえたさらなる考察の成果を（特別部会における議論の途上にあって）『取調べ可視化論の展開』（現代人文社、2013年）にまとめている。同特別部会は、2014年7月9日に、「新たな刑事司法制度の構築についての調査審議の結果【案】」を決定し、法制審議会は同年9月18日の総会における審議・採決の結果、同【案】を全会一致で原案どおり採択した。そして同【案】に示された要綱（骨子）に基づく刑事訴訟法改正法案が第189通常国会に提出され審議されている（それらの内容および問題点については、「ミニ・シンポジウム3＝市民公開シンポ・新時代の刑事司法──そのあるべき姿は何か？」法の科学46号〔2015年〕135頁以下等を参照）。

5　現代的意義

　小坂井は、「あとがき」において、次のように述べている（341頁）。

　「本書は、矛盾するミッションを背負った書物というべきである。すなわち、本書は『可視化』実現を直ちに完璧に果たすための理論展開と運動の一環として出版され、存在することになる。当然、大いに読まれることを望んでいる。しかし他方、本書は、本書で書かれている『現在』性が直ちに『過去』と化すことをこそ望んでいる。つまり、書かれていることが古くさくなって、読むに耐えなくなることが本書のほんとうのミッションというべきなのである」。

　この小坂井の想いは、今のところ果たされているとは言えないように思われる。実践面においては、現実の一部録音・録画から始まった試行運用が本格実施となり、ごく一部の事件については全過程録音・録画の取扱いがされるようになり、さらには法制審議会特別部会での議論を経て具体的な法案となったものがあって、その時どきの運用・内容に合わせたアップデートがなされている。他方で、理論面においては、今なお、基本文献は（上述した小坂井の後発書と併せて）まずもって参照されるべきものであり、それを深化させ、具体的・理想的な制度化に繋いでいくことが求められている状況にある。

11 別件逮捕・勾留

●基本文献
川出敏裕
『**別件逮捕・勾留の研究**』
（東京大学出版会、1998年）

京　明

1　学説・実務状況

▶問題の所在

　別件逮捕・勾留をめぐる問題は、刑事訴訟法学の中でも最も複雑な様相を呈する問題のひとつであろう。もちろん、そこでの中心的な問題は身体拘束の適否であるが、別件逮捕・勾留を通じて捜査機関が「ねらい」としているのは、本件によって身体拘束して取調べるのと同様の効果ないしは状態を得ようとする点にあるから、別件逮捕・勾留は余罪取調べの適否という問題ともかかわってくる。しかも、少なくとも捜査機関や裁判実務の立場を前提とすれば、そのような効果や状態を得る背景には、いわゆる取調べ受忍義務も前提となってくる。そのため、別件逮捕・勾留に対するアプローチの中には、余罪（つまり本件）に関する取調べ受忍義務の有無を手がかりにして法的規律を考えようとする立場も存在する（余罪取調べの限界に関するいわゆる事件単位説）。他方で、違法な別件逮捕・勾留とされた場合に、その後にあらためて本件で逮捕状が請求された場合の取扱いや、ひいては、後の公判で違法な別件逮捕・勾留中に得られた自白の証拠能力が問題となる場合など、派生的な論点は多岐に及ぶ。

　このように、別件逮捕・勾留に関しては、被疑者の身体拘束（とその利用）をめぐる諸問題が相互に複雑にからみあっており、そのことが学修者の理解をより一層困難なものにしている。学修の際は、自分がどのレベルの問題をどのような立場から検討しているかという大局的な観点を、常に見失わないように

しておきたい。

▶別件逮捕・勾留の意義と従来の問題状況

そもそも別件逮捕・勾留とは、法令上の用語ではなく、その適法性に疑義の
ある捜査手法のひとつを指す概念である。その定義自体、実はそれぞれの論者
の立場を反映せざるをえず、必ずしも容易でないが、判例上は、「専ら、いま
だ証拠の揃つていない『本件』について被告人を取調べる目的で、証拠の揃つ
ている『別件』の逮捕・勾留に名を借り、その身柄の拘束を利用して、『本件』
について逮捕・勾留して取調べるのと同様な効果を得ることをねらいとしたも
の」ともいわれている（最2小決昭和52・8・9刑集31巻5号821頁。なお、「専ら」
ではなく、「主として」と定義するものとして、浦和地判平成2・10・12判時1376号24
頁参照）。

このような捜査手法の適否の判断基準については、周知のように、本件基準
説と別件基準説との対立がある。本件基準説とは、「別件については逮捕・勾
留の要件が具わっていたとしても、それを本件についての取調べに利用する意
図あるいは利用の事実があったことにより、逮捕・勾留自体の適法性が否定さ
れることを認める」考え方である（基本文献78頁〔傍点は引用者〕。なお、後藤昭『捜
査法の論理』〔岩波書店、2001年〕77頁は、本件取調べの意図のみに着目した定義づけ
を行っている。従来の本件基準説の特色を示すものといってよいであろう）。これに対
し、別件基準説とは、「手続の表面に出された被疑事実（別件）について逮捕・
勾留の要件が備わっているかぎり、それを他の被疑事実（本件）についての取
調べのために利用する意図あるいは利用の事実があったということは、逮捕・
勾留の適法性には影響を及ぼさず、それが本件についての取調べに利用された
という点は、余罪取調べの限界の問題として考慮すれば足りるとする」考え方
である（基本文献77頁）。

かつて本件基準説と別件基準説とが対立していたのは、令状請求を受けた裁
判官が本件取調べの意図を推知したときに当該請求を却下できるかどうかとい
う点にあった。そのため、少なくともこの争点についてだけみれば、疎明資料
だけからそのような意図を見抜くのは困難であるとして、実務（とりわけ裁判官）
の中で、別件基準説が根強く支持されてきたのにも理由がないわけではなかっ
た。

▶実際の問題状況

しかし、実務においては、逮捕・勾留中に得られた自白の証拠能力というかたちで、別件逮捕・勾留という捜査手法の適法性が「事後的」に問題となる場合がほとんどである（たとえば、いわゆる蛸島事件に関する金沢地七尾支判昭和44・6・3判時563号14頁ほか参照）。令状請求却下の当否が、別件逮捕・勾留に対する「事前抑制」の場面だとすれば、実務で問題となるのは、ほとんどが「事後的」な適法性判断の場面だということになる。そして、このような事後的な判断という局面に関する限り、本件基準説と別件基準説の対立も、実は相対的なものでしかないともいえる。いずれも逮捕・勾留中の取調べのあり方に着目し、それを中心的な考慮要素として適法性判断を行うという点で、共通のアプローチをとるからである。

たとえば、「新しい別件基準説」とよばれる考え方がある（小林充「いわゆる別件逮捕・勾留の適否」新関雅夫ほか『令状基本問題〔上〕〔増補〕』〔判例時報社、1996年〕211頁）。この立場は、後の公判で事後的に検討した結果、違法な別件逮捕・勾留にあたるような場合は、そもそも別件自体の勾留要件を欠くものとみるべきとする。しかし、その基本的な判断プロセスは、本件基準説の場合と大きく異なるものではない。

なお、余罪取調べの限界については、取調べ受忍義務の問題ともかかわり議論が錯綜しているため詳細は割愛するが、別件基準説を前提とする事件単位説（前掲・浦和地判平成2・10・12ほか）と、本件基準説を前提とする令状主義潜脱との間でも、実際上の帰結は必ずしも大きく異なるものではないとされる（田宮裕『刑事訴訟法〔新版〕』〔有斐閣、1996年〕137頁ほか参照）。

このように、事前抑制の場面を除けば、本件基準説と別件基準説との違いは必ずしも大きなものではない。それは、一口に別件基準説といっても、その中には決して別件逮捕・勾留のような捜査手法を野放しにしてよいとは考えてはいない論者も多くおり、別件基準説を前提にしつつも、被疑者取調べに過度に依存した捜査手法に対して、実務の中で何とか法的規律を及ぼそうと苦心してきたからである。もちろん、そこに理論的な難点もないわけではないが、その底流に流れる人権感覚を看過すべきではないであろう。

2 学説史的意義と位置づけ

▶従来の本件基準説の問題点

　他方、従来の本件基準説の主張内容も、別件逮捕・勾留のような捜査の便法に対する批判の視角（後藤・前掲77頁）としては説得的であったが、その主張内容を実際に適用するための判断基準を提供しえていたかという点で課題を残すものであった。

　たとえば、後述のように本件基準説のアイデンティティともいうべき「事前抑制」の場面でも、それが一般に困難で、実際上は例外的な事例にとどまることは承認されていても（田宮・前掲98頁、後藤・前掲84頁ほか）、その場合に具体的に考慮すべき要素が本件基準説の側から提案されることは必ずしも多くない。むしろ近時では、令状請求の却下も不可能ではないことを示唆するのは、逆に別件基準説の論者であったりもするくらいである（小林・前掲37頁）。

　また、「事後的な判断」の場面でも、手がかりとなる判例があったにもかかわらず（いわゆる神戸まつり事件に関する大阪高判昭和59・4・19高刑集37巻1号98頁ほか）、どのような基準で捜査機関の脱法的な意図ないし目的を判断すべきか、その際にどのような要素を考慮すべきかについて、理論的な整理が必ずしも十分でなかったように思われる。それどころか、判例に則して一旦は余罪取調べの限界の文脈に位置づけつつ、しかし結局は身体拘束の適法性の問題に還元するという分かりにくい判断プロセスを、なおも維持していたのではなかったろうか（詳細については、基本文献248頁以下参照）。

▶川出説の意義

　このような従来の本件基準説のもつ曖昧さを明示的に指摘したのが、川出説であったといえる。とくに、事後的な判断の場面について、本件基準説の「実質的な考察」なるものが「多分に感覚的」で、そのため本件基準説と総称される見解の内容もまた「不明確」であるとの指摘（基本文献78頁以下、174頁等）は、川出説の問題意識を端的に物語るものといってよい。

　そこで、基本的な考え方としては本件基準説を出発点としつつ（基本文献80頁）、本件に着目して当該身体拘束を違法とする場合の理論的な根拠とプロセ

スを精緻化したのみならず、裁判例の詳細な整理・分析を背景として、詳細な考慮要素を定立し（そこでは個々の考慮要素の位置づけも明らかにされている）、客観的な判断を可能にしたという点に、（本件基準説の側からみれば）川出説の最大の功績が認められる。

3 文献紹介

▶別件逮捕・勾留をめぐる3つの問題局面と事件単位の原則の意義

　従来の議論を整理するにあたって、川出説は、問題を次の3つの局面に整理する。すなわち、(1)逮捕・勾留の適法性（本件の取調べに利用しようとする意図または実際に利用した事実が「別件」の逮捕・勾留の適法性に影響を及ぼすか）、(2)余罪取調べの限界（とくに事件単位説の当否）、そして(3)逮捕・勾留期間の制限（余罪の取調べにより本件によって逮捕・勾留したのと同様な結果が生じている場合、後の本件での逮捕・勾留ではその分だけ期間を差し引くべきではないか）である。

　これら3つの局面のうち中核的な意味を占めるのは、もちろん(1)の問題であるが、川出説はまず上記(2)との関係で、逮捕・勾留に関する基本原則である事件単位原則の意義を純化することから始める。それは主に、余罪取調べの限界に関する事件単位説との関係を念頭においたものであるが、結論的には、「事件単位の原則というのは、本来、そこから、逮捕・勾留に関わるあらゆる問題の解決を演繹的に導くことのできるような普遍的な内容を持つものではなく、一部の問題に対する事件単位説からの帰結をそのように言い表したものにすぎない。したがって、本書の対象である別件逮捕・勾留に関わる問題についても、右の意味での事件単位の原則〔＝逮捕・勾留の同一性が被疑事実を基準として判断されること、および逮捕・勾留を基礎付けうるのは、その理由とされた被疑事実のみであることを意味するにすぎない〕を前提としたうえで、各問題の中身をとらえ直し、個別的にその解決を図らねばならない」とする（基本文献8頁：〔 〕内は引用者）。

　もともと事件単位説は、身体拘束下での取調べ受忍義務を前提としつつも、いわばそれを逆手にとって、事件単位原則を通じて取調べに法的規律を及ぼそうとするものであるから、後述のように受忍義務を明示的に検討対象から除外する川出説からの批判が、本当にかみあったものであるかどうかは検討の余地

もある。ただ、このように事件単位の原則の意味を確定したうえで、川出説の理論的核心ともいうべき起訴前身体拘束の目的論へと検討が進むことになる。

▶起訴前身体拘束の目的

この点については、従来、いわゆる捜査構造論を契機としてさまざまな議論がなされてきた。たとえば、弾劾的捜査観によれば、勾留状はもちろん、逮捕状もまた、将来の公判のために裁判所が行う命令状として理解されるから（平野龍一『刑事訴訟法』〔有斐閣、1958年〕83頁以下ほか参照）、起訴前の身体拘束期間をいわば「捜査機関の持ち時間」として理解することは難しくなる。さらに、解釈論としても、逮捕・勾留の「必要性」の中身として、刑訴法は「取調べの必要」を明示していないという点（刑訴法60条1項・207条1項、刑訴規則143条の3）が、本件基準説の論拠のひとつとされてきた。

従来の議論は、ほぼここで終わっていた観がある。しかし川出説は、この問題のさらなる解きほぐしにかかる（基本文献20頁以下）。まず、①逮捕・勾留の必要性について、問題なのは、さらに一歩進んで、逃亡あるいは罪証隠滅を防止するということの意味が、捜査の必要という観点から理解されるべきなのか、それとも将来の公判での審理の必要という観点から理解されるべきなのかにあるとする。さらに、川出説の新規性を象徴的に示すのが、②起訴前の身体拘束期間の趣旨、つまり、被疑者の逃亡および罪証隠滅を防止した状態で、起訴前の身体拘束を継続することが何のために認められるのかという問題設定である。

川出説が説得的なのは、これら2つの問題について、現行法の成立過程を辿りながらその意義を明らかにしている点である。結論的には、①については、「逃亡の防止は、被疑者の将来の公判への出頭の確保をのみを意味し、捜査上の意味を持たないのに対し、罪証隠滅の防止は、捜査および将来の公判のための証拠の保全という意味を併せ持っている」。そして、現行法でも「罪証隠滅の防止」が実体的要件として維持されたこととも関係して、②については、「被疑者の逃亡および罪証隠滅を阻止した状態で、身柄拘束の理由とされた被疑事実につき、起訴・不起訴の決定に向けた捜査を行うための期間である」とされる（基本文献61頁および69頁：なお、そのルーツは松尾説にあると見ることもできる。参照、松尾浩也『刑事訴訟法(上)〔新版〕』〔弘文堂、1999年〕55頁および104頁）。

もちろん、成立過程がそうであるからといって、現行法の解釈としても必然

的にそのように理解すべきということにはなるまい。たとえば、罪証隠滅の防止については、なお将来の公判のための証拠保全という観点から理解することも可能であろう。ただ、この点に対して川出説は、「捜査段階で得られた証拠は、捜査機関によって、起訴・不起訴の決定のための判断資料とされた後、その取捨選択を経たうえで公判へ提出されるわけであるから、証拠の保全は、第一次的には捜査のためという意味を持つと考えざるをえない」とする（基本文献62頁・注5）。また、少なくとも①の局面に関する限り、逮捕・勾留の捜査上の意味は、被疑者による罪証隠滅を防止することが捜査のためでもあるというにとどまり、その適法性判断には直接影響せず（基本文献206頁）、したがって、本件基準説の上記論拠とも必ずしも矛盾しないことになる。

▶起訴前身体拘束期間の趣旨と別件による身体拘束の適否

むしろ、適法性判断に直結するのは、②の局面、すなわち起訴前身体拘束期間の趣旨についての理解である。その論旨は、以下のとおりである（基本文献221-222頁：傍点は引用者によるものであり、実体喪失説とよばれるゆえんでもあろう）。

> ……起訴前にしろ起訴後にしろ、身柄拘束は、身柄拘束期間の趣旨という意味において、それぞれ独自の目的を有し、かつその期間には一定の制限が加えられている。そして、身体の自由の侵害が重大なものであることを前提にその期間を制限した法の趣旨を考慮すれば、その期間は、原則として、専らその理由とされた被疑事実について、身柄拘束の目的に沿ったかたちで利用されているといえるであろう。そうだとすると、逆に、令状に示された被疑事実による身柄拘束という形式がとられているとしても、その被疑事実については、身柄拘束期間がその目的に沿ったかたちでそれほど利用されておらず、主としてそれ以外の被疑事実のためにそれが利用されている場合には、その身柄拘束は、令状に示された被疑事実による身柄拘束としての実体を失い、身柄拘束期間が主として利用された方の被疑事実による身柄拘束となっていると評価すべきだと考えられる。

さらに、このような起訴前身体拘束期間の趣旨からは、逮捕・勾留の実体的要件として、「身柄拘束の理由とされた被疑事実について、未だ起訴するか否かが決定しうる状態ではなく、なおそのための捜査を続ける必要があること（起訴前身柄拘束の継続の必要性）が要求される」とする点も、解釈論的には重要であろう（基本文献206頁：傍点は引用者）。もともと川出説の問題意識としては、

被疑事実を基準として当該身体拘束に関する要件の有無を審査するという現行刑訴法の構造に照らすと、従来の本件基準説では、別件と本件のどちらの身体拘束として違法なのか、仮に別件の要件が具わっているとして、それがなぜ違法となるのかについて、解釈論としては不明確さが否定できないという問題があった。これに対し、川出説では、身体拘束の「継続の必要性」という要件が「別件」自体の実体的要件のひとつとして位置づけられることにより、当該要件が失われない限り「別件」による身体拘束として適法、逆に失われれば「本件」による（要件審査を経ていない）身体拘束として違法と評価しうる。従来の本件基準説が抱えていた問題に対するひとつの回答でもあろう。

▶川出説の特徴と従来の議論枠組みにおける位置づけ

川出説の特徴を際だたせているのは、別件による身体拘束としての実体を失うに至るかどうかという判断プロセスについて、非常に客観的なアプローチを採用している点である。つまり、従来の本件基準説が、別件による身体拘束を本件の取調べに利用しようとする「意図」ないし「目的」に着目した（そして、その限度にとどまっている限りやや不明確な）理論だったのに対し、川出説では、捜査機関の脱法的な意図というよりは、当該身体拘束期間中に行われた取調べをはじめとする捜査状況など、その期間中に生じた客観的な効果ないしは結果の比較が志向されているのである。川出説が「結果無価値的な別件逮捕論」と評価されるのも（後藤・前掲81頁）、そのアプローチの特色をよく表すものといえる。

このように、川出説に代表される実体喪失説の考え方は、別件による身体拘束としての実体を失っているかどうかに着目するものでもあるので、見方によっては別件基準説と共通するアプローチとの評価も不可能ではない。現に、同じく実体喪失説に立つ中谷雄二郎判事の見解は、明確に本件基準説を排斥し、余罪取調べの適否の問題としたうえで主張されており、どちらかといえば別件基準説的な観点に立つ（長沼範良・佐藤博史「別件逮捕・勾留と余罪取調べ」法学教室310号〔2006年〕74頁〔81頁：佐藤博史発言〕。中谷説については、たとえば、中谷雄二郎「別件逮捕・勾留——裁判の立場から」三井誠ほか編『新刑事手続Ⅰ』〔悠々社、2002年〕314頁参照）。

それにもかかわらず、川出説については、本件基準説を「本籍」とするとの

評価がなされている（長沼・佐藤・前掲82頁〔佐藤博史発言〕のほか、後藤・前掲81頁以下、古江頼隆『事例演習刑事訴訟法』〔有斐閣、2011年〕78頁など参照）。その理由は、上述のとおり、川出説自身が本件基準説から出発しているのはもちろんだが、理論的には、別件としての実体を喪失して以降は「本件による逮捕・勾留として違法」と考えるからであろう（基本文献231頁および川出敏裕「別件逮捕・勾留と余罪取調べ」刑法雑誌35巻1号〔1995年〕1頁〔とくに7頁〕）。換言すれば、別件から本件に「視座の転換」をはかったうえで、別件による逮捕・勾留が「本件の自白を追求する手段として、しかも本件の内容を令状裁判官から遮断し、本件につき可能な身柄拘束の限度を超えて行われた逮捕・勾留ではなかったかを問う」限りにおいて、本件基準説と評価してよいのかもしれない（松尾浩也「別件逮捕と自白の許容性」ジュリスト432号〔1969年〕108頁、同『刑事訴訟の原理』〔東京大学出版会、1974年〕188頁に再録）。

▶**別件による身体拘束か本件による身体拘束かを決定するための考慮要素**

　このように、当該身体拘束が別件によるものか、それとも本件によるものかを客観的に決定するために、川出説は、従来の判例の検討をふまえて以下のような詳細な考慮要素を提起する（基本文献288頁以下）。

　まずは、①取調べを含む別件についての捜査がいつ完了していたのかである。これは、起訴前身体拘束期間の趣旨とも関連して、川出説の理論的特色をよく示すものといえる。ここで別件の捜査が完了していることが看取できれば解決は容易だが、問題は別件による捜査が完了していない場合である。この場合を判断するための考慮要素として、次に、②逮捕・勾留期間中における別件と本件の取調べの状況、および取調べ時間の比率、③取調べの内容、④別件と本件との関連性、⑤本件についての供述が被疑者の側から自発的になされたものかどうか、⑥逮捕・勾留期間中の、取調べ以外の別件と本件の捜査の状況、⑦別件による逮捕・勾留を請求した捜査機関の意図が、基本的な考慮要素として列挙される。とくに、最後の⑦については、これを違法性判断の基軸としていた従来の本件基準説と異なり、考慮要素のひとつに過ぎないとしている点が特徴的である。それは、後述のように、単に脱法的な意図をもっていただけでは、被疑者の利益に対する現実的な制約には直ちには結びつかないという、川出説の基本的な立場をよく示すものといえる（基本文献219頁）。

もっとも、そうであるからと言って、考慮要素としての重要度が劣るわけでもあるまい。現に⑦の判断要素として、さらに、別件と本件の取調べ状況のほか、⑧別件が発覚するにいたった経緯、⑨別件による逮捕・勾留を請求した時点における、本件についての捜査の進行状況、⑩別件についての逮捕・勾留の理由および必要性の程度、⑪別件と本件の重大性の違い・法定刑の軽重・捜査当局の両事実に対する捜査上の重点の置き方の違い、⑫別件の逮捕状の執行に至る経緯といった要素を考慮すべきものとされている。川出説で示された考慮要素が、「捜査官の意図を問題とする立場からも有用」とされるゆえんであろう（後藤・前掲93頁）。

4　残された課題——本件基準説の観点から

▶起訴前の身体拘束期間の趣旨について

　このように、従来の本件基準説にとって川出説は、事後的な判断の場面において客観的で有用性のある判断基準を提供するものといってよい。そのためか、起訴前の身体拘束期間の趣旨に関する川出説の論旨も、本件基準説の論者の間に次第に浸透しつつあるようにも見える（東大系の研究者のほか、たとえば、上口裕『刑事訴訟法〔第3版〕』〔成文堂、2012年〕131頁）。もっとも、理論的観点から見た場合、なおそこに慎重に検討すべき課題もないではない。

　そもそも、なぜ起訴前の身体拘束期間が、起訴後の勾留よりは短期間とはいえ、現行法のもとで一定の期間に設定されているのかという点については、川出説が登場するまで必ずしも明示的に検討されてこなかった。あるいは、いわゆる弾劾的捜査観の下では、捜査機関にせよ、被疑者側にせよ、将来の公判に向けてそれぞれ独立に準備活動を行うわけであるから、いずれかの立場から積極的にその意味を論定する必要はなく、むしろ、公判中心主義を前提に比較的ニュートラルな性格づけが志向されていたと見るべきかもしれない（この点については、基本文献21頁以下も参照）。そうだとすれば、川出説は、どちらかといえば捜査機関の側から、その期間の意味を再定義したと見る余地もあろう。

　もちろん、川出説によれば、起訴前の「身体拘束の目的」（取調べの必要を実体的要件として身体拘束が認められているわけではないこと）と、起訴前の「身体拘

束期間の趣旨」（その理由となった犯罪について起訴・不起訴を決定するために捜査を行う）とは必ずしも矛盾するものではない。この点で、川出説の論旨は、非常に精緻であり、かつ説得的でもある。それが現行法の立法史に裏打ちされているとなれば、なおさらであろう。

しかし、他方で、このような理解に対しては、「訴追の準備のために逮捕勾留期間があるという考え方は憲法34条に違反する」といった主張も提起されている（高野隆「別件逮捕・勾留——弁護の立場から」三井誠ほか編『新刑事手続Ⅰ』〔悠々社、2002年〕293頁〔300頁〕）。このような理解にも一理あるとすれば、この点に関する川出説の論旨をそのまま無批判に受容してよいかは、本件基準説にとって、そして弾劾的捜査観にとっては、なお今後の理論的な課題というべきであろう。

▶事前抑制の可否——本件基準説との結論の違い①

川出説と従来の本件基準説とでは、具体的な結論の違いもある。まず、事前抑制の可否である。上述のとおり、川出説は、余罪（本件）についての取調べという身体拘束中に客観的に生じた効果ないし結果に基づいて、当該身体拘束（の継続性）の適否を判断するから、捜査機関の意図は、たとえそれが脱法的なものであったとしてもいまだ実現されないうちは、「それ自体としては意味を持たない」（基本文献226頁）。したがって、別件それ自体の要件審査を厳格にする必要はあるにしても、「捜査機関が本件の取調べを主たる目的としているという理由で、別件による逮捕・勾留請求を却下することはできないことになる」（基本文献231頁）。

このような結論は、川出説の結果無価値的なアプローチからは必然的である。あるいは、川出説が本件基準説をベースとしているのであれば、事前抑制の否定は、事後的な判断の場面において客観的で、しかも実務的にも有用な判断基準を追求したことに伴う、いわば不可避的な犠牲というべきなのかもしれない。しかしながら、次に見るように、事前抑制が本件基準説にとってのアイデンティティともいうべき重要な理論的意味をもつものであれば、その放棄は、本件基準説の側からは、にわかには受け入れ難いだろう。

▶違法とされる範囲——本件基準説との結論の違い②

もう一点、結論の違いが生じるのが、違法な別件逮捕・勾留とされた場合の

違法の範囲である。上述のとおり、川出説は、客観的に生じた効果・結果を比較したうえで、どこまでが別件による身体拘束で、どこからが本件による身体拘束かを区別しようとする。そのため、検討対象となる身体拘束期間についても、これを分割して検討することが可能となり（基本文献227頁）、その結果、身体拘束が継続している途中からの違法評価、たとえば、勾留請求時や勾留延長時など、手続の段階毎のきめ細やかな検討（違法評価）が可能になるという特徴がある（裁判例として、たとえば東京地決平成12・11・13判タ1067号283頁。なお、裁判長は中谷雄二郎判事である）。

　これに対し、本件基準説は、違法な別件逮捕・勾留と認められれば、当初の令状発付時にさかのぼって当該身体拘束期間全体を違法と評価する（たとえば、田口守一『刑事訴訟法〔第6版〕』〔弘文堂、2012年〕127頁、山田道郎『新釈刑事訴訟法』〔成文堂、2013年〕3頁以下ほか）。なぜそう考えるのか、その理論的必然性は必ずしも明らかでない。もっとも、違法の根拠を令状主義の潜脱と考えるのであれば、令状審査は発付時に行われるのであるから、遡及的に考える考え方にも一理ある。しかし、令状主義潜脱の意図が、別件による身体拘束の途中から生じたという事態も想定しうるから、それが必ずしも決定的な理由とまでは言えない。

　この点については、もともと本件基準説が、違法な捜査・取調べの抑止という政策的な背景を強くもっていたことを、いま一度想起してみる必要があるのかもしれない。つまり、もともと別件逮捕・勾留において本質的な問題は、身体拘束下での被疑者取調べにおいていかにして被疑者の防御権（とくに黙秘権）を保障するかにあると考えることができる（神山啓史「別件逮捕・勾留——反論」法学セミナー575号〔2002年〕112頁のほか、前掲・高野論文も同旨〔とくに312頁〕）。たとえば、次のように述べる後藤説には、従来の本件基準説の論旨が象徴的に現れていると見ることができる。「憲法38条のもとで、現行法は取調べ自体を目的とする身体拘束制度を設けなかったとみるべきであろう。そうであれば、取調べという目的は、現行法において単に未決拘禁の正当化の根拠として想定されていないだけではなく、それを主たる目的として身体拘束すること自体が、禁じられるというべきである」（後藤・前掲90頁）。本件基準説が捜査機関の脱法的「意図」にこだわるのも、被疑者取調べにおける被疑者の権利保障を充実

4　残された課題　149

させ、もって両当事者の実質的対等を目指す点に論旨があるのだとすれば、本件基準説の主張もまた、弾劾的捜査観に通底する部分があるといえよう。その意味で、後藤説が取調べ受忍義務否定説に立つのも（後藤・前掲151頁以下）、理論的に一貫している。

　しかし、現実には実務において取調べ受忍義務は堅持され、被疑者取調べに対する法的規制や防御権保障も遅々として進まないという状況下で、身体拘束をめぐる解釈論の枠内でかかる問題の本質に大胆に切り込もうとしたのが、本件基準説であったともいえる。そうだとすると、別件逮捕・勾留という脱法的な捜査手法を抑止するうえでは、令状発付時にさかのぼって当該身体拘束期間全体を違法とするのは、むしろ自然ですらある。たとえば、「別件での取調べは別件逮捕を偽装するための手段であり、それが独立して適法になるわけではない」との指摘（山田・前掲7頁）は、本件基準説の問題意識の一端をよく現わしている。以上のような政策的意図に照らせば、事前抑制の問題は、違法捜査の抑止という目的を最もよく実現しうる手段であり、本件基準説のアイデンティティともいうべき重要な価値をもつものでもあろう。

　これに対し、川出説によれば、上述のように、起訴前の「身体拘束の目的」と起訴前の「身体拘束期間の趣旨」とは必ずしも矛盾するものではない。しかも、被疑者取調べに対する法的規制は、身体拘束の適否とは理論的には別個の問題であるから、川出説が取調べ受忍義務の問題を除外するのも（基本文献242頁）、理論的には間違いではない。そうだとすると、翻って考えてみると、そもそも本件基準説という立場自体についても、松尾説のように定義するのか（本件に着目して身体拘束の適法性という問題を個別的に解決しようとする立場）、それとも後藤説のように定義するのか（捜査官の本件取調べの意図を違法性の根拠として、さらに被疑者取調べの適正化をも一括して実現しようとする立場）という問題が存在していることになる。両者の背景には、問題解決に対するアプローチの違いが反映しているように思われるが、この点に関する詳細については本書2　歴史的分析のほか、松尾浩也『刑事訴訟の理論』（有斐閣、2012年）320頁以下も参照されたい。

5 現代的意義

▶取調べの録音・録画と実体喪失説

　実体喪失説（とくに川出説）は、その理論的な精緻さと詳細な考慮要素にもかかわらず、これまでのところ（少なくとも前掲・東京地決平成12・11・13以外には）必ずしも実務に浸透していっているとは言えないようである。その原因は必ずしも明らかでない。しかし、川出説の提示した考慮要素を機能させる方策の一つとして、「取調べ状況の録音・録画という立証方法を検察官に課すことが不可欠」との指摘もある（神山・前掲112頁）。録音・録画が徹底されれば、それだけ取調べ状況について客観的な判断資料が増えることになるから、川出説の実務的な有用性は高まることになろう。その意味で、本来的に川出説は、警察段階も含む取調べの全面的な可視化論との親和性が高い理論であると評価することも可能である。

　2014年9月、法制審議会は、取調べの録音・録画を含む新たな刑事司法制度の構築に関する答申案を採択した。これにより取調べの録音・録画が新たに法制度化されることが予測されるものの、その範囲がどこまで徹底されるかは必ずしも明らかでない。川出説の実務への浸透度も、録音・録画の徹底度と相関関係にあるのかどうか。今後の展開が注目される。

▶最近の裁判例の動向──別件逮捕の新たな局面？

　最後に、最近の裁判例では、覚せい剤取締法違反被告事件（自己使用）に関し、軽犯罪法違反など軽微な事件（別件）で現行犯逮捕し、その間にいわゆる強制採尿令状または任意提出により被疑者から尿を獲得したうえで、別件では勾留請求せず、そのまま覚せい剤取締法違反で通常逮捕する事例が散見される。その中でも、現行犯逮捕が違法な別件逮捕であることを認定した上で、尿の鑑定書を違法収集証拠として排除し、無罪を言い渡した事例として、大阪高判平成21・3・3判タ1329号276頁、福岡地裁小倉支判平成24・1・5，LEX/DB 25480157、京都地判平成24・6・7，LEX/DB 25482152（ただし、その控訴審として大阪高判平成25・1・17，LLI/DB 06820025〔破棄差戻〕）などが注目される。

　すでに紙幅も尽きており、この点に関する検討は別稿（京明「別件逮捕・勾留」

川崎英明・白取祐司編著『刑事訴訟法理論の探究』〔日本評論社、2015年〕48頁）に委ねざるをえないため、ここでは川出説と本件基準説からどのような結論がもたらされるかという点のみ述べておく。

　まず川出説であるが、上記のような考慮要素は、従来の事例を前提にしたものであるため、このような近時の事例に適用するとすれば、一定の調整ないし修正が必要であろう。もちろん、別件についての捜査の完了の有無（上記・考慮要素①）や、取調べ以外の捜査状況（同⑥）、捜査機関の意図（同⑦）などはそのままでも適用可能であるから、それらを考慮することによって違法判断をすることも不可能ではない。ただし、勾留請求されていないため、最大でも72時間という限られた時間のなかで、明確に捜査の完了を認定しうるかは検討の余地を残してもいる。もっとも、そもそもこのような事例では、別件自体についての現行犯逮捕の要件を厳格化するのが先決だとの判断もありうる（現に、上記の裁判例では、いずれも違法な別件逮捕と認定するに先だって、現行犯逮捕の実体的要件を欠くとの判断がなされている）。その場合、もし現行犯としての要件を欠くとの判断があれば、尿とその鑑定書については、違法な現行犯逮捕と密接に関連する証拠として、あえて別件逮捕を論じなくとも証拠排除の対象となりうるだろう（最2小判平成15・2・14刑集57巻2号121頁ほか）。

　これに対し、従来の本件基準説によればどうか。上記の裁判例は、いずれも捜査機関の主観面（本件たる覚せい剤事件の捜査に対する捜査機関の関心や目的）を認定し、そのために別件での現行犯逮捕を利用したものとして（違法な）別件逮捕にあたるとしている。その論旨は本件基準説に親和的である。もちろん、その認定や結論に至るプロセスでは、川出説が指摘するとおり、必ずしも統一的な判断基準が用いられているわけではなく、また、そもそも別件での現行犯逮捕の要件も否定されていることをどう評価するかという問題もある。さらに、理論的には、このような場合における違法の内容として、（現行犯としての）逮捕権の濫用と構成するのか、それとも、（後の通常逮捕との関係で）令状主義の潜脱と構成するのかは、理論的には悩ましい問題となりうる。そうだとしたら、この点でも、川出説は、本件基準説が再出発すべき地点を明確に指し示すものと位置づけることができるだろう。

12 身体拘束と接見交通権

●基本文献
三井誠
「接見交通問題の展開(1)～(5)」
法律時報54巻3号・5号・7号・8号（1982年）、55巻3号
（1983年）ほか

辻本 典央

1 学説・実務状況

▶接見交通権に関する研究状況

　現行憲法は、初めて「弁護人に依頼する権利」を基本権として保障し、これを被疑者・被告人の身体拘束に結びつけた（憲法34条前段）。刑訴法上は「何時でも弁護人を選任することができる」と定められているが（刑訴法30条）、身体拘束に伴うさまざまな制約と、被疑者・被告人の防御の利益とを考えると、憲法で、弁護人依頼権がとくに身体拘束下での権利として保障されていることは重要である。このような弁護人依頼権は、単に、被疑者・被告人が弁護人に依頼できるだけでなく、実効的な弁護を保障するものと理解されなければならない。接見交通権（刑訴法39条1項）は、まさに、身体拘束下における実効的な弁護の保障にとって不可欠の権利である。

　他方、刑訴法39条3項は、①「捜査のため必要があるとき」に、②「被疑者が防禦の準備をする権利を不当に制限」するものでない限りで、その日時・場所・時間を指定するという方法で接見交通権を制限する機会を定めている。この接見指定制度は、起訴前の身体拘束事件における時間的制限を前提に、迅速かつ適切な捜査に向けた便宜を図るものである。もっとも、接見交通権が憲法の弁護人依頼権に根拠づけられるものであるとすると、これに対する制限はそもそも許されるのか、またどのような条件によるべきかが問題となる。

従来、刑事法研究者によっては、接見交通権に特化した包括的・体系的な検討が行われてきたとはいいがたかった。むしろ、刑事弁護人らが、その運動とも連動した熱心な議論を積み重ねてきた領域である。ある著名な刑事弁護人は、「現実離れした学説」との痛烈な表現で、その「未熟性」を批判していた（若松芳也『接見交通の研究』〔日本評論社、1987年〕1頁以下）。

▶実務の状況

　実務において、当初は、接見交通権の意義が十分理解されず、立会人をおいた接見を行わせるなどの運用が見られた。その後、一般的指定が行われるようになると、原則的に接見を禁止し、弁護人の面会申出に応じてそのつどこれを許すといった運用にかわる。しかし、このような一般的指定は、接見交通権の基本的保障という原則を逆転させるものとして、一連の下級審裁判例で否定された。その後、実務は通知書制度に移行するが、依然として、接見指定の違法性を争う訴訟が後を絶たなかった。

　そのような中で、最高裁が、初めて接見指定問題を判断したのが、いわゆる「杉山事件」であった。最高裁は、そこで接見交通権の重要性を確認しつつも、具体的な接見指定の違法性を認めなかった（最判昭和53・7・10民集32巻5号820頁）。その後、一連の判例（最判平成3・5・10民集45巻5号919頁「浅井事件」、最判平成3・5・31裁判集民163号47頁「若松事件」など）を経て、平成11年に、最高裁大法廷が、正面から接見指定制度の合憲性を判断した。同大法廷は、接見交通権が憲法上の保障に由来するものであるとしつつ、他方で国家の刑罰権・捜査権の重要性も挙げ、現行制度は双方の利益を衡量した合理的な調整であるとして、合憲と判断した（最大判平成11・3・24民集53巻3号514頁「安藤・斎藤事件」）。もっとも、翌平成12年には、いわゆる初回接見に対する指定のあり方が問題となった事件において、最高裁は、初めて具体的な接見指定処分を違法と判断した（最判平成12・6・13民集54巻5号1635頁「内田事件」）。

　このように、接見指定自体のあり方については、一連の最高裁判例によって一定の解決が図られた。近時は、接見時のビデオ撮影、取調べにおける接見内容の聴取などが、実務の関心となっている。

2 学説史的意義と位置づけ

▶刑事訴訟法学における接見交通権の位置づけ

　接見交通権問題の議論において、その主たる関心は、刑訴法39条１項と３項の関係を踏まえた具体的事案における接見指定の当否という点におかれてきた。その際、接見交通権が憲法上の保障下にあるのか、接見指定制度は憲法上如何に評価されるべきかといった、刑事手続の根源にさかのぼった議論が展開されてきた。

　接見交通権に対する制限という問題は、比較法的に類を見ないものであるだけに、その検討にあたっては、わが国の憲法および刑訴法における基本的視座を確認し、その本質に基づいた考察が要求される。

▶基本文献の意義

　基本文献は、まず、その発表された時期が注目される。当時、すでに一般的指定制度が昭和40年代の一連の下級審裁判例によって否定され、接見交通権の原則的保障という理念が実務にも浸透し始めていた。また、昭和53年には前掲杉山事件最高裁判決が下されるなど、この問題に関する総括が求められていた。

　基本文献は、接見交通権制度の憲法上および刑訴法上の制定過程を、詳細かつ膨大な資料に基づいて明確にしており、その資料的価値は非常に高い。三井誠は、これに基づいて、日本政府側と連合国総司令部側との対立を明確にすることで立法者の意図を示し、その考察の基礎としている。これに続く、現行法下の軌跡を述べた部分も、三井がみた時代の変化に対する分析が示されている。

　基本文献は、残念ながら連載としては中絶しており、三井の見解を探るためには、後続の文献を併せ読まなければならない。一連の論稿は、基本文献とあいまって、わが国の刑事法学界を代表する三井が、まさに接見交通権問題が総括されるべき時期に分析し、その評価を示したものとして、学界に共有の財産となっている。

3　文献紹介

▶基本文献の構成

　基本文献は、法律時報54巻3号（1982年）で組まれた「特集・接見交通の研究」
に寄せられた「その1・刑事訴訟法39条の成立経緯」を最初として、同誌に5
回の連載で発表されたものである。その内容は、「刑事訴訟法39条の成立経緯」
（第1回）から「現行法下の軌跡」（第2回、第5回）にかけた接見交通権とその
指定制度に関する歴史的展開に係る本篇と、外篇である「刑事施設法案及び留
置施設法案について」（第3回、第4回）とに大別される。

　このうち、本篇は、当初、第1章「はじめに」、第2章「新憲法と接見交通
規定」、第3章「刑事訴訟法39条の制定過程」、第4章「現行法下の軌跡」、第
5章「展望」という構成で構想されていた。しかし、連載は第5回で終了し、
昭和40年代までの展開が紹介された部分で中絶している。

　三井は、基本文献の連載が終了してから10年後に、同じく法律時報（65巻3
号＝1992年）で組まれた「特集・接見交通権論の現在」に、「接見交通権問題の
現状と今後」という論文を寄せている。また、三井は、法学教室で1991年より
連載が開始された「刑事手続法入門」の第28回および第29回（1993年）で、接
見交通権に関する詳細な検討を行っている（三井誠『刑事手続法(1)〔新版〕〔有斐
閣、1997年〕155頁以下に所収）。これら後続の文献では、昭和50年代以降の判例
実務の展開とともに、三井の理論的検討も示されている。

　それゆえ、本章では、基本文献（主として本篇）に加えて、後続文献（上記以
外も含む）もその一部を構成するものとして紹介する。

▶基本文献のエッセンス

　以下は、「接見交通権問題の現状と今後」18頁の本文である。

　ところで、今後の接見交通権の定着および進展を図るうえで、見逃されてはならな
いと思われるのは、「弁護人からいえばその固有権の最も重要なものの一つである」
としても、接見交通権は、あくまでも被疑者がその権利の主体であるという事実であ
る。法規上も、法39条1項の文言をみればわかるとおり、主語は「身体の拘束を受け
ている……被疑者」である。39条3項但書も「被疑者が防禦の準備をする権利」と書

かれている。

　これは当然のことであって、これまでも在野法曹を含めて実務家の認識するところではあったであろう。しかし、実際には、接見交通権の侵害はなかったかという場合、ややもすれば弁護人の権利に対する侵害の有無という視点が全面にですぎていたきらいがなくはない。たとえば、準抗告であれ、国家賠償請求訴訟であれ、例外がまったくないわけではないが、申立人ないし原告は担当弁護士である。それは弁護人が接見のために被疑者が拘禁されている施設に出向いた際、接見指定を受け、それが不当であると争われるからやむを得ないことではある。

　しかし、被疑者の防禦を十全にするためであるとはいえ、弁護人が接見に出向いた際、弁護人に対して妨害がなかったかという視点は、やや一面的であるばかりか、自由接見の確立にとって、限界があるようにも思われる。換言すれば、弁護人の権利という視点を少し離れ、接見交通権は本来被疑者の権利であることの確認は、理論面でも、運用面、実際面でも、いくつかの新しいポイントを示してくれると考えられる。

▶接見交通権の歴史的展開──制定過程

　基本文献は、第1章「はじめに」の冒頭、刑事訴訟実務の経験が豊富な実務家を中心とした座談会「新刑事訴訟法について」（法律新報748号所収）から始められている。そこでは、「立会人なき接見規定の新設に対して、これを積極的に評価しつつ、接見所のあり方が多面に論じられている」が、その内容は、「起訴後の被告人と弁護人との接見」を素材としたものであり、「起訴前段階のそれは正面には出てきていない」。三井は、この点に、「弁護人接見は旧刑事訴訟法と大幅に変化したが、戦前の実務体験者にみられる意識の面における旧法との連続と断絶が如実にあらわれている」と述べ、「その後30数年の運用はどのように変化してきたか」という視点から、「これまで十分には解明されていない『刑事訴訟法39条の成立経緯』をさぐり、続いて戦後における接見交通問題の軌跡を顧みる」として、本稿の課題を設定している。

　続いて、第2章「新憲法と接見交通規定」および第3章「刑事訴訟法39条の制定過程」では、立法過程の詳細が、膨大な資料に基づいて紹介されている。これは、団藤重光が所蔵する資料によるものであり、その当時、刑事訴訟法制定過程研究会によって行われていた共同研究の成果を発展させたものであって、三井の研究スタイルを端的に示すものとなっている。三井は、このようにして立法者意思を解明することで、接見交通権の中心論点である①接見交通権

3　文献紹介　157

は憲法によって保障された権利といえるか、②刑訴法39条1項と3項の関係如何、③同法39条3項の「捜査のため必要があるとき」の解釈といった点に、示唆が得られるという（三井誠「接見交通権既定の成立過程——立法者意思の解明」『平野龍一先生古稀祝賀論文集　下巻』〔有斐閣、1991年〕261、263頁）。

　まず、第2章では、治罪法から旧刑訴法までと、新憲法制定過程における接見交通の取扱いが紹介されている。これによると、接見交通規定はすでに治罪法にも存在していたが、それは、現在の弁護人にあたる「代言人」とその他の第三者とを区別するものではなく、監獄規定に従って立会人をおいた上での接見をなしうるに過ぎなかった。旧々刑訴法および旧刑訴法と進むごとに、若干の改正は行われたが、「実情はそれほど進んではいない」ものであった。第二次世界大戦後、新憲法の制定にあたり、連合国総司令部は、「当初から刑事手続における人権保障に多大な配慮を示し」、そのひとつとして、"he shall not be held incommunicado" との条文を提示した。しかし、日本側がこの「インコミュニカード」の意味を十分理解できず、総司令部側も「この文言じたいを法文の中に入れることを固執しなかった」ことから、結局、「憲法上立会人なき接見交通規定は日の目を見なくなったのである」。

　第3章では、刑訴法制定に向けた動向が紹介される。これによると、総司令部側は、当初、「弁護人ハ何等ノ妨害ナク内密ニ被告人ト接見シ会話シ通信ヲナスコトヲ禁止サレルコトナシ」との規定を提示していたが、その後「具体的な立案作業が進むに伴い、暫時、起訴前段階における弁護人接見規定は、表に出てこなくなる」。日本側は、司法省刑事局を中心に草案作りを始めるが、その第7次案では、「起訴前段階における被疑者と弁護人との接見交通が権利として初めて法文化された」。最終第9次案をもって日本側と総司令部側との折衝が行われたが、そこでは、「立会いなき接見」の明文化と、「捜査のため必要があるとき」の文言について調整が図られ、最終的に、現行規定にまとめられた。

　三井は、ここで、「主に立案関係者の説明をもとに、資料によるその背景を語らせる」という手法をもって、立法者意図を客観的に示している。これによると、とくに刑訴法39条1項と3項との関係については、「『捜査のため必要があるとき』および同項但書きが規定されるいきさつは、きわめて微妙」であり、「総司令部と日本側で……基本的な考え方の違いがあったことは否定できな

い」。また、「法39条3項本文制定の底流には、捜査機関の権限強化という視座があった」としても、「1項・3項における原則・例外の関係は明瞭であった」として、当時の検察実務家による立法解説においても、「いわゆる限定説を明言（され）ていたことは触れておくべきであろう」と述べられている。

▶運用状況

第4章では、「刑事訴訟法39条の運用とその問題点」について、4期に分けた分析が行われる。三井は、第Ⅰ期（昭和20年代）を「『立会人なき』接見交通規定の新設とその運用状況・問題点」が論じられる過程、第Ⅱ期（昭和30年代）を「一般指定制度（いわゆる面会切符制）の是非が多面に論じられる過程」、第Ⅲ期（昭和40年代）を「判例・学説上一般指定制度を違法とする立場が大勢を占め接見交通制度の運用がやや変容を示す時代」、そして第Ⅳ期（昭和50年代）を「昭和53年7月10日の最高裁（1小）決定を頂点とする昨今」と位置づけ、それぞれの「限界は截然としたものではないが、各期ごとにそれぞれ独自の動きを抽出でき〔る〕」と説明している。三井は、接見交通問題は時代に応じて変遷してきた奥深い歴史があり、この歴史的背景を抜きにして各論的な問題は検討できないとして、「過去を振り返〔る〕」意義を強調している（三井誠「接見交通問題の推移」自由と正義34巻〔1983年〕5号4、8頁）。

第Ⅰ期は、「立会人なき」接見交通権が「戦前には経験のない制度であっただけに、実施開始時まもなく、効果的な捜査活動と確実な防禦権の行使の両要求がぶつかり合い、多様な問題が生じた」時期である。警察・検察関係者からは、「戒護のためならば看守者が接見に立ち会うことができるとの解釈論」が示される一方で、弁護士側からは、「未だに、従来通りの封建的な立会人を置いて『面接の自由』を阻害する警察が少なくない実情」の改善が要望されるなど、実務における混乱が見られた。

中でも、この時期に、「刑訴法39条3項の接見指定の運用」において、「のちにその適法性が激しく争われながらも実務を支配したいわゆる一般的指定の方式が当初より採用・実施された」ことは、注目される。また、これと密接に関連して、「刑訴法39条3項にいう捜査上の必要という接見指定の要件についても、制定時の趣旨を離れ、取調中に限られないとの解釈が運用上確立してい」った。

このような実務に対して弁護士側からの批判も見られたが、三井は、「現時

点で当時の様相を振り返ると、全体的には対立はなお限局的であった」と評価している。弁護士会が一般的指定方式に同意したり、「弁護人からすすんで立会要請を行う例もままあった」との報告もあり、三井は、このような事態の「背景には、いくつかの事情がからんでいようが、弁護権の理解に不足する面があったことは疑いない」とし、「準抗告を含めて接見制限に対抗する手段を活用することはほとんどなかったことにも触れておくべきであろう」と述べている。

　第II期に入ると、「接見問題は対立を一層激化させ」ることになる。この時期、接見指定について「一般的指定の方式が維持され、運用上一段と固定化していった」のであるが、弁護士側も、「徐々に一般的指定方式じたいに疑問の目」を向けるようになった。裁判例においても、「勾留期間の大半について接見を制限したり、余りに短時間の指定がなされたり、指定が遅きに過ぎたりした場合を厳しく控制する傾向」が見られるようにり、さらには、一般的指定方式の適否にも目が向けられるようになった。

　このような激しい争いの中で、刑訴法39条3項の「捜査のため必要があるとき」の解釈が本質的な問題として認識されてきた。捜査機関側は、依然として、一般的指定方式を合法化する論拠として、証拠隠滅の防止や、自白獲得の必要性によってこの要件が満たされるとの見解（非限定説）を主張したが、これに対して「激しい反論も出され」、そこから「刑訴法39条3項の指定は被疑者の身柄の時間的調整に過ぎない」との見解（限定説）が提唱されるに至った。

　なお、この時期、弁護人側から、早くも「接見を短時間で効果的にするため（の）一つの方策」として、接見時に録音機器を使用することが提案されていた点は、興味深い。これを書類の授受に準じて、接見後にその内容の検査が求められる事案もあったが、三井は、これを「書類の授受に準じて取り扱う理由は必ずしも明らかでない」とし、「録音は筆記具による記録に代わるものにすぎないとして内容検査に反対」した例を紹介している。

　三井は、この時期の特徴として、①「対立が先鋭化するとともに、それが準抗告を通して訴訟の場で争われるようになった」、②「対立の激化が接見交通権の権利性を徐々に確認させていった」、③「裁判所関係者が接見交通権の実効化に対して特に積極的姿勢を示した」、④「一定の弁護士を除くと、全体的には弁護士の権利意識は、……なお十分には高まっていないとみられた」、と

いう点を挙げている。

　続いて第Ⅲ期は、「一般的指定（「面会切符制」）の違法性が裁判例上次第に確認されていった」時期であるが、三井は、これをもって「接見交通問題はこの面で事態の新展開をみせはじめた」と評している。裁判例が一般的指定を違法とするその理論的根拠は、大要、一般的指定は弁護人の接見交通を禁止・制限する処分であること、これを捜査機関が行うことは裁判所でさえ法定されていない権限を行使することにほかならず、刑訴法39条の趣旨においてその原則と例外とを逆転するものであること、というものであった。

　その後、実務にも変化が生じてきた。すなわち、「検察官による個別的接見指定の方法につき、具体的指定書の持参要求の当否じたいが争われる例」が現れるが、他方で、「一般的指定書の交付という指定方式にかわり、被疑者が収容されている監獄の長に事前に電話等で具体的指定書を持参した弁護人にのみ接見させることと連絡しておく方法」がとられるようにもなった。

▶理論的検討──基本文献後の展開

　基本文献が中絶してから10年後に、三井は、改めて2本の論文を発表している。

　第一は、法律時報65巻3号（1992年）の「特集・接見交通権の現在」に寄せられた「接見交通権問題の現状と今後」である。三井は、ここで、接見指定の問題を、「手続をめぐる実務運用の変遷について〔……の〕顕著なもの」とした上で、そのような例として、一般的指定制度の運用とそれが廃止された後の「通知書」による運用との推移を挙げている。また、刑訴法39条3項の解釈についても、同様に、捜査実務家の多くは「捜査全般説」に立脚してきたが、これは、一連の最高裁判例によってもはや「消極に解された」と分析されている。三井は、「接見要件＝取調べ中＋捜査の中断による支障が顕著な場合」と明言した下級審判例を指摘して、「このような理解が許されるとすれば、理論面でも事態は従前とはずいぶん違ってきている」と評価している。

　三井は、このような「変遷」に一定の評価を示した上で、「残された場面」として、「捜査と弁護が最も熾烈に衝突する場面において……取調べ中で、捜査の中断による支障が顕著な場合に、（弁護人と協議のうえではあるが）なぜ接見指定ができるのか」という問題において、「そうした場合に、接見指定が優位する理論的根拠は必ずしも分明でない」と指摘する。三井は、規定の文言およ

び構造からしても、「捜査と防禦が鋭く対立した場合には、後者を優位に解するほかないと考えられる」として、その考察にあたり「原理的な問題に立ち返る必要がある」と述べている。

三井は、ここで、前掲「エッセンス」のとおり、「接見交通権は、あくまでも被疑者がその権利の主体であるという事実」を確認すべきと述べている。これによって、①接見指定の要件に「取調べ中」が挙げられた場合に、その当否の判断にあたり、「被疑者じたいの黙秘権ないし取調受忍義務不存在との関わりで議論することが可能となる」、②「接見交通権の告知のルール化」が図られる、③被疑者が弁護人接見を希望する場合に、その旨の「電話連絡等の手続を常態化させるなど、被疑者側からの積極的な接見実現が容易な方法はなにかとのアプローチを採らせることになる」、④被疑者自身が準抗告を申し立て、または国賠請求の原告となるなどにより、「新しい展開をもたらす可能性がある」というわけである（三井誠「刑事法の領域から──接見交通権を中心に」法社会学38号〔1986年〕19頁でも、「弁護人の活動というフィルターを取りはずして、被疑者・被告人自身につき、法的にとりうる〔とるべき〕行動は何か、それは担保されているかを直截に検討してみる必要もあ〔る〕」と述べられている）。

三井は、加えて、今後の展望として、「電話接見」の活用にも言及している。そこでは、「接見」の解釈として、「その文言に固執して、接見を面会形式に限る理由は説得的であるとは必ずしもいえない」とした上で、接見の趣旨は「被疑者が実質的に弁護人から法的な助言を得ることの重要性に着目」されたことによるのであり、立会人のない接見の意味も、「要するに実質上接見が『秘密裡に』おこなわれることを保障しようというにすぎない」との解釈論が示され、現行法上も「電話接見を消極に解する事由」はないと主張されている。

第二は、前掲第一論文の翌年、法学教室154号、155号に掲載された連載「刑事手続法入門」における、接見交通権に関する解説である。周知のとおり、本連載は、学習向けに書かれたものであり、2回にわたる記述も、主として重要論点を解説するものであるが、それだけに、接見交通権の問題に関する三井の見解が端的に凝縮されている。

まず、弁護人接見交通権は、「当然憲法34条の規定が保障するところといってよい」として、この権利の憲法上の地位が確認されている。また、接見交通

が基本的に自由であることは「憲法34条」から導かれるものであるのに対して、「秘密接見は憲法38条と結びついている」（たとえば、「職員等が立ち会って会話を傍受することは、被疑者の供述の自由に対する侵害となる」）との指摘も、注目される（この点について、鹿児島地判平成20・3・24判時2008号3頁「志布志事件」参照）。

次に、接見指定制度との関係において、あくまで1項による権利保障が原則であり、「3項の指定は『必要やむをえない例外的措置』であることは必然である」と確認されている。三井は、これを踏まえて、「捜査のため必要があるとき」の解釈として、捜査全般説が否定されつつ、物理的限定説に対しても、「取調べ中でそれを中断すれば支障が顕著な場合になぜ指定が許されるのか」という問題に関して、同説と「受忍義務論との関係は十分な検討が進んでいない」との留保を示している。これに関連して、一般的指定方式はなおのこと、通知書による現在の運用についても、「『通知』が具体的指定をおこなうか否かについて検察官の判断がでるまで接見封鎖の効果をもつ場合があり得ることに注意を要する」と指摘されている。

最後に、接見交通に関する具体的問題にも言及されている。三井によると、①任意取調べ中の場合も、弁護人の面会申出があった場合には、捜査機関は、「直ちに弁護人が面会に来た旨を被疑者に告げ、面会に応じるか否かにつき被疑者の意思を確認すべきである」、②勾留中の被疑者と弁護人との接見交通は、他の一般接見とは異なり、保安・拘禁上の特段の支障がある場合を除いて、拘禁施設の勤務時間内に限られず、または（旧）監獄法施行規則との関係で、「接見の要急性・必要性の要件は緩やかに解するべき」である、③弁護人は、被疑者との接見に際して、「接見内容を記録化する方法のひとつ」として「録音機の使用」を許されるべきである、④身体拘束中の被疑者は、電話を用いた弁護人等との接見を許される。

4 残された課題

▶接見指定制度の合憲性

三井は、この当時、「接見交通権は当然憲法34条の規定が保障するところ」であるとしつつ、これを制限する接見指定制度の合憲性については、正面から

の検討を行っていなかった。たしかに、三井は、随所において接見交通権の優位性を主張しているのであるが、なぜ、そもそもかような権利が制限されうるのかについては、言及されていない。この問題は、制度の根幹にかかわるものであるだけに、いずれ検討が求められるものであった。

前述のとおり、接見指定制度の合憲性について、前掲最高裁大法廷平成11年判決で確認されている。同判決は、接見交通権は憲法34条に由来する重要な権利であることを確認しつつ、これが刑罰権・捜査権に絶対的に優先するといったものではなく、これらとの間での合理的調整に服するものであるとした。その上で、現行法上の諸制度は、接見交通権との合理的調整として憲法が許容する範囲にあると結論づけられている。

たしかに、接見交通権も、公共の福祉の観点から一定の制約に服するものであるとしても、本判決で示された刑罰権・捜査権がその制約原理となりうるかは、検討が必要である（渡辺修『刑事裁判を考える——21世紀刑事司法の展望』〔現代人文社、2006年〕54頁）。また、後述のとおり、両利益が正面から衝突する場合、如何に衡量・調整されるべきかは、さらなる考察を要する。三井は、本判決の評価として、接見交通権が「実質的には憲法上の保障下にあることが一層明確になった」としつつ、依然として、これが「憲法上の権利であるということとそれが制約できるかは、また別の問題」である、とコメントしている（三井誠ほか「座談会・取調べと接見交通権をめぐる諸問題」現代刑事法13号〔2000年〕5、19頁）。

▶原理的問題　最も対立する場面での優先

三井は、刑訴法39条1項を原則、同3項をこれに対する例外的制限と位置づけ、実務がこれに応じた展開を見せてきた点に一定の評価を示しつつも、「捜査と弁護が最も熾烈に衝突する場面において、争いは残ると思われる」と指摘している。たとえば、「取調べ中で、捜査の中断による支障が顕著な場合に、（弁護人と協議のうえではあるが）なぜ接見指定ができるのか」という問題が、課題とされていた。

前掲最高裁平成12年判決は、逮捕直後に弁護人（となろうとする者）が面会に訪れたが、担当警察官が直ちにこれを許すのではなく、翌朝の接見を指定したという事案において、当該指定を違法であると断じた。同判決は、初回接見の特別の重要性を認めた上で、具体的事案では、速やかな接見を行わせたとして

も、時間等の指定によって捜査に顕著な支障が生じることを避けることができたと認定し、これを行わせることなく漫然と翌朝に接見指定した点に、その違法性を認めたのである。たしかに、これによって、多くの事案では、迅速な接見が実現されることになる。しかし、この判示による限り、指定によっても捜査に顕著な支障が避けられない場合には、弁護人および被疑者の希望どおりの接見は必ずしも実現されないことになる。

このように考えると、三井が指摘していた問題点は、原理的には、いまなお解決されていない（川出敏裕「判解」『刑事訴訟法判例百選〔第8版〕』〔有斐閣、2005年〕78、81頁、辻本典央「接見交通権の課題と展望」近畿大学法学54巻2号〔2006年〕91、146頁）。

▶接見と黙秘権の関係　取調受忍義務論

三井は、接見交通権問題の基本的視座として、「被疑者の（権利としての）接見交通権」という点を強調している。そこからは、「いくつかの新しいポイント」が示されるのであるが、中でも、接見指定の要件として「取調べ中」であることが挙げられるとき、「被疑者じたいの黙秘権ないし取調受忍義務不存在との関わりで議論することが可能となる」と述べている。たしかに、三井の指摘するとおり、取調受忍義務が仮に否定されるならば、弁護人との面会に際しても、被疑者は取調べの開始・続行を拒否し、弁護人と自由に接見できることになるはずである。

この点、接見指定を違憲無効と解する場合はともかく、その要件を厳格に解する見解からも、取調べ中であることが指定要件を満たすものであることは、さほど疑われてこなかった。この問題について、前掲最高裁大法廷平成11年判決は、「憲法38条1項の不利益供述の強要の禁止の定めから身体の拘束を受けている被疑者と弁護人等との接見交通権の保障が当然に導き出されるとはいえない」としている。これは、論理的にみて、取調受忍義務を前提としたものといってよい。

三井は、この点について、身体拘束下においても取調べ拒否権が認められるべきことを前提に、刑訴法198条1項但書の解釈として「例外的には、拒否権が認められない事態があり得ることを認めた」ものであり、「種々の要因を総合的に勘案して……被疑者の弁護人接見交通権について、一定の制限が課せら

れることがあるとの結論が引き出される」との見解を示している（三井誠「法科大学院と刑事手続法」研修725号〔2008年〕3、13頁）。

5　現代的意義

▶接見交通権の現代的問題

接見交通権の運用にあたり、その現代的問題として、接見時の録音・録画機器や、通信機器の持込みといった問題が顕在化している。たとえば、弁護人が証拠物品であるビデオテープを視聴しながら被告人と接見することを申し入れたことに対し、拘置所職員が事前に当該ビデオテープを検査しなければ接見を認めないとした措置の適法性が問題となった事案において、大阪地裁は、「刑訴法39条1項の『接見』とは、口頭での打合せに限られるものではなく、口頭での打合せに付随する証拠書類等の提示をも含む打合せと解すべきである。……持ち込まれる書類等の内容にまで及ぶ検査については、秘密接見交通権が保障された趣旨を没却する不合理な制限として許されない」と判示して、弁護人からの国賠請求を認めている（大阪地判平成16・3・9判時1858号79頁）。

もっとも、弁護人が被疑者との接見内容を記録したり、その身体を撮影するなどの目的で録音・録画機器を、または打合せに利用する目的で携帯電話やパソコンなどの通信機器を持ち込むといった事例については、依然としてその申立てが却下されたり、弁護人が密かに持ち込んだ場合に懲戒請求の対象とされるといった事態が生じている。

この点について、学説上、三井と同様に、「接見」は口頭で行われるものに限らず、広い意味でのコミュニケーションを含むとの理解から、器具の使用が接見行為またはこれに準じる行為に該当するという限りで、刑訴法39条1項の保障を受けるとする見解が主張されている（葛野尋之「接見時の携帯電話使用と弁護士倫理」季刊刑事弁護74号〔2013年〕132頁）。また、接見に該当しない行為として、たとえば、弁護人が携帯電話を接見室に持ち込み、被疑者と第三者の通信を補助するといった事案についても、これは、接見交通権の保護外にあるとはいえ、その会話自体が被疑者の防御準備に必要である限り、捜査機関側としてこれを禁止することはできないとも主張されている。ただし、その際には、弁護人が

その会話をモニタリングし、不要・不当な会話については自らこれを遮断するなどのコントロールが及ぼされていなければならず、このことは、弁護人における高度の専門的能力と職業倫理によって、危険な情報が社会内に流通される可能性が遮断されるものとの期待による、と述べられている（葛野尋之「身体拘束中の被疑者・被告人との接見、書類・物の授受」後藤昭・高野隆・岡慎一編著『実務体系・現代の刑事弁護1　弁護人の役割』〔第一法規、2013年〕187、189頁）。

　たしかに、このような見解に対して、そのコントロールが弁護人の自助に任せられるというだけでは、その潜脱の危険性に対する懸念は払しょくされない。しかし、他方で、弁護人にそのような高度の信頼が置かれることは、そもそも接見交通権において立会人なくこれを行わせることの帰結であったはずである。そのことを考えると、これを応用問題として、その解決に向けては、やはり接見交通権保障の意義が再確認されなければならない。

▶今後の展望

　最後に、「新時代の刑事司法」に向けた立法動向を踏まえて、接見交通権問題に関する今後の展望を示しておく。

　今回の立法提案では、接見交通権に関する直接の変更は予定されていない。もっとも、その中心的課題である取調べの可視化に関して、一定事件に限定されるが、取調べの録音・録画制度が導入されることになった点は、大きな変化といわなければならない。しかし、被疑者の防御という観点からこの改正を見るとき、少なくともこれで十分とはいいがたい。その意味で、既に約30年前に「可視化」の用語を創唱し、究極には「取調べにおける弁護人立会権」の導入を提案していた三井の見解は、今なお現代的課題を提起するものである（三井誠「被疑者の取調べとその規制」刑法雑誌27巻1号〔1986年〕171、176頁、辻本典央「弁護権の実質的保障」犯罪と刑罰20号〔2010年〕27頁）。

　また、三井のいう最も対立する場面、すなわち逮捕直後の迅速な接見という意味では、被疑者国選弁護制度がその段階にまで及ぼされるべき必要性は大きい。今回の立法提案では、被疑者国選弁護の対象事件は拡張されたが、時間的には現行どおりの勾留開始後にとどめられた。それゆえ、今後も、この段階に関する接見実務は、依然として「当番弁護士制度」に委ねられるが、これは弁護士会の善意によるものであるために、その限界が容易に想起される。

13 検察官の訴追裁量

●基本文献

三井誠
「検察官の起訴猶予裁量──その歴史的および実証的研究(1)～(5・完)」
法学協会雑誌87巻9＝10号（1970年）、91巻7号・9号・12号（1974年）、94巻6号（1977年）

葛野 尋之

1 学説・実務状況

▶公訴提起の厳選と「精密司法」

　刑事訴訟法は、公訴提起の権限を国家機関たる検察官にのみ与えたうえで（国家訴追主義・起訴独占主義）（247条）、訴訟条件が充たされ、公訴提起に足りる犯罪の嫌疑がある場合でも、「犯人の性格、年齢及び境遇、犯罪の軽重及び情状並びに犯罪後の情況により訴追を必要としないときは」、検察官が起訴猶予処分として公訴を提起しないことができるという権限を認めている（起訴便宜主義）（248条）。検察官は、公訴を提起するかどうか、どのような事実について公訴を提起するかについて、広汎な裁量権を与えられている。

　起訴便宜主義は、実務において大きな役割を果たしている。2013年における検察庁終局処理人員の内訳をみると、総数約134万人のうち、公判請求が6.7％、略式命令請求が23.5％、起訴猶予が56.5％、その他の不起訴が5.3％、家裁送致が7.9％であった。自動車運転過失致死傷等を除く一般刑法犯に限ってみると、総数約26.7万人のうち、同じく順に、20.8％、8.7％、29.7％、16.6％、24.2％となっている。少年事件の家裁送致を除くと、起訴猶予が39.1％を占めており、公判請求と略式命令請求を合わせた39.0％とほぼ同率である。検察庁終局処理人員に占める起訴猶予の構成比の推移をみると、交通関係事件の増加、その処理方

法の変化などの強い影響を受けるとはいえ、1960年代中頃から80年まで10%台を推移していたものが、80年から86年には8〜9%を続けた後、87年以降一気に上昇に転じ、87年に17.0%、88年には21.8%、95年には31.4%、2002年には40.7%、06年には50.3%となり、11年以降は50%代半ばを推移している。

検察官の訴追裁量権を通じての起訴猶予処分の積極活用は、有罪判決の高度な見込みがある場合、換言すれば、公判において犯罪事実の合理的疑いを超える証明が可能だと確信する場合に限って公訴を提起するという確立した実務と相俟って、公訴提起の厳選をもたらしてきた。そして、公訴提起の厳選は、「真相解明」目的のもとで、詳密な捜査、とくに徹底した被疑者・関係者の取調べを踏まえ、極度に厳選した公訴提起の後、供述調書の取調べを中心とする公判審理を経て、仔細にわたる事実認定をともなう有罪判決がほぼ100%の確率において言い渡されるという「精密司法」の枢要部に位置してきた（「精密司法」について、松尾浩也『刑事訴訟法(上)〔新版〕』〔弘文堂、1999年〕15頁、同「刑事訴訟の日本的特色——いわゆるモデル論とも関連して」法曹時報46巻7号〔1994年〕参照）。別の見方をするならば、検察官が公訴官であると同時に、自ら積極的・直接的な捜査活動を行う捜査官でもあることも与って、「わが国の刑事司法の核は訴追段階にあり、ほぼ事件の決着はこの段階でつく、しかも、その鍵を握っているのは検察官である」という「検察官司法」としての刑事司法の「日本的特色」を確認することができるのである（三井誠『刑事手続法Ⅱ』〔有斐閣、2003年〕20頁）。

▶起訴便宜主義の功罪

起訴便宜主義、あるいは起訴猶予の積極活用については、基本文献発表時において、その意義を積極的に評価する立場が有力であった。検察官からは、「検察の妙味」、「検察の神髄」とさえいわれた。

積極的評価の第一は、「必要」のない事件について公訴を提起し、被告人に手続的負担をかけ、さらには有罪判決により「犯罪者」の烙印を貼付することは、本人の将来の更生にとって大きな妨げとなるから、起訴猶予の積極活用は、本人の更生を助ける刑事政策的意義を有するというものであった。この点については、おおむね一致した評価だといってよい。第二に、公訴提起から公判手続、刑の執行にともなう経費を節約することができ、また、裁判所の負担を軽減するという訴訟経済的意義も指摘された。第三に、検察官とその権限行使に

1 学説・実務状況　169

対する高い信頼も与って、起訴猶予というインフォーマルな事件処理が、国民感情に適合し、国民から支持されているともいわれた。

他方、固有の問題にも注目が高まっていた。これについては、基本文献が的確に整理しているところである（基本文献・連載〔1〕87頁）。

問題の第一は、検察官の訴追裁量が恣意に流れる危険性である。起訴猶予には罪種の制限がないだけでなく、なんら明文の制約もない。ここに恣意的裁量行使の危険が生じる。当時高揚しつつあった「公訴権濫用論」は、検察官の広汎な訴追裁量を前提としつつ、起訴猶予相当事件について不当に公訴提起がなされた場合、形式裁判をもって手続を打ち切ることにより、この危険性に対処しようとするものであった。その後、最高裁は、訴追裁量逸脱による違法起訴の可能性を認めたものの、それを「たとえば公訴の提起自体が職務犯罪を構成するような極限的な場合に限られる」として、極度に限定した（最決1980〔昭和55〕・12・17刑集34巻7号672頁）。ここにおいて、検察官の訴追裁量を尊重する立場が示されている。第二に、実際に起訴猶予は主として特別予防的観点から運用され、1961年からは、いくつかの地検において、起訴猶予に保護観察的措置を付すという組織的運用も始まっていたところ、起訴猶予の特別予防的機能を期待し、それを発揮させようとする運用についての問題があげられる。

この第二の問題は、起訴猶予が本当に特別予防効果を有しているのかという点にとどまらず、特別予防的機能を強調することにともない浮上する捜査構造、捜査と公判の比重、刑事手続における検察官の性格といった本質的で構造的な問題と結びついている。これらの問題と関連しつつ、起訴猶予の基本的性格があらためて問われることになるのである。すなわち、特別予防的機能を強調しつつ起訴猶予を積極活用するならば、その判断の前提として、詳密な情状調査を含む捜査・取調べがいきおい肥大化し、糾問的性格を強めることにつながる。これは、公判中心主義に逆行する。また、実質的にみたとき、起訴猶予を検察官の「有罪」認定に基づく、刑事政策的「処遇」の方策として性格づけることになり、このことは検察官の「（準）司法官」的性格の承認と結びつくのである。

2　学説史的意義と位置づけ

このような起訴猶予をめぐる基本的問題、さらにはその背後にある刑事手続の本質的・構造的問題を提示したうえで、検察官の訴追裁量について、法規定のみならずその運用状況をも含めた明治期以降の歴史的発展、実務的運用に関する量的・質的な実証研究、さらには起訴猶予の刑事政策的機能に関する理論的検討を行い、その改革の基本的方向性を提示した重厚な研究が、基本文献である。

　基本文献の学術的意義は多岐にわたる。第一に、基本文献は、起訴猶予ないし検察官の訴追裁量に関する初めてといってよい本格的研究である。起訴猶予は、刑事手続の「日本的」形姿たる「精密司法」の枢要部に位置している。それにもかかわらず、これまで本格的研究の対象とされることが少なく、その特別予防的機能を重視する運用に対しても、肯定的評価が強かった。むしろ、「日本的」刑事手続のあまりにも本質的な要素であって、明治期以降の確立した運用によって支えられ、現行法においても明確な根拠規定を有しているがゆえに、本格的研究の対象として設定し、正面から批判的検討を加えることが容易ではないと考えられたのかもしれない。当時高揚していた「公訴権濫用論」は、検察官の広汎な訴追裁量権を前提としつつ、裁量権行使の適正化を目指すものであった。被疑者と警察を捜査手続の当事者とし、検察官を起訴・不起訴の判定者として位置づける「訴訟法的捜査観」も、公訴提起にあたり高度な嫌疑を要求し、起訴猶予を積極活用する検察実務に親和的なものであろう。また、すでに1960年代初頭、平野龍一は、その弾劾的捜査観を踏まえつつ、捜査の糾問化、検察官の司法官的性格などの問題と関連させつつ、公訴提起にあたりきわめて高度の嫌疑を要求する検察実務に対する批判を提起しており、（平野龍一「刑事訴訟の促進の二つの方法」ジュリスト227号〔1961年〕）。さらに同時期、「あっさり起訴」の前提条件ともなりうる諸制度についても、重要な問題提起を含むいくつかの論攷を発表していた（平野龍一「プロベイションの諸問題」法律のひろば10巻11号〔1957年〕、同「準備草案と刑事政策上の諸問題〔1・2〕──執行猶予と宣告猶予」警察研究32巻1号・2号〔1961年〕、同「判決前調査〔1・2〕」警察研究33巻2号・3号〔1962年〕）。しかし、公訴提起の厳選をもたらすもうひとつの手段たる起訴猶予の積極活用に焦点を合わせた本格的研究は、いまだ現れていなかった。基本文献が、起訴猶予について、幅広い視野からの精緻な分析に立って、堅実な批判的検討を行ったことの学術的意義は大きい。

2　学説史的意義と位置づけ　171

第二に、基本文献においては、歴史研究、実証研究と理論研究が有機的に結合されており、そのことが、基本文献の提示する理論的帰結に格段の説得力を与えている。基本文献は、起訴猶予の歴史的展開を分析し、その主要な機能が、微罪処分から特別予防（起訴猶予に保護観察的措置が付されるにまで至った）、そして特別予防機能の後退と一般予防機能の相対的強調へと変遷していることを明らかにした。そして、起訴猶予の積極活用が特別予防的機能の高揚と結びついており、さらにそれが、検察官の捜査、とりわけ被疑者取調べ権限の拡張をともなうものであったことを指摘した。他方、基本文献は、起訴猶予が実際にどのような基準によって決定されているかを統計的手法によって解析し、一般予防的要素、特別予防的要素の双方が考慮されているものの、相対的にはなお特別予防的要素が重視されていることを明らかにした。このような歴史的分析と実証的分析が、起訴猶予の機能に関する理論的検討とも有機的に結びつき、その改革の基本的方向性を提示することに寄与しているのである。

　第三に、基本文献は、捜査構造、捜査と公判の比重（公判中心主義）、検察官の地位・性格といった本質的・構造的問題と関連させつつ、広汎かつ多面的な視点からの理論的検討の結果、起訴猶予について、その特別予防的機能を強調し、刑事政策的処遇手段として活用すべきではなく、軽微な犯罪の司法前処理、すなわち「微罪処分」的性格および一般予防的機能を重視した「起訴放棄」的性格を有するものとして運用すべきことを説いている。このような方向性を支える法規定上の根拠として、刑事訴訟法の全面改正によって、現行248条が起訴猶予の判断にあたっての考慮事項として「犯罪の軽重」を追加したことを指摘している。現行憲法と刑事訴訟法の全面改正によって、捜査構造（糾問的捜査構造から弾劾的捜査構造へ）、捜査・公判の比重（当事者主義・適正手続主義のもとでの公判中心主義）、検察官の地位・性格（裁判官と同質の準司法官から公訴官・捜査官としての一方当事者へ）の基本的変化がもたらされたことからすると、同規定の改正は起訴猶予を先のように捉え直すことを含意していたとしたのである。きわめて意義深い理論的提示といえよう。

　第四に、基本文献の批判的現状分析と訴追裁量のあるべき方向の提示は、「検察官司法」の実質を有する「日本的」刑事司法を改革し、現行憲法と刑事訴訟法が本来想定していたはずの刑事手続のあり方を現実化するという理想と明確

なビジョンによって支えられている。ここにおいて、実務の現状を安易に受容し、肯定するというのではなく、中長期的な、そして幅広い視野に立って、現状をよりよい方向に変革していこうとする革新性が示されている。また、「日本的」刑事司法の基本構造を受け入れたうえで、微調整を提案するのではなく、その基本構造自体の改革を提起するという研究の壮大さが現れている。

　三井誠は、基本文献の発表と並行して、検察官の訴追裁量について、その訴訟法的側面の理論的検討と比較法制的考察を主題とする別の論攷（「検察官の起訴猶予裁量(1)」神戸法学界雑誌21巻1＝2号〔1971年〕）を発表していた。この論攷は、基本文献における歴史的展開の分析から、起訴猶予の性格が、治罪法および明治刑事訴訟法施行当初における「微罪処分」型から、明治末期より大正前期における特別予防的機能を強調した「起訴留保処分」型、大正刑事訴訟法の制定から昭和初期における特別予防的機能をいっそう強調し、積極的な刑事政策的処遇手段としての性格を与えた「保護観察付起訴猶予」、さらに現行刑事訴訟法制定後、1950年代中期より実務において広がりをみせてきた「起訴放棄」型という変遷を辿ったことを示したうえで、不当な不起訴裁量に対する控制手段としての検察審査会制度、不当な起訴裁量に対する控制手段としての「公訴権濫用論」について鋭利な理論的検討を加えたところで、未完のままである。また、基本文献を含め、起訴猶予に関する三井の研究成果は、上記教科書において簡潔にまとめられている。

3　文献紹介

　以下は、基本文献各章の結論部分からの抜粋である。

▶第1章「わが国における起訴便宜主義の生成とその変遷」の「むすび」（基本文献・連載〔3〕44-45頁）

　右の動き（1960年代における起訴猶予の漸減傾向・引用者注）とも無縁ではないが、これまでさしたる疑念も抱かれなかった起訴猶予裁量が近時多面的な議論を呼び始めると共に、本論で述べた現行刑訴248条の「犯罪の軽重」の導入の意味が再検討され、その結果小野清一郎説がこの時点で再評価を受けることになった。
　わたくしも旧刑訴からの基本的な価値転換が具体的に顕現されたもので、きわめて

意義ある改正であったと考え、小野説を好意的に評価してきた。少しく敷衍すると次のようになる。既に述べたごとく「犯罪の軽重」という語句のもつ意味が何かはそれほど重要ではない。……重要な意義は、沿革および実務の状況から読みとることができたように、これまでの特別予防的観点を過度に重視しつつ、強大な起訴猶予裁量権限を駆使してきた検察官に対し、その訴追裁量権の範囲を適正な限界にとどめさせ、かつ著しく拡張を続けていた起訴猶予処分をセーブし、一定の枠内におさめるという点にあったのではないかと考えるわけである。……導入経緯もこのような理解を補ってくれる。要するに、この語句の追加によって、起訴猶予処分の内容はこれまでとはその重点を異にし、特別予防的観点の突出した刑事政策的な色彩を著しく薄くさせ、基本的には、一般予防的配慮が前面に出た軽微な罪に対する処分へと質的な転換を遂げることになったと理解したい。

　むろんかかる起訴便宜主義における内容の変質化は、新刑訴法下での捜査構造、検察機能のあり方による裏付けがあるからこそである。……特別予防的配慮には情状資料の収集・分析が不可欠である。しかし捜査構造の変革は訴追側の詳密な情状調査を許さない。だから起訴猶予の特別予防的活用には一定の限界があることを知らざるをえない。さらにより視野を広げると、これまでのように訴追段階における検察官の裁量に過大な期待をかけたり信頼を寄せることには危険な側面があることを教えたものでもある。その意味では「犯罪の軽重」挿入は旧法下において保有していた検察官の絶大な訴追裁量の権限をチェックするために設けられた検察審査会・準起訴手続と同様の意義をもつ「検察の民主化」の一方策でもあったと評せよう。

　……刑事訴訟法の基本理念ないしフィロソフィーの変革および起訴猶予制度の長い史的変遷の経験が、現代における起訴猶予制度の意義を戦前のそれに対して根本的に変質させたのである。その限りでは、248条の補修は過去の史的展開に対する貴重な警告だったともいえる。

▶第2章「実務における起訴猶予裁量の実態」の第3節「検討」（基本文献・連載〔4〕43-45頁）

　（統計学的分析によれば、起訴猶予の判断基準として有意に働き、かつ独立のものと見做すことのできる・引用者注）各因子は、大別すると三種に分かれる。第1は、行為自体の評価、換言すれば一般予防的色彩の強い因子。第2は、再犯を中心とした予後、成行きを考慮に入れた因子、換言すれば特別予防的色彩の強い因子。第3は、特殊なもので「警察の処遇意見」という因子である。ここでは第3のものは一応除外しよう。……

　この二種の因子は、起訴・起訴猶予の判別に際して各々どの程度関与しているかが、

次の問題となる。……（窃盗罪については・引用者注）現在の起訴猶予は特別予防的観点が先に立ち、一般予防的色彩はいくらか弱いことになる。換言すれば、検察官は予後・成行きが十分いくか、の考慮が基本にあり、行為に対する評価という面は従的だということになる。……

他方、暴行・傷害罪についていえば、……窃盗罪の場合と同様に、検察官はかなり特別予防的因子に重点をおいて起訴猶予を決定していると評してもゆきすぎではないかもしれない。……

それでは、現在どの程度の資料をもとに、起訴・起訴猶予の裁量決定がなされているのであろうか。……まず犯罪事実に関する要因については、かなり厳格な認定資料が得られているといってよい。しかし特別予防的な判断資料となるとそれほど豊富ではないかに推測される。見方によっては少しく足りないと思わせる面もある。それは起訴前の段階だから、被疑者の人権や捜査のあり方などを考えあわせるとさしあたりやむを得ないところでもあろう。しかし前述のごとく現在の起訴猶予処分は——少なくとも典型的な刑法犯に関する限り——特別予防的色彩が相当に濃いことに思いを致すと、当然ながらより仔細な情報・資料が要求されることになるだろう。これは現行の捜査手続に鑑みると必ずしも望ましいところではない。……

▶第3章「起訴猶予処分の刑事政策的機能の考察」の第6節「結語」（基本文献・連載〔5・完〕148-149頁）

わが国独自の起訴猶予制度の利点——特別予防機能——は否定的にのみ評価されるべきではない。……ただし、刑事政策上の一処遇方策として起訴猶予処分をとらえ、その特別予防機能を過度に重視することは諸種の弊害が伴う。その弊害は、現行法の訴訟構造とか検察官の性格・職能といった刑事司法を規定する基本問題と密接に関連し合っている。この点に関する分析は従来必ずしも十分ではなかったと思われるので、務めてこれを実証的に解明しようとしたのが本章の目的である。……実証的といっても、個人による小規模な調査を主体とするものだから、断定的には言えないが、特別予防的視点からする起訴猶予処分の範囲の拡大化には一定の限界があることを本章において一応示し得たかと思う。……

もっとも、起訴猶予のあり方は、それ自体として検討される筋合いのものではない。刑事司法のダイナミズムのなかで——換言すれば、刑事司法の現実相との関連で——起訴猶予制度はいかにあるべきかが論究されなければならないのである。具体的には次のような問題である。導出した結論がかりに実務に浸透したとしよう。すると起訴猶予件数は減少し、逆に起訴件数は増す。その場合、宣告猶予制度、判決前調査制度、事実認定手続と量刑手続との分離、アレインメント手続といった立法問題の綿密な検討を必要とすることになるであろう。こられらの制度の現実的可能性の乏しさからい

くと、短期自由刑、執行猶予制度、迅速な裁判等現実の制度・実務のあり方の再検索こそが要求されるのかもしれない。裁判官人員の不足が指摘されている折柄、事務負担の増大をどう解決するのかといった問題も出てくる。……

4 残された課題

　基本文献が基本的疑問を提示した後、検察実務家のなかでも、かつてのように起訴猶予の特別予防機能を強調する見解は後退したようである。その主要な機能は軽微事件についての「起訴放棄」だとする見解も説かれている。もっとも、運用状況をみる限り、このような捉え直しが起訴猶予の判断に対してどの程度の現実的影響を与えているのかは明らかでない。

　起訴猶予の積極活用は、裁判所の事件負担の軽減という訴訟経済的考慮にも支えられながら、確固たる実務として長期継続してきた。「精密司法」の枢要部に位置する検察官による公訴提起の厳選は、中央集権的国家訴追主義、起訴独占主義、訴追裁量権によって特徴づけられる旧法以前から現在に至るまで変わらず維持されてきた検察官の公訴権の基本的性格によって支えられている。また、公訴提起の厳選は、詳密な情状調査を含む被疑者取調べを中心とする捜査の徹底と不可分に結合している。このような「精密司法」については、検察実務家において、これを肯定する立場が有力化する一方で、それは日本固有の法文化によって基礎づけられたものであり、その問題性の解消を指向しながらも、「抜本的改革」は不可能であって、「精密司法」の構造的枠内での「微調整」を進めるべきとの見解も現れた（松尾浩也「刑事訴訟の基礎理論」『国家と市民――国家学会百年記念　第3巻』〔有斐閣、1987年〕）。これに対して、基本文献は、検察官の訴追裁量のあり方について、現行法が想定構造した捜査構造の弾劾化と検察官の地位の変化を強調しつつ、刑事司法の基本構造に及ぶような、その意味において「精密司法」の「抜本的改革」の方向性を提示した。

　起訴猶予の積極活用は、被告人にとっては、起訴されるよりも、されない方が負担は軽いという否定しようのないリアリティによって、広い支持を獲得してきたといってよい。そうであるがゆえに、弾劾的捜査構造、公判中心主義、

検察官の準司法官的地位の否定などを支持する論者からも、訴追裁量の見直しについては、それらを現実化するために不可欠なはずであるにもかかわらず、より多くの被告人を起訴することにより、有罪の危険とより重い負担にさらすことになるとして、積極的な支持を得がたいところがあった。また、刑事弁護を担う弁護士も、早期解放という被疑者・被告人の現実的利益に適うことから、起訴猶予の積極活用に反対することがなかった。起訴猶予改革は、公訴提起にともなう被告人の負担の軽減という課題と強く結びついていた。

起訴後、公判過程において有罪認定および刑の言渡を回避するための制度的手段が欠けている点が、起訴猶予の積極活用を招いた重要な要因であることが指摘されてきた。このことからすると、基本文献も指摘しているように、起訴猶予の縮小にともなう起訴件数の増加に対処するための制度的手段、すなわち刑の宣告猶予制度、判決前調査制度、罪責認定手続と量刑手続との分離、アレインメント手続などの導入が課題となる。もちろん、これらは立法的課題である。1990年代後期まで長く続いた刑事立法の停滞状況のもとでは、これら立法的課題の解決の見込みはきわめて低かったといってよい。判決前調査制度については、1950年代末期から60年代初期、これをめぐる議論が活性化したものの、検察官の起訴猶予判断のための「起訴」前調査を制度化すべきとする立場も有力であって、これと裁判所の「判決」前調査を求める立場とが拮抗するなかで、実現には至らなかった。このようなことも与ってか、これら立法的課題に対する理論的関心も長くは続かなかった。

また、基本文献が自ら指摘しているように、大胆な立法的解決よりも、現行制度の運用改善を通じて起訴猶予への依存度を低下させることの方が、より実現可能性が高いと目されたものの、短期自由刑の回避と執行猶予のいっそうの積極化を通じて起訴猶予を縮小するという方向も具体化することはなく、それを指導する理論的蓄積も十分ではなかった。迅速な裁判については、高田事件の最高裁大法廷判決（最大判1972〔昭和47〕・12・20刑集26巻10号631頁）が、憲法37条1項の直接適用による救済を認めたものの、これは審理が異常なまでに長期化した例外的事案についての特別な救済であって、公訴提起にともなう手続的負担を軽減するための裁判手続の制度的迅速化を求めるものではなかった。むしろ、1970年代以降の司法をめぐる動きにおいて、裁判手続の迅速化は、審

理の充実を犠牲にしかねない審理促進につながる危険をともなっていた。さらに、勾留による身体拘束についても、公訴提起にともなう手続的負担の軽減という観点から、その抑制と保釈の拡大が十分検討されることはなかった。

　もっとも、公訴提起にともなう被告人の手続負担を軽減したとしても、一人の被疑者・被告人をとってみれば、起訴されない方が負担が軽いことを否定することはできない。このことからすると、起訴にともなう被告人の負担の軽減という課題は、起訴されなかった被疑者の負担の軽減とあわせて、公訴提起の厳選の見直しと、捜査・取調べの軽量化、起訴前・起訴後の身体拘束の限定など、それにともなう手続改革によって、両者にかかる負担の総和がどのように軽減されるかという観点から捉えられるべきであろう。

5　現代的意義

▶裁判員制度と公判中心主義

　その後、平野は、取調べと供述調書に強く依存しつつ、公判審理を形骸化させていった「精密司法」的刑事手続を「絶望的」だと厳しく断じ、公訴提起の極端な厳選の見直しを含む構造的改革を提起した。陪審・参審制度の提起は、直接主義・口頭主義を実質化させた公判中心主義の再生を含意していたといえよう（平野龍一「現行刑事訴訟法の診断」『団藤重光博士古稀祝賀論文集　第4巻』〔有斐閣、1985年〕）。しかし、公訴提起の厳選、それをもたらす起訴猶予の積極活用については、交通関係事件の増加、その処理方法の変化などによる影響を受けながらも、理論的にも、実務においても、構造的変化がないままであった。

　世紀転換期の司法制度改革の所産としての裁判員制度は、このような停滞状況を打開するかにみられた。裁判員制度にともない、直接主義・口頭主義を実質化させた公判中心主義が再生し、それは捜査・取調べの縮小と公訴提起の厳選の見直しにつながるというのである。たしかに、裁判員制度は、公判審理を活性化させた。公判前整理手続による争点・証拠の整理を踏まえて、罪責認定および量刑にとって必要十分な事実に的を絞った「核心司法」化が進み、集中的な迅速審理が行われるなかで、証拠調べにおいては書証中心から人証中心となって、公判審理が活性化した。検察官、弁護人の弁論も、簡潔に要点を突いたも

のとなり、公判審理から直接心証を形成することができるという意味において、「目で見て耳で聞いて分かる」審理が実現した。このようにいわれるのである（松尾浩也「刑事訴訟の日本的特色」同『刑事訴訟の理論』〔有斐閣、2012年〕32頁参照）。

　他方、捜査および公訴提起への影響は限定的なものにとどまっている。裁判員制度のもとでも、「真相解明」に向けた綿密な捜査・取調べの徹底、それに基づく「有罪の確信」の起訴基準と起訴猶予の積極活用による公訴提起の厳選については、基本的変化がないのである。その結果、薬物の国内持込において知情性が争われた事件などを例外として、100％に近い有罪率にも目立った変化はない。「精密司法」の基本的要素は、なお残存しているといわなければならない（葛野尋之「裁判員制度と刑事司法改革」法社会学79号〔2013年〕参照）。

▶取調べの適正化と取調べ依存からの脱却

　虚偽自白・供述による冤罪事件が相次ぎ、とくに厚労省元課長が起訴された郵便不正事件においては、検察の「有罪獲得至上主義」的姿勢が厳しい批判を集めたことなどを契機として、大規模な刑事司法改革が企図された。その主題は、「取調べと供述調書への過度の依存」から脱却することであった。法制審・新時代の刑事司法制度特別部会は、3年余りの審議を経て、2014年7月9日、取調べの録音・録画の制度化、被疑者国選弁護人制度の拡大、捜査・公判協力型協議・合意制度および刑事免責制度、通信傍受の拡大、証拠開示の拡大など、さまざまな手続改革を提案した。近い将来、立法が予定されている。

　手続改革の眼目は、被疑者取調べの適正化、とくに録音・録画の制度化にあったが、注目すべきは、取調べの適正化が、取調べ依存からの脱却、換言するならば取調べの軽量化と結びつけられ、両者が一体的に追求されるべき改革課題として捉えられたことである。この点について、三井が「取調べ中心主義」の問題をいち早く指摘し、取調べの適正化と「取調べ中心主義」の克服とが一体的課題であることを提起していたことが注目される（三井誠「取調べの現実と今後」井戸田侃編集代表『総合研究＝被疑者取調べ』〔日本評論社、1991年〕）。最近も、三井は取調べの比重軽減が重要課題であり、それが「起訴厳選主義」に一定の影響を与えることを指摘している（三井誠「刑事訴訟の課題」井上正仁・酒巻匡編『刑事訴訟法の争点』〔有斐閣、2013年〕29頁）。

　本来、「取調べと供述調書への過度の依存」とそのなかでの不適正な取調べは、

「精密司法」がもたらす構造的矛盾のはずである。そうであるならば、取調べの適正化・軽量化も、「日本的」刑事手続の構造改革として具体化されるべきはずであった。しかし、取調べの適正化手段としての録音・録画の制度化は限定的なものにとどまり、また、「取調べと供述調書への過度の依存」からの脱却は、取調べに代替しうる強力な証拠収集手段の制度化という形で具体化された。「精密司法」の基本構造は、なおも維持された。かくして、「精密司法」の枢要に位置する公訴提起の厳選、それを支える極端に高度な嫌疑基準と起訴猶予の積極活用は、今回、改革課題として位置づけられることはなかった。むしろ、導入が提案された捜査・公判協力型協議・合意制度は、検察官の広汎な訴追裁量を前提としており、その実質的強化をもたらすものともいえよう。

このように、裁判員制度の導入を核とする刑事司法改革によっても、取調べの適正化と軽量化を主眼とする新時代の刑事司法改革によっても、「精密司法」の基本構造は変えられなかったといってよい。極端に高度な嫌疑基準と起訴猶予の積極活用によってもたらされる公訴提起の厳選は、温存された。したがって、これを可能とする詳密な捜査・取調べの徹底は、取調べがいくらか方法を変え、新しい捜査手段によっていく分か代替されることになろうとはいえ、なおも継続することとなろう。結果として、100％に近い有罪率も維持される。刑事手続の構造をみたとき、「中心」は依然として検察官の公訴提起とそれを支える捜査にこそあり、公判中心主義は実現していないといわざるをえない。

他方、個人主義とそれを基礎にした市民社会が成熟に向かい、人々の価値観が多様化するとともに、政治経済・社会・文化のグローバル化が進展し、通信技術が飛躍的発達を遂げた現在、「精密司法」の克服、すなわち公判中心のより透明で客観的な、そして被疑者・被告人の主体性と参加をよりよく保障する、そのような意味においてより公正な刑事手続の構築が、ますます強く求められているといえよう。このような大規模な社会的・文化的環境の変化が、「精密司法」の構造改革を迫るとき、当然、公訴提起の厳選、それを支える極端に高度な嫌疑基準と起訴猶予の積極活用も、構造的変化を余儀なくされることになろう（葛野・前掲論文参照）。

▶福祉的支援を必要とする被疑者の早期離脱と起訴猶予

近年、貧困で社会的に孤立した高齢者、知的障がい者など、福祉的支援を必

要とする被疑者・被告人を刑事手続から早期に離脱させ、福祉的支援へとつなげていくことが、重要課題として浮上している。そのための実践が、各地において開始されている。

　これらの実践は、いまだ法制度として確立したものではなく、いくつかの形態をとっているが、共通することは、起訴猶予を早期離脱の主要な手段として位置づけている点である。起訴猶予の決定までに被疑者の福祉的支援のニーズと支援策を調査し、起訴猶予により刑事手続から離脱させた後、支援へと円滑につなごうとするのである。たしかに、微罪処分には限界があり、執行猶予についても刑法上の制限が強いことからすれば、起訴猶予に高い期待が寄せられるのも自然である。

　しかし、起訴猶予の積極活用については、注意すべき点もある。福祉的支援ニーズと支援策の専門的調査は捜査機関ではなく、臨床心理士、保護観察所など別機関によることが予定されているとはいえ、かつての保護観察的措置付き起訴猶予がそうであったように、捜査機関によるさらに詳密な情状調査が求められることにもなろう。また、保護観察付き起訴猶予の再開や事件再起の積極化がすでに提案されているが、福祉的支援を起訴猶予の実質的「条件」と位置づけたうえで、支援の実効性の確保のための積極的措置を講じることは、無罪推定法理や適正手続主義との矛盾をはらみ、また、公判中心主義の手続構造や刑事手続における検察官の役割・地位に整合しない。被疑者本人の「承諾」を要件とするとはいえ、捜査段階において福祉的支援ニーズや支援策の調査と詳密な情状調査が行われることを前提として、検察官の判断による起訴猶予を、実質的な「有罪」認定に基づく積極的な処遇手段として活用することにほかならないからである。

　早期離脱の手段として期待が寄せられる起訴猶予の積極活用は、このように、刑事手続の基本原理・基本構造との矛盾をはらむ。そうであるならば、福祉的支援を必要とする被疑者・被告人の早期離脱という課題の解決のためには、起訴猶予以外の早期離脱手段が必要とされることになろう。このことは、刑事手続の構造改革のなかでこそ可能になるであろう（葛野尋之「高齢者犯罪と刑事手続」刑法雑誌53巻3号〔2014年〕参照）。

14 起訴独占主義とその控制

●基本文献

① 三井誠「検察審査会制度の現状と課題」法律時報50巻9号（1978年）8-14頁

② 村井敏邦・高山俊吉・二瓶和敏編『検証　付審判事件』（日本評論社、1994年）

水谷 規男

1 学説・実務状況

▶検察審査会制度、付審判請求制度の運用状況

　現行刑事訴訟法は、旧法にあった予審制度を廃止し、捜査・訴追過程における権限を検察官に集中するとともに、検察官には広い訴追裁量権を与えた。このため現行法の訴追制度は、国家訴追主義、起訴独占主義を採用したと考えられている。検察官の起訴独占は、全国一律の基準による公平な訴追を可能とし、刑事政策的な考慮を訴追に反映させることが可能になるという側面では合理性を有する。他方、民主的正統性をもたない検察官に訴追権を委ねることは、訴追権の行使が民意から遊離してしまうおそれをはらんでいる。そこで現行法の下では、検察官が不起訴とした事件に訴追の可能性をもたらす控制制度が設けられた。それが検察審査会制度と付審判請求制度である。

　検察審査会法は1948年7月、現行刑事訴訟法とほぼ同時に制定された（刑事訴訟法制定の2日後の7月12日に制定）。アメリカの起訴陪審制度に着想を得たとされる検察審査会制度の特徴は、市民から選ばれた11人の審査員で構成される検察審査会に「検察官の公訴を提起しない処分の審査」と「検察事務の改善に関する建議又は勧告」をする権能を与えているところにある（検察審査会法2条1項）。検察官の不起訴処分を妥当でないと考える場合には、審査会がその旨の議決（特別多数決〔8人以上〕による「起訴相当」議決と過半数による「不起訴不相

当」議決がある）をする。この議決を受けたときは、検察官はその事件について再捜査をするなどして起訴の当否を決することになる。しかし、当初の制度では、検察官がなお不起訴処分を維持する場合には、それ以上の効果は認められていなかった。

　しかし、制度の運用状況を見ると、その効果は決して小さくはない。2013年までの累計のデータを掲げておくと、検察審査員または補充員に選ばれた人は55万人を超えている（最高裁HPによる）。また、検察審査会が処理した事件数（被疑者数）は16万4201人、そのうち起訴相当または不起訴不相当の議決があったものが1万7948人（10.9％）、議決に従って検察官が起訴した人は1529人で、1363人が有罪、94人が無罪となっている（犯罪白書平成26年版201頁）。さらに後述するように、2004年の改正（施行は裁判員裁判の開始と同じ2009年5月）により、検察官が議決があってもなお不起訴とする場合には、検察審査会が再度の議決（起訴議決）により公訴提起を強制できることとなった。

　これに対して、もうひとつの控制制度である付審判請求制度は、刑事訴訟法に規定され（262～269条）、裁判所が訴追に関与するところに特徴がある。この制度の対象となるのは、公務員の職権乱用の罪だけである。これは、職権乱用の罪の主体の多くが特別公務員（警察官や検察官）であるため、検察官が「身内びいき」によって公訴提起をためらう可能性があることを考慮して、第三者的な立場にある裁判所に公訴が行われるべきか否かの判断をさせることとしたものである。裁判所の付審判決定に起訴の効力を認めるので、「準起訴手続」とよばれることもある。

　警察官による暴行などを訴えて告訴・告発が行われるケースは決して少なくなく、1994年当時でも制度発足からの累計で1万3000件、その後も毎年100～400件の請求がある。付審判請求制度は、裁判所の付審判決定が公訴提起の効力をダイレクトにもつ点では強力な控制制度である。しかし、多数の請求があるのに対して、付審判決定がなされる事件数はきわめて少ない（2012年までの累計で付審判決定によって起訴された者は21人に過ぎない）。

　付審判決定があった事件については、指定弁護士が検察官役として公訴維持に当たる。その事件について訴追意思を持たない検察官に適切な訴訟当事者としての活動を期待することができないからである（同じ理由から、2004年の法改

正で導入された検察審査会の起訴議決の場合についても指定弁護士による公訴維持が予定されている）。

2　学説史的意義と位置づけ

　検察審査会制度や付審判請求制度を公訴権の性格との関係でどう位置づけるかについては、議論がある。通説によれば、わが国の公訴制度は国家訴追主義、検察官による起訴独占主義を採用していると解されている。ただし、国家の機関である検察官が訴追権限をもつことは、直ちに公訴権が国家に帰属することを意味しない。そこで現行法の下でも、公訴権の帰属と訴追理念をめぐって議論が展開されてきた（川崎英明『現代検察官論』〔日本評論社、1997年〕。本書 5 **検察官論**参照）。この点については、大別すれば、刑罰権を有する国家に訴追権が帰属すると考える国家訴追主義、訴追権は国家とは区別された社会に帰属するとする市民の公訴権論（市民訴追主義）、訴追権は個々人に帰属すると考える私人（被害者）訴追主義等が展開されている。

　検察審査会の議決があっても公訴が提起されないことは、検察官の訴追裁量権の優位を認めていることになるから、検察審査会制度は個々人に訴追権があるとする私人訴追主義の考え方からは説明困難である。他方、純然たる国家訴追主義をとり、訴追権が国家の専権であるとするならば、「検察権の行使に民意を反映する」ことを目的とする検察審査会は必然的なものではないことになる。そこで、検察審査会の存在は、（起訴議決制度導入前の制度においても）国家的利益を代弁する官吏としての検察官制度を前提とせず、市民社会の利益を代表する検察官の権限行使を市民が監視するという意味合いをもっていると考えられた。検察審査会制度の使命が「検察の民主化」であったと評されるのはこのためである。

　これに対して付審判請求手続については、付審判決定によって検察官の意思に反してでも公訴が行われることになるから、起訴独占主義の例外をなす。このことに争いはない。問題は、これが国家訴追主義の例外をなすと言えるかどうかである。通説は、裁判所の決定に公訴提起の効力を認める以上、国家訴追であることに変わりはないと説明する。これに対して、私人（請求人）が裁判

所に対して審判を求め、裁判所がそれを認めた場合に公判手続に移行するのであるから、この場合の訴追は国家訴追ではなく、私人訴追ととらえるべきだとする見解がある（鯰越溢弘『刑事訴追理念の研究』〔成文堂、2005年〕197頁以下）。私人訴追制度として付審判請求制度をとらえれば、請求人が訴追者であるとの位置づけになるから、国家訴追の例外になるのである（もっとも、鯰越前掲書192頁以下は、現行法が国家訴追主義を採用したという理解自体にも疑問を提起しており、あらたに導入された検察審査会の起訴議決も私人訴追の表れと見る）。

　この２つの見解は、付審判請求手続の構造に関する理解にも差異をもたらす。私人訴追であるとすれば、付審判請求の請求審においては、決定手続であるとはいえ、請求人に手続の当事者としての地位を認めなければならないことになる（裁判説）。これに対して国家訴追であるとすれば、訴追の可否を決する手続が付審判請求審であるから、請求審は起訴前の捜査類似の職権的手続であって、請求人の関与は不要、ということになる（捜査説）。判例実務は後者の考え方に立っている。

3　文献紹介

▶ 「検察審査会制度の現状と課題」

　基本文献①（以下三井論文という）は検察審査会法制定30年の節目に組まれた法律時報1978年９月号の特集「検察審査会法30年」に収められた論文である。この特集の趣旨については、次のように記されている（8頁）。

> 検察審査会制度は、検察官による公訴権行使を適正化する働きをもつと同時に、そこに民意を反映させる点に重要な意味がある。このような制度が立派に実効あるものとして機能していけば、いずれはわが国にも刑事司法に対する国民参加の機が熟したとして、より徹底した形での刑事司法への国民参加が考慮されることになるであろう。検察審査会制度は、民衆参加への進展をうらなう一つの試金石であり、きわめて重い歴史的役割と期待を担っているのである。

　検察審査会制度の運用状況については、制度施行20年、25年の節目において、その評価が公表されてきていた。三井論文は、そのうち25周年を迎えたころに

検察サイドから検察審査会制度廃止論が出されていたこと（出射義夫「検察の面で見た刑事訴訟法の25年」ジュリスト551号〔1974年〕12頁）などをも踏まえながら、30年間の施行状況を、「一歩退いて眺めて」みると、「それまで前進一途とみられていた本制度にもいくらか翳の部分」が感じられるという。それを三井論文は、「草創期（施行当初より1960年頃まで）」、「進展期（1960年頃より1972年頃まで）」、そしてそれ以降の「最近の動き」に区分して分析する。

　三井論文は、「草創期」の特徴を次のように分析する。施行3年目頃から審査申立件数も職権審査件数も急速に伸び、不起訴不当・起訴相当の議決を受けた検察官がそのうち3割近くを起訴するという「発足時の高揚期」があった。しかしそれを過ぎると、受理件数の減少、不起訴相当議決の増加、建議・勧告の件数の減少など、低調化による制度の第一の危機が生じた。この危機の要因には、検察当局の制度に対する警戒感があり、中には検察審査会そのものを不要とする論稿もあった。しかし、1955年を境に受理件数が2000件を超える年が出てくるなど、運用が活発性を取り戻した。この再活性化の要因は、最高裁当局が制度の充実強化に向けて積極的姿勢をとったこと、審査員を経験した人々が制度の重要性と民主的意義を自覚したことなどに求められる。また、制度自体が「一足飛びに『起訴陪審』的なものを構想せず、謙抑的な制度にとどめておいたことが制度を機能しやすくしたといった側面」もある。

　「進展期」の特徴は、次のように分析される。1960年代前半には審査申立件数も職権審査件数も急激に減少し「1963年の15周年記念の広報活動もこれまでに比すといくらか低調」であったものの、1965年以降は長期にわたり受理件数が2000件を超え、事件の性格も「民事がらみ」の事件が多かった草創期とは変化してくる。すなわち、業務上過失致死傷などの身近な事件や公職選挙法違反、贈収賄、脱税等の不正事件、企業災害、公害、医療事件など、本来検察審査会制度の動きが期待される類型が増加し、職権審査もこれに伴って増加する。この時期になると制度の運用は安定し、公訴権行使に対する民意の反映という制度目的が機能し始める。検察官の側でも「不起訴処分に付す際には、検察審査会にかかっても問題視されることがないかが広く意識される」ようになり、「制度の存在じたいが検察官の公訴権実行に自己抑制的作用を果たすこと」を多くの検察官が認めるようになった。このような制度の進展の要因は、検察審査会

事務局の職員の活躍と審査員の姿勢・意欲に対する積極的な評価が行われるようになったことに求められる。また、この時期には法改正問題も活発に議論されるようになるが、最高裁当局はこの時期においては、法改正に積極的な姿勢を示さなかった。

「最近の動き」としてまず指摘されるのは、1972年以降の受理件数の漸減傾向、不起訴不当・起訴相当議決の率の低下傾向である。しかし、検察官の事後措置については、起訴率がいくらか高くなり、無罪率も減少した。この変化については、1965年頃から審査事件に占める割合が急上昇していた業務上過失致死傷事件の不起訴処分件数が減少したことが原因ではないか、と分析される。このような状況に対して三井論文では、制度の運用は安定していると評価できるものの、その安定化状況は「停滞」と見えなくもないとして、次のような問題点を指摘する。制度発足30年を経ても、制度に対する国民の周知度がきわめて低く、1965年ごろには活発に行われていた理論的検討や法改正問題の議論も低調になっている。このような閉塞状況を打破するためには、①運用上の改善（広報活動による制度の周知、審査員の出頭確保、審査活動の改善、検察官の対応）、②検察審査会制度の性格・目的の再検討、③法改正に向けた多角的な論議（審査員の資格、議決の拘束力、起訴処分の審査）が必要である。②について三井論文は、検察審査会の審査の主眼は、狭義の不起訴処分である、との持論（三井誠「検察官の起訴猶予裁量──その訴訟法的および比較法制的考察(1)」神戸法学雑誌21巻1＝2号〔1971年〕58頁）を提示している。そして通説が政策判断である起訴猶予の当否を主眼とするべきだとする背景には、国民による事実認定・証拠判断に対する危惧があるのではないかとも指摘する。

最後に三井論文は、制度の運用が安定というよりも停滞した状況に陥れば、制度廃止論が再度浮上する可能性もあるとして、検察審査会に関する議論の活性化が望まれるとしている。

▶ 『検証　付審判事件』

基本文献②は、現行刑事訴訟法によって創設された付審判制度施行後約45年間の制度施行の全体像をとらえようとする書物である。この本は、700頁近い大著であるが、その構成は論説編、判決編、資料編の3つの部分からなり、論説編には、村井敏邦「いまなぜ付審判事件か」、新屋達之「付審判事件の現状

と問題点」、境署事件請求代理人団「付審判請求代理人の経験を通して」、江川
紹子「ジャーナリストの目で見た付審判事件」の４篇が収められている。基本
文献②の中心をなすのは、それに続く「判決編」であり、実に589頁に及ぶ。
ここには付審判請求制度創設から1994年までの間に付審判決定があった全16件
の事件について事件解説、判決等が収録されている。

　このような「事例研究」の意義について、同書所収の村井論文は次のように
いう（4-5頁）。

> 付審判手続には、単なる公務員犯罪の起訴手続のあり方の問題を超えて、そもそも公
> 訴権の帰属先は国家か私人かという刑事裁判の基本に迫る理論問題が含まれている。
> 例外であることに意味があるのか、それともこの手続こそ刑事事件の起訴の本来的な
> 形態かという理論問題がある。そして、これは、また、単なる理論問題ではなく、現
> 実の検事の起訴・不起訴の判断の不当性が明らかになるに従い、付審判手続に、実践
> 的課題としての私人訴追制度の導入への橋頭保としての意義を与えることにもなって
> いる。

　これが基本文献②を通底する問題意識であろう。

　このような問題意識から、新屋論文では、付審判決定があった事件の公判手
続と判決が分析されている。まず判決の特徴は無罪判決が多いこと（16件中有
罪は６件のみ）である。新屋論文は、16件の公判手続と判決等の分析を通して、
付審判事件には「当事者及び裁判所の対応、証拠の評価や証拠構造等、あらゆ
る側面で通常の事件とは異なった局面が見られる。」としながら、それは付審
判手続であるが故に生じたわけではなく、「むしろ、その背後には、日本の刑
事手続の抱える様々な病理現象、とりわけ、通常の事件における被疑者・被告
人の劣悪な防御権と強大な捜査権限の格差、あるいは捜査官憲に対する裁判所
一般の親近感といったものをそのまま裏返したものである。」と喝破する。

　境署事件請求代理人団による論稿は、付審判請求手続を私人訴追的な考え方
に沿ったものとして運用するために実務的な工夫が可能であることを示唆す
る。境署事件は警察官が２人の少年に職務質問のための同行中と被疑者として
の取調べ中に暴行を加えたとされ、14例目の付審判決定があった事件である（事
例研究部分は、基本文献②541頁以下にある）。境署事件では、請求審段階では裁判

所が請求人本人を呼び出して「長時間の取調べ」をした、ということはあったものの、請求代理人弁護士が請求審に当事者的な立場でかかわったことはなく、請求人の審理手続への関与は限定的で、付審判決定が出されたのも、「血みどろの闘いでようやく付審判決定をもぎ取ったというのではなく、静かに待っていたら裁判所が良心的な審理をしてくれたという感じに近かった」という。しかし、請求審の段階で請求人の代理人弁護士が積極的にかかわった事例もあることに触れ、「付審判請求をした者がその後どのような取り組みをすべきか」が重要であることを指摘している。また、付審判決定後の事件審理にかかわっては、請求人側の意向とは無関係に選任される指定弁護士と請求人の代理人弁護士との連携が重要であることが指摘されている。そして、実際の事件にかかわった立場からの感想と制度改革の必要性が次のように語られている。「検察官役弁護士の活動は徒手空拳に近く、被告人は権力そのもの、その実態は刑事訴訟法の想定する基本的な対抗関係とは似ても似つかぬものだ。立法論としては、告訴から請求審を通じて告訴人や付審判請求人が職権濫用の証拠採取過程に関与できるようにすることが必要であろう」。

　江川論文で指摘されているのも、警察官による暴行が問題となった多くの事件で、裁判官が被告人（警察官）の弁解は安易に信用する一方で、被害者（付審判請求人）の主張はきわめて慎重に判断しているという事実である。そこから、江川論文は「権力側の人間が裁かれるような事件だけでも、一般市民の判断が取り入れられる陪審制を導入する」ことが必要であると指摘する。これ自体は立法論であるが、江川論文は、最後にこう指摘する。「付審判事件は認められる件数は実に少ないが、請求自体ははるかに多いと思われる。請求人の代理人である弁護士は、裁判所だけでなくもっとマスコミに対して積極的な働きかけをしてもいいのではないか。」、「警察の捜査における人権侵害がたくさんあるという事実を国民の前に明らかにすること、その積み重ねが警察に対するプレッシャーになり、事態の是正に向かう後押しになると思う。」ジャーナリストならではの指摘である。

4 残された課題

▶三井論文以降の検察審査会

　三井論文からさらに30年余を経て、検察審査会法は大幅に改正され、あらたに「起訴議決」の制度が導入された。この改正をもたらしたものは何であったのか。それはやはり、検察審査会の議決があっても、検察官が起訴をためらう事件が社会の耳目を引き続けていたからであろう。また、1980年代以降、「犯罪被害者の権利」が認められるべきであるという主張が被害者団体を中心として強くなり、告訴をした被害者による検察審査会への審査請求が、被害者の権利のひとつとして認識されるようになったことも、法改正を後押しすることになったのではないかと考えられる。

　起訴議決の制度が導入された背景にある事情として、起訴相当・不起訴不相当の議決があったにもかかわらず、検察官が起訴せず、刑事裁判が行われなかった比較的最近の著名な事例を挙げてみよう（カッコ内は議決の年）。①日航ジャンボ機墜落事故（1990年）、②金丸ヤミ政治献金事件（1993年）、③元厚生省局長にかかる薬害エイズ事件（1996年）、④中華航空機墜落事故（2000年）などである。このうち、②は検察官が5億円にも上る資金について、政治資金規正法違反という形式犯での略式起訴にとどめたことが批判され、年間2000件から3000件程度であった審査請求が、1993年だけ40000件を超えた。この事件では、それでも略式罰金とはいえ、刑事裁判が行われた。ところが、多数の被害者が存在する①、③、④の事件では、刑事裁判は結局行われなかったのである（もっとも、③については、別の被告人に対する刑事裁判は行われた）。

　なお、三井誠の長期にわたった法学教室誌上の「刑事手続法入門」の第34回が「検察審査会制度」に、第36回、37回が「付審判手続」に当てられている（法学教室160号、162号、163号〔1994年〕、『刑事手続法Ⅱ』〔有斐閣、2003年〕36頁以下）。1978年の三井論文で表された、制度運用を客観的に評価したうえで分析しようとする姿勢はここにおいても一貫している。三井論文以降の動きをフォローする、という意味でも一読を勧めたい。

　ところで、2004年の検察審査会法改正は、検察審査会の再度の議決（起訴議決）

に拘束力を認め、その場合には指定弁護士に公訴追行を担わせることとした。この改正の基本的内容は、1994年の時点で法学教室誌上で三井によって提案されていたものであったことにも注目したい。

　ただし、三井論文には、検察審査会を私人訴追の考え方からとらえようとする意識は希薄である。そのことは、私人訴追主義の主唱者の論考（鯰越前掲書205頁以下）と比較すると明瞭になる。三井論文では、「民意の反映」、「事件処理の公正化」という観点は出てくるものの、審査請求をする告訴人や告発人、あるいは検察審査会（＝市民）が訴追自体の担い手である、という視点は出てこないのである。

　検察審査会制度の改正論の中には、検察官の不起訴処分だけでなく、起訴処分についても検察審査会の審査を認めるべきだ、という主張がある。三井論文では、この点については、「公訴権濫用論の登場が示しているように、起訴処分を審査する方向へ制度を拡充していく必要性は否定できないから、向後その具体的構想の提示を試みたいと思う」とするのみで、具体的提案はない。検察審査会が不起訴処分と起訴処分の両方を審査する、という制度はアメリカの起訴陪審と近い制度になる。そしてそれは、公訴権は市民のものである、という理念を制度的に表すものとなるであろう。しかし、現在までのところ検察審査会に関する議論はそのレベルにまでは進展していない。

▶付審判請求制度のその後

　付審判決定が出された事件は、基本文献②の後に５件あり、全部で21件になっている（2008年に１件、2009年、2010年に各２件）。請求自体は、毎年100件を超えているので、相変わらず付審判決定のハードルはきわめて高いと言わざるを得ない。警察官による暴行等の事案自体が実体として少数になり、その結果として付審判決定が出されていないというのであれば、問題はない。しかし、そうではないことを明らかにしたのが基本文献②である。これを前提とすれば、付審判制度の課題は、運用の改善のための工夫（その一端は、すでに基本文献②において指摘されている）だけでは解決できず、制度自体の見直し、すなわち立法論的な議論が必要であろう。同書では、個別の問題点についての改革提案はあるものの、制度全体の改革に向けたまとまった提案はない。分析の対象となった16件の事例から共通して読み取れることが、警察・検察の側の組織的な抵抗

と裁判官の刑事訴追や暴行をしたとされる警察官等を有罪とすることへのきわめて消極的な姿勢、指定弁護士の孤軍奮闘ぶりであるならば、それをどのような制度に変えれば克服できるのか、もう少し全般的かつ具体的な形で提起されるべきではなかったか。この点には多少の物足りなさを感じるところである。

5 現代的意義

▶制度改革の方向性

　三井論文は、検察審査会の働きが期待される事件として、「業務上過失致死傷事件など身近な事案」と「公職選挙法違反・贈収賄事件、大学や企業における脱税等の不正事件、企業災害・公害・医療事件など」を挙げていた。最近の検察審査会においては、まさにそのような事件において起訴相当または不起訴不相当の議決がなされているといえよう。そして、そのような事件で検察審査会の議決があっても検察官が起訴をしない、という事実は、訴追の基準についての検察官と検察審査会との差異を浮かび上がらせる。検察官は、「有罪判決獲得の見込み」がなければ起訴をしない。これに対して、検察審査会では、その事件について「嫌疑を裏付ける証拠があるか」、ということや「事実が公開の法廷で明らかにされるべきかどうか」ということの方が重視される。この差は、事実に争いがなく、情状（すなわち起訴猶予にするべきかどうか）だけが問題になる事件よりも、（嫌疑不十分、証拠不十分を理由とする）狭義の不起訴のケースの方が現れやすいと言えるかもしれない。その意味で、狭義の不起訴処分こそが審査の主たる対象であるという三井論文の主張は、正鵠を射ていると考える。検察審査会の起訴相当・不起訴不当の議決は、検察官の起訴基準が高すぎることへの批判も含んでいるのである。

　三井論文の冒頭に掲げられた一文にあった「より徹底した形での刑事司法への国民参加」は、司法制度改革の成果として2004年に「裁判員制度」として実現した。三井論文に示唆されていたように、市民の事実認定や証拠評価に対する危惧は杞憂に過ぎず、検察審査会の判断事例の積み重ねが一定の信頼を得ていたからこそ、裁判員制度の導入は可能だったのである。裁判員制度と同時に、検察審査会の起訴議決制度が導入されたことも、上述した検察審査会制度の運

用実績が評価されたものと見ることができる。

　これに対して、付審判請求手続に関しては、制度改正も、運用上の改善も一向に進んではいない。ところが、付審判手続が用意した指定弁護士による公訴追行制度は、上述のように検察審査会の起訴議決があった事件にも使われることになった。付審判事件の判決において、一般の事件に比べて無罪率がきわめて高いことの理由のひとつは、検察官役の弁護士の活動に限界があることである。同じことは検察審査会の起訴議決によって公判手続が開始された最近のケースについてもいえる。問題は、たとえ無罪率が高くても社会の耳目を集めた事件について刑事裁判が行われることを重視するのか、高すぎる無罪率を問題と考え、そのような事件の起訴それ自体を抑制する、あるいは指定弁護士の権限をより高めることによって無罪率を下げるべきだと考えるのか。議論はここでもいかなる事件を起訴するべきかという起訴基準の点で分かれることになるであろう。

　有罪となるべき事件だけを起訴している、という検察官の自負は、無罪判決は裁判所の事実認定の誤りであるから上訴して争う、再審事件でも確定有罪判決が守られなければならないから再審開始決定が出されれば抗告や異議申立をする、という有罪に固執する姿勢を生むことになる。

　検査審査会制度の運用実績や、付審判決定は、付審判決定が明らかに少なすぎるという問題点をしばらく措くとしても、起訴基準自体の見直しが必要であることを示唆しているのである。

15 証拠開示

●基本文献
酒巻匡
『刑事証拠開示の研究』
(弘文堂、1988年)

指宿　信

1　学説・実務状況

▶証拠開示問題とそのアプローチ

　旧刑事訴訟法下では、被告人が起訴されると一件記録（捜査記録）が裁判所に引き継がれていたため、弁護人はそれを閲覧・謄写することができ、被告人において重要と考える証拠へのアクセスが担保されていた。

　ところが、現行刑事訴訟法になると、当事者主義訴訟に移行したことから起訴状一本主義が採用され、裁判所には一件記録は送致されず、検察官が証拠調べ請求した証拠と任意に検察官から閲覧・謄写が許された証拠のみへと弁護側によるアクセスが限定されるようになった。

　そうしたところ、学説においては、当事者主義訴訟下においても検察官手持ち証拠への弁護側からのアクセスを許容すべきとする①事前全面開示説と、証拠開示は検察官の裁量に委ねて開示すれば足りるとする②裁量的開示説の2つを大きな柱として議論が分かれ、③中間説として裁判所の訴訟指揮権を活用しておこなうべきとするものがあった。

　開示に積極的な見解は、たとえば「検察官の客観義務」を根拠として公益の代表者たる検察官（検察庁法4条）には真実発見にも協力すべきとする考え方や、被告人の公正な裁判を受ける権利や当事者対等を実現する政策的な見地をその根拠としていた。前者は、ドイツにおいて被告人に有利な証拠を起訴状に添付することとされていること、日本もドイツと同様の検察制度を採用しているこ

とをその根拠とし、後者は、反対尋問権を被告人に保障するためにも、誤った事実認定を避けるためにも、被告人に証拠へのアクセスを保障すべきとした（前者としてたとえば、森井暲「検察官の証拠開示義務」『犯罪と刑罰(下)』〔有斐閣、1968年〕258頁を、後者としてたとえば、渡辺修「証拠開示の問題状況」同編『刑事手続の最前線』〔三省堂、1996年〕218頁等を参照）。

　反対に、開示に消極的ないし慎重な見解は、当事者主義訴訟である以上弁護人側において独自の証拠収集をおこなうべきで、相手方手持ち証拠を探るようなことは訴訟原理に反するとか、証拠の中には捜査情報や他人のプライバシーに関わる情報が含まれており開示には弊害が多いことや、証拠隠滅の可能性があること等を理由として、必要に応じて開示がおこなわれればよいとの考え方が主として検察関係者から示されていた（たとえば、堀籠幸男「コメント1」三井誠ほか編『刑事手続(下)』〔筑摩書房、1988年〕527頁、河上和雄「コメント2」同書531頁参照）。

　中間説の考え方としては、裁判所には訴訟手続の主宰者として訴訟指揮権が与えられていること、偽証その他証拠隠滅等の弁護権の濫用については裁判所が抑制する立場にあること、弁護権の強化が現行法の基本的な方針でこれを担保する必要があることから、弁護側が一定の申立てをした場合には合理的な範囲において事前閲覧を許すよう説く（たとえば、鴨良弼『刑事証拠法』〔日本評論社、1962年〕292頁以下）。しかし、同じ訴訟指揮権に拠る考え方においても①説を支持して全面的な開示を裁判所の訴訟指揮においておこなうとするものもあった（たとえば、佐伯千似「刑事訴訟における証拠の開示」立命館法学29＝30号〔1959年〕）。また、少数ではあるが証拠開示法制について「立法論」が展開されることもあったが、その声は小さかった。

　上記①説については、全面開示を前提とした場合にいかなる場合に開示義務が免責されるのかといった具体策が提示されておらず弊害が大きい、②説については、検察官の裁量に委ねるとしてもその判断の妥当性の担保に疑問がある、③説については、裁判官の開示命令基準が明確でないため、場当たり的になったり、反対に萎縮して不発動となったりするといった批判が示されていた。

▶1969年最高裁決定と裁判実務

　こうしたところ、1969年に最高裁判所は、被告人の反対尋問の準備のために

1　学説・実務状況 | 195

検察官に対する証人の従前の供述調書の内、立証趣旨に沿うすべてを主尋問終了後反対尋問以前の段階において閲覧させるよう命じた地裁決定を取り消したが、その際に、証拠調べ段階において弁護人から具体的必要を示して一定の証拠を閲覧させるよう検察官に命ぜられたい旨の申し出がなされた場合、「事案の性質、審理の状況、閲覧を求める証拠の種類および内容、閲覧の時期、程度および方法、その他諸般の事情を勘案し、その閲覧が被告人の防禦のため特に重要であり、かつこれにより罪障隠滅、証人威迫等の弊害を招来するおそれがなく、相当と認めるとき」、裁判所が証拠の開示を命ずることができるとの判断を示した（最2決昭和44・4・25刑集23巻4号275頁）。

それ以後、下級審ではこの基準に照らして裁判所の裁量による証拠開示がおこなわれることとなった。もっとも、裁判実務では基準が厳格に過ぎ裁判所の命令発動が希少である、命令不発動に対する異議申し立て手続がない、被告人に有利な証拠へのアクセスの道が閉ざされている、といった批判が残ったため問題の全面的な解決には至らなかった。

▶証拠開示の立法化

裁判員裁判制度の創設に伴って公判前整理手続が設けられ、日本で初めて証拠開示制度が法制化された。2004年に定められた証拠開示法制の特徴は以下のとおりである。まず、段階的で個別的な開示方式が採用された。第二に当事者の開示請求権が明記され、不服がある場合の裁判所による裁定手続が整備された。第一については、公判前の段階において、検察官請求証拠の開示に続いて、この請求証拠の証明力判断のために弁護側は類型証拠について開示請求ができ（類型証拠開示）、弁護側の予定主張に関連する証拠の開示を検察官がおこなう（主張関連開示）、という手続が定められた。第二については、開示範囲に不服があるとき弁護側は裁判所の裁定を請求でき、裁定に対する異議申し立て制度も作られた。

しかし、同制度は導入の趣旨が裁判員裁判の「充実・迅速」のためと位置づけられて始まったため、被告人に有利な証拠が確実に弁護人に開示されるような目的をもっていないとの批判や、開示漏れの懸念がある場合でも、検察官手持ち証拠の全容を知るのは証拠の標目の提出を受ける裁判官に限られ、当事者の目が届かない等の限界が指摘された。

2　学説史的意義と位置づけ

▶基本文献の問題意識

　証拠開示問題の解決手法について、基本文献は、訴訟指揮権に委ねると裁判所の活動に過重な期待をかけることになり、「わが国の刑事司法の健全な運用にとって望ましいことだったろうか」と疑問を示す。また、裁判所による開示の相当性判断が判断材料の乏しい手続の初期段階でなされるため自然に消極的とならざるをえず、被告人に不利に働く可能性が大きいことや、運用の不統一や不確実を来すおそれも指摘した。むしろ、基本文献によれば、刑事手続内に被告人側の防御準備をより確実に担保する制度を考究する道を模索することがわが国の解決すべき課題であるとされた。これは、現行証拠開示制度の法制化に関与した酒巻匡のその後の姿勢に繋がっていく。

　基本文献は、従来の議論にあった「実質的な当事者主義」や「検察官の公益の代表者としての地位」といった一般論によって証拠開示問題を克服しようという発想を超克すべく、証拠開示の具体的あり方を探求するため、どの程度の検察官手持ち資料をどのような形で開示することが適切かを問題にしようとしたのである。

▶基本文献の意義

　基本文献は、69年決定の限界を鋭く看破し、裁判所の訴訟指揮に依存した証拠開示制度のあり方を乗り越えようと試みた重要な学術文献として広く認知され、おそらくこの問題領域において最も引用の多い資料と思われる。

　基本文献の優れた特徴は2つあると思われる。第一はテーマの設定と問題に対する結論の提示、第二は比較法的な分析手法である。

　第一について言えば、問題を指摘するだけでなく解決を示している点が貴重である。米国の著名な論文執筆ガイドを執筆したユージン・ヴォロックはその書において、「解決方法を示しておけば、論文はより斬新でしかも非凡で、利用価値があり、より強い印象を与えるものとなる」と説いている（ユージン・ヴォロック『法学論文の書き方』〔日本評論社、2009年〕26頁参照）。多くの法学論文が実際には問題の指摘だけで解法を示さない。言うまでもなく比較法的研究方法は

日本の法学研究にとって重要な方法論であり、また知見の宝庫となる。だが、比較法的知見に基づいて日本の問題状況に対して的確な解決の提示まで至るのは希である。その点、基本文献は利益衡量アプローチを基底とした証拠開示法を提唱し、立法論まで展開した。第二は、こうした立論にかかわって、基本文献は連邦レベルだけでなく州レベルにまで立ち至って調査し、その比較検討をおこなっている。連邦の最高裁判例の紹介研究は重要であるし、その影響力から研究対象として魅力的に映るが、刑事手続のほとんどは州裁判所であるため各州の訴訟実務にまで掘り下げた調査研究が欠かせない。基本文献は行き届いた州法調査をおこなっていて米国法研究のひとつのモデルとなっている。

3　文献紹介

▶基本文献の構成

　第1章「わが国の問題状況」は、証拠開示問題の出現ならびに最高裁判例の系譜とその位置づけ、そして訴訟指揮権による命令発動の基準について検討し、下級審裁判例の紹介をおこなう。第2章「アメリカ合衆国における刑事証拠開示の動向」では、アメリカにおける証拠開示論争から証拠開示制度の導入、その後の被告人側に有利な証拠の開示をめぐる動向や弁護側開示の問題などを概観する。その後、第3章「イギリスおよびカナダの刑事証拠開示改革案」においては両国の改革動向を紹介する。第4章「考察と提言」では、比較法的考察を踏まえてわが国の証拠開示問題に関する酒巻の考察と提言をまとめ、結語において立法論まで展望する。

▶基本文献のエッセンス

　以下は、基本文献285頁から294頁までの本文（抜粋）である。

一　理論的問題に関する検討

(1)　当事者追行主義と証拠開示との関係をめぐる議論をめぐって

　当事者追行主義の訴訟構造の下では、相手方当事者の収集した証拠・資料の開示を求めること、自己側に何か役立つものはないかと相手方の手の内を覗き込んで証拠漁りをすること（fishing expedition）は許されないという議論は、わが国でも証拠開示問題の出現以来主として検察官によって唱えられてきた。……

このような意見は、いわゆる事前全面開示を求める主張に対する反駁として述べられたものであるため、いきおい誇張された側面もないではないが、そこには、起訴状一本主義を採らず職権審理が行われる制度の下ではともかく、第一次的には当事者が証拠の収集・提出を行うわが現行法の当事者追行主義の下では、本来証拠開示は認められるべきではないとの考え方が伺えるのである。……しかし、以下に述べるように、そこから論理必然的に相手方の手持資料の開示は職権審理を前提とするか、あるいは相手方当事者の手の内を覗きこれを利用することは原則として許されないという帰結が唯一絶対のものとして導けるかは疑わしいように思われる。まず第一に、検察実務家の意見に窺える証拠開示が裁判所への引継ぎと職権審理主義につながるという議論は、理論的にも、比較法的にも過度の単純化や誇張があって、そこから直ちに証拠開示を否定する結論が導けるとはいえないように思われる。旧法下の一件記録引継ぎの慣行を廃して起訴状一本主義を採用し、訴訟追行の主導権を当事者に委ねた現行法の当事者追行主義のねらいの一つは、裁判所を公平・中立な事実認定者に純化して、予断に基づく独走的な心証形成に陥り事実認定を誤るおそれを防止する点にあったはずである。そうだとすれば、例えば第二章で観察した現在のアメリカの証拠開示制度のように、一方当事者たる検察側の収集した事件に関する証拠・資料を被告人側に再配分することによって両当事者がこれを共通に利用できる場を設けたうえで、当事者相互が立証活動を展開し、それを事実認定者が公平・中立の立場から判定するという訴訟の形態は、やはり当事者追行主義の訴訟にほかならない。そこには事実認定者が積極的に訴訟追行の主導権をとってゆくという職権審理の契機は何ら含まれていない。事件に関する証拠・資料を収集する当事者とこれを利用して訴訟を追行する当事者とが必ずしも一致していなくても、それ故にアメリカの証拠開示制度が当事者追行主義に反し、必然的に職権主義・事件の引継ぎにつながるものであるとの議論は成り立ち得ないだろう。そしてこのような事情は、仮にわが国で前述した現在のアメリカと同じような枠組みを用いた訴訟のやり方――証拠開示による検察側手持証拠・資料の被告人側への再配分――を採ったとしても全く同様に成り立つ。証拠開示が当事者追行主義に反し、必然的に事件の引継ぎにつながるものだとの立論は正確を欠くように思われる。
　　……
　また、第二章で観察したとおり、確かに当事者訴訟の伝統の国アメリカでは、かつて自己の収集した証拠・資料を相手方当事者に開示することなく不意討ちを行うことが公判戦術として用いられていたことは事実である。しかし筆者は、この従前のアメリカにおける事実をそのまま理念としての当事者訴訟と同視して動かし難い前提とすることは、現在のアメリカ法の状況に鑑みても一面的に過ぎると考える。第二章で観察した現在のアメリカにおける証拠開示制度の目覚ましい発展を視野に入れたうえで、改めて従前のアメリカ法の状況を振り返ってみれば、自己側の手持ち資料を秘匿

し、相手方に対する不意討ちによって勝訴を目指すという公判戦術は、むしろ当事者訴訟の対立・抗争的な一面がアメリカの司法風土の中で病的に増殖した現象であったと評することもできるのではなかろうか。同じ当事者訴訟の形態を採りながら——バリスタ間の相互信頼と相俟って——範囲は限られていたものの不意討ち防止の実務慣行の確立をみていたイギリスとの比較からみても、証拠開示を行わないことが当事者訴訟であるという命題を過去のアメリカ法の例のみから導き出すことは誇張であるように思われる。さらにこのような視点からアメリカ法の近時の展開を捉えれば、アメリカにおける証拠開示制度の発展は、——当事者訴訟の変質というよりもむしろ——従前の病理現象の匡正であり、被告人側に対する公正と正確な事実の認定に向けての当事者訴訟の合理化・健全化とみるべきであるように思われるのである。とりわけABA［米国法曹協会］スタンダードや連邦刑事訴訟規則にみられる広範な検察側の手持ち資料の公判前開示と被告人側による事件に関する資料の共通利用という制度は、検察側の収集した資料・情報の再配分を通じて被告人側の立証活動を活性化させ、両当事者間の公正かつ活発な立証活動によって正確な事実認定を確保しようとする、当事者訴訟の実現を試みるものであったといってよい。それは、証拠開示制度を不可欠の前提として必然的に要請する、合理化され、より「公正さ」の外観を与えられた当事者訴訟にほかならないのである。

　次に、被告人側に有利な証拠・資料の開示には当事者追行主義からの制約があるべきだとの主張について検討しよう。

　……被告人側の情報収集・分析能力における制度上、事実上の劣位を直視するならば、問題を取扱う大前提として「当事者主義の下では被告人に有利な証拠は本来被告人側が自力で収集すべきである」との一般論を立てて問題を割り切ろうとすることは、議論の仕方として適切でないように思われる。そのような一般論は、——論者が意図すると否とにかかわらず——当事者追行主義の生命であるはずの被告人側の立証活動の素材を奪うことにつながるおそれがあるだろう。もちろん論者は、例えば非代替的な性質の証拠物や書類については開示の必要性が高いことを指摘している。しかし、右の一般論にあてはめれば、それが被告人側に有利な資料の探索を目的とした開示であることにかわりはない。そこで論者は、右のような資料について具体的な妥当性のある結論を得るために、原則として有利な資料は被告人側が自力で収集・提出すべきであるが、特段の事由がある場合には、開示の必要があるという説明の仕方をすることになる。しかしそのような説明を用いることが、この問題に対処するためになぜ必要なのかは明らかでない。問題の解決にあたってはむしろ端的に、具体的な資料類型毎に被告人側の努力の可能性や資料の重要性、開示に伴う弊害の可能性といった要因を衡量して開示の必要性を検討すれば足りるのではなかろうか。前述した検察側の事件に関する強大な情報収集・分析能力とその結果生ずる検察側への事件に関する情報の偏在という、刑事手続に不可避的に生ずるといってよい事態に鑑みれば、右の一般

論は——もしそれが判断のフォーミュラとしてスローガン化すると——事件に関する
資料・情報から一般に遠い位置に置かれる被告人側に対し、かえって加重な負担を課
し、ひいてはその訴訟追行活動を萎縮させる危険がある点で適切とは思われない。
　……
　このように考えてくると、「被告人側に有利な証拠」の発見を目的とするいわば「探
索的証拠開示」の場面については、「当事者主義即自力での証拠収集」という理論を
立てる前に、むしろ被告人側に有利な資料・情報が埋没したまま誤った事実認定がな
されないようにするために、どのような制度的ないし解釈・運用による担保が適切か
というアプローチによって改善の道を検討することが、まず必要かつ重要であると思
われる。

▶証拠開示問題の方法論

　基本文献は、1969年判例以後の裁判例の検討から、判例の提示した訴訟指揮
権に基づく証拠開示命令の限界を明らかにし、裁判所の裁量という経路以外、
すなわち検察官から被告人側に再配分させる制度を考えることが問題の根本解
決につながると捉え、学説の唱えていた事前一括全面開示でも裁量開示でもな
い、個別開示のきめ細かなルートを設計するという立法論を試みた。その背後
には、訴訟の基本構造と証拠開示の可否を無媒介に結合させる議論をしてしま
えば、「論者それぞれの当事者訴訟観の対立へと議論が拡散してしまい閉塞状
況に陥ってしまう」という酒巻の懸念があった。

▶比較法的知見

　基本文献の中心となるのはアメリカにおける ABA スタンダード、連邦刑事
訴訟規則の制定そして判例法である。酒巻は、米国における証拠開示制度の発
展を「被告人側に対する公正と正確な事実認定に向けての当事者訴訟の合理
化・健全化とみるべき」とまとめている。つまり、検察の収集した資料の再配
分を通じて被告人側の立証活動を活性化させ、公正かつ活発な両当事者の立証
活動を促し、そして正確な事実認定を確保しようとするアメリカの現状にひと
つの理想型を見出している。当事者訴訟が「公正さ」の外観を得るためには証
拠開示制度が不可欠の前提だとして、当事者訴訟を採るわが国においても検察
官の有する資料・情報を被告人側に利用させるべき場合のあることは必然的に
要請されるとの知見に至っている。

▶証拠開示問題の解決

　酒巻は、アメリカ法の知見を基にして具体的な資料類型毎の利益衡量に基づくアプローチを日本でも導入すべきだと考えた。それによって、裁判所の裁量に基づく証拠開示命令という方法の限界を克服できるというのが主たる理由である。理論的には、一方で開示消極説の言う当事者追行主義の原理論的な考え方を排斥し、他方で被告人に有利な資料・情報が埋没したまま誤った事実認定がなされないよう解釈・運用がなされることを目指した。具体的には、現行法（当時）上、①従前の主たる争いの対象となっていた証人の従前の供述を録取した書面については、主尋問終了を待つことなく開示する、②被告人に有利な証拠の探索的開示については、検察官手持ち資料の標目を開示させ、それに基づいて弁護人に開示申立をおこなわせる、という解決法を提示した。とくに、一定の範囲の標目開示ではなく、相当程度概括的な範囲で釈明ないし標目の開示が許されるとしている。そこで、③標目開示に基づいた個別開示が申し立てられた場合には、被告人の供述録取書面、押収物、検証結果記載書面等について裁判所は開示命令を原則発動すべきだと論じた。そして、②を中心として、弁護人側から検察官に対して閲覧および謄写を請求できるような立法が望ましいと結論づけた。

4　残された課題

▶被告人に有利な証拠の探索と開示

　先に述べたとおり、基本文献刊行から16年を経て2004年に日本に初めて証拠開示法制が実現した。酒巻は司法制度改革推進本部のメンバーとしてその立法過程に深く関与することとなった。草案作成の最終段階では、酒巻が被告人に有利な証拠の探索を可能とする方法として提示していた証拠の標目に基づく開示というＡ案と、現行の段階的開示方式を採るＢ案とが両論併記されたものの、結論としてＢ案が立法化されることとなった。

　酒巻はその議論の席上、検察官における被告人に有利な証拠の開示義務を定めたブラディ法理を「再審をやるかどうかの判断基準として」機能するものだとして日本への応用可能性を否定し、証拠標目の弁護側への開示は「証拠開示

の可否が問題になった段階で……（裁判官に）出てくるような制度」で十分としてこれを不必要との見解を示し（平成15年6月13日裁判員制度・刑事検討会第20回議事録）、基本文献で提示していた知見や解決法とは異なる、あるいは矛盾する考え方を述べている。

たしかにB案に基づいて制定された現行の段階的開示方式によって、検察官手持ち証拠の開示は劇的に拡大しただけではなく、最高裁判例によって類型証拠の開示は警察官保有のメモにまでその範囲が拡大されるなど（最1決平成20・9・30刑集62巻8号2753頁ほか）、従前と比べ問題状況はまったく異なる様相を示すに至った。しかしながら、公判前整理手続導入に伴う証拠開示の法制化は、新たな問題と残された課題を浮き彫りにする契機ともなっていく。とりわけ、被告人に有利な証拠の開示問題は未解決のままである。酒巻は、基本文献において裁判所依存の訴訟指揮権に基づく方式を批判して標目開示に基づく個別開示を示唆していたにもかかわらず、司法改革過程でB案を支持し弁護側が被告人に有利な証拠を発見する機会を狭めてしまった。この問題は、次の司法改革の舞台となった法制審議会「新時代の刑事司法制度特別部会」（2011年7月から2014年7月まで。以下「特別部会」と略す）に引き継がれ、審議の結果、弁護側への証拠の標目の交付制度を公判前整理手続に導入することが答申されたことによって、旧A案が10年ぶりに日の目を見ることになった。

▶課　題

現行の段階的個別的開示方式の問題は、大きく4点ある。1つ目は開示相当性の判断が検察官に委ねられていることから公判前整理手続に遅延が生じ効率的とは言えない事態が生まれることだ。2つ目は、検察官には被告人に有利な無罪・責任軽減証拠の開示義務がないため、真実発見への努力を怠る動機が作られてしまうことである。3つ目は、たとえ証拠標目提示方式へと改められたとしても、警察段階で証拠が留められ検察官においてそれを覚知しないまま埋もれてしまう危険性である。酒巻もかつてこのことを指摘しており、「資料の埋没を防ぐ完璧な制度はあり得ないだろう」とする（基本文献329頁）。4つ目は、公判前整理手続に付されないケースにおいては（およそ3％程度しか公判前整理手続は開かれない）段階的にせよ開示を受けられない。

2つ目の無罪証拠開示義務の欠落は、無実を主張する再審請求人においては

きわめて深刻となる。「完璧な制度はあり得ない」と言って座視することが出来ないえん罪事案である。日本でも再審無罪となった多くの事件の請求審において未提出証拠の存在が明らかになった結果、確定判決に合理的な疑いが認められたケースは少なくないし、最近でも2012年に再審無罪となったゴビンダ事件（東電女性社員殺害事件）のように第三者の存在を示す鑑定結果の非開示があったし、2014年に再審開始決定が出された袴田事件のように請求人の犯行を示していた証拠とはまったく矛盾する証拠の存在が長期間秘匿されていた事態が明らかになった。これらの事例によって、再審請求審において法廷未提出証拠に請求人からアクセスする機会を保障する必要が社会にも強く認識されるに至った。そのため、特別部会でも有識者委員からこの問題で何らかの手当が必要だとの指摘が相次いだ。しかしながら、酒巻をはじめとする研究者委員等からこの問題は個々の裁判体において対処する方が妥当で制度設計について難点があるとの反論がなされ、立法提案は見送られた。

5　現代的意義

▶学説の現在

　90年代になると証拠開示問題に関する議論は停滞期に入る。しかし、2000年代以降、基本文献の刊行（1988年）後の1996年にイギリスで法整備を見た二段階証拠開示方式を手掛かりとして証拠開示法制を展望しようとする松代剛代『刑事訴訟子開示の分析』（日本評論社、2004年）〔参考文献①〕が現れた。さらに、1991年に検察官手持ち証拠の事前全面開示を判例上義務づけたカナダ最高裁判例を手始めに、英米の証拠開示法制のみならず検察官倫理規定にまで調査を広げ、証拠は検察側が有罪得るための材料ではなく真実発見のための公共の財産であるというアプローチを採る、指宿信『証拠開示と公正な裁判』（現代人文社、2012年、増補版は2014年）〔参考文献②〕も刊行された。従前、開示消極論者がその根拠としていた当事者主義訴訟構造を採っていた国々において、基本文献刊行後に、被告人に有利な証拠について漏れなく弁護側からのアクセスを保障して事実誤認を防ぐよう取り組まれてきたことを参考文献①②が明らかにしている。基本文献が切り拓いた道を豊かに開拓しようとする試みが続けられていた

のである。

　上記参考文献①は、第一段階で証拠の標目を開示し、第二段階として個別開示の申立てに移行するイギリスの方式を合理的だとの考えを示し、参考文献②も、カナダのように一括して全面的に開示しておくことが誤った事実認定を生み出す危険を低下させると主張する。後者の方向性は、基本文献が比較法研究の中心に据えた米国にも飛び火しており、「検察官による事前全面開示」を取り入れる州が現れ始めているのである（指宿信「モートン事件とテキサス州全面証拠開示法——検察の証拠隠しで25年間服役後に雪冤した男性が立法府を動かす」刑事弁護80号〔2014年〕参照）。

▶研究の到達点とその社会的責任

　酒巻によれば、現行証拠開示法制の設計に当たっての基本構想は、あくまで裁判員裁判の争点整理と充実審理の実現にあった。そのため、「裁判員に分かりやすい裁判をするために準備段階では、ベストエビデンスに証拠と争点を絞る」（平成24年6月29日特別部会・第11回会議 議事録）ことが必要で、目的的に証拠開示制度を捉えている。したがって、事前全面開示論者が指摘するような被告人に有利な証拠が漏れてしまう事態を回避する必要や誤判の危険を避ける目的でおこなう証拠開示論とは相容れない。特別部会の席上でも、制度設計時に「いわゆる事前全面一括開示論については、十分な議論を踏まえた上で、はっきりとその考え方は妥当でない、採らない」ことからスタートしたと強調されている（同上）。

　酒巻と同様、事前全面開示の考え方には積極的な必要性の理由が求められるべきだとして個別的開示を妥当とする立場から現行法制を支持する立場もあるが（たとえば、大澤裕「証拠開示制度」法律時報86巻10号〔2014年〕）、利益衡量アプローチに依拠した制度のあり方には学界でも依然として懐疑論が根強い。開示漏れの不安の理由は、開示範囲が検察側の設定した争点の範囲に限定され、検察側から見た必要性・重要性のあるものに偏っていることに求められるし（伊藤睦「証拠開示の運用と全面開示の展望」法律時報85巻7号〔2013年〕）、争点拡散を防止する現行制度は黙秘している被告人に開示の途を閉ざす（松代剛代「証拠開示」法律時報84巻9号〔2012年〕）といった指摘もされており、被告人に有利な証拠の開示を確保する方策が不十分で争点整理に関心が向かい過ぎとの批判もある

（田淵浩二ほか「連続鼎談第2回　証拠開示」法律時報85巻12号〔2013年〕）。また最近では、当事者主義、弾劾主義構造を補正するアプローチから離れ、日本型の捜査側収集証拠独占状態を打破するために被疑者被告人のアクセス権を保障するドイツ法を基礎とする見解も現れた（斎藤司『公正な刑事手続と証拠開示請求権』〔法律文化社、2015年〕）。

　結局のところ、現行の開示制度やその基礎となっている利益考量論は、公判で手探り状態を強制されてしまう被告人の立場に立った思考ではなく、あくまで公判を運営する側の視点に立った考え方だと言えるだろう。その点で、基本文献の中心を占めていた米国最高裁ブラディ判決の精神が、わが国の立法過程で顧みられなかったのは皮肉としか思われない。

　同判決は次のように高らかに宣言していた。

　「検察官が、被告人の要求する有利な証拠を開示しないままにしておくことは、当該証拠が被告人の罪責または量刑にとって重要である場合、検察官の善意・悪意を問わず、デュー・プロセスに違反する。……〔我々の〕社会は、罪を犯した者が処罰される場合のみならず、刑事裁判が公正に行われる場合に勝利を得る。被告人が不公正に扱われるとき、我々の〔刑事〕司法運営システムは傷を負ってしまうのである」（基本文献191頁）。

　ゴビンダ事件や袴田事件はわが国のシステムが大きな「傷」を負った事案と思われるが、残念ながらその傷の痛みはわが国における改革プロセスや再検討に当たってほとんど考慮されていない。システムの「怪我」の再発防止は、基本文献が比較法研究の対象とした米国の司法改革プロセスでは必須とされているのとは対照的である（この点たとえば、指宿信「証拠開示をめぐる日米の落差──最高検メモ廃棄通知と米国司法省指針を比較して」法律時報85巻4号〔2013年〕〔後に参考文献②に収録〕、同「誤判に学ぶ国の司法、学ばない国の司法──ノースカロライナ州の刑事司法改革を通して考える」世界851号〔2014年〕等参照）。

　過去の経験から学んで証拠開示法制の改革を実行しようとするプラグマティズムに基づく米国の近時のアプローチは、酒巻のその後の諸論考においても（たとえば、酒巻匡編著『刑事証拠開示の理論と実務』〔判例タイムズ社、2009年〕、同「裁判員制度と公判手続」ジュリスト1370号149頁〔2009年〕等）、酒巻の社会的な働きの中にも、採り入れられることはなかった。

16 審判対象論

●基本文献
**平野龍一
「訴因概説」**
同『訴因と証拠〔刑事法研究　第4巻〕』（有斐閣、1981年）
所収（初出：法曹時報2巻9・11号〔1950年〕、3巻4号〔1951年〕）

冨田　真

1　学説・実務状況

　刑事訴訟法において検察官は起訴状に公訴事実を記載し、公訴事実は訴因を明示して記載しなければならない（刑事訴訟法256条1項、2項〔以下、刑訴法とする〕）。ここでは、大陸法の公訴事実と英米法の訴因という異なる概念が同一の条文に存在し、そこに審判（審理および判決の）対象が、職権主義の訴訟構造をとる旧刑事訴訟法（大正刑事訴訟法）までの公訴事実なのか、英米の当事者主義の訴訟構造のもとでの訴因（count）なのかという、現行刑事訴訟法の基本構造の理解に関する議論とも交錯しつつ激しく論争された問題が生じる契機が存在していた。

　わが国では、明治期の治罪法、明治刑事訴訟法を経て大正刑事訴訟法に至るまで職権主義を基本とする刑事訴訟であった。職権主義のもとでは歴史的事実である事案の真相（事件、公訴事実）を解明する権限と責務は裁判所にあるので、審理の開始は検察官の公訴によるとしても（不告不理の原則）、審理の結果、検察官が訴追を求めた公訴事実とは異なる事実が判明しとき、公訴事実をこえて審判することが許された。これに対して当事者主義を基本とする刑事訴訟では、自ら真相を解明する役割から解放された裁判所は、検察官が審判対象として設定した訴因についてのみ審判することが許される。

　現行刑訴法制定後、訴因論に関する論文や重要な著作が公刊されるようにな

る（実務家による研究として、小西勝『新刑事訴訟法における事実の同一性と訴因〔司法研究報告書第 4 輯第 1 号〕』〔司法研修所、1951年〕が、研究者の著作として、鴨良弼『訴訟対象論序説』〔有斐閣、1956年〕、高田卓爾『公訴事実の同一性に関する研究』〔有斐閣、1953年〕がある）。しかし、それまでのわが国の刑事訴訟法学の研究対象が職権主義を基調とするドイツ法を中心としたこともあり、訴因などとくに英米法的な概念についての精確な研究は必ずしも充分ではなかったといえよう。そのために、刑訴法256条や312条に関する解釈論においても、イギリスなどにおける理論を踏まえた上で訴因と公訴事実との関係に明確な分析を加える研究は、基本文献が公刊されるまでは存在していなかった。

2　学説史的意義と位置づけ

▶分析視角の提示

　平野龍一博士自身が基本文献の「二　新刑訴法における訴因」の冒頭で論じるように、「訴因論の根本問題」は、つきつめると、新刑事訴訟法の解釈にあたり、どの程度英米法の制度を採り入れるかにある。言いかえれば、新刑事訴訟法を「どの程度に当事者主義化したものとして把握するかということである」。この基本的な立場により、新法の解釈一般と同じく、訴因論にも異なる結論が生まれるが、平野は、さらに、主な論点として、第一に、審判の対象は訴因あるいは公訴事実のいずれであるのか、次に訴因とは事実あるいは法的評価ないし法的形象であるかという訴因論分析に際しての基本的な視角を提示する。平野はこうした問題意識を前提に、17、18世紀のイギリスの起訴状の方式をはじめ、立法や学説を時系列的に分析し、最後に英米法における審判の範囲などの問題をまとめる作業を行い、そこで得られた知見をもとにわが国の刑訴法の解釈論を展開するという手法をとっている。

▶基本文献の意義

　基本文献は、平野が刑事訴訟法をテーマとして書いた最初の論文であるが、著者はその後も英米法の研究を踏まえて著した体系書『刑事訴訟法』（有斐閣、1958年）において、基本文献で示した見解を維持しただけでなく、『刑事訴訟法の基礎理論』（日本評論社、1964年）「第二章　訴因」においても訴因にかかわ

る判例をも分析しながら詳細な解釈論を試みた。平野の刑事訴訟法論は、教科書において一貫して当事者主義的な訴訟理論を体系的に叙述する手法をとった点において、戦後の刑事訴訟法学にきわめて強い影響を与えたが、基本文献はその後、学説において通説的な地位を占めただけでなく実務に対しても指導的な役割を果たしたと考えられる点において、平野の著作の中でも歴史的な価値を有すると同時に現代的意義をも維持し続けているといえる。

3 文献紹介

▶基本文献の構成

基本文献は、英米法における訴因の機能に関する基本的な意味や役割を紹介する「一　英米法の歴史的概観」と、わが国の現行刑訴法の訴因に関する基本的な問題を解明する「二　新刑訴法における訴因」からなる。後者においては、審判対象が訴因なのか公訴事実なのかをめぐり、職権主義や当事者主義の概念を用いながら詳細な分析を試み、訴因対象説の立場から訴因変更の必要、訴因変更の限界（公訴事実の同一性の問題）、訴因変更の手続、訴因変更の命令、訴因と判決、控訴審における訴因の変更という訴因論に関する諸問題について包括的な見解を提示している。

▶基本文献のエッセンス

以下は、基本文献の主張に引き続いて論じられた部分である（88頁以下）。

　……この二種の問題の各二つの解答の組合せによって、四つの結論が生まれる。曰く、第一、審判の対象は公訴事実であって、訴因は法的評価である。第二、審判の対象は公訴事実であって、訴因は事実である。第三、審判の対象は訴因であって、訴因は事実である。第四、審判の対象は訴因であって、訴因は法的評価である。この四つの結論は、ただ機械的に導き出されたものではなく、おのおの異なった訴訟構造観を前提とし、かつそれぞれの根拠を持って主張されているものである。そのうち第一が最も職権主義的であり、以下しだいに当事者主義化し、第四がその最も徹底したものである、ということができる。……

　そこでまず、第一、第二、第三、第四とを大きく分けるところの、審判の対象は公訴事実か訴因か、という問題の持つ意味を検討してみよう。……わが国でも、通説および判例によれば、公訴事実とは、一個の社会的事実であり、歴史的事実であった。

それは法的評価以前の裸の事実であった。検察官は起訴状に公訴事実を掲げるが、その場合にはこの事実のうちからある構成要件に該当する事実を拾いあげて記載する。しかし、裁判所はこのような意味の公訴事実が同一である限り、検察官が掲げ示したところを超えて審理し、これと全く異なった構成要件に該当するものと判断しても差し支えなかった。この意味で、裁判官は検察官に拘束されることが極めて少なかったのである。極端にいえば、この場合の起訴は、裁判所の注意を喚起する作用を営むにすぎなかったともいえよう。たとえこの注意喚起が手続開始の要件とされ、或いはまた単なる嫌疑では足りず構成要件に該当する事実の記載が要求されたとしても、それは、裁判所の活動が無駄骨に終わらないだろうことを担保する「十分の嫌疑」があることを示す意味を持つにすぎないのである。さきにイギリスの起訴状の機能の発展を三段階に分けたが、その第一段階がこれにあたる。

　これに反し訴因が審判の対象であるとするのは、審判の対象を厳格に検察官の現実の意思によって限定しようとするものである。検察官は一個の生活事実のなかから、任意の一部を切りとって、その存否の判断を裁判所に請求する。したがってその部分は、その存在が肯定されたならば一定の法律効果が発生するような事実でなければならない。この意味で構成要件を充足する事実の記載が要求される。それは単なる嫌疑の告知ではなく、事実認定の請求である。そうして裁判所はこの事実の存否を判断し、これから生ずる法律効果を宣言するという受動的な役割を果たすにすぎない。いやしくもその示された範囲を逸脱することは許されない。もし現実に存在する事実がこの事実とくいちがっておれば、無罪を言い渡し、再起訴を待つ外はない。かりに一歩を譲って訴訟経済上の要求から同一手続で審判することを認めるとしても、必ず訴えの変更をまたなければならない。これは、さきに述べた英米法の第二段階に相当する。

　第一の立場を貫けば、訴因の制度は元来必要がないはずであるが、もしこれに訴因の観念を持ち込んだとき、訴因は如何なる意味を持つであろうか。この場合訴因とは審理の進行を規整する指導形象としての機能を持ち、特に被告人の防禦の対象を明確にする作用を営む。公訴事実はさきに述べたようにかなり漠然としたものであり、そのいかなる部分がいかなる犯罪を構成するかも、結局は判決をまたなければはっきりわからない。したがって被告人としては防禦の対象が明らかでなく、不意打ちを受けるおそれがある。それも、裁判所が専ら証拠収集提出の責に任ずる制度のもとにおいてならばさほど差し支えないであろう。しかし多少とも当事者主義化して証拠の収集提出の責任の全体もしくは一半が当事者に負わされるに至ると、この危険は著しく大きくなる。したがって訴訟の発展の現在の段階では公訴事実はいかなるものと判断されようとしているかを、刻々に手続上に明らかにしておく必要がある。訴因はこのような任務を持つ。したがってそれは訴訟の実体面を限定するものではなく、防禦の便宜のための手続面上の制度にすぎないことになる。そうしてこの立場を純粋に貫けば、訴因は検察官が示すより、むしろ裁判所がその心証の状態として示すべきであろうし、

また裁判所は訴因の変更を命ずる必要はなく自ら変更すれば足りるであろう。

これに対して、第二の立場をとりつつ、公訴事実の観念を採り入れたとき、この公訴事実はいかなる意味を持つであろうか。さきに述べたように、訴因と証明された事実との喰い違いによる無罪およびこれに基づく手続の反復を避けるためには、訴えの変更がある程度さけられなくなる。しかしこれを無限に許したのでは、一個の手続で被告人の一生のあらゆる部分が審理されることになり、被告人の防禦にも混乱をひきおこすおそれがある。そこでこの訴えの変更に一定の限界を画する必要が生ずる。この任務が公訴事実に課せられる。

▶英米法の概観

17、18世紀のイギリスの起訴状がきわめて厳格な方式主義に支配され、その原因としては多くの制定法が設けられ犯罪の構成要件が複雑化したためにその内容を明らかにして相互に区別する必要があったことなどが示される。その後、1915年の起訴状法などにより起訴状の過度の厳格さは改善されるが、それは緩慢であった。その理由は、起訴状の裁判所に対する機能に関しては、起訴状は元来被告人の保護ではなく国王の刑事司法を促進するためのものであったこと、被告人に対する機能との関係では、起訴状が相手方に主張内容を通知することが要求され、被告人の防禦を全うさせるための「被告人は予め犯罪の性質を告げられる権利を持つ」との原則が確立されたことが示される。後者はイギリスの権利章典12条やアメリカ憲法修正6条の「すべて刑事上の訴追においては、被告人は……被告事件の性質と原因とについて告知を受ける権利を有する」の規定に受け継がれた。二重の危険との関係でも、二重であるか否かは起訴状を標準として判断されていた。

次に、起訴状の内容の変化について平野は、起訴状に記載された事実と証拠により証明された事実が喰い違った場合について、第一に、犯罪事実を予備的に数個併記する方法、第二に、犯罪事実の記載を簡略にする方法、第三に、起訴状の記載と異なる事実認定を許す方法、第四に、起訴状の記載変更を許す方法について紹介する。第二の点に関して、イギリスの起訴状法では、罪名または罰条の記載と犯罪事実の記載とを合わせて訴因（count）とよばれていた。第三の方法の限界については、起訴状の機能としての大陪審による保障、被告人の防禦および二重の危険の判断に対して「実質的」な影響を及ぼすか否かで決

しなければならないとされたとし、日時・場所、方法、客体が異なる場合など
について検討され、立法でも正犯と共犯、窃盗と横領、窃盗と贓物などの場合
にも異なる犯罪の認定が許されるとした。起訴状の変更については、大陪審に
よる起訴の保障を破ることと、予め犯罪の性質および原因を知る被告人の権利
を害する点に制約があった。ここで著者は、イギリスとアメリカの規定を紹介
しながら、起訴状の変更の範囲は、起訴状と喰い違う判決が許される範囲と大
差ないとした。

　最後に、審判の範囲と既判力の範囲の関係が考察される。大陸法の既判力は、
確定判決の効力の一面であり、審判の範囲と既判力の範囲は一致する。対して、
英米法の二重の危険の禁止制度は、二重の審判手続を禁止するもので既判力よ
りも広い概念であり、「同一の犯罪」について禁止される。ここでは、「同一の
犯罪」の意味が問題となるが、平野は２つの原則を手掛かりに考察する。「同
一証拠の原則」とは、第二の起訴状により起訴された事実の証拠により第一の
起訴状が有罪とされうる場合には、両犯罪を同一とする原則である。また、第
一の犯罪と第二の犯罪が同一行為または同一事実をなす数個の行為に基づくと
きは二重の危険に該当するという原則を「同一事実の原則」という。これらの
原則の適用について、同一罪名で罰条も同じ場合、罰条が異なる場合などを分
析し、次のようにいう。同一事実の原則を認めると既判力の範囲は審判の範囲
を逸脱するが、それは、同一事実であれば必ず同時に起訴でき、あるいは起訴
状変更ができるとは限らないからである。もっとも、同時起訴の範囲はほぼ同
一事実に完全に広げられ、変更の範囲も次第に緩やかになるのに応じて同一証
拠の原則が両者を一致させる機能をもち、同一事実の原則はこれに吸収され、
究極においては、審判の範囲と既判力の範囲とは一致する傾向にある。

▶現行法の立場

　基本文献のエッセンスに続いて、平野は現行法が２つの立場のいずれをとる
かを問い、わが法が第一の立場に立つとも思われるが、この見解は法律の条文
に照らして疑問があるだけでなく、積極的に旧法と構造を異にし、当事者主義
を基本としつつ多少の職権主義的修正を施している新法の革新的な意義を無視
するものであるとして論じる。新法は検察官を裁判所から切り離し被告人と平
等の地位に立たせ、被告人の地位を強化する当事者平等主義という点で徹底し

たが、訴訟における主導権を当事者に与える弁論主義の点では必ずしも徹底していない。まして審判の範囲は実体面に関係し職権主義の入りこみ易い場所であるから、当事者による限定の点で比較的強度の職権主義の修正が施されている。その結果、一方で訴因は審判対象として検察官による提示が必要で、単なる防禦保障の制度ではないが、裁判所はある程度これを逸脱して裁判することが許され、その限界は、被告人の防禦の保護という目的論的見地が顧慮されなければならない。他面、公訴事実は単に訴因変更の限界に止まらず、一個の統一ある実体として、これに訴訟係属が生じ、全体に既判力が及ぶ。こうして、第二の立場を出発点としつつも、結論においてきわめて第一の立場に接近する。

現行法の基本的な立場について検討した後平野は、公訴事実が審判対象であり訴因は被告人の防禦のための制度とする見解（罰条同一説など）を分析する。この見解では被告人は公訴事実たる法的事実を、構成要件を指導形象として観察することにより、事実の各部分のもつ意味および重要性を理解し、防禦を準備することはできる。しかし、被告人が防禦の対象とするのは何よりも具体的な特定の事実の存否である。構成要件が変らない限り、起訴状記載の事実と異なる事実認定が許されるならば、被告人はかなりの範囲をもつ一個の社会的事実の中から、ある構成要件にあてはまる、あらゆる可能な組合せを予想してそのすべてに対して防禦方法を講じなければならない。法律的な能力を被告人に期待する意味では当事者主義的であっても、その防禦に不便である点で、むしろ職権主義色が強い。

これに対し、訴因が審判対象で、これを法的評価とする説は、訴因と罪名罰条とを同一視する結果となり、罪名罰条もまた審判対象だとする。この場合に訴訟は、当事者は一定の事実とこれに対する法的評価を提示し、裁判所は事実の存否とこれに対する法的評価の当否を判断するという形態をもつ。ここで平野は、罪名の記載と、適用すべき罰条を示すこととを必要とする刑訴法の規定（256条2項2号、4項）につき、罰条の記載は訴因が客観的に何らかの法律的主張としての内容をもつことを明らかにし、訴因として記載された事実の意味を明らかにする手段にすぎず、不利益を与えるおそれのない限り変更手続をとらずに記載と異なる判断をすることを認める通説を支持する。

▶訴因の特定

　起訴状に公訴事実の記載が要求されることから、公訴事実は単なる訴因変更の限界ではなく、それ自身審判対象をなすものであるから、訴因はその存在が確定されれば直ちに有罪認定できるような事実の記載でなければならない、すなわち、いずれかの構成要件を充足する事実が掲げられる必要がある。訴因の明示には、できる限り日時、場所、方法を以って罪となるべき事実を特定しなければならず、これはできる限り厳格にという意味である。日時、場所などは罪となるべき事実の内容ではなく、これを特定する方法にすぎないとの主張があるが、罪となるべき事実は現実の事実・具体的な事実である以上、日時、場所や方法はその要素をなす。また、訴因明示の方式について、英米法のように犯罪事実毎に別個に記載すべきとも考えられるが、平野は結論として、包括一罪の数個の行為を区分して記載することは差し支えないとした。

　さらに、訴因の予備的記載と択一的記載について、平野は両者の差異と上訴の許否に及ぼす影響について検討する。択一的あるいは予備的に記載された訴因のいずれかが認められたとき、訴因を審判対象とし、当事者主義に徹底する場合にはおよそ上訴は許されないが、実体的真実主義によるある程度の修正をする新法では、上訴しうると解すべきである。被告人の利益のために上訴できる検察官は、有罪判決に対して無罪判決が正しいとして事実誤認を主張しうる。窃盗既遂の訴因で窃盗未遂が認定されたとき検察官は上訴できるが、たまたま窃盗未遂の訴因が記載されていれば上訴を許さないのはあまりにも形式的である。訴因を掲げるということが、訴因の範囲内で正しい判断を求めるというに止まるとすれば、一般的に択一的、予備的に訴因が２つ掲げてある場合も同様で、その内部で事実誤認を主張することはできるのであり、択一的か予備的かを強いて区別する必要はない。また、平野は既判力との関係で、「窃盗然らずんば強盗」という事例のように、予備的訴因の審理が許されるのは主たる訴因が否定された場合だけなのかを検討する。主たる訴因が肯定されたときは予備的訴因は審理されなかったことになるとすれば、控訴審で主たる訴因が否定されたときは必ず差し戻さなければ審級の利益を奪う虞があり、既判力が予備的訴因に及ばないから予備的訴因だけで再起訴することも許されることになる。しかし、この場合、主たる訴因の肯定は同時に従たる訴因を審理しこれを否定

したことになる。予備的訴因であっても必ず審理すべきものとすれば予備的訴因について審理する前に主たる訴因を否定しなければならないのではなく、判決でも一方を肯定する判断を示せば足り、他方について必ずしも理由中で判断を示す必要はない。結局、予備的と択一的とは単に事実上どちらが先に主として審理されるかの差異にすぎず、両者の間に論理的差別をする必要はなく、事実上の検察官の意思に従えば足りる。

▶訴因変更の必要

　記載された訴因に裁判所はいかなる限度で拘束されるのか、平野は有罪などの実体判決を言い渡す場合と、免訴などの形式判決を言い渡す場合とに分けて考察する。有罪判決については、訴因はいかなる場合に違うものとなるかの問題と、いかなる場合に訴因変更の必要があるかという問題を区別すべきで、訴因は事実か構成要件かの問題は第一の点に、訴因が審判の対象か防禦を全うさせる手続上の制度かの問題は第二の点にかかわる。前者については、刑事においては具体的に如何なる事実が存在したかが重要であり、被告人の防禦の観点においても同様である、とする。

　事実が変われば必ず訴因は変わるが、あらゆる喰い違いの場合に必ず変更が必要だとするのは到底煩にたえない。英米法では主として被告人の防禦に影響を及ぼすか否かにより決定すべきものとされるが、この考え方は基本的にわが法にも採用できる。ここで平野は、訴因が審判対象であるとの立場を完全に貫いてはいないわが法において、訴因のもつ被告人防禦の便宜という機能的側面をより重視すべきであると論じ、訴因は本質的には審判対象であり、その同一性の判断は僅かの喰い違いであるか否かにより決定すべきであるが、機能的には被告人の防禦の便宜のためのものであることを考慮して、防禦に影響を与えない限り変更を要しないとした。このような見解を示した後、平野は具体的な場合について考察を加える。構成要件が同一の場合で日時・場所が異なるときについて、罪となるべき事実とは一回限りの具体的事実である以上、日時・場所を具えないものは考えられないのであるからこれを訴因の要素と考えるべきであり、また、被告人の防禦にとり日時・場所こそアリバイ等の関係で最も重要な意味をもつので、変更せずに認定することはできない。この考え方は、方法についても同様であり詐欺事件で欺罔方法が異なれば変更を必要とするし、

客体についても数量や金額など相違がかなりあって行為の意味を異ならしめるものであるときは変更の必要がある。構成要件が異なる場合は、必ず訴因変更が必要であるといってよい。ただし、いわゆる「大は小を兼ねる」の原則に従い、既遂を未遂とする場合には訴因変更を必要としないが、教唆、幇助を正犯へ変更する場合だけでなく、その反対のときには変更を必要とする。平野のこうした主張は、「事実に差異がある場合である」か、「事実に差異はなく、法的評価に差異があるにすぎない場合」であるかにより決定する事実記載説の立場からの帰結である。罪数を異にする場合も同様であり、事実に変化がないとき、一罪として起訴された犯罪を併合罪として判決するには訴因変更の問題は起こりえないし、逆の場合にも訴因変更の必要もない。

▶訴因変更の限界（公訴事実の同一性）

訴因は公訴事実が同一である限りにおいてのみ変更が許されるが、この公訴事実の同一性について、旧法下の判例および通説は、自然的な、歴史的な事実の同一性であり、これがいかなる構成要件に該当するかは、同一性に影響を与えなかった。平野は、ドイツのベーリング説、罪名の部分的同一性で足りるとする罪質同一説（小野清一郎）、構成要件の相当な部分が重なりあえばよいとする構成要件共通説（団藤重光）の諸見解をも批判的に分析し、最終的に「訴因の部分的同一性」をもって足りるとした。この見解は、判例の基本的事実同一説と異ならない帰結を導くといってよいが、それは以下の根拠に基づく。どの程度の部分的同一性で足りるかは、訴因の変更許容により受ける被告人の不利益、検察官の利益と、既判力の範囲の拡大による被告人の利益と検察官の不利益とを較量して決定すべきである。新法のもとでは、捜査の制限、証拠法の改正により検察官側の能力が制限され、既判力の範囲を制限する必要がおこる。他方、旧法では訴因制度がなかったので被告人の防禦に対する危襲を防ぐ機能も同時に公訴事実に負わされ、これをかなり狭く解する必要があった。新法では訴因により危襲が防がれ、極端にいえば防禦の準備期間さえ与えれば無限に変更してもよいといえ、その範囲はかなり緩やかに解してよい。平野はその後に著された教科書でも、事実は無限に多様であり、「事実それ自体の中に同一性を決定する絶対的な標準があるわけではないから、訴訟上の合目的性に従って決定されなければならない」と説明し、犯罪を構成する要素は行為と結果で

あるが、いずれかが共通であれば公訴事実を同一としてよいとした（平野・前掲『刑事訴訟法』139頁）。

科刑上一罪の解決法として、ひとつは、科刑上一罪の成立要件に前述した事実の同一性を要求する方法である。他方は、事実の同一性と単一性とを区別し、科刑上一罪である以上は一個の犯罪であり、たとえば窃盗で有罪または無罪となった以上、住居侵入窃盗では処罰できないとする方法である。平野は、後者の説明が正しいとしながら、2つの方法は相互に排斥するものではなく、前者の実質的な根拠があるからこそ後者の制度がとられているのではないか、とした。また、既判力が公訴事実が同一である範囲に及ぶ根拠については、憲法39条の二重の危険で基礎づけることは説明できない。法が一罪については一度で解決することを要求し、これが可能であるにもかかわらずそれをしなかったときに再びこれを採りあげさせない趣旨であるが、それには、審判が可能であったこと、検察官側に同時審判請求の義務を認めることによりはじめて説明できる、とした。

▶その他の問題

平野は、訴因変更の命令について、訴訟構造観に依拠しながら論じる。刑訴法の法文の解釈として最も素直なのは、形成力はないが変更の義務はあるとする見解であるが、審判対象を裁判所が命令により作り上げるのは当事者主義的訴訟構造にとりきわめて異例であるから、実質的には不告不利の原則を害しない程度の、例外的場合に限定されるべきである。また、訴因と判決に関しては、訴因が審判対象であるとする見解を貫けば、訴因の個数に応じた判決が必要であるが、わが法では、訴因は審判の個数ではなく、その範囲を決定するものであるに過ぎないので、訴因の個数に応じた判決は必要ではない。最後に平野は、控訴審における訴因変更について、控訴審の構造との関連を指摘し、事後審査審として原判決の当否を審査する控訴審には、変更を命ぜられた場合、変更請求を却下された場合の外は訴因変更は許されないとの結論を示す。ただし、原判決を破棄した後は、控訴裁判所が自ら事件全体について審判することになるが、この場合にも審判の資料は原審にあらわれたところと事後審査に用いたものに限定されるので、訴因変更をして他の事実を認定するには多くの場合審理に用いられた材料だけでは不十分であるから、差戻し、または、移送の必要の

ある場合が多いであろうとする。

4　残された課題

わが国の立法、刑事訴訟法学が発展した歴史的な経緯もあり、平野の研究が
公刊された前後も、有力な異説が存在していた。職権主義的訴訟構造観を前提
に、刑訴法378条3号および338条3号の事件を公訴事実であると解し、裁判所
は公訴提起を受けた事件・公訴事実が審判範囲になる以上は、その全部につい
て審理し判決することができるとする見解は、裁判所が訴因を逸脱して判決を
したときも、訴訟手続の法令違反（379条）となるにすぎないとした。ここで訴
因は、公訴事実の法律構成を示すものとして位置づけられる（横川敏雄『刑事裁
判の実際〔増訂版〕』〔朝倉書店、1953年〕153頁以下、岸盛一『刑事訴訟法要義〔新版〕』
〔廣文堂書店、1962年〕52頁以下）。

また、周知のように団藤重光は、顕在的審判対象は起訴状に訴因として記載
された事実であるが、潜在的審判対象は起訴状に記載された犯罪事実と単一か
つ同一のすべての事実であり、既判力もその全部に及ぶとする独自の見解を提
唱し、これを維持した。団藤説では、起訴状に記載されていない事実につき判
決があったときは、審判の請求を受けない事件について判決をしたものとして
絶対的控訴理由（378条3号）となる（団藤重光『新刑事訴訟法綱要〔7訂版〕』（創
文社、1967年）205頁、523-4頁）。

こうした見解に対して、訴訟の基本構造分析を細密に行い、審判対象論にお
いても独自の見解を主張するのが鈴木茂嗣である。広義の刑事訴訟は、全体と
して一定の社会的問題（刑事事件）の解決をめざすが、旧法では、検察官が捜
査を主宰して問題解決の下準備をした上で裁判所に事件を引き継ぎ、審判手続
では裁判所がこれを前提に課題である社会的問題の解決に自らあたった。刑罰
権実現に最終的責任を負うのは裁判所であり、検察官はその協力者であった。
これに対して、現行刑訴法では検察官が捜査の結果を勘案して課題とされる社
会的問題についての解決案、すなわち具体的犯罪事実の主張である訴因を裁判
所に提示するとともに、裁判所はその解決案である訴因が誤りではないか否か
を人権保障の観点から吟味する。社会的問題の解決に直接に責任を有するのは

検察官であり、裁判所はその解決の当否を判断する批判者的地位に立つ訴訟主体となり、審判手続は、裁判所による権力行使・真実発見の手続から、権力抑制・主張吟味の手続へと変化した（鈴木茂嗣『刑事訴訟の基本構造』〔成文堂、1979年〕21頁以下、217頁以下〔以下、基本構造として引用〕、同『刑事訴訟法』〔青林書院新社、1980年〕14-5頁、同『刑事訴訟法〔改訂版〕』〔青林書院、1990年〕15頁）。鈴木はさらに、（広義の）訴訟対象について、「訴訟内的考察」の下で「審判対象」を、「訴訟外的考察」の下に「訴訟対象」を考察する（鈴木・基本構造157頁以下）。現行刑事訴訟法の基本構造を主張吟味型とする鈴木によれば、「審判対象」は訴因と罰条により特定された検察官の具体的な犯罪事実の主張（「主張された具体的な犯罪事実」つまり「公訴犯罪事実」）である（これを鈴木は、同・刑事訴訟法99頁で「訴因対象説」と、同・刑事訴訟法〔改訂版〕112頁で「公訴犯罪事実対象説」とよび、「公訴事実説」ではないとした）。いうまでもなく、全体としての刑事訴訟の課題は、一定の法益侵害が生じたのか、また何人がそれを生じさせたのかなどを確認し、犯人に対する適正な処罰を実現することにある。公判手続も、この訴訟課題を適正に解決するための「全体としての刑事訴訟」制度の一環をなしているのであるから、訴訟課題の基礎をなす法益侵害が同一である限り（「公訴事実の同一性」〔鈴木・刑事訴訟法99頁〕、「事件の同一性」〔鈴木・刑事訴訟法〔改訂版〕112頁〕）全体としての訴訟はなお同一性を保つといってよい。なお、同一性を論ずべき「公訴事実は」公訴「犯罪事実」ではなく、公訴犯罪事実が解答として予定されている「社会的問題」それ自体、すなわち公訴「問題事実」である（鈴木・基本構造219頁）。

　鈴木の訴訟外的考察や公訴事実に関する所説については、松尾浩也や田宮裕をはじめとする根本的批判がある（この点は、鈴木・基本構造211頁参照）。その要点は、批判に対する鈴木の反論にもかかわらず、職権主義的な訴訟物観が強く投影されていることにある。鈴木は、刑訴法の基本構造を権力抑制・主張吟味の手続として把握しているので田宮らの批判はあたらないとする。同一性を判断する要素を法益侵害におく点も訴因説と共通する。しかし、旧法における公訴事実説は同一性を判断する際に「社会的事実の同一性」を基準とし、当事者主義を基本構造とする現行法において判例は「基本的事実の同一」を基準とするが、２つの基準は実質的に異ならないと理解されている。同一性の判断基準

が同一であっても訴訟構造・手続は異なり得る。訴訟構造を職権主義ではなく権力抑制・主張吟味の手続として理解すると主張されるとしても、審判対象とは別に、訴訟外的考察の下に「訴訟の客体」を観念する鈴木の見解には、なお職権主義的な思考が払拭されていないとの疑念がある（鈴木は、「訴訟外から客観的にみれば」、「外部から全体的・客観的にみれば」といった表現をする。鈴木・基本構造157頁）。

　その後さらに鈴木は、公訴事実の同一性について、同一なのは「公訴犯罪事実」ではなく「審判手続」であり、公訴犯罪事実が変化してもそれが同一審判手続の対象としての性格をもつ限度で訴因・罰条の変更が認められることであると見解を改めた。ここでは、審判対象以外の何らかの事実の存在を連想させる「公訴事実」の「同一性」、「単一性」を前提としないで、「同一審判手続対象性」が認められるべき条件は何かという訴因変更の限界基準を端的に検討すべきことになる。その場合に、同一性においては「法益侵害の同一性」が、単一性では可罰評価上の「行為の密接関連性」が実質的基準となる（鈴木茂嗣「公訴事実の同一性」『田宮裕博士追悼論集　上巻』〔信山社、2001年〕93頁以下）。

5　現代的意義

▶最近の判例など

　訴因の特定・変更の問題に関して、最高裁は近時、重要な決定を下した（最決平成13・4・11日刑集55巻3号127頁。以下、平成13年判例という）。平成13年判例については、訴因の2つの機能、すなわち、識別説（記載された犯罪事実を他の犯罪事実と区別できる程度の記載を必要とする）と防禦権説（被告人の防禦権の行使に十分な記載を必要とする）のうち識別説に立つものであるとの見解が一般化した。しかし、訴因を記載することの意義について、両者がどのような関係にあるかが不明確であるだけでなく、各機能が個別の問題の解決にあたりいかなる意味を有するのかが解明されていないとの問題意識のもとで再検討する文献が現れた。それによれば、訴因には、「罪となるべき事実」として、特定の構成要件に該当する事実を、裁判所に対して合理的な疑いを超える心証を抱かせる程度に具体性をもった形で記載しなければならず、その上で、訴因特定の基準

としての識別説に立つ場合には、さらに、それを他の犯罪事実と識別できる形で特定されなければならない。両者は別個の要請であり、特定されているというためには、いずれもが充たされる必要がある（川出敏裕「訴因の構造と機能」法曹時報66巻1号〔2014年〕1頁以下。なお、堀江慎司「訴因の明示・特定について」研修737号〔2009年〕3頁以下）。

　また、過失犯の領域でも、過失態様の違いがあるときは訴因変更の必要があるとされるが（最判昭和46・6・22刑集25巻4号588頁）、近時の判例では注意義務を課す根拠となる具体的事実は、それが公訴事実中に記載されたとしても訴因として拘束力が認められるものではないので、その後訴因変更手続により撤回されたとしても、被告人の防禦権を不当に侵害しない限りこの事実を認定することに違法はないとするなど新たな展開がある（最決昭和63・10・24刑集42巻8号1079頁。実体法上の一罪と一事不再理効について、新たな解釈を示す、最判平成15・10・7刑集57巻9号1002頁なども参照）。

▶「公訴事実の同一性」基準論の展開

　平野を始めとして、広義の同一性を（狭義の）同一性と単一性から説明する見解が有力である。そして最近は、（狭義の）同一性と単一性とを両立性・非両立性の基準により統一的に説明する指向が強まっている（冨田真「訴因変更の可否の基準について」東北学院法学70号〔2010年〕1頁以下参照）。実体法上一個の罪と扱われる関係には2つの類型があることを指摘した上で論じる佐藤文哉元判事によれば、第一類型は、両訴因を構成するそれぞれの罪が実体法上一罪（単純一罪、集合一罪、包括一罪、科刑上一罪を含む）と扱われる類型であり実体法上非両立の関係にあるが、この類型に当たるか否かは罪数論により定まる。第二類型は、両訴因を構成するそれぞれの罪が実体法上いずれか一方の罪しか成立しない類型であり、この類型も実体法上非両立の関係にあるといえるが、この類型に当たるか否かは実体法の解釈上、罪の成立が択一的関係にあるか否かによって定まる。そして、非両立性の基準は、第一類型、第二類型ともに、単一性と狭義の同一性の場面を通じて問題となるのであり、それぞれの場面で基準を異にする理由はなく、基準は両方の場面で同じであるとしてよい。結局、単一性の場面でも狭義の同一性の場面でも同じ基準を用いてよいのであれば、単一性と同一性を区別する必要はなくなる（佐藤文哉「公訴事実の同一性に関する非

両立性の基準について」『河上和雄先生古稀祝賀論文集』〔青林書院、2003年〕251頁以下。なお、狭義の同一性、単一性は二重処罰の回避という観点から共通し、刑罰権の非両立性が基準となり、両者の区別は不要であるとする酒巻匡の見解〔酒巻匡「刑事手続法を学ぶ（第17回）審理・判決の対象⑶」法学教室378号（2012年）65頁〕を参照）。

　先述したように、平野は広義の同一性を狭義の同一性と単一性とから分析し、狭義の同一性を「行為または結果」により、単一性を実体法上の罪数論により判断する見解を主張した。ここでは、同一性とは「両立しえない訴因の間の関係」で、単一性は「両立しうる訴因の間の関係」とも表現されるが（平野・刑事訴訟法135頁）、両立・非両立関係を公訴事実の同一性判断の基準とする主張ではなかった。既に指摘されているように、訴因変更の確定をするのに本質的なことは、重要部分の共通性の有無であり、この重要部分に共通性が認められるとき2つの訴因間に非両立関係が生じ、共通性がなければ両立関係が生じる。しかし、こうした関係は共通性の有無の結果として生ずる現象にすぎず、「両立・非両立それ自体に格別の本質的意味があるものではない」（小田中聰樹『ゼミナール刑事訴訟法㊤』〔有斐閣、1987年〕163頁）。

▶**訴因論の方向性**

　これまでの論述から明らかなように、平野の訴因論は、とくにイギリスにおける訴因制度の歴史的発展過程を正確にフォローし、訴因にかかわる学説の分析により当事者主義的な訴訟構造における訴因論を抽出し、これを明解に示したこと、さらにそこで得られた知見をもとにわが国の刑訴法の解釈論として考え得る諸問題について一貫した結論を示したことに顕著な特徴があり、現在の通説を形成したといえる（田宮裕『刑事訴訟法〔新版〕』〔有斐閣、1996年〕186頁以下、松尾浩也『刑事訴訟法　上〔新版〕』〔弘文堂、1999年〕172頁以下など）。基本文献のみでなく、平野の体系書や多くの論文が著されて後、新たな判例が出現するだけでなく、刑事手続の領域でも重要な法改正が進行しつつある。時代の進行に対応した新たな論点もあり、訴因論においても平野の基本文献がカバーしなかった問題が出現している。基本文献の示した結論を墨守することが研究者に課せられた使命でないことはもちろんであるが、当事者主義的訴因論として基本文献において示された完成度の高い解釈論を座標軸としつつ、新たな問題に取り組む必要性はなお失われていない。

17 証拠の関連性

●基本文献
光藤景皎
「証拠の関連性について──『条件付関連性』概念の提唱」
同『刑事証拠法の新展開』（成文堂、2001年）所収（初出：法学雑誌38巻3＝4号〔1992年〕762-773頁）

大久保 隆志

1 学説・実務状況

▶関連性をめぐる理論状況

　証拠が許容されるためには関連性が認められなければならない。ここでいう関連性は、証拠と事実との関係である（なお、間接事実と証明される事実との関係も関連性と言われる〔平野龍一『刑事訴訟法』（有斐閣、1958年）230頁参照〕）。関連性には、自然的関連性と法律的関連性とがある。自然的関連性とは、当該証拠が当該訴訟において証明対象事実が存在する蓋然性を高めまたは低める能力を備えていることである。すなわち、最低限度の証明力を有するという意味で、論理的関連性を示すものとされている（もっとも、「相当高度の証明力」を要するとの立場もあった〔松岡正章『量刑手続法序説』（成文堂、1975年）56頁、60頁〕）。なお、この点で、連邦証拠規則401条にならって、証明対象事実が当該訴訟判断において重要な事実であることを要するとし、関連性には、狭義の関連性と重要性とを含むとの分析もなされていた（光藤景皎『口述刑事訴訟法　中』〔成文堂、1992年〕140頁。もっとも、論理的関連性と重要性とは異質のものであるとの指摘もある〔野々村宣博「刑事訴訟における関連性概念について──その序論的考察(1)」法と政治40巻1号（1989年）185頁〕）。

　次に、自然的関連性は、証拠が許容されるための必要条件ではあっても、十

分条件ではない。自然的関連性があっても、その証明力よりも、不公正な偏見や争点の混乱を招くおそれ、事実認定者の判断を誤らせるおそれ、あるいは、不当な遅延、時間の浪費、重複証拠の防止の必要性が強い場合には、その証拠は排除される。このような場合には法律的関連性がないとされている。

概ね、以上のような状況にあると言われていた。

▶一般的理解をめぐる理論の対立等

ところで、自然的関連性については、証拠能力の問題であるとする立場（平野・前掲書192頁、鈴木茂嗣『刑事訴訟法〔改訂版〕』〔青林書院、1990年〕192頁、田宮裕『刑事訴訟法〔新版〕』〔有斐閣、1996年〕325頁、松尾浩也『刑事訴訟法 下〔新版補正第2版〕』〔弘文堂、1999年〕10頁、三井誠「証拠の関連性」法学教室201号〔1997年〕109頁など）のほか、法以前の論理的・経験的事実間の関係に過ぎないから、関連性と証拠能力とは区別すべきであるとする立場（平場安治『刑事訴訟法の基本問題』〔有信堂、1960年〕131頁、団藤重光『新刑事訴訟法綱要〔7訂版〕』〔創文社、1967年〕247頁など）も有力であった。なお、この点に関連して、証拠能力を広義のそれと狭義のそれに区別し、自然的関連性は広義の証拠能力の問題ではあるが、狭義のそれの問題ではないとの立場もある（河上和雄ほか編『大コンメンタール刑事訴訟法〔第2版〕第7巻』〔青林書院、2012年〕433頁〔安廣文夫〕。なお、平場安治『改訂 刑事訴訟法講義』〔有斐閣、1954年〕176-177頁参照）。

また、わが国では、後述のように、法律的関連性の中に自白法則や伝聞法則を含める理解が一般的であるが（平野・前掲書192頁、鈴木・前掲書192頁、三井・前掲論文111頁、池田眞一「証拠の関連性」松尾浩也ほか編『刑事訴訟法の争点〔第3版〕』〔有斐閣、2002年〕163頁など）、法律的関連性は、予断、偏見の防止等の法政策的見地に基づいて要証事実との関係を否定する場合に限り、自白法則や伝聞法則はこれと区別するべきであるとする理解もある（寺崎嘉博『刑事訴訟法〔第3版〕』〔成文堂、2013年〕385頁参照）。

▶実務の状況

自然的関連性という表現は用いられていないものの、新聞記事につき「風評」または「意見」にとどまるから、証拠能力がないとしたもの（仙台高判昭和25・9・28特報12号171頁）、現場写真に修正などの「作為が加えられた疑い」がある場合には、「現場写真の本質を損なうものであるから」、証拠能力を否定すべき

であるとしたもの（東京高判昭和57・9・7高刑集35巻2号126頁）、証拠能力の存否を判断する限度においては、その「関連性」は「形式的に存在すれば足りる」としたもの（東京地決昭和56・1・22判時992号3頁）などは、自然的関連性を論じたものと言われている。

　他方、科学的証拠の自然的関連性に言及したものとして、臭気鑑定について、「証明力が定型的に乏しい」とは言えない（広島高判昭和56・7・10判タ450号157頁）、「最下限の証明力」はある（山形地鶴岡支判昭和58・1・12判時1096号153頁）、「最小限度の証明力」はある（京都地判平成10・10・22判時1685号126頁、その控訴審大阪高判平成13・9・28，LLI/DB 05620753）として、「自然的関連性」が肯定されている（なお、科学的証拠については、本書**18　科学鑑定**参照）。

　さらに、類似事実の立証との関係では、「自然的関連性」はあるが、類型的に裁判所に予断・偏見を与え、誤った心証形成の危険があることを指摘して、証拠の許容性につき慎重な判断をしてきた（和歌山地決平成12・12・20判タ1098号101頁、大阪高判平成17・6・28判タ1192号186頁）。最高裁も、同種前科との関係で、「前科証拠は、単に証拠としての価値があるかどうか、言い換えれば自然的関連性があるかどうかのみによって証拠能力の有無が決せられるものではなく、前科証拠によって証明しようとする事実について、実証的根拠の乏しい人格評価によって誤った事実認定に至るおそれがないと認められるときに初めて証拠とすることが許される」とした（最判平成24・9・7刑集66巻9号907頁。なお、類似事実について同様の判断を示したものとして、最決平成25・2・20刑集67巻2号1頁）。

　以上のように、裁判例の傾向としては、自然的関連性については、明らかに証明力が乏しい場合を除き、比較的緩やかに肯定しているものの、類似事実による立証についてはある程度厳格な態度が示されており、表現はともかく、内容的には概ね学説の一般的傾向に近い判断を行っているように思われる（その場合、法律的関連性という用語を用いないことが多く、関連性と予断偏見のおそれ等とは区別しているようにも見える〔たとえば、名古屋高金沢支判平成24・10・30，LLI/DB 06720561〕。もっとも、東京高判平成23・3・29判タ1354号250頁は、後者を含めて関連性としているようである）。

2　学説史的意義と位置づけ

▶英米法から導入された関連性概念

　戦後、わが国の刑事訴訟法は、英米証拠法を導入したと言われるが、英米法にいう「関連性（relevancy）」は、「出来事の通常の筋道（common course of events）に従って、ある事実の存在、又は不存在が、それ自体で、もしくは第2の事実と結び付いて、他の事実の存在、又は不存在を確実にさせ、もしくは確からしくさせるならば、その事実は、他の事実と関連する」と言われている（団藤重光編『法律実務講座刑事編　第9巻　証拠法(2)』〔有斐閣、1956年〕1988頁〔青木英五郎〕）。

　本来、英米法における関連性は、情況証拠または間接証拠について、「要証事実の存在を推理し得る蓋然性（probability）」とされる（江家義男『刑事証拠法の基礎理論』〔有斐閣、1951年〕224頁）。同書によれば、蓋然性であるから、単に「考え得られる」とか「あり得ること（possibility）」では足りないのであって、最低限度の証明力よりやや高度の証明力とも言われているが、どの程度の証明力を要するかは、具体的事実に即して判定されるので、別段の法則は存在しないと言われる（同頁）。なお、関連性のほかに、重要性（materiality）という概念もあるが、それは、提出された証拠によって証明しようとする事実が、適法な争点となり得るか否か、すなわち実体法的に重要であるか否かの問題であるとする理解と、証拠がその証明しようとする事実に対して有する立証上の重要性があるか否かの問題であるとする理解とがあるとされていたが、前者は、わが国の刑訴法上はむしろ関連性に含まれるとの理解が主張されていた（青木・前掲書1989頁）。

　そして、関連性のない証拠は許容されないが、関連性がある証拠であっても、不当な偏見の排除、争点の混乱の防止、不公正な不意打ちの排除の観点から、証拠として許容されない場合があるとされる（江家・前掲227頁、青木・前掲書1989頁）。このような理解を踏まえ、刑訴法295条について、関連性のない証拠を排除する必要性があることは当然であるとしつつ、関連性のある証拠についても、「不当な偏見排除の法則」、「争点混乱防止の法則」については、陪審と

の関係であるから、それほど厳格である必要はないが、まったく無用と考えるのは適当ではなく、また、「不公正な不意打排除の法則」は、その必要性が強く感じられると評価されていた（江家・前掲書239頁）。もっとも、「不当な偏見排除の法則」については、刑訴法が裁判官の予断偏見を避ける規定（256条6項など）を設けた趣旨から考えれば、排除を認めることが妥当であろうとも言われていた（青木・前掲書1991頁）。

　このような理解からは、そもそも関連性とは、現在、自然的関連性として整理されているもののみが想定されており、法律的関連性として理解されているものは、連邦証拠規則403条以下の規定に従って証拠が排除される場合を要約指摘したものであって、本来の関連性それ自体とは区別されているようにも見える（野々村宣博「アメリカ合衆国連邦証拠規則403条の意義に関する一考察」法と政治53巻1号〔2002年〕159頁参照）。

　もっとも、英米では、論理的関連性を備えた場合でも政策的考慮から排除される場合があることを捉えて、関連性を論理的関連性と法律的関連性とに分けて考える学説もあると指摘され（松岡・前掲書64頁）、英米で実際に関連性の問題として論ぜられるのは、陪審の事実認定を誤らせる危険が大きい場合の「人為的の法則」についてであり、これを「法律上の関連性」とも言うと指摘されていた（田中和夫『証拠法〔第3版増補版〕』〔有斐閣、1955年〕17頁、18頁注(2)）。ところで、初めて「法律的関連性（legal relevancy）」の文言が明確に用いられたのはウィグモアにさかのぼると言われているが（成瀬剛「科学的証拠の許容性(2)」法学協会雑誌130巻2号〔2013年〕392頁）、その際の用法は、証拠に僅かの価値しかない場合でも、不当に高い評価を下す危険があることもあるから、関連性が認められるためには、最小限度の証明力のみでは足りず、それ以上の「付加価値（plus value）」が必要であって、これを「法律的関連性」と称したと言われる（野々村・前掲法と政治40巻1号179頁以下参照）。もっとも、この概念は、その曖昧さとあいまって、結局のところ、さまざまな法益の衡量を「法律的関連性」と構成することによって、法政策の問題と論理の問題とを不明瞭にしてしまうとの批判がなされており（野々村・前掲論文181頁参照）、現在の英米法諸国においては、法律的関連性という用語はほとんど用いられていないと言われている（成瀬・前掲論文394頁）。

▶従来のわが国における一般的な理解

わが国においては、関連性にかかわる刑訴法の規定は、295条しか存在していない（なお、規則189条1項による立証趣旨の明示も関連性のない証拠を排除するためと言われている〔安廣・前掲書426頁〕）。同条は、尋問や陳述が事件に関係のない事項にわたるときは、これを制限することができる旨規定しているが、ここに言う「事件に関係のない事項」とは、事件を審理する上において、「何ら重要な関連をもたない事項」とされており（小野清一郎ほか『刑事訴訟法(下)〔新版〕』〔有斐閣、1986年〕722頁）、実体法上も訴訟法上も公訴事実（ないし訴因）に関連しない尋問等は制限できることとされている（松尾浩也監修『条解刑事訴訟法〔第4版〕』〔弘文堂、2009年〕625頁）。このような規定を前提とすれば、明文の規定がなくても、自然的関連性のない証拠が許容されないのは「証拠法の不文法的制限」（松尾・前掲書10頁）、「性質上訴訟にふさわしい要請」とも言われ（田宮裕・前掲書325頁）、「当然のこと」とされている（安廣・前掲書426頁）。

ところで、わが国においては、前述のような英米法の理解を踏まえて、法的文脈における関連性について、「法律的関連性」という用語がやや異なって用いられるようになった。すなわち、本来、この概念は、証明力評価を誤らせるおそれが証拠価値を上回る場合において、証拠価値の制限一般をいうものと理解されたが、これを前提にしつつ、伝聞法則や自白法則をも「法律的関連性」に取り込んで説明する見解が登場したのである（平野・前掲書192-193頁）。この平野龍一の説明は、「母法の概念を換骨奪胎」したと言われつつも、英米流の証拠法の全体像を把握することを容易にしたと評されている（笹倉宏紀「証拠の関連性」法学教室364号〔2011年〕28頁）。

平野の見解によれば、自然的関連性と法律的関連性とは、「観点」に違いがあるだけであって、本質的に異なるものではないとされていたものの（平野・前掲書193頁）、その後は、評価の観点が異なることが強調され、両者を区別して論ぜられることが多くなり、むしろ、両者はそれぞれ独立した関連性概念であるかのような理解が受け容れられて、今日に至ったように思われる（たとえば、田口守一『刑事訴訟法〔第6版〕』〔弘文堂、2012年〕368頁、福井厚『刑事訴訟法講義〔第5版〕』〔法律文化社、2012年〕348頁、白取祐司『刑事訴訟法〔第7版〕』〔日本評論社、2012年〕320頁、池田修ほか『刑事訴訟法講義〔第5版〕』〔東京大学出版会、2014年〕

385頁など。これに対し、そのような区別は無用であるとするものとして、寺崎嘉博『刑事訴訟法〔第3版〕』〔2013年〕384頁、法律的関連性を関連性のひとつとして整理することに疑問を呈し、再検討すべきであるとするものとして、司法研修所編『科学的証拠とこれを用いた裁判の在り方』〔法曹会、2013年〕38頁注(60)。さらに、「観点」としての有用性を認めるにとどまるものとして、宇藤崇ほか『刑事訴訟法』〔有斐閣、2012年〕324頁）。

　このような一般的な理論状況の中で、自然的関連性と法律的関連性とを区別した上で、前者の関連性には、①証拠の同一性、成立の真正性の問題（たとえば、偽造の写真が直接証明すべき事項である現場の状況と関連性がないというような場合。証拠と直接証明すべき事実〔間接事実ないし情況証拠〕との関係）と、②直接証明すべき事実と審理における要証事実との関係という意味での関連性の問題との2つが含まれるが、両者は本質的には同じ構造の問題であると理解され、多くの場合、②の問題のみが関連性として議論されることが通例であったと言われてきた（池田・前掲論文162頁。なお、早くからこの両者を区別して検討するものとして、光藤・前掲『口述刑事訴訟法　中』141頁。その後のものとして、三井誠『刑事手続法Ⅲ』〔有斐閣、2004年〕38頁、上口裕『刑事訴訟法〔第4版〕』〔成文堂、2015年〕396頁など）。

▶基本文献の意義

　基本文献は、概ね以上のような理論状況を踏まえ、上記①の問題を関連性の問題として、正面から取り上げて議論しているほか、上記②の関連性の問題を超えて、③証拠から科学的資料を取り出す方法の信頼性についても、同様に関連性の問題として検討したものであって、①と③の2つの場合について「条件付関連性」という概念の導入を提唱された。アメリカ合衆国においては、ある証拠の証明力が他の証拠の確かさに依存している場合については、「条件付関連性（conditional relevance or conditional logical relevance）」として議論されているが、この議論を踏まえて、上記①の証拠の真正の問題と、③の証拠から科学的資料を取り出す方法の信頼性の問題とを合わせて「関連性」の一環として検討すべきものと主張され、これらを「条件付関連性」という概念で包括されたものである。

3　文献紹介

▶基本文献の立場

　基本文献によると、証拠の真正性の議論は、正面から取り上げられることが少ないのが実情であり、これを関連性の問題として議論することに意味があるとされ、また、科学的証拠についても、構造的には同様の問題があるとして、この両者の問題を関連性の2つの類型として検討された（基本文献「はしがき」ⅰ頁）。とりわけ、科学的証拠については、わが国においても、事実問題の最終的判断権が陪審員にある米国におけるのと同様、その自然的関連性は「必要最小限度の証明力があること」で足りると捉えられているが、それは、米国においては陪審員が科学的証拠を過信し易いことから、陪審員の判断を誤らせるおそれのある証拠を、裁判官が判断し得る法律的関連性の次元で排除するための「苦心の作」である。これに対し、わが国においては、裁判官が証明力の最終的判断者であって、陪審員に対する考慮は必要がないのであるから、科学的証拠の基礎的な原理についても、自然的関連性の次元で捉えることができるのではないか。そして、わが国の場合、科学的証拠については、その基礎にある「科学の原理の確かさ」と「その応用過程の信頼性」とを確かめる手段が不十分である。科学的証拠の原理が「必要最小限度の証明力があること」という程度の関連性で良いとするならば、それから導き出される資料は、要証事実との関係では、「必要最小限度の証明力」さえももたないのではないか、との問題が提起されている（基本文献5-6頁）。

　そこで、基本文献は、この問題について、「条件付関連性」の概念を導入される。「条件付関連性」とは、ある事実Aの存在が、関連するBの証拠の関連性を条件付けるとき（事実Bの関連性は、その基礎にある事実Aの存在にかかっているような場合）に用いられる関連性の概念である（基本文献7頁）。その上で、合衆国における「同一性識別」または「検認」の手続を参照され、そのような手続による立証がなされることが「条件付関連性の原則の一つの機能」であるとされる。たとえば、合衆国においては、物的証拠について「保管の連続」ないし「保管の連鎖」が要求され、また文書の場合について「真正さの確認」（検

認）を要求することが関連性の基礎とされている（基本文献10頁）。そして、このような考え方は、科学的証拠の関連性についてもほぼ同様に考えることができるとされ、次のように述べる（以下、基本文献11-12頁の引用である）。

　物の場合は、その物の出所が申請者の主張通りであることが確かでなければ、その物の要証事実に対する証明力をいかに論じても無意味である。科学的証拠の場合は、対象たる物の真正さはもとより前提となるが、物自体が直ちに証拠資料として利用可能とはならないで、科学的検査・分析の結果が証拠資料として意義をもつ。しかし例えば、犯行現場の微量のシミは被害者Vの血痕である事実(B)は、それを導き出すに用いられた方法が科学的に確か(A)であってはじめて、それが証明しようとする事実に対し関連性を有するのである。Bの証拠はA事実の確かさにかかっているのである。C事実、D事実、E事実という並列的に存在する数個の間接事実から主要事実を推認する場合とは異なる。このような場合に基礎となる事実の存在が不確かならば、それに基づく事実の推論もきわめて不確かなものとならざるをえない。鑑定結果が証拠として申請されることとなるが、それが導き出される科学上の原理又はそれの適用のプロセスの有効性が確かと認められないならば、その鑑定結果は、条件付関連性における基礎となる事実の確かさを何ら保証しえないであろう。
　このように考えると、科学的証拠の場合に必要とされる自然的関連性は、条件付関連性のそれであって、一般の場合よりも高い証明力が要求されると考えたい。
　確かに、科学的証拠以外でも、比較的高い証明度が要求されてしかるべき場合があろう。とくに科学的証拠についてこれを要求する背景には、やはり科学的証拠の場合は、その解析のできない者は、実際以上にそれを正確で且つ信頼できると考える傾向をまぬがれない。したがってその弊害におち入らぬようそれ自体高い証明度が必要だ、という考えがひそんでいることも否定しがたい。この意味で科学的証拠の場合は、むしろ法律的関連性が基準となるとする見解にも一理あるように思われる。だが、合衆国でこの問題を法律的関連性の次元でとらえたのは、事実問題についての裁判官と陪審員との権限分配が背景にあり、未だ十分承認されていない科学的証拠の陪審員による利用を阻止し誤った判決を避けるためには、法律的関連性の問題として即ち法律問題（＝裁判官の権限）としてとらえる必要があったためと思われる。
　このような問題がないわが国の刑事裁判においては、科学的証拠も自然的関連性の問題としてとらえ、それが構造的に、物的証拠の真正さとパラレルに考えうるところから、条件付関連性の基準を満たすかどうかで許容性を判断するのがよりよいと思うのである。その場合に決定的に重要なのは、基礎にある科学的原理の確かさと、技法がその原理の正しい適用といえるかである。わが国の裁判における科学的証拠（例、ポリグラフ検査結果、犬の臭気選別結果）の扱いは、この点の吟味を欠いているといっても過言ではない。

▶基本文献の意義

　自然的関連性の問題は、物であれば同一性の検討が必要であり、文書であれば偽造でないことの確認が必要であって、いずれにせよ、真正の確かさを前提とする。仮にこれが否定された場合には、最低限度の証明力がないことは明らかであろう。この点は、実務においては、むしろ無意識のうちに前提とされていたように思われる。ところが、とくに科学的証拠の場合には、これに加えて、その科学の原理および判断に用いられた方法の確かさも必要であると考えられるものの、これは、従来、単なる証明力の問題として検討すれば足り（もっとも、裁判例で見る限り、実際の事例においては、証明力判断は「慎重」であって、科学的証拠に対する「警戒」を示しているとも言われる〔三井・前掲書271頁〕）、証拠能力の問題としてはほとんど検討されてこなかったように思われる。これらの点について、「条件付関連性」概念を導入することによって、自然的関連性の問題であることを理論的に解明し、これを自覚的に展開した点に、基本文献の大きな意義があるものと考えられる。

　条件付関連性は、「条件付許容性」（conditional admissibility）とも言われ、たとえば、取調べの請求の際には関連性も明らかでない証拠であっても、後に提出すべき証拠によってその関連性が示されるであろうという請求者の約束がある場合には、その約束の実現を条件として許容される場合であって、もし後にその関連性を示す証拠が提出されないときは、前の証拠は排除されねばならないとされる（青木・前掲書2008頁。なお、条件付関連性につき、詳細に検討したものとして、野々村宣博「刑事訴訟における条件付き関連性概念の意義について──アメリカ合衆国の情況を対象として」法と政治42巻4号〔1991年〕39頁以下参照）。そうであれば、条件付関連性は、自然的関連性の概念それ自体については「論理的関連性（logical relevancy）」として堅持しつつ、一旦は証拠として許容しながら、後日の条件立証によって排除されるのであるから、科学的原理および判断に用いられた方法の確かさについても、これを別途立証することによって証拠排除を免れるという構成を採ることによって、自然的関連性の概念を変更することなく、実質的にはこれに新たな角度から重要な要件を加えることに成功しているように思われる（これに対し、科学的原理の確かさやその原理の正しい運用は、自然的関連性そのものの問題であるとの見解もある〔浅田和茂「科学的証拠」村井敏邦ほか

編『刑事司法改革と刑事訴訟法　下巻』（日本評論社、2007年）785頁〕）。その意味で、単に、自然的関連性の問題であることを自覚的に展開したのみならず、従来の概念に変更を加えることなく巧妙な実質要件を加えることに成功したという意味で、特筆されて良いように思われる。

4　残された課題

　基本文献は、自然的関連性の重要性を改めてクローズアップしたのみならず、条件付関連性の概念を応用することによって、巧妙な論理を展開することに成功したように見える。もっとも、たとえば科学的証拠について、科学的原理および判断に用いられた方法の確かさと、その点についての信用性は、その判断が必ずしも容易ではなく、一義的に決せられるとは言い難いようにも思われる。かつてのフライ原則が放棄され、「信頼性（reliability）」と「有効性（validity）」とを基準とすれば足りるとの見解が採られるに至ったと言われるように（井上正仁「科学的証拠の証拠能力(1)」研修560号〔1995年〕9-12頁参照）、科学的原理と判断に用いられた方法の確かさの程度によっては、これを条件とすることの意義が薄れることも考えられるし、逆に、厳格な程度を要求すれば、最先端の科学的成果を用いることができないということにもなりかねない（わが国では、そもそも、米国のように、フライテストが放棄され、ドーバートテストに代替された訳ではない）。

　基本文献の意義は、巧妙な論理構成によって、科学的原理と判断に用いられた方法の確かさという視点を整合的に提供した点にあるが、その具体化の在り方いかんによっては、結論が大きく異なる余地も残されていた。

　その後、光藤景皎は、科学的証拠について、その論理的関連性は、「その基礎となる事実の確かさ」に依存しているとして、具体的な基本的要件として、①基礎にある科学的原理が確かなものであること、②用いられた技術がこの原理にかなったその応用であること、③この技術に用いられた器械のいずれもが、検査の時点で正しく作動していたこと、④その検査に関して、正しい手続がとられたこと、および⑤検査を行った者またはその結果を分析した者が必要な資格を備えていたことを挙げるに至っている（光藤景皎『刑事訴訟法Ⅱ』〔成文堂、

2013年〕139-140頁）。そして、このような立場が有力な見解となっているが（上口・前掲書398頁、宇藤ほか・前掲書337頁、福井・前掲書352頁、成瀬剛「科学的証拠の許容性」刑法雑誌53巻2号〔2014年〕172頁、さらに異同識別のために用いられる科学的証拠について類似の見解として、田淵浩二「刑事手続における科学的証拠の許容性——科学的証拠の信頼性をどう保証するか」静岡大学法経研究41巻4号〔1993年〕78頁、82頁）、上記①および②を要件として要求するか否かについては、学説においてもなお動揺がみられるように思われる（三井・前掲書264頁、寺崎・前掲書391頁）。その意味において、基本文献の提唱した問題は、今なお議論がなされており、議論の枠組みとして有効な視点を提供したことは疑いないように思われる。

5　現代的意義

▶関連性をめぐる近時の動向

　自然的関連性については、これまでも比較的軽く取り扱われる傾向にあったが、近時、裁判員裁判の導入に伴い、関連性概念の再検討の必要性が主張されるとともに、法律的関連性の問題が一層重要視されるようになっているように思われ（佐々木一夫「証拠の『関連性』あるいは『許容性』について——裁判員制度の下での証拠調べを念頭に」原田國男判事退官記念論文集『新しい時代の刑事裁判』〔判例タイムズ社、2010年〕202頁、渡辺修『基本講義刑事訴訟法』〔法律文化社、2014年〕198頁など）、また、その法律的関連性の判断についても、「バランシングテスト」（利益衡量アプローチ）が主張されている（佐々木・前掲論文197頁以下。そのような理解が一般的であると言われている〔田淵浩二「科学的証拠の証拠能力」井上正仁ほか編『刑事訴訟法の争点』〔有斐閣、2013年〕157頁〕）。さらに、実務上、争点の混乱・拡散の防止や訴訟経済の観点から、「証拠調べの必要性」という概念も用いられているが（なお、自然的関連性は、実務上、「証拠調べの必要性」の観点から検討されることが多いとも指摘されている〔松尾監修・前掲書810頁〕）、公判前整理手続との関係でこの点についての疑問も提起されている（佐々木・前掲論文203頁、安廣・前掲書432頁。これに対し、公判前整理手続段階で、科学的証拠の証拠調べ請求を却下するには、自然的関連性のほか、「必要性ないしは相当性がない」として却下するための要件が重要であるとの指摘もある〔司法研修所編『科学的証拠とこれを用いた裁判の

在り方』(法曹会、2013年) 23頁]。「必要性・相当性」の判断基準につき、同書37頁以下)。

　他方、これに対し、必要性概念への疑問は共有しつつも、言われるような「バランシングテスト」は安定性に欠けるとしてこれを批判し、むしろ「定型的・類型的判断」を行うべきであり、行うことができるとの主張もなされている(角田雅彦「『必要性』判断から『許容性』判断への一元化へ」後藤昭ほか編『実務体系現代の刑事弁護2　刑事弁護の現代的課題』〔第一法規、2013年) 319頁)。

▶基本文献の現代的意義

　しかしながら、非法律家が加わる裁判員裁判においては、自然的関連性を一層慎重に判断する必要があるとも思われるし、仮にこの点を措くとしても、たとえば、科学的証拠について、「類型的に、必要最小限度の証明力を有する蓋然性すら欠くとされるものはなく、いずれも、類型類的には自然的関連性を肯認しうる」(安廣・前掲書432頁。同書によれば、自然的関連性を否定される例として、殺人事件の被害者の霊を呼び出して犯人を指摘されるような「霊媒」が挙げられている)とも言われていること、判例の全体的傾向としても、科学的証拠の証拠能力の有無については、科学的原理の確かさや技術・手法の妥当性などについて「特別扱い」の理由はないと考えていると評されていること(三井・前掲書269頁)などを踏まえれば、関連性判断に慎重を期する基本文献の意義は、現代においても、なお強調される必要があるように思われる。

　他方、科学的証拠の関連性をめぐって、その原理に「一応の合理性」があり、検査方法の正確性が経験的に認められれば、自然的関連性が認められる(廣瀬健二編『刑事公判法演習』〔立花書房、2013年〕131頁〔下津健司〕)、一般的に信頼できる手法が用いられ、具体的訴訟において証明力の吟味が可能であれば、自然的関連性が認められる(池田ほか・前掲書477頁)、科学技術が一般的に信頼できるもので、当該事案における用いられ方が相当で、方法・結果の当否を事後的に評価し得る場合には関連性が認められる(三井誠ほか編『新基本法コンメンタール刑事訴訟法〔第2版〕』〔日本評論社、2014年〕464頁〔川原俊也〕)との理解も示されており、少なくともこれらは、基本文献の考え方に近い発想があるように思われる(もっとも、科学的証拠の信頼性に問題がある場合に、証拠能力がないとするか証明力がないとするかは、裁判官にとってそれほど重要な問題ではないとも言われている〔司法研修所編・前掲書27頁〕)。

5　現代的意義　235

さらに、関連性を「証拠の性質ごとに要求されるべき証明力の最低水準」と定義し直した上で、その最低水準は、個別事案ごとにバランシングテストも行った上で決まると解し、鑑定人の適格性、鑑定方法の信頼性を含めて、すべて「証拠の関連性」に統一するとの見解も主張されており（田淵・前掲『刑事訴訟法の争点』157頁。なお、論理的関連性と証明力の問題とは異なるとして、その混交に危惧を示すものとして、野々村宣博「刑事訴訟における関連性概念の再検討――伝聞法則との関係をも考慮して」法と政治42巻1号〔1991年〕66頁、86頁、94頁）、この見解は、従来の自然的関連性の枠組を超えて関連性の意義それ自体を問い直す点において基本文献を踏み越えるものであるが、目指す方向性においては、なお共通性を有するとみることもできる。

　このようにみてくれば、基本文献は、これまでの関連性概念を改めて再検討する際の方向性を示す重要な一里塚として、今なお現代的な意義を見出すことができるように思われる。

18 科学鑑定

●基本文献
浅田和茂
『科学捜査と刑事鑑定』
(有斐閣、1994年)

徳永　光

1　学説・実務状況

▶はじめに

　基本文献は、1970年代後半から1990年代前半にかけて公表された浅田和茂の14本の論文と未発表論文2本を併せて編集されたものであり、「自白偏重から科学的客観的捜査への転換」を図るために解決されるべき諸問題、すなわち「捜査の科学化」から生じうる情報の入手・保管過程に関する問題と、「裁判の科学化」のために不可欠な鑑定制度の課題、鑑定の評価に関する問題を網羅的に論じる内容となっている。基本文献の検討項目は広範であるため、学説史上の意義等については、その一部についての言及とならざるを得ないことを予めご了承いただきたい。

▶鑑定制度

　1970年代後半から80年代にかけて、再審開始決定・無罪判決が相次いで出され、誤判原因のひとつは鑑定であることが明らかとなった（「日弁連第22回人権擁護大会シンポジウム〈第一分科会〉『裁判と鑑定』基調報告書」自由と正義30巻9号〔1979年〕96頁以下、上野正吉「刑事裁判と法医鑑定——裁判に真の公開を」ジュリスト631号〔1977年〕122頁以下）。

　日本の鑑定人制度については、大陸法的に、裁判所の補助者である側面を重視する見解と、英米法的に証人である側面を重視する見解があり一様ではない。また実務においては、捜査機関の委嘱する嘱託鑑定人が、（鑑定人と同等に扱われ）

「鑑定」の大多数を担っていることが状況を複雑化させている。大陸法系の観点から鑑定制度を論じる場合は、鑑定人の選任・忌避、鑑定結果の拘束力、再鑑定の要否に力点がおかれ、英米法系の観点から論じる場合は、鑑定結果の証拠能力、証拠開示、被告人側鑑定の保障に焦点があてられる傾向がある（庭山英雄「刑事鑑定の法理論的問題点」ジュリスト694号〔1979年〕35頁参照）。

　鑑定制度の性格づけについては、専門家の党派性が問題となっているアメリカでの運用が紹介され、鑑定人の当事者主義化を危惧する見解（横井大三「刑事事件における鑑定の諸問題」自由と正義29巻7号〔1978年〕52頁）は多い。他方、鑑定制度も当事者主義に基づいて理解し、被告人側の鑑定要求権を認め、「当事者とくに被告人側から鑑定の申請があれば、原則としてこれを許さなければならないものと解すべき」（松岡正章「当事者主義と鑑定」上野正吉・兼頭吉市・庭山英雄『刑事鑑定の理論と実務——情状鑑定の科学化をめざして』〔成文堂、1977年〕113頁）との指摘もある。再審事件においても、旧鑑定を弾劾するのはやはり鑑定であり、（再）鑑定の重要性が指摘される（谷村正太郎「刑事裁判と鑑定」自由と正義39巻8号〔1988年〕5頁以下）。

　いずれにせよ、学説上、鑑定人の中立・公平性の確保については異論のないところ、実務においては、警察の科学捜査力の強化が図られ、警察の鑑識・鑑定体制の充実強化が推し進められる一方である（石尾登「特集・刑事警察充実強化対策要綱の推進　科学捜査力の強化」警察学論集40巻1号〔1987年〕30頁以下）。

▶鑑定結果の証拠能力・証明力

　鑑定結果の証拠能力については、いわゆる「科学的証拠」を対象として論じられる場合が多く、法医学分野に属する鑑定や精神鑑定が対象とされることはあまりない（ただし、田中輝和『血痕鑑定と刑事裁判——東北三大再審無罪事件の誤判原因』〔東北大学出版会、2002年〕141頁以下がある）。「科学的証拠」とそれ以外との境界は不分明であるが、典型的には、伝統的筆跡鑑定、警察犬による臭気選別、ポリグラフ検査回答書、声紋鑑定が挙げられ、これら鑑定方法に指摘される各問題点が、証拠能力を否定すべき要素となりうるか、そもそも科学的証拠の証拠能力基準は何かが論じられてきた。

　臭気選別を例にとれば、①基本文献を筆頭に自然的関連性を否定し証拠能力を認めない見解、②自然的関連性は認めつつ、a)法律的関連性の問題として一

定の要件を挙げる見解（木谷明「いわゆる臭気鑑別書の証拠能力」判例タイムズ546号〔1985年〕37頁以下）、b)証拠採否の要件（事実認定の用に供するという観点からは、証拠能力と証明力の要件が混然一体なものとしてあってよいとする）として、注意則的に一定の項目を列挙する見解（平良木登規男「警察犬による臭気選別の結果が有罪の事実認定の用に供しうるとされた事例」警察研究60巻1号〔1989年〕64頁以下）、c)指摘される問題点は証明力評価にあたり考慮すれば足りるとする見解（宇津呂英雄「警察犬による臭気選別結果の証拠能力」警察学論集37巻2号〔1984年〕146頁）等があり、証拠能力の中身自体に関する理解は多様である。

　また、日本の裁判所は、重要であるはずの①基礎となっている科学的原理が確かなものであること、②用いられている方法（技法）が、その原理によくかなったものであることを十分論じないまま証拠能力を認めているとの指摘の下、鑑定資料の真正性が立証されない限り、鑑定結果について自然的関連性の有無を判断しても意味がないのと同様、①②の立証も、自然的関連性判断の前提とされるべき（したがって、科学的証拠については、証拠能力の要件として、他の証拠一般よりも高い証明力が要求される）との見解も提示された（光藤景皎「証拠の関連性について――『条件的関連性』概念の提唱」同『刑事証拠法の新展開』〔成文堂、2001年〕1頁以下〔初出1992年〕）。

　鑑定結果の証明力評価のあり方については、精神鑑定をめぐっては、裁判官の自由心証に対する鑑定結果の拘束力がまず議論される一方、いわゆる科学的証拠の領域では、鑑定結果に信を置きすぎることへの歯止めがより重視される。再審事件の分析を基に、請求人に有利な鑑定結果を排斥する際の裁判所のロジックを「不可知論」「可能性論」として、「疑わしきは被告人の利益に」の鉄則と相容れないとする批判もなされた（日本弁護士連合会編『再審』〔日本評論社、1977年〕41頁以下）。

2　学説史的意義と位置づけ

▶学説史的意義

　基本文献も指摘するように、鑑定制度を扱った文献は、日本では少なく、それも主に精神鑑定に関する研究に限られている（160頁）。1970年代後半に、鑑

定制度への関心がいっとき高まったものの、その後は芳しくなく、現在に至るまで、この分野の議論を牽引してきたのは浅田であったといえよう。

臭気選別結果については、証明力のないことが実務にも浸透し（臭気選別事件弁護団『臭気選別と刑事裁判——イヌ神話の崩壊』〔現代人文社、2002年〕の事案など）、少なくとも裁判員裁判においては、これを（ポリグラフ検査、筆跡鑑定も同様）、「不用意に取り調べることは問題が大きく」、証拠としての「必要性」を否定すべき場合が多いのではないか（司法研修所編『裁判員制度の下における大型否認事件の審理の在り方』〔法曹会、2008年〕49頁）と評されるまでに至る。このような実務の変化に対し、導入初期からその問題点を子細に指摘してきた基本文献の寄与度は大きい。

▶浅田和茂の研究過程における位置づけ

浅田は、改めていうまでもなく責任（能力）論と精神鑑定についての研究でも名高いところ、基本文献においては、「科学的」証拠、精神鑑定、法医学鑑定を網羅した考察が展開されている。もちろん、各鑑定には個別の特性があり、それに応じた議論が必要ではあるものの、最終的に選ばれるべき鑑定制度は（証拠能力基準についてはなお検討を要するとしても）、ひととおりの鑑定を包摂できるものでなければならない。この意味においても、基本文献に匹敵する研究はみあたらない。

基本文献公刊以降の浅田の関連論文としては、①「科学的証拠とその評価」光藤景皎編『事実誤認と救済』（〔成文堂、1997年〕41頁以下）、②「刑事司法の科学化」（ジュリスト1148号〔1999年〕102頁以下）、③「証言の信用性と心理学鑑定」廣瀬健二・多田辰也編『田宮裕博士追悼論集　上巻』（信山社、2001年）などが挙げられる。①では、基本文献においては詳述されなかった科学的証拠の証拠能力基準が論じられ、「条件的関連性」の具体化が図られている。そこでは、原理と鑑定方法は自然的関連性の、鑑定人の能力や個別事案における具体的鑑定方法などは条件的関連性の問題とすることが提案されており（同43頁）、このような分類をする点で先述の光藤説（光藤・前掲12頁）との違いをみせている。②では、実務があいかわらず「自白から科学へ」でなく「自白も科学も」の姿勢を変えておらず、「一方的に捜査の科学化が進展」したのに比べ、弁護側が反論するための制度的な保障がないことが指摘される。③では、心理学鑑定に

関するドイツ連邦裁判所の判例が紹介され、浅田の研究対象が心理学にも拡大していることがわかる。

3　文献紹介

▶基本文献の構成

　第1編「序章」第1章では、「明治以来のわが国の刑事手続きの課題は、自白偏重の克服と証拠裁判主義の徹底」にあり、自白に代わる「状況証拠の発見・認定・評価において、しばしば科学的知識が不可欠の武器」(2-3頁)となる一方、科学捜査の名の下での人権侵害と、捜査の科学化にみあう公判手続きの科学化に遅れの生じていることが指摘される。第2章では、鑑定が「誤判の主要な原因をなすと同時に、最も強力な再審理由となっている」「両刃の剣」(12頁)であり、その利用につき適正なルール化が必要であることが示される。

　第2編「科学捜査の現状と問題点」第1章では、科学機器を利用した捜査および「科学的」尋問のもたらす人権侵害の問題、第2章では、捜査機関による個人情報の収集・保有・利用の法的根拠と限界、第3章および第4章では、麻酔分析とポリグラフ検査、第5章では、加えて警察犬による臭気選別が取り上げられる。

　第3編「刑事鑑定」では、鑑定制度と鑑定結果の評価のあり方につき、第1章では日本の鑑定制度、第2章ではドイツの鑑定制度が検討される。第3章では、「松山事件」を例に、鑑定の評価のあり方が論じられ、[付論]において筆跡鑑定が取りあげられる。第4章は、鑑定受託者による鑑定書の証拠能力の議論、および「新潟ひき逃げ事件上告審判決」に対する判例評釈である。

　以下、基本文献の掲載順とは異なるが、「科学捜査」と「刑事鑑定」に関する内容をそれぞれ紹介する（なお、麻酔分析、強制採尿のための在宅被疑者の連行、責任能力に関する議論、第3編第4章などは、紙幅の都合上割愛させていただきたい）。

▶「科学捜査」

(1)　科学機器を使用した捜査

　第2編第1章では、オービスⅢや防犯カメラ、当事者録音（同意盗聴）やビーパーの使用についての考察に基づき、立法による規律（もっとも盗聴立法は令状

主義の要請を満たさず違憲であるとする）の重要性が説かれている。また捜査機関による情報取得時の問題だけでなく、「写真・ネガの返却ないし焼却」（41頁）、適法となりうる当事者録音行為とその証拠利用（目的外使用）との区別が指摘される。本章は、次の警告で締めくくられる（52-53頁）。

> 今後、どのような科学機器が捜査に登場するかは、全く予断を許さない。国民は、捜査機関がこの分野でどのように活動しているのかを知る権利がある。たしかに（具体的に）当該行為者に不知の間に行われる捜査方法が必要な場合はあろう。しかし、（一般的に）国民に不知の間に国民の承認（立法——必ずしも全てを強制処分として令状主義に服すべきものとする趣旨ではない。問題領域に応じて、任意処分であっても法律規定が必要、少なくとも望ましい、と考える）なしに、プライヴァシー権を侵害する捜査方法が行われてはならないのである。

(2) 刑事手続きにおける個人関係情報の利用

　第2編第2章で論じられるのが、警察の保有する膨大な個人情報の収集・保有・利用の法的根拠およびその限界である。本章では、ドイツにおける議論状況が紹介され、日本の警察保有の個人情報（犯歴や指紋等）も、規則でなく法律によって規律されるべきであり、ドイツのように、立法過程において議論を喚起すべきことが指摘される。また日本の規則には、「保有できる個人情報の限界（対象および内容）が明らかでない点、個人情報の自己決定権という発想そのものが全く見られない点、外部からのコントロールを考えていない点」などにおいても十分でないとする。

▶ポリグラフ検査

　「科学的」尋問に対する基本文献の批判は、次のようにまとめられる（81頁）。

> 科学捜査は、本来、前述のように「証を得て人を求める捜査」を標語とし、自白に頼らない捜査を標榜して展開されてきたにもかかわらず、実際には、代用監獄における自白の強要に見られるとおり自白偏重の捜査は改められていない。これでは、「自白ではなく科学」というのではなく「自白も科学も」ということになり、前述のプライヴァシー侵害と相俟って、恐るべき警察国家が現出することにもなろう。しかも、「科学的」尋問の名のもとに、相も変わらず「人から捜査」に執着しているのである。

(1) ポリグラフ検査の証拠能力

　ポリグラフ検査については、①前提となる一連の仮説のどの段階についても

誤判定を招きうる多くの不確定要因が隠されている上、それらを十分に克服して常に正しい判定に至ることは至難であること、②使用される器械の正確性について評価が一定していないこと、③「心身状態が正常」という被験者側の条件も、取調べ下にある被疑者においては確保されづらいこと、④ポリグラフ検査は嘘発見器でなく、被験者に錯誤があれば容易に誤判定が導かれること、⑤「対照質問法」にせよ「緊張最高点質問法」にせよ、その正確性が定かでないこと、などから自然的関連性を肯定すること自体に疑問が残る（92頁、103頁）とする。

(2) ポリグラフ検査を利用した取調べ

　ポリグラフ検査の法的性格については供述証拠説を採っている。また、たとえ同意があったとしても、否認している被験者に「黒」の判定があった場合は、「真摯な同意がない」（「真犯人」による任意の同意は想定しづらい）か、結果の「誤り」か（「真犯人」でない者の同意）のいずれかでしかなく、「真摯な同意があって正しい」のは「白」の結果が出た場合だけであることが論証される（93頁、109頁）。そして、麻酔分析と同様、「個々の質問ごとの供述の自由は保障されないので、一切この方法は許されない」との見解（渥美東洋「いわゆる科学的捜査」法セミ371号〔1985年〕113頁）を支持している（94頁、110頁）。

　ポリグラフ検査を利用した取調べについては、以下の点が指摘される。①否認している被疑者に対して、ポリグラフ検査を受けるかを問い動揺させることが、単に「あきらめのきっかけを与えたにすぎない」といえるかは疑問が残ること、②被疑者は、取調官が有罪の心証を強くすることを避けるため、検査に同意するしかない状況に置かれており、このような状況下での同意が真摯なものとは到底いえないこと、③真摯かつ積極的な承諾なくして行われた違法なポリグラフ検査に基づき発見された物証は、いわゆる毒樹の果実として排除されるべきであること、④検査の現在の信頼性からみて、捜査の初期段階に被疑者をスクリーニングする方法として利用することも、有益かつ有効とはいえないこと、⑤ポリグラフ検査が「黒」と出た旨を告げた後になされた自白の任意性には疑いがあること（94頁、114-116頁）である。そして、取調べへのポリグラフ検査の利用は、つまりは以下のようなものであると指摘される（119頁）。

取調官には、検査結果の正確性を信じてポリグラフ検査を利用するというよりも、被

疑者を動揺させ、窮地に追い込んで、自白を得るための手段として、ポリグラフ検査自体およびその検査結果を利用する可能性が高い。ポリグラフ検査は、正に「現代の踏み絵」といっても過言でない。

▶警察犬による臭気選別

基本文献は、①犬の嗅覚の程度、人の体臭の個人差について明らかでなく、犯行後日数を経過した後に行われる臭気判別には原理的な疑問があること、②当該警察犬の能力および体調、原臭物品の性質および保管状況、訓練士（指導手）の影響度などについて、その適正さを証明することは至難であることから、臭気選別結果に自然的関連性を肯定することは不可能であるとする。そして、広島高判昭和56・7・10判タ450号157頁も、原臭の保管、警察犬の体調、選別の実施方法等に疑問があると認定したのであるなら、証拠能力を認めることは困難であったのではないか（128-129頁）と指摘する。

▶声紋鑑定

声紋鑑定については、東京地判平成2・7・26判時1358号151頁および千葉地判平成3・3・29判時1384号141頁の評釈が掲載されている。これらの判決は、声紋鑑定をいわば補強的・補助的に用いるのではなく、独立証拠としたことが特徴的である。

声紋鑑定については、声紋は万人不同・終生不変という特性が認められず、血液型のように出現頻度も明らかでないが、記録することが可能であり、一定の範囲で再度検証することも可能な点で、筆跡鑑定に類似しているとする（155頁）。そして、その証拠能力については、光藤説（光藤・前掲論文12頁）に依拠し、条件的関連性の観点から、ポリグラフ検査結果や犬の臭気選別結果と並んで、声紋鑑定や筆跡鑑定についても再検討が必要であろうと述べている。

ただし、犬による臭気選別とは異なり、声紋鑑定の証拠能力を一般的かつ一律に否定すべきであるとまでは言えないように思われるとし、ただしその場合も、補強的ないし補助的な利用に限定すべきであるとする（156頁）。加えて、声紋鑑定については、鑑定適格者が少ないため、再鑑定が事実上困難であること、鑑定実施者が科学警察研究所に集中している点が指摘される（156頁）。

▶刑事鑑定

第3編では、つぎのような問題意識のもとでの議論が展開される（160-161頁）。

実体的真実の発見と人権の保障とは、刑事訴訟の全般を貫く二大原則であるが、鑑定および鑑定人の問題点もまた、両者の緊張状態の内に現れる。すなわち、鑑定人を充分に利用することは、真実発見に接近する道であるが、他面、訴訟の遅延を招き、さらに、無制約な鑑定人の活動は、人権の侵害を招来するであろう。近時、学界・実務を含めて焦眉の課題とされている「誤判」の防止および「再審」の拡充、さらに、その過程で厚い壁となっている「自由心証主義」に対する合理的な控制（コントロール）といった面でも、今後、鑑定および鑑定人に期待されるところは、広汎かつ重大であるといってよい。

(1) 鑑定人の選任

　第1章においては、次の4点が挙げられている。①鑑定人忌避制度の採否。裁判所の鑑定人として公平中立な鑑定をなすべきことからいえば、忌避制度の採用にも充分な理由はあるものの、「現行法の当事者主義的理解という点から、なお理論的検討が必要と思われる」(164頁)とする。②検察官または裁判官と鑑定人との癒着の問題。前者については、検察官委託鑑定人による鑑定書に法321条4項を準用すべきではなく、むしろ忌避が問題となるとする（鑑定受託者による鑑定書については、217頁以下に詳述されている）。裁判官との癒着については、鑑定人尋問における尋問技術、対立鑑定人の導入による控制のほか、鑑定人選任の現状調査が必要であることが指摘される。③必要的鑑定の問題。従来の判例は、鑑定人召喚の必要性に関し、（とくに責任能力の領域において）その範囲を極端に狭めているように思われるが、一定の具体的要件下に鑑定人召喚を必要的であるとする見解が是認されるべきであり、実務上も、鑑定を必要とする事項の範囲につき、具体的かつ詳細な基準を確立することが、急務であるとする（鑑定の採否については、18頁以下においても論じられている）。④鑑定人の選任が、事実上困難になる場合。専門家自身がいない場合でなく、専門家がさまざまな理由により鑑定を拒否する場合に関しては、「一定の者につき鑑定を引き受ける義務を課す」ことが考えられ、一定数の鑑定人の確保が緊要な課題であることが指摘されている。

　科警研・科捜研が捜査側の鑑定を整え、その結果が法321条4項の「鑑定書」として通用していることの問題性は、繰り返し指摘されている。鑑定には、制度としての「公平らしさ」が必要であり、そのためには「最高裁ないし法曹三

者の管轄する中立的鑑定機関の設置がとくに望まれる」（207頁）とする。

(2)　鑑定の手続に関する問題

　鑑定の手続については、①鑑定人による独自の資料調達（証拠能力のない鑑定命令にある資料以外の書面を資料として利用することは是認されないこと）、②鑑定補助者（評価、判断を要する事柄については、必ず鑑定人自身がそれを行わなければならないこと）、③鑑定人の調査活動への規制（鑑定留置状、鑑定処分許可状に、対象者の人権侵害に至ることがないよう条件を明示しておく必要があること）、④医師である鑑定人の秘密保持義務（法146条・149条の準用により当該医師は鑑定を拒否することができ、秘密保持義務に含まれる事項を鑑定の基礎にすることは許されないと考えられること、ただし結論は留保されている）が論じられている。

　加えて、「松山事件」の分析結果として、以下の点が挙げられている。①初動捜査の重要性と同じく、最初の鑑定が重要であること、②捜査段階における訴追側にとって不利（被告人にとって有利）な鑑定結果が法廷に提出されないという問題があること、③公平・有能かつ適切な鑑定人の確保と、「中立的鑑定機関」の設立が必要であること、④鑑定資料そのものが不適切であった場合の問題である。この点については、鑑定資料が不適切であれば、百万言を尽くした鑑定書も反古に等しいものとなるにもかかわらず、逆に、鑑定書の存在が翻って鑑定資料自体の真正性を誤って推定させる危険があることを考えると、何らかの形で捜査段階の鑑定に裁判官ないし弁護人の関与することが必要であるとする。⑤「捜査の可視化」、証拠開示が重要であること。捜査段階においてなされた鑑定書は、第1審段階で開示されるべきであるが、少なくとも再審段階に至れば、すべての証拠を開示して冤罪発生の防止に努めることは不可欠であるとする。また、どのような記録が存在するかを把握するため、そして令状発付が裁判所である以上、鑑定処分許可状に関する記録を裁判所に残すべきであるとの、実務に対する提言がなされている。

　さらに、鑑定資料の適切な保管・鑑定の経過を明らかにするため、捜査段階で作成された鑑定書すべての開示が不可欠であり、将来的には、鑑定資料の保管について裁判所が関与するシステムを考えるべきであろう（207頁）とする。

(3)　鑑定内容の評価

　鑑定の評価と再鑑定の問題は、17頁、21頁、170頁、185頁、208頁以下にお

いて論じられるが、ここでは第3編第3章を中心に紹介する。

　鑑定の評価にあたっては、鑑定人および鑑定資料の適切性が前提となる。その上で、鑑定内容については、まず論理法則ないし一般的経験則に対する違背がないかを「鑑定書を子細に検討し、交互尋問を十分に行うことによって、明らかにされなければならない」（194頁）とする。

　次に、専門的経験則の違背については、「裁判官がそのような専門知識を有しないという理由で鑑定人を召喚した以上、そのような専門知識を用いて行われた鑑定の結果に裁判官は従わなければならないのではないか」という拘束性が問題となりうるが、裁判官は鑑定の結論を鵜呑みにせず、鑑定の方法およびその経過を理解するよう努力しなければならないのであり、また当事者も交互尋問を通じて鑑定の信用性を明らかにする努力を行わなければならないとし、「通常、裁判官は鑑定の信用性を判断しうるはずであるが、それにもかかわらず理解不能の場合（ないし疑問が残る場合）には、その結果を被告人に不利益に用いてはならない」（195頁）とする。

　鑑定の評価については、「疑わしきは被告人の利益に」の原則が繰り返し強調される（9頁、21頁、172頁、195-196頁）。そして、この観点からの鑑定結果の評価のあり方につき、次のように提言する（196頁）。

> 被告人に不利な鑑定結果については、他の証拠と合せて有罪の確信に至った場合にのみ、有罪判決の根拠にすることができる。鑑定のみが決定的証拠である場合、その鑑定は、その科学的水準が確実性を示すものであって、かつ、それに反する他の証拠が存在しないかあるいは十分に否定されうる場合にのみ、有罪の証拠となる。

　一方、被告人に有利な鑑定結果に関し、松山事件における再審請求棄却決定（仙台地古川支決昭和39・4・30判例集未登載、仙台地古川支決昭和46・10・26判例集未登載）につき、「おおよそ事実認定のあり方として『可能性の論理』により被告人側に『悪魔の立証』を強いることは不当」（197頁）と断じている。

(4)　再鑑定・対立鑑定

　鑑定の評価にあたっては、特別の専門知識を必要とするから鑑定人を召喚したのであり（21頁、170頁）、また、裁判官が私的に専門知識を有していたとしても、その利用が許されない（209頁）以上、鑑定の依拠する専門知識に疑問が

あれば「『再鑑定』を求めるべき」（21頁、171頁、185頁）であるとする。

　そして、再鑑定あるいは複数鑑定が存在する場合の評価についても、「疑わしきは被告人の利益に」の原則から、次のような判断（先の鑑定をＡ鑑定とし、別の鑑定をＢ鑑定とする）でなければならないとする（209頁）。

> 　この場合、Ｂ鑑定が、Ａ鑑定もありうるが、条件を変えれば別（有罪）の結論も可能であるとするだけでは、Ａ鑑定を否定したことにはならない（Ａ鑑定の条件が誤りであるという証明が必要である）。他方、被告人に不利な（有罪を基礎づける）鑑定が存在する場合、鑑定人・鑑定資料・鑑定方法はもちろん、その専門知識自体に疑問（合理的疑い）がある場合にも、その疑問が（鑑定人尋問あるいは再鑑定により）解消されないかぎり、その鑑定を有罪認定に利用することは許されない。
> 　対立する複数の鑑定が存在する場合も、判断方法は右と同じであって、たんにどちらがより説得的かという基準で判断してはならない。被告人に有利な鑑定については、それを完全に否定できないかぎり、無視することは許されないのに対し、被告人に不利な鑑定は、それに合理的疑いが残るかぎり、無視しなければならないのである。

4　残された課題

▶あるべき鑑定制度

　基本文献では、中立的鑑定機関の設立が提案されている。この点、個別事案で行われた鑑定の当否を審査する「中央鑑定委員会」の提案の紹介（大塚一男「刑事再審と鑑定」自由と正義29巻7号〔1978年〕7頁）や、科警研の廃止と「法廷科学研究所」および「オンブズマン制度」の導入（原田香留夫「日本型冤罪の続発を阻むために（下・3）」法と民主主義147号〔1980年〕31頁）などの提言もあるが、いずれも具体性をもって論じられているわけではない。これに対し、鑑識と科警研・科捜研の体制に、変わる気配はおよそみられないのが実情である。これを打開するには、日本の鑑定制度の性格づけを明確にした上、あるべき鑑定機関像をより具体的に論じる必要性があるだろう。また鑑定制度を（大陸法系の観点と英米法系の観点を踏まえて）どう位置づけるのかという総論を通して、嘱託鑑定制度、鑑定人選任手続、忌避制度の採否、鑑定資料の保存、被告人側鑑定の保障等のあるべき姿が明らかになるのではないだろうか。

▶鑑定の評価のあり方

　臭気選別やポリグラフ検査の証拠能力について、基本文献が、それぞれの検査法のよって立つ仮説（あるいは原理・方法）に疑問ないし不確定な点のあること等を指摘し、証拠能力を否定すべきであると述べるのに対し、ほとんどの裁判例において（証明力はともかく）その証拠能力は認められてきた。この両者の相違は、科学的証拠の原理・方法の不確かさが、当該証拠の証明力評価においてどのような意味をもつかについての認識が、共有されていないところからも生じているように思われる。

　この点、科学は長い時間をかけ真実を追求しようとするものであるのに対し、結論を出すことに時間的制約があり、基礎資料にも限りのある裁判においては、多少の不確かさが残るとしても、ある程度のところで見切りをつけていかなければならないというような、科学と裁判との違いに言及されることがある。しかし、基本文献が前提とする「不確かさ」は、上述の言説のいう「不確かさ」とは異なり、確かめられていない仮説は単なる仮説にすぎず、裁判実務で使用するに堪えないという趣旨に解される。科学界において一仮説として存在しうる知見と、実際社会で（しかも重大な判断を下す刑事裁判において）利用可能な知見とは同じでない。証拠能力は緩やかに判断されてよいと考える見解においては、とくにこの区別が明確でないように思われる。

　鑑定結果の証明力評価についても、自然科学や法医学、精神医学や心理学での思考過程と事実認定の思考過程を対比させつつ、基本文献が「疑わしきは被告人の利益に」の観点から提示する評価基準（209頁など）も踏まえ、（鑑定の信頼性に対する合理的疑いの存在と間接事実の総合評価との関係等）深めていく必要があるだろう。

5　現代的意義

▶司法研究

　基本文献公刊後、裁判員制度の導入という制度改革があり、またDNA鑑定が一般的に普及する一方で、いったんは最高裁判所（最決平成12・7・17刑集54巻6号550頁）が証拠能力、証明力を認めたMCT118型DNA鑑定結果が、足利

事件の再審無罪判決（宇都宮地判平成22・3・26判時2084号157頁）において否定されたことのインパクトは大きかった。2010年には司法研修所が科学的証拠をテーマとする調査研究を行い、2013年にその報告書を公表した（司法研修所編『科学的証拠とこれを用いた裁判の在り方』〔法曹会〕。以下、「司法研究」とする）。

司法研究は、それまでの議論において明確でなかった科学的証拠の評価項目を整理し、また科学的証拠が証明しうる事実とその他の証拠から認定されるべき事実の峻別を具体化させており、今後の議論において有用な枠組を提示した。また証拠開示の拡充、鑑定資料の管理過程を明らかにすることの重要性を指摘し、再鑑定の要否の具体的判断基準も示した。一方、基本文献が批判してきた科警研・科捜研の中立公正性については、何ら問題視されていない。

証拠能力論、関連性論については、裁判員裁判において新たに重要となる「証拠調べの相当性」という判断基準を採用し、ポリグラフ検査結果ついては「捜査段階で被疑者を絞り込む手法としてはともかく」（司法研究45頁）、裁判員裁判での証拠としての許容性については消極的評価が妥当とする。司法研究はもっぱら科学的証拠の公判での使用を検討するものであるので、捜査段階における使用については、なお基本文献の指摘する問題性について十分考慮した上での結論づけが必要となろう。また司法研究は、基本文献が証拠能力の要件とする科学的原理の信頼性等について、実際には、すべての審理を終えた後、最終的に判断されるべき当該証拠の実質的価値と変わらないものであるから、本来証明力の問題とするのが相当であるとする（21頁）。この点についても、いずれの考え方によるべきか、今後の議論が必要となる。

なお、司法研究は、基本文献の指摘も踏まえ、科学的証拠の限界や危険性に配慮するよう論じているものの、「従前の方法による DNA 型鑑定を取り扱った裁判例の分析そのものは、それほど有益とはいえない」（「はじめに」2頁）との理由により、足利事件等についての分析は（本来はこれが本研究の契機であったにもかかわらず）一切示されていない。

▶「科学的」証拠の証拠能力

科学的証拠の証拠能力は、自然的関連性の問題として論じられるのが一般的である。ただし、その中身については先述したように諸説あった。この点、その証拠能力（許容性）および（法律的関連性を含む）関連性の概念を改めて定立

した上、証拠能力基準を明らかにしようという注目されるべき研究成果が、近年公表された（成瀬剛「科学的証拠の許容性（一～五）」法学協会雑誌130巻1号〔2013年〕1頁以下、2号386頁以下、3号573頁以下、4号801頁以下、5号1025頁以下。以下、「本研究」とする）。

　これまで科学的証拠に関する日本の議論は、もっぱらアメリカのものを参照して行われてきたところ、本研究では、オーストラリアおよびイギリスにおける議論状況についても、裁判例、立法過程とこれらをめぐる学説の対立を併せ詳細かつ明快に紹介されている。

　また、「科学的証拠」として、その範疇が曖昧なままに用いられてきた概念につき「科学理論に基づく専門証拠」と「専門的経験則に基づく専門証拠」に分類し、いずれについても①基礎にある原理の信頼性、②原理を応用した方法の信頼性、③当該事案における検査方法の適切さ、④検査資料の真正性・同一性が許容性の要件になることを、証拠一般の間接事実の推論過程と対比させることにより、わかりやすく説明している。なおかつ、それぞれの許容性審査要素を具体的に示している。

　本研究で示された結論は、実質的には、光藤が試論として提示し、基本文献も賛同する「条件的関連性」を用いた考え方と相違ないように思われる（「条件的関連性」という概念で議論することの適切性は別として）。そして、これらの結論に対し、従来必ずしも明確にされてこなかった根拠を（なぜ専門証拠が、証拠一般と区別されるべきかを含め）、本研究は整理した形で提示するものといえる。もっとも、本研究においては、イギリスで許容性要件とされる専門家の中立・公平性に対して、日本の現状をどう評価するのかは示されていない。また本研究は、自らの結論が、これまでの最高裁判例の立場と齟齬しないものと位置づけているようであるが、むしろ両者には質的な隔たりがあるように思われる。

▶追　　記

　ここでは内容紹介のみにとどまってしまったが、捜査機関による個人情報の収集・保管・利用の適正化(立法化)に関する基本文献の考察は、DNA型のデータベースが導入された今日において、より重要度を増していることも付記しておきたい。

19 自白法則

●基本文献

田宮裕
「取調と自白法則」
同『捜査の構造〔刑事訴訟法研究１〕』（有斐閣、1971年）
281頁以下（初出：同「自白の証拠法上の地位(1)－（４・完）」
警察研究34巻2-4、6号〔1963年〕）

関口 和徳

1 学説・実務状況

▶自白法則の意義

　自白法則とは、強制等によって得られた自白の証拠能力を否定する（証拠排除する）原則のことである。日本においては、憲法38条２項が「強制、拷問若しくは脅迫による自白又は不当に長く抑留若しくは拘禁された後の自白は、これを証拠とすることができない」とし、これを受けた刑訴法319条１項が「強制、拷問又は脅迫による自白、不当に長く抑留又は拘禁された後の自白その他任意にされたものでない疑のある自白は、これを証拠とすることができない」とし、明文で自白法則が定められている。

▶基本文献登場以前の学説・実務

　なぜ、強制等による自白は排除されなければならないのか。この点（すなわち、自白法則の根拠）をめぐる基本文献登場以前の学説の議論においては、次の３つの説が大勢を占めていた。

　第一は、虚偽排除説である（栗本一夫「自白」日本刑法学会『刑事法講座　第６巻』〔有斐閣、1953年〕1166頁、藤岩睦郎「自白」団藤重光責任編集『法律実務講座刑事編第８巻』〔有斐閣、1956年〕1792頁等）。強制等による自白は虚偽のおそれがあるため、事実認定を誤らないためにも、排除すべきと解するのである。第二は、人権擁護説である（横井大三『新刑事訴訟法逐条解説Ⅲ』〔司法研修所、1949年〕95頁、

鴨良弼『刑事証拠法』〔日本評論社、1962年〕206頁等）。強制等による自白は、黙秘権をはじめとする人権を侵害して得られたものであるから排除すべきと解するのである。第三は、任意性説である（江家義男『刑事証拠法の基礎理論〔訂正版〕』〔有斐閣、1952年〕32頁以下、平場安治「自白の任意性」佐伯千仞・団藤重光責任編集『総合判例研究叢書　刑事訴訟法⑴』〔有斐閣、1957年〕11頁等）。虚偽排除説のみにたつと強制等によって得られた自白であってもその真実性が明らかになった場合には排除する理由に欠けることになり、他方、人権擁護説のみにたつと利益誘導のように虚偽自白を生む危険は存在するものの人権侵害とまではいい難い方法によって得られた自白を排除する理由に欠けることになるとして、自白法則の根拠には、虚偽排除説と人権擁護説の両方が含まれると解するのである。

　ところで、以上の3つの説には重要な共通点が存在していた。それは、自白法則を、不任意自白を排除するためのものと解する点である。そのため、いずれの説にたっても、強制等の存在一事のみでは自白を排除すべきとはされず、強制等が被疑者の心理に及ぼした影響を検討し、自白の任意性に疑いが認められる場合にはじめて自白を排除すべきとされたのである。

　実務においても、こうした考え方が支配的であった（最大判昭和23・7・14刑集2巻8号856頁、最判昭和25・9・21刑集4巻9号1751頁、最判昭和27・11・25刑集6巻10号1245頁等参照）。

2　学説史的意義と位置づけ

▶「違法排除説」の提唱とその意義

　基本文献は、上述のような従前の学説・実務とはまったく異なる観点から、自白法則を捉え直し、「違法排除説」という新たな説を提唱したものである。すなわち、強制等による自白が排除されるのは、虚偽排除のためでも人権擁護のためでもなく、適正手続（デュー・プロセス）を担保するためであるとしたのである。そのうえで、自白法則（憲法38条2項、刑訴法319条1項）の枠をこえて、あらゆる違法収集自白を排除の対象に取り込むべきことを主張したのである。

　こうした主張の背景には、著者である田宮裕の研究の基盤をなす、刑事手続は「必罰主義のモデル」から無辜不処罰・人権尊重の理念に支えられた

「デュー・プロセスのモデル」へと転換すべきである、という思想が存在する（田宮裕『刑事手続とデュー・プロセス〔刑事訴訟法研究2〕』〔有斐閣、1972年〕167頁以下参照〔初出1969年〕）。田宮のこうした思想は、基本文献とほぼ同時期に発表された「刑事手続とデュー・プロセス」と題する論文からも色濃くみてとることができる（田宮・前掲『刑事手続とデュー・プロセス』172頁〔初出1963年〕）。基本文献は、まさに田宮が理想とする「デュー・プロセスのモデル」に基づき自白法則を再構成したものなのである。

　もっとも、従前の学説にも、基本文献と同様に適正手続の観点から自白法則を理解したものは存在していた。平野龍一『刑事訴訟法』（有斐閣、1958年）227頁以下である。平野は、次のように述べていた。「被告人は、適法な手続によってのみ有罪とされうるのであり、自白の排除が、……〔その収集過程における〕違法行為を防圧するためのもっとも有効な手段である以上、このような〔違法に収集された〕自白は排除されなければならない。憲法が、『法律の定める手続によらなければ』有罪とされないとしているのは（憲三一条）、このような自白を排斥する趣旨をも含むと思われる」。ただ、平野の見解は、虚偽排除や人権擁護の観点についても重視するものであり、また、自白法則の枠内で展開されたものであった（平野の見解は、刑訴法319条〔1項〕は、虚偽排除、人権擁護および違法排除という「三個の趣旨を競合的に含」み、「そのどれかにあたれば自白は排除される」というものであった）。したがって、適正手続の観点から自白法則を理解する点では共通するものの、適正手続の観点をより徹底するために虚偽排除や人権擁護の観点からの離脱を掲げ、自白法則の枠をこえて自白排除を論じた基本文献は、平野の見解とは本質的に異なる新たな内容を含むものであったと評価しうるものである。

　基本文献は、自白法則を違法収集証拠排除法則（以下、排除法則）の一適用場面と位置づけ、憲法38条2項を、排除法則における自白に関する例示的なものを示した注意的規定と解した。そのように解することで、同項に列挙されている類型に該当する自白だけでなく、それ以外にも憲法や訴訟法に違反して得られた違法収集自白を、任意性の有無を問わず、広範に排除することをめざしたのである。基本文献は、こうした論理によって、「自白法則に関する伝統的な考え方が、自白の排除を専ら不任意自白の範囲内で考えていたのに対し、自白

法則を排除法則の一環と見る見方を介し、違法に得られた自白一般について、排除の展望を開いた」（大澤裕「自白の証拠能力といわゆる違法排除説」研修694号〔2006年〕9頁）ものであり、この点に基本文献の最大の意義がある。

▶**基本文献が学説・実務に与えた影響**

　基本文献は、その後の学説に対してきわめて大きな影響を与えた。まず、基本文献登場以降、学説の議論は、従来の3つの説に、違法排除説を加えて展開されるようになった。その意味で、基本文献はその後の学説の議論の枠組みを決定づけたものといえる。のみならず、基本文献の登場以降、自白法則を任意性の問題と捉えてきた論者の違法排除説への改説が相次ぎ（団藤重光『新刑事訴訟法綱要〔7訂版〕』〔創文社、1967年〕250頁、柏木千秋『刑事訴訟法』〔有斐閣、1970年〕216頁）、また、違法排除説を前提に自白法則の再構成を試みる研究（鈴木茂嗣『続・刑事訴訟の基本構造(下)』〔成文堂、1997年〕520頁〔初出1968年〕、松尾浩也『刑事訴訟法(下)〔新版補正第2版〕』〔弘文堂、1999年〕41頁等）も現れるなど、違法排除説は学説において幅広く受容されていったのである。

　基本文献は、実務に対しても少なからぬ影響を与えた。まず、基本文献の登場以降、下級審において、違法排除説から理解可能な裁判例が相次いで現れた（別件逮捕・勾留中の自白を排除した金沢地七尾支判昭和44・6・3刑月1巻6号657頁等）。また、最高裁においても、いわゆる切り違え尋問によって得られた自白を、捜査の適正を強調するとともにそのような尋問方法自体を問題視して排除する判例（最大判昭和45・11・25刑集24巻12号1670頁）が現れた（田宮は、「違法排除への黎明が告げられた」として、この判例を高く評価した。田宮裕『刑事法の理論と現実』〔岩波書店、2000年〕209頁〔初出1971年〕）。さらに、1978年、証拠物について排除法則を採用する判例（最判昭和53・9・7刑集32巻6号1672頁）が現れたが、それから間を置かずに、排除法則が自白に及ぼす影響を検討した現役裁判官の共同研究（大阪刑事実務研究会「特集・違法収集自白の証拠能力」判例タイムズ397号〔1979年〕7頁以下）が発表されたことからも、違法排除説が実務に与えた影響の大きさがうかがえよう。

3　文献紹介

▶基本文献の構成と紹介方針

　基本文献は、「はじめに」、「一 証拠能力」、「二 違法にとられた自白の排除」、「三 証拠禁止（証拠上の特権）」、「四 補強証拠の要求」、「五 裁判上の自白」からなるが、具体的に検討されている論点は次の３つに整理することができる。第一は「裁判外の自白」の証拠能力（自白法則）、第二は補強法則、第三は「裁判上の自白」に関する諸問題（公判廷における自白、有罪答弁〔アレインメント〕）である。いずれの論点も、刑事手続上重要なものばかりであり、それぞれについて田宮の深い思索に基づいた示唆的な指摘がなされている。しかし、本稿においては、与えられたテーマとの関係を考慮し、第一の論点について検討されている部分に絞って紹介することにしたい。

▶違法排除説の提唱

　以下は、基本文献293頁から294頁までの本文であり、ここに基本文献の自白法則についての基本的な考え方（すなわち、基本文献が提唱する違法排除説の核心）が述べられている。

　　自白が排除されるのは、虚偽を排除するためでも、黙秘権を担保するためでもない。自白採取の過程における適正手続（デュー・プロセス）ないし合法手続を担保する一つの手段なのである。裁判が、真実というただ一点をめざしてまっしぐらに突進するものではなく、訴訟の過程にあらわれる諸利益の間に、具体的正義を（訴訟対象をめぐるものに限らない）個々的にみつけていく一つのインスティテューションであることは、すでに述べた。違法を排除する要求の方が、被告人を有罪にする関心より強い場合には、具体的正義の基準を前者の方向に見出して、それで満足するというダイナミックな態度が、法秩序を動かすためには必要だ。違法にとられた自白を、思い切って排除するというのは、こういう思想を根本にもつ。たとえ自白が真実のもので、それだけで有罪を指向するものであっても、なお排除されなければならない。

　　そうすると、自白を排除する成法上の根拠は、憲法の上では、31条の適正手続条項になる。その特殊な一場合として、同36条の拷問禁止がある。36条は31条がある以上、必ずしも必要な規定ではないが、過去の経験にてらして、注意的に個別的な要求をしたものである。また、38条２項も、適正手続の要求の一部についての証拠排除の面に関する注意的規定と解すべきである。通説は、これを、自白排除の唯一の根拠規定とみているが、適正手続に反して証拠能力の奪われる典型的な例であり、説明的規定にすぎない。

　　36条・38条２項以外で、どういう場合が適正手続違反かは、個人の自由権や幸福追

求の利益を、最高の価値としている憲法の趣旨や、刑事手続に関する諸規定にてらして、裁判所が判断していく問題である。あとで検討するが、弁護権を不当に制限してえた自白、令状主義を中心とする人身の保障をやぶって拘束することによりえた自白、自白をうるためだけに行なわれるような、長時間の継続的取調による自白など、刑事手続の基本にある、フェア・トライアルの観念に反するもの、ないしは、文明国家の基準である礼譲の観念に反する場合がそれにあたるだろう。

　ところで、違法排除説をとると、排除されるのは、この意味の違憲の方法で採取されたものにかぎらない。ひろく訴訟法規の意義で、不法にとられたものを排除することができる。適正手続の問題のほかにこの問題のあることを忘れてはならない。どういう規定の違反が自白の証拠能力に影響するかは、一義的にでてはこない。これも具体的な場合に、決断を下す判例の発展に期待するほかない。ただ、31条や38条２項の規定があるので、違憲の証拠を排除するのは、比較的肯認しやすいが、違法な自白を排除するには、一つの飛躍が必要なようにみえる。とくに、後述するが、わたくしのように、憲法38条２項、刑訴法319条１項を、不任意の自白を排除するものではなく、不法な過程でとられた自白を排除する趣旨に読めば、問題はなくなるだろう。31条に相当する規定も、いうなれば刑訴法１条にないわけではない。また、憲法上排除される自白は、自白の内容そのものに直接影響する過程の不法性が問題となる事例だが、違法一般を問題にすると、手続の違法性と自白の関係が遠くなるという反論があるかもしれない。しかし、デュー・プロセスの本質は、自白内容にかかわらないし、自白するさいの被告人の自由意思の侵害という不法性にかぎるものでもない。デュー・プロセスをもち出したのは、自白を排除することによって、プロモウトしようとする他の利益があるからだった。違法性一般を問題とするときも同じように考えてよい。あえて自白を排除することによって、その違法性を斥ける選択を、裁判所がのぞむときは、それを不能とする理由はない。

　これは、特定の条文がなければできないというものではない。証拠法や証拠規則を形成していくのは、裁判所の本来の仕事である。とくに被告人の不利益でないかぎり、裁判所は、新しい法則を創造することができる。これは、訴訟において、具体的な事件を解決していくという、創造的役割をになわされている裁判所の固有の権限である。規則制定権は、その一つのあらわれだといえる。裁判所は、法や規則に明文の規定がないからといって、ちゅうちょすることなく、勇敢に、本来の権限を行使して、われわれの法をもっともっと豊かにしていってもらいたいものである。むろん、全体としての法体系の中で、裁判所だけが独善をむさぼることはできないから、そのとった方向に対しては、立法府は批判し変更することができる。こうして、裁判所と立法府が批判し合いながら、法を発展させることが、むしろのぞましいかたちではないか。

▶違法排除説により排除対象となる自白

　続いて、基本文献は、違法排除説により排除の対象となる自白について、憲法36条・38条2項違反、憲法31条違反、訴訟法違反の3つに分類して、その具体的な内容を明らかにしている（基本文献295頁以下）。

　まず、憲法36条・38条2項違反で排除される自白についてであるが、「強制・拷問・脅迫による自白」と「不当に長い抑留・拘禁後の自白」の2つが排除されるとしている。いずれについても、自白の収集過程に、強制・拷問・脅迫の事実ないしは不当に（違法に）長い抑留・拘禁の事実が存在しさえすれば、自白は排除すべきとしている。すなわち、前者については、「『強制……による自白』というのは『強制……のもとでの自白』の意味にすぎず、強制がなければ自白しなかったろうという因果関係（条件関係）は必要ではなく、強制などを〔と〕自白との間に、プロセスとして先後の関係があればよい」と、後者についても、「この場合も、強制・拷問・脅迫による場合と問題の本質は変わらない。したがって、……違法に長い拘禁のもとにおける自白は、それだけで排除されるとしなければならない」と解するのである。

　次に、憲法31条違反で排除される自白についてであるが、「適法手続は、具体的事情に応じて柔軟な解釈をとりうるところに、生命がある。したがって、一般的な法則を樹立したり、将来の事例を予想したりすることは、困難である」としつつ、過去に判例で問題になった事例から、①接見交通権を侵害して得られた自白、②違法拘禁中の自白、③不当な取調べ（尋問）方法によって得られた自白を例に挙げ、①は弁護人依頼権を保障した憲法34条ないしは37条3項違反として、②は、「憲法が、拘禁の理由を必要とし、令状を要求した趣旨から」、③は、「すこしでも強制的なにおいのする尋問は、礼譲をわきまえた捜査官憲としてすべきではな〔い〕」として、それぞれ排除すべきとしている。

　最後に、訴訟法違反についてであるが、憲法違反には当たらないが違法と評価される手続によって得られた自白については、幅広く訴訟法違反として排除されることを示唆している（たとえば、黙秘権告知を欠く取調べによって得られた自白、約束や偽計による自白等）。なお、これに関連して、訴訟法違反と憲法違反との区別が問題となりうるが、この点について、基本文献は、「両者の差は相対的・流動的であって、憲法感覚の進展によってレベル・アップは可能である」

としている。すなわち、ある時点においては訴訟法違反として排除された自白が、その後の理論や判例実務の発展次第では、憲法違反として排除されることもありうるというのである。

▶違法排除説にたつことの意義

続いて、基本文献は、違法排除説にたつことの意義について、「理論上の意義」と「実際上の意義」とに分けて論じている（基本文献303頁以下）。

まず、「理論上の意義」についてであるが、その冒頭で、田宮は、「自白の証拠能力を違法排除の面からとらえるのは、自白の排除を、違法な手続（証拠収集活動）の防圧手段として使おうとする（換言すると、捜査の不法を自白の排除で制裁しようとする）のであるから、自白法則は、証拠禁止という概念で律せられることになる」として、違法排除説が自白法則を証拠禁止（証拠上の特権）の観点にたって再構成したものであることを強調している。また、それを通じて、違法排除説が自白法則を任意性の観点から捉える従来の考え方（とくに、虚偽排除説）とは本質的に異なる証拠法上（証拠能力）の規制に服するものであること、自白も「黙秘権（自己負罪拒否の特権）や違法に押収された証拠の排除と並んで論ぜられるべきことになる」ことを示した上で、次のように述べている。以下は、基本文献306頁から307頁までの本文である。

こうみてくると、自白の排除も、違法に収集された証拠の排除という、一般的な問題の一場面だということがわかる。違法収集証拠の問題として、これまで論じられてきたのは、違法な捜索・押収の結果えた証拠についてだが、違法な手続でとられた自白も、これとすこしも変わらない。前者で証拠能力を否定するのなら、後者でも否定しなければおかしいのではないか。

たしかに、反論もありうるだろう。押収の場合には、違法として排除されたら、もう一度適法に押収しなおすことができる。自白に場合は、同じ自白を再度とるわけにはいかないだろう。明らかに犯人と思われるものが、自白採取の過程に違法行為が介入したばかりに、釈放されてしまう。しかし、デュー・プロセスとはそういうものなのだ。デュー・プロセスを維持しようと決意した以上、自白の場合にかぎって、しりごみするのはおかしい。

もう一つ、こういう批判があるかもしれない。捜索・押収の場合には、違法行為によって証拠がとられている。違法性が証拠収集の直接の原因だ。ところが、自白の場合は、採取の長い過程の一点に、違法行為が介在しているだけで、違法行為があった

ために自白がえられたという、違法行為と証拠との関連＝因果関係がはっきりしない。なるほど、違法収集証拠の理論が、証拠の直接的な採取行為だけを規制しようとするだけのものなら、自白の場合は、任意性を侵害するということ（違法性）だけに注目すれば足りるかもしれない。しかし、違法収集証拠を排除するのは、証拠排除という方法で、訴訟上の違法行為を排斥し防圧する、つまり、手続における合法性（デュー・プロセスを中心とする）を維持する手段なのだ。したがって、自白採取の直接の原因でなくても、採取の過程での違法を、自白排除で防圧できると思われるときは、この手段を使ってすこしもおかしくない。こう考えてみると、捜索・押収の場合と、問題の本質は、すこしも変わらないだろう。

次に、「実際上の意義」については、以下の３点を挙げている。第一に、「自白の排除を、違法収集証拠の理論の一環として理解すると、これまでの判例や学説の立場よりもずっと広範に自白を排斥することになる」としている。第二に、「証拠能力の標準を、客観するという実益もある」点を挙げている。すなわち、「違法排除説をとれば、多くの場合、合法・不法の区別が比較的明確に形式的にでてくるから、……裁判官は精神的負担を感じないで、のびやかに違法の判断が下せる」というのである。そして、第三に、自白排除の範囲が拡大し、排除の基準も客観化される結果、「裁判外の自白」に大きく依存した刑事手続から脱却し、より合理的な刑事手続のあり方（情況証拠による事実認定、科学捜査の活用、「事実上の推定」による事実認定、「裁判上の自白」の活用）を模索する契機になりうることを挙げている。

4 残された課題

▶違法排除説の問題点

憲法31条が適正手続を保障していることにてらせば、違法収集自白を排除することで適正手続の実現をめざす違法排除説の理念は正当というべきである。しかしその一方で、違法排除説には、理論的にみて少なからぬ問題点が存在している（関口和徳「自白排除法則の研究(5)」北大法学論集60巻６号〔2010年〕119頁以下参照）。

とくに見過ごせない問題は、違法排除説が自白の任意性の問題からの離脱を主張している点である。こうした主張は、自白法則の沿革や、条文上明らかに

自白の任意性を問題にしている刑訴法319条1項と不整合をきたすといわざる
をえない（松尾浩也編『刑事訴訟法Ⅱ』〔有斐閣、1992年〕297頁〔島田仁郎〕、三井誠「自
白の排除法則とその根拠(2)」法学教室247号〔2001年〕63頁等参照）。また、違法排除
説にたてば、たとえ被疑者の黙秘権を軽んじるような方法で自白が得られた場
合であっても、それが違法と評価されない限り、自白の排除を根拠づけること
は困難とならざるをえないが、こうした帰結の妥当性についても疑問が残ると
ころである（この点は、基本的に違法排除説を支持する論者からも疑問が向けられて
きた。多田辰也『被疑者取調べとその適正化』〔成文堂、1999年〕215頁、光藤景皎『刑
事訴訟法Ⅱ』〔成文堂、2013年〕176頁等）。

▶競合説の有力化

そこで、違法排除説の理念は生かしつつ、そこに存在する問題点を克服する
ことが重要な課題となろう。こうした観点から注目されるのが、競合説である
（二元説ないし併用説などともよばれる）。競合説とは、自白法則（憲法38条2項、刑
訴法319条1項）については、条文の文理を尊重して不任意自白を排除するため
のものと解しつつ、違法収集自白については、判例で採用されている排除法則
を適用することで排除すべきとする説である。すなわち、「違法収集証拠排除
について、……最高裁判所の判例が百尺竿頭を進めた今となっては、不任意自
白の排除という伝統的な自白法則はそのまま生かしておいたうえで、そのうえ
に自白についても違法収集証拠排除の一般原則をも適用していくほうが、より
明文に合致し、かつ、より実務にもなじみやすい無理のない考え方であろう」
（松尾編・前掲『刑事訴訟法Ⅱ』297頁以下〔島田仁郎〕）と解するのである（排除法
則を自白にも適用すべきとした先行研究としては、香城敏麿『憲法解釈の法理』〔信山社、
2004年〕477頁〔初出1979年〕、石井一正『刑事訴訟の諸問題』〔判例タイムズ社、2014年〕
345頁〔初出1989年〕等が存在していた。なお、競合説の意義と課題については、関口
和徳「自白排除法則の研究⑽」北大法学論集64巻6号〔2014年〕59頁参照）。

競合説は、今日学説において確実に支持を広げている（三井・前掲「自白の排
除法則とその根拠(2)」64頁、大澤・前掲「自白の証拠能力といわゆる違法排除説」9頁、
宇藤崇・松田岳士・堀江慎司『刑事訴訟法』〔有斐閣、2012年〕407頁〔堀江慎司〕、川
出敏裕「自白の証拠能力(2)」警察学論集68巻5号〔2015年〕167頁、白取祐司『刑事訴
訟法〔第8版〕』〔日本評論社、2015年〕388頁、酒巻匡『刑事訴訟法』〔有斐閣、2015年〕

511頁等)。また、競合説は、裁判実務家の間では通説的地位を占めるにいたっており（競合説の有用性を論じたものとして、とくに、大谷剛彦「自白の任意性」平野龍一・松尾浩也編『新実例刑事訴訟法Ⅲ』〔青林書院、1998年〕136頁、小林充「自白法則と証拠排除法則の将来」現代刑事法38号〔2002年〕61頁等参照）、明確に競合説を支持し排除法則の適用により自白を排除した高裁判例（東京高判平成14・9・4判時1808号144頁）も現れるなど、実務においても確固たる地位を築きつつある。

　もっとも、競合説に対しては批判も存在する。なかでも、競合説を包括的に検討し厳しい批判を加えたのが、寺崎嘉博「自白法則について」三井誠ほか編『鈴木茂嗣先生古稀祝賀論文集(下)』（成文堂、2007年）411頁以下である。寺崎は、自白に排除法則を適用することを批判したが、その根底には、「実定法の解釈である以上『任意性』を基軸にして論じることこそが基本」（寺崎・前掲「自白法則について」412頁）であり、排除される自白は不任意自白に限定すべきという論理が存在する（寺崎は、寺崎嘉博『刑事訴訟法〔第3版〕』〔成文堂、2013年〕403頁において、「自白に任意性があれば証拠能力を認めるのが、条文の文言にもかなう解釈であろう。不任意の疑いのある自白だけが排除されると解するのが妥当である」と強調している）。すなわち、寺崎の批判対象は、自白に排除法則を適用することをこえて、違法排除説の理念それ自体にまで及んでいるのである。

　しかし、寺崎の批判に賛同する論者はほとんど見当たらないのが現状である（寺崎の批判の問題点については、関口・前掲「自白排除法則の研究(10)」76頁参照）。その背景には、競合説が、自白法則についてはその沿革や条文を尊重して不任意自白を排除するものと解しつつ、それとは別に、判例で確立している排除法則を適用すべきと解するという、理論・実務の両面において強固な基盤を有する説であることがあるものと思われるが、そのこと以上に、違法収集自白の排除によって適正手続の実現をめざす基本文献が提唱した違法排除説の理念が、今日揺るぎない正当性を有するものとして承認されていることがあるように思われる。

5　現代的意義

▶「外堀」としての自白排除

　競合説が有力化した今日、自白の証拠能力をめぐる議論は、自白法則の根拠として、虚偽排除説、人権擁護説、違法排除説のいずれが妥当なのかという議論から、競合説を前提に、自白法則と排除法則の関係、自白法則によって排除される不任意自白の具体的内容、排除法則を自白に適用する際に生じる諸問題などをめぐる議論へと移行しつつある（洲見光男ほか「特集・自白の証拠能力」刑法雑誌52巻 1 号〔2013年〕67頁、関口和徳「自白排除法則の再構成」同52巻 2 号〔2013年〕36頁等参照）。

　考えてみれば、判例において排除法則が確立している今日、違法収集自白は端的に排除法則を適用して排除すればよく、任意性からの離脱という解釈論的な無理をおかしてまで、自白法則を違法収集自白を排除するためのものと解する実益は乏しいように思われる（大澤裕「自白の任意性とその立証」松尾浩也・井上正仁編『刑事訴訟法の争点〔第 3 版〕』〔有斐閣、2002年〕172頁参照）。その意味では、基本文献はひとつの役割を終えたといえるのかもしれない。

　しかし、基本文献が示した自白排除のあり方は、今日においてもなお参考に値する数々の重要な示唆を含んでいるように思われる（なお、違法排除説の今日的意義について検討したものとして、中島宏「自白法則における違法排除説再論」法律時報83巻 2 号〔2011年〕34頁）。

　たとえば、排除法則を適用して自白を排除する場合、証拠排除の基準が問題となる。多くの論者は、証拠排除の基準は証拠物の場合と同様の基準によるべきとして（すなわち、「相対的排除説」的思考にたち）、自白が排除されるには、重大な違法の存在が必要であるとする。しかし、基本文献は、自白排除の基準として必ずしも重大な違法を要求してはいない。後年、田宮は次のように述べている。「違法排除説を支えているのは、つぎの 2 つの配慮、すなわち、①自白排除の実効化のためには基準の客観化、つまり捜査方法の適正という視点が必要なこと、②取調べの密室性と強圧的特質に照らしてやや過度と思える規制によってはじめて適度の帰結がもたらされるという『外堀の論理』（外堀があってはじめて本丸を守りうる）が妥当することである」（田宮裕『日本の刑事訴追〔刑事訴訟法研究 5 〕』〔有斐閣、1998年〕367頁〔初出1991年〕）。

　たしかに、田宮がこのように述べた当時と比較して、今日取調べ実務は一定

の改善をみてはいるが、取調べの「密室性」や「強圧的特質」の問題性を払拭するような本質的な改善はみられない。自白排除のあり方を考える際には、排除の実効性を確保し、「外堀」として十分に機能しうる基準が求められるという田宮の主張が常に想起されるべきであろう。

▶「フェア・トライアルの観念」と「礼譲の観念」

　基本文献は、自白排除（違法性）の基準を、「刑事手続の基本にある、フェア・トライアルの観念」や「文明国家の基準である礼譲の観念」に求めた（基本文献294頁）。これらの内容はきわめて抽象的で、自白排除の基準としては必ずしも十分な意味を有しないのではないかとの見方もありえよう。

　しかし、自白の任意性の問題も、排除法則の自白への適用の問題も、突き詰めれば、国家が個人を処罰するために当該自白を用いることが許されるかという問題に行き着く。この問題は、結局のところ、その時代における「文明国家」としての水準に基づいて解決するほかなく、そこではまさに「フェア・トライアルの観念」や「礼譲の観念」が自白排除の基準として重要な意味をもってくることになろう。その意味で、基本文献は時代や立場を問わない普遍的意義を有するものであり、今日においてもなお重要な視点を提供し続けているのである。

　犯罪の嫌疑をかけられた者がどのように扱われるかは、その国の文明の質をはかる試金石と考えられてきた（See,e.g., Irvin v. Dowd, 366 U.S. 717, 729 〔1961〕〔Frankfurter,J.,concurring〕）。日本の現状はどうであろうか。日本においては、憲法38条1項で黙秘権が保障されているにもかかわらず、「取調べ受忍義務」を前提にした身体拘束中の密室での取調べが「適法」とされている。したがって、そのような取調べによって得られた自白は、そのことのみでは違法収集自白として排除されることはない。また、任意性も直ちに否定されることはない。はたして、こうした取扱いは許されるのであろうか（ちなみに、周知のように、アメリカにおいてはこうした取扱いは許されていない〔See, Miranda v. Arizona, 384 U.S. 436 (1966), Dickerson v. United States, 530 U.S. 428 (2000)〕）。まさにこの点は、今日の日本の「フェア・トライアルの観念」や「礼譲の観念」の真価が問われるところであり、基本文献に立ち返りつつ、われわれは改めて考え直してみる必要があるように思われる。

20 | 伝聞法則

●基本文献
平野龍一
「伝聞排斥の法理」
(1964年) 同『訴因と証拠〔刑事法研究 第4巻〕』(有斐閣、
1981年) 220頁

伊藤　睦

1　学説・実務状況

▶判例の状況

　現行刑訴法は、戦後憲法が被疑者・被告人の権利を手厚く保障したことを前提として、アメリカ法の影響を強く受けながら制定され、それまでの職権主義的な構造から当事者主義構造への大きな転換を図ったものであったにもかかわらず、規定上も運用上も、多くの部分で旧来の実務への妥協的な要素を残していた。

　供述調書の証拠能力の問題もそのひとつである。戦前、またとくに戦時中、捜査機関が作成した「聴取書」がフリーパスの状態で用いられ、被告人がそれのみに基づいて断罪されていたことは、戦後、人権蹂躙的なものとして認識され、改革の対象とされた。日本国憲法37条2項が、すべての刑事被告人に対して、「すべての証人に対して審問する機会を充分に与えられる権利」を保障しているのも、この調書裁判を克服し、公正な裁判を実現させるためのものと解され、刑訴法320条も、原則として、証人尋問に代えて公判外供述を証拠として用いることを禁止しているので、本来は、供述証拠を得るためには証人審問手続を実施すべきであり、それに代えて書面等を証拠とすることはおよそ認めないものと解することが望ましいはずである。

　しかし、刑訴法は、321条以下に広範囲な例外規定をおき、緩やかな要件で、

捜査書類、とくに検察官調書に証拠能力を付与することを認めている。立法過程において、証人尋問中心の裁判では訴訟が遅延することや、日本では証人が公判で真実を述べないことなどが主張されたことに対する一種の妥協であったのだが、判例は、これを合憲として問題視しないばかりか、早期の段階で、供述証拠を用いるためには証人審問を実施しなければならないかのような解釈をとることは「早計に過ぎる」ものとして否定した（最大判昭和23・7・19刑集2巻8号952頁）上で、憲法37条2項の適用範囲そのものを狭く解する立場をとることを明らかにした。その狭い解釈は、そこでいう「証人」の範囲を、「その供述によって証拠を供する者」すべてではなく、実際に公判に喚問された「証人」に限定することにより実現された。すなわち、証人審問権は、裁判所の職権ないし当事者の請求によって喚問された狭義の「証人」に対して、公判での十分な反対尋問の機会を与えなければならないことを要求するものであり、被告人に反対尋問の機会を与えられない供述や書面等を証拠とすることを絶対に許さないという意味を含むものではない（最大判昭和24・5・18刑集3巻6号789頁、最3小判昭和30・11・29刑集9巻12号2524頁）。つまり、この立場のもとでは、公判での証人尋問そのものを制限することさえしなければ、公判外供述の供述者に審問する機会を与えないまま調書等を証拠として用いること、あるいは、供述者に審問する機会を与えたうえで、その公判証言ではなく調書等を証拠として用いることに、何ら憲法上の問題は生じないことになる。最高裁によると、もし被告人側が不服に思うのであれば、憲法37条2項が保障するもうひとつの権利である、自己のための証人を求める権利のもとで、自らが証人喚問請求すればよいという。

　判例実務は、この憲法解釈のもとで、もともと緩やかな例外要件をさらに拡張的に解することにも何の抵抗をもたないまま、戦前・戦中とほとんど変わるところのない、捜査書類中心の裁判を実現させてきていた。

▶学説における伝聞法則と証人審問権の理解

　これに対して学説は、おおむね、刑訴法320条は証人審問権を受けたもの、ないし同趣旨のものと捉え、これら規定のもとでイメージされる「証人尋問中心の新しい手続」を理解するために、もととなる英米法の伝聞法則等の研究にさかんに取り組んだ。

中でも最も厳格とされる田中和夫『新版証拠法』（有斐閣、1959年）は、英米法、とくにアメリカ連邦憲法修正 6 条の「自己に不利益な証人と対質する権利（対質権）」と伝聞法則についての理解をもとに、日本のものもそれと基本的に同等であるべきとする立場から、英米法よりも緩やかな要件で書面に証拠能力を付与する刑訴法321条 1 項の規定につき、証人審問権に反するとの疑いを投げかけた。この立場からは、「その供述によって証拠を供する者」としての「証人」すべてに対して、被告人に審問する機会を充分に与えないまま書面を証拠とすることは許されない。もちろん、英米法と同様の合理的例外は認められるので、321条 1 項 1 号の裁判官面前調書のように、供述を取り巻く状況が「信用性の情況的保障」という伝聞例外要件を充たすものは合憲でありうるとしても、手続の一方当事者たる検察官が作成した 2 号の書面につき、供述者に署名押印させただけで証拠能力を付与することは、証人審問権の規定する被告人保護の精神に反するという（また、江家義男『刑事証拠法の基礎理論〔訂正版〕』〔有斐閣、1960年〕は、 1 号の裁判官の面前での供述も、供述の際に反対尋問を受けていないのであれば、それを用いることは違憲だとする）。またこの立場からは、検察官が自己の主張を維持するために人の供述を利用しようとする場合には、検察官自らが証人喚問請求をして被告人に反対尋問の機会を充分に保障しなければならないことが強調される。たとえ被告人が喚問することで公判での尋問が可能になったとしても、反対尋問は主尋問に引き続いて行ってこそ真価を発揮できるのであり、調書を作成したずっと後になっての尋問では、十分な反対尋問の効果を期待することはできないからである。ゆえにこの立場からは、そんなに証人尋問をしたければ被告人側が喚問請求をすればよいとの判例の見解は、被告人に対して責任を転嫁するものだとして批判されていた。

　また他方で、英米法の伝聞法則は例外があまりにも多く、原則そのものの理論的価値が乏しいとの問題意識から、刑訴法320条以下の規定を直接主義の宣言とみて、証拠書類等の間接的な証拠を排除する趣旨のものとして説明する立場もみられていた（小野清一郎「新刑訴における証拠の理論」刑法雑誌 4 巻 3 号〔1954年〕289頁）。

2 学説史的意義と位置づけ

上述のとおり、刑事訴訟法には、旧来の職権主義・実体的真実主義の発想から当事者主義へと転換しきれていないところが多く残されていた。実際、立法において主導的な役割を果たし、当時の通説的な立場でもあった団藤重光は、新しい憲法と刑訴法が当事者主義を一層取り入れたことは認めながらも、刑事裁判の基本は職権主義にあるとし、当事者主義の背後にひそむ職権主義の価値を重視して、「刑事訴訟は職権主義を当事者主義の形式に盛ったもの」であると説明していた（団藤重光『新刑事訴訟法綱要』〔弘文堂・1948年〕）。

それに対して平野龍一は、当事者主義を、捜査・訴追機関の権限を抑制しながら被疑者・被告人の訴訟主体としての権利を保障することのできる利点をもつものとして肯定的に捉えた上で、徹底した当事者主義の立場から手続の全体像を構築しなおし、新しい憲法にふさわしい、「憲法の趣旨に従った」刑事手続のあり方を提示した。その代表的なものは、捜査の構造としての「弾劾的捜査観」の提唱、取調受忍義務の否定、審判の対象としての訴因対象説等の主張であるが、平野は、新しい憲法から導き出される現行法の解釈ないし手続の理想像と対比して、現実の実務において旧法からの転換が図られていないところ、権力の抑制が不十分であるところに鋭い非難の目を向けた。

憲法を軸とするその理論はきわめて一貫したものであったが、しかし、平野は、田中・江家両者のように憲法や英米法上のルールに照らして刑訴法の規定そのものを疑問とする立場はとらなかった。

もちろん平野も、理論的には違憲説の指摘が正しいことを認めていたが、憲法からみて現行の規定が合憲か違憲かを問うことよりもむしろ、規定自体は所与のものとしつつ、その規定が合憲となるためにはどのような解釈・適用がなければいけないか、という条件を明らかにすることにより、現実の運用自体を憲法に従うものへと変えようとした。

そのスタンスは、裁判所の判断次第で合憲にも違憲にも傾きうることを前提としている点では、明確な立法的解決を求める立場よりも妥協的であったが、現状に理論をあわせるという意味での妥協を許さず、方向性を誤っている実務

を根本からただそうとした点では徹底的だった。憲法に基盤をおきながらも、現状を見据えた実践的・戦略的な理論として、平野理論は多くの学説から支持され、「通説」としての位置づけを与えられるようになった。

　基本文献において、当事者主義のもとでの伝聞法則の理解に基づいて、刑訴法320条以下の規定のいくつかにつきあるべき結論が示されるとともに、日本の実務で常態化している「調書裁判」、そして自室にこもって調書を読むという裁判官の行動までもが現行法の理念に反するものとして厳しく批判されているのは、平野のスタンスのもっともよく現れたところといえる。

3　文献紹介

▶基本文献のエッセンス

　以下は、基本文献227頁から234頁までの本文である。

　　一　伝聞証拠が排斥されるのは反対尋問を経ていないからである。反対尋問を経ていない供述証拠は、その信憑性に疑問がある。……モーガンは伝聞証拠の排除は、むしろ当事者主義の訴訟の結果だとする。当事者の一方が収集した証拠、とくにその質問に対する供述は偏っていることが多いし、他方の当事者のこれに対する不信も大きい。そこで反対尋問を経ていない証拠を排斥することが強く要求されるのである。……当事者主義は、むしろ刑事訴訟においてこそ本質的なものだといえる。刑罰を科するためには、被告人に証拠を十分に検討させ、その面前で事実を明らかにする必要がある。被告人のいないところで取り調べた証拠で有罪とすることは、たといそれが真実であっても公正な裁判とはいえない。……伝聞証拠は反対尋問を経ない供述証拠と一応は定義されながら、刑事では憲法の規定する被告人の対質権の性質上、(1)公判廷で、(2)証言に接着して、反対尋問が行われなければならないとされるので、結局、この直接主義・口頭主義とほぼ内容の同じものとなる。……証拠調のやり方自体において、公判と捜査とを遮断するのが、まさに伝聞法則の任務であり機能である。

　　二　「調書裁判には、その公正さを担保するための種々の制度が設けられてはいるけれども、窮極においては、裁判官の判断の能力と公正さに依存する。自室で調書を読む裁判官の心の動きは、何人も直接にコントロールすることはできない。事実認定についての修練をかさねつね日頃から俗社会とは離れて廉潔な生活をおくる官僚裁判官のもつ「実質的」な公正さへの信頼と信仰がその担保となるのである。さらにさかのぼると、捜査官に対する信頼、その調書に対する信頼が、その根底によこたわって

いる。裁判官はこれを前提とし、いわばその枠内でしか判断しないのである。

これに対して証人裁判の場合、証人はあらためて公判廷で直接に証言をする。この場合、証人が処女性を持つとはかぎらないかもしれない。事前に取調をうけ一度述べたことの要約であることがあろう。しかし、証人はあらためて自ら供述するのであり、捜査の過程から一応きりはなされ、生の事実が再現される。そして誘導尋問の禁止などによって、できるだけ証人が自ら語るよう工夫される。とくに反対当事者の反対尋問によって、証人を「コーチ」したかどうかが暴露され、また供述の一面性が補われる。

証人は、いわば有罪か無罪かを判定するに必要にして十分なことだけを明快に証言する。わが国でしばしば「ベスト・エヴィデンス」ということばで呼ばれるのは、このような証言をさしている。

このような証言は、全体的に評価される。その心証はいわば「心理的」である。しかし、甲証人のAという供述とBという供述、あるいはこれらと乙証人のCという供述とを「つきあわせ」て論理を明らかにすることも不可能ではない。証人裁判の場合は公判廷で、当事者にもわかるような形で行われ、調書裁判では裁判官の部屋で、その頭の中だけで行われるという差があるにすぎない。その結果、公判廷で有罪の証明がうかびあがってくる。被告人尋問は行われないが、客観的に被告人もこれを認めざるをえない状況に立たされる。裁判官はいわばただこれを宣言するにすぎない。それはコモン・マンの判断であり、その公正さは形式的公正さだといってよい。

このような心証のとり方をすれば、判決で証拠説明をする必要はない。もともと、心証形成の過程は微妙であるから、これをことばで説明しようとすることにはむりがある。そして、控訴審の審査にも大きな限界ができる。しかしかえって曲げられた心証によって破棄されることもなくなるのである。

三　伝聞証拠もこのような基盤の上で考えなければならない。わが国には、戦前のドイツ型の調書裁判から、戦後伝聞法則をとりいれることによって英米型の証人裁判へ変わったというように考える人が多いが、ドイツの裁判は、現在のわが国よりもはるかに証人裁判に徹底しているのである。調書裁判はわが国独特のものといっても過言ではない。

　……

しかし、そもそも裁判官は、心証をとるために調書を自室で読むことが許されるだろうか。なるほど、これを正面から禁止した規定はない。朗読は証拠調の方式にすぎず、証拠になるのは、「供述記載」なのであるから、心証をとるために自室で読むことはさしつかえない、という見解もある。しかし厳格にいえば、供述記載は間接事実にすぎないのであり、朗読された内容が本来の意味の証拠なのである。かりにこの点は別としても、証拠調を通じて心証をとらなければならない。証人に要旨だけを述べさせて、詳細を自室で聞いてはいけないのと同じく、調書の要旨だけを公判廷で朗読

して、後で全体を読むことは許されないはずのものである。法310条は、……証拠を保存し、上訴その他にそなえるためであって、裁判官が心証をとるためではない。

　もちろん、裁判官は調書を見ることが一切許されないわけではない。アメリカでも、少なくとも物については陪審員が評議室にこれをとりよせてもう一度見ることが許されている。それは物は公判廷での取調の場所の状態とかわりがないからであろう。調書も、証人にもう一度証言させるのと違って、公判廷での取調の場合の状況とほとんどかわりはないから、証拠調べによってえたところを想起し確かめるために、もう一度読むことは、あながち禁止する必要はないだろう。しかし、それにも限度があり、本来の心証をここでとってはならない。

▶供述証拠の意義

　基本文献「一　伝聞証拠の意義」では、憲法37条が被告人の証人「すなわち供述証拠」に対する反対尋問権を保障したものであり、刑訴法320条も、公判廷における反対尋問を経ない供述証拠は証拠とすることができないことを趣旨としたものとして、「反対尋問を経ていない供述証拠」を排斥する伝聞法則を採用したものとみる立場が明らかにされている。

　そして、それまでの日本では供述証拠という概念が必ずしも認められていなかったことを前提として、写真や録音テープ、検証調書における立会人の指示説明部分、自己矛盾供述、他人との矛盾、心の状態をあらわす供述等、判例や学説において誤解があるところや曖昧なところなどを具体的に取り上げながら、要証事実との関係でどのような場合に供述証拠として伝聞排斥法理の対象となり、どのような場合がそうではないかについて整理し直されている。

▶調書裁判批判

　基本文献の「二　伝聞証拠排斥の法理」では、伝聞証拠が反対尋問を経ない供述証拠と定義されるのは、反対尋問を経ていない証拠の信憑性の問題だけでなく、当事者の一方が収集した偏った証拠を反対尋問なしで用いてはいけないという当事者主義の要請であり、そのような当事者主義は、刑罰を科するために、被告人に証拠を十分に検討させ、その面前で事実を明らかにする必要のある刑事訴訟においてこそ本質的なものであるとされている。そして、伝聞法則は、被告人のいないところで取り調べた証拠で有罪とすることを、たとえ真実であるとしても公正ではないものとし、直接主義・口頭主義と同様に、憲法上

の対質権のもとで、公判廷での証言に接着した反対尋問を求めるものであり、捜査結果をそのまま持ち出すことを禁じて捜査と公判とを遮断することを任務とし、機能とするものであることが明らかにされている。

そして、捜査官がまとめた調書を読んで捜査官の心証形成の過程をはじめからたどりながら検討し、調書の中のあちらとこちらを照らしあわせ、その関連や矛盾を検討して「論理的」に心証をとる調書裁判が、捜査の過程から切り離された証言を、公判廷で当事者にもわかる形でつきあわせて心証をとり、公判廷で有罪の証明がうかびあがってくる証人裁判とはいかに違う、問題のあるものなのかが詳細に論じられている。

その上で、日本のやり方、すなわち、裁判官が自室で調書を検討することを前提として、326条の同意による場合にも要旨の告知だけでよいとされ、321条の自己矛盾供述の場合にも、証人の退廷後に調書が独立して証拠調がなされて、証人の公判廷における証言に対する反対尋問はなされるが、これと矛盾する「調書に対する反対尋問」がなされない等のやり方につき、公判を調書の受け渡しの場と化し、証拠調を、調書を証拠として用いるための「お祓い」という意味しかもたないものにしてしまっているものと評された上で、そのように裁判官が心証をとるために自室で調書を読むこと自体、そもそも許されないものとして厳しく批判されている。そして、証人が記憶欠如を訴えて証言を拒否した場合に供述不能にあたるとして調書を用いたり、検証調書を内容につき反対尋問しないまま用いたり、検証調書の規程を実況見分調書にも類推しようとしたり、という判例・学説の傾向を問題として、憲法と当事者主義から導き出される条文の解釈に従って、ドイツやアメリカの例にもならい、反対尋問を経ていない供述証拠を思い切って排斥すべきであることが示唆されている。

4　残された課題

基本文献において示されている、憲法と刑訴法320条以下の関係についての平野の理解、供述証拠の意義、判例に対する評価、調書裁判に対する問題意識、そのなかに現れている、捜査段階で調書を作ってしまえばそれで任務は終わりという捜査機関の姿勢と、それを許している裁判所の官僚主義的姿勢に対する

批判的な見方は、多くの学説と弁護士層に受け継がれ、論理の基盤とされるようになった。平野が依拠したアメリカ法において、当時、適正手続の観点からの人権保障に向けためざましい判例理論の発展がみられたことも、その理論を正当なものとして受け入れる後押しとなっていた。

　しかし、平野の理論、とくに調書裁判に対する批判的な見方は、実務には影響を及ぼさなかった。そのことについては、平野自身、1985年に公表された論文「現行刑事訴訟の診断」（『団藤重光博士古稀祝賀論文集　第4巻』〔有斐閣、1985年〕407頁）の中で認めている。そこでは、日本の「調書裁判」が、調書を多用するというだけでなく、公判廷での取調べを単に証拠を受け渡すだけの形式的なものにして、裁判官は自室あるいは自宅で、自白調書を含むこれらの調書を読んで心証をとる「自室証拠調主義」になっているという、基本文献において示されていた現状認識とまったく変わらぬ状態であることが明らかにされている。平野によると、基本文献においてこの点につき指摘し、裁判官が自室で書面を読むことが許されないと述べたことに対して、「どこを押せば、そういうことが出てくるのか」と批判されたほど、この「自室証拠調主義」は確立した慣行となっているという。そしてそのように、公判で心証をとる、という前提が日本ではそもそも欠けているために、伝聞法則にせよ、直接主義にせよ、公判で心証をとることを前提とした制度は、単なる証拠能力の制限、しかも実際上の観点からすればあまり理由のない制限とうけとられていると分析されている。

　平野は、裁判官その他の司法関係者が「そもそも法廷というところは真実を明らかにするのに適したところではない」と考えていること、調書の中にも公判証言と同じく「種々の配慮」から真実ではないものが多く含まれているのに、それを「自室」で見抜く眼力をもつと考えていることについて、それは「自信過剰」であり、「大部分は実は検察官・警察官の考えにのっかっているにすぎない」と厳しく批判し、一向に改善のきざしが見えず、むしろ強化する方向へと進みつつある実務を「絶望的」と診断した上で、そのような訴訟からの脱却のためには参審か陪審を採用するしかないことを示唆していた。結果的にはその診断が、刑事司法改革において裁判員制度を採用することへもつながったことにはなるが、絶望的と診断された実務の膠着状態にもあらわれているとおり、

4　残された課題　273

戦略的理論により実務に働きかけるというスタンスの有効性と限界こそが平野理論のもっとも大きな課題でもあった。

5 現代的意義

▶近年の学説

実務に変化が見られない中で、学説の中では次第に、反対尋問の有無という、供述証拠の信用性評価にかかわる伝聞法則の説明と証人審問権とを結びつける「通説」の立場が、供述証拠に誤りの危険さえなければ、証人審問手続なしで済まされても憲法上の問題はないものとして扱うことを許し、伝聞例外の拡張傾向と連動して、かえって証人審問権の保障範囲を狭め、調書裁判を招く要因ともなっているとの理解が示されるようになった。そのような学説の背景には、アメリカにおいて、連邦憲法修正6条の対質権と伝聞法則とが同一ではないことが強調されるようになったこと、対質権をめぐる連邦最高裁の態度が変わり、権利保障を重視するそれまでの動きとは反対に、供述証拠の信用性確保・事実認定の正確性が確保されるか否かという観点から、権利例外を広く認める例が相次いで示されたことなども影響していた。そして、そのような権利縮減状況に対する批判がアメリカにおいても高まったことなどを受けて、近年の学説においては、証人審問権の価値を貶めないためには、伝聞法則からではなく、証人審問権が何を保障しているかをまず考えるべきであることが強調されるようになった。代表的な論者である堀江慎司は、証人審問権を、刑事被告人が、広く供述による情報を提供する者という意味での証人に対し、事実認定者の前で、狭義の尋問を十全に行うことのみならず物理的に対面すること等も含めた、「通常の証人尋問のプロセスを実行する機会を持つ権利」と定義し、そのプロセスは、事実認定者に対して、「その証拠評価能力を発揮するのに必要な、証拠（証言）の重みないし信用性に関する情報を、利害当事者たる被告人が証人に対する尋問を通じて提示することを可能にし、もって、証拠及びその信頼性に対する正当な評価、ひいては事実認定の正確性を確保する、という価値ないし目的」を有するものとする。そして、このプロセスは、供述の発現に至る過程における捜査機関の公判外での働きかけに関する情報を明らかにする価値等の実現を

目指しつつも、「プロセス『それ自体として』」保障されるものであり、その意味で自己目的的な、「内在的価値」ないし「自己の運命に影響を与えるかかる尋問プロセスへの『参加の保障』の価値」をもつ。それゆえその価値は、別個に追求された価値がどれほど実現されたとしても、「それ自体として」保障されなければならないという（堀江慎司「証人審問権の本質について㊀～㊅」法学論叢141巻1-5号、142巻2号〔1997年〕1頁。その他、証人審問権の価値をめぐる研究として、山田道郎「証拠の森──刑事証拠法研究」〔成文堂、2004年〕等）。

　このような近年の学説は、証人審問権の保障の意義そのものについての理解を深めさせた点では大いに示唆に富むものであり、公判廷での尋問プロセスが実現されない場合に、これを実現させる義務を訴追側に課すなどの主張についても参考になるところが多いものであったが、結局のところ、すでに実務上は、証人審問権のもとで合憲、あるいは証人審問権とは関連しないものとされてきた調書裁判ないし「自室証拠調主義」に再検討を迫ることはできなかった。

▶裁判員制度

　裁判員裁判を導入するにあたり、調書裁判は裁判員制度にはなじまないものとされ、直接主義・口頭主義の実現が求められた。しかし、これは、書面の証拠能力を制限しようとするものではなかった。立法にかかわる側からの認識では、それまでの実務においても、署名・押印により内容の正確性が担保され、伝聞法則のもとで例外として認められる供述調書だけが公判廷に提出されているので、証人審問権の要請はもともと充たされていた。ここでいう直接主義も、証拠能力が認められた証拠が公判廷に提出された場合に、どういう形で心証を得るべきかの問題にすぎず、この点でもすでにそれまでの実務において要請は充たされているので、裁判員制度のもとではただそれを実質化して活性化すればいいだけであるとされていた。そのような議論の中でも、調書の「作成過程」を可視化・適正化すべきことは主張されていたが、公判廷での調書の使用そのものは問題とされず、むしろ供述調書の記載方法などを工夫して裁判員が独自に判断できるものにすべきであるとか、書面を証拠として用いようとする際には、その供述者を証人として公判廷に召喚して尋問すればよい等、積極的に書面を用いようとする姿勢も示されていた。

　実際の裁判員制度のもとでは、裁判員が書面を読まないことを前提に、かな

りの程度、公判廷での証人尋問中心の裁判が実現しているといわれている。しかし、裁判員がかかわらない裁判においてまでそれが普及しているわけではないし、法制審議会「新時代の刑事司法制度特別部会」における議論の結果として、犯罪被害者や証人の負担を軽減するための措置として氏名等の情報を秘匿する案が示されており、たとえ証人尋問が実現はされたとしても、十分に反対尋問を行うことができず、実質的には調書がそのまま提出される場合と異ならない状況に陥ることになるおそれも生じてきている。またさらには、捜査協力型の協議・合意制度の導入に関しても、被告人の犯罪に関する情報を提供する協力者となった者に対して、公判廷で証言させることだけではなく、公判では予定通りの証言をしない場合や供述が崩れた場合に備えて、捜査機関による取調において「真実」を述べることを約束させるという案が示されている。そしてその議論の中では、繰り返し、証人が公判廷では「真実」を述べないおそれがあり、その場合に供述調書を用いる必要があることが強調されていた。

　このような現代的課題も踏まえると、平野が、公判廷を単なる証拠の引き渡しの場と化している調書裁判を、その背景にある自室証拠調主義の姿勢も含めて厳しく批判し、抜本的な改革を必要と指摘したことは、なお現状批判としての重要な意義をもち続けているといえる。

21 共犯者の自白

●基本文献
小早川義則
『共犯者の自白』
(成文堂、1990年)

上田 信太郎

1 学説・実務状況

▶共犯の実態

犯罪遂行の態様は、単独犯と共犯の2種類に分けられる。共犯とは、複数人が犯罪に関与し共働で遂行する形態をいう。現実に生起している犯行態様をみると、共犯による刑法犯の検挙件数は相当数に上り、とくに来日外国人による犯罪の半数近くは共犯形態によるものである。警察庁が平成26年6月に公表した「平成25年の犯罪情勢」によれば、刑法犯検挙件数自体は年々減少傾向にあるが、来日外国人の検挙件数全体に占める共犯事件の割合は49.0%と高率であり、日本人の同割合（13.2%）と比較して約3.7倍となっている。また、罪種別では、日本人、来日外国人とも窃盗、強盗、恐喝など財産犯関係の共犯率が高いという結果が出ている。さらに、共犯者の大部分は、共謀共同正犯を含む共同正犯として処理されているのも特徴である（西田典之『刑法総論〔第2版〕』〔弘文堂、2010年〕324頁）。「実務に教唆犯なし」、「実務に従犯なし」といわれる所以である。共犯による犯罪は量的、質的にみて看過できない状況にある。

ところで、犯罪理論は、基本的に単独犯を軸にして組み立てられているため、共犯はその本質をめぐる理論構成も複雑で、従来、議論が錯綜している。そのため、しばしば「絶望の章」、「暗黒の章」などといわれる。また、共犯は刑事訴訟法上も重要な問題を提起する。すなわち、「共犯者の自白」（正確には、「共犯者の、他の共犯者についての不利益な供述」というべきである。光藤景皎『刑事訴訟

法Ⅱ』〔成文堂、2013年〕272頁）に対する補強法則適用の問題がある。「共犯者の自白」には、いわゆる「引っ張り込みの危険」があり、無辜の者を処罰し、誤判を招く危険が高いと古くから指摘されてきた。そこで、「共犯者の自白」のみで、犯行を否認する本人を有罪とすることができるか、もしそれを危険とみるなら、補強証拠が必要なのではないかという点が古くから議論されてきた。

▶「共犯者の自白」をめぐる研究状況

これを単純化していうと、「被告人本人Ａが否認し、共犯者Ｂが『Ａと一緒にやった』と自白したとする。この自白が唯一の有罪証拠である場合、Ｂの自白でＡを有罪とすることはできるか」という問いとなる。この問いに対する見解は、「共犯者の自白」を「本人の自白」とみて、補強証拠を要求すべきとする積極説と不要とする消極説に二分される。

まず積極説を提唱したのが団藤重光である。それによれば、「共犯者の自白」を本人の自白とみなし、先の例でいうと、Ｂの自白でＡを有罪にできないとする。その根拠は、第一に、自白偏重による誤判防止の観点から、本人と共犯者との間に差はないから憲法38条3項の「本人の自白」には共犯者の自白も含まれる。第二に、そのように理解しなければ、補強証拠がないとき、自白したＢには補強法則が適用されて無罪となり、否認したＡは有罪となるという非常識な結果になるという点にある（団藤重光「自白と補強証拠」刑法雑誌1巻3・4号〔1950年〕469頁以下）。また、団藤は、最高裁判事として自ら関与した公職選挙法違反事件において、「わたくしは、憲法38条3項の『本人の自白』の中には、当然に共犯者の自白をも含むものと解するのである。『本人の』という字句に拘泥する形式的な文理解釈論は、この際、論外といわなければならない。」と消極説を厳しく批判している（団藤裁判官反対意見最判昭和51・2・19刑集30巻1号25頁）。

他方、消極説に立つ平野龍一は「共犯者の自白」を本人の自白と同視せず、補強証拠なしに否認しているＡの有罪を認定できると主張した。その根拠は、第一に、共犯者の自白は反対尋問を行うことができるのであるから本人の自白と同一視できない。第二に、本人の自白は安易に信用されるが、共犯者の自白は、引っ張り込みの危険を前提に慎重に判断されるから、証拠の評価にも差がある。第三に、自白した方が無罪となり、否認した方が有罪となるのも、自白

が反対尋問を経た供述よりも証明力が弱い以上、当然であり不合理ではないという点にある（平野龍一『刑事訴訟法』〔有斐閣、1958年〕233頁以下）。もっとも、平野も「共犯者の自白」の危険性自体は承認しており、共同被告人の供述調書を実質証拠として用いることについてはきわめて慎重であることも留意しておく必要がある（平野・前掲書225頁）。

　さらに、公判廷外の供述と公判廷供述とを区別し、共犯者の公判廷外の供述には補強法則の適用ありとする見解（田宮裕『刑事訴訟法〔新版〕』〔有斐閣、1996年〕360頁）や、「共犯者の自白」を憲法38条3項にいう「本人の自白」と同旨できないが、共犯に特有の他人を引き込む危険を防止するには、証明力の点で「本人の自白」に準じて扱い、補強証拠を要求すべきだとする見解（光藤・前掲書274頁）もある。前者は、補強法則は捜査官に自白以外の証拠を探索することを要求したものと捉え、公判廷供述にその適用はないが、公判廷外供述は明らかに自白的色彩が強まり、共犯者も被告人本人と変わりはなく、法廷供述とは異なる本質をもつとする。また、後者は、補強法則を自由心証主義の「例外」と捉える後述の「練馬事件」最高裁判決多数意見などとは異なり、「裁判官の自由心証による事実認定の合理性を担保し、誤判への顛落を防ぐために設けられた、自由心証主義そのものに由来する自己抑制の例示規定」と解し、憲法38条3項を準用して「共犯者の自白」に補強証拠を要求するのである。

　研究書ではないが、上田誠吉・後藤昌次郎『誤った裁判——八つの刑事事件』（岩波新書、1960年）を挙げておきたい。不当な取調べや理不尽な刑事裁判、「共犯者の自白」に翻弄される被告人の姿と、虚しい余韻を残して終わる各事件の顛末に、刑事弁護人を志した若き法学徒も多いのではなかろうか。

▶ 「共犯者の自白」をめぐる実務状況

　判例は当初、いわゆる半証拠能力（ハーフプルーフ）論（最大判昭和24・5・18刑集3巻6号734頁）を唱えるなどやや動揺していたが、その後「共犯者の自白」は「本人の自白」には含まれないという立場を踏襲している。リーディングケースである練馬事件最高裁判決（最大判昭和33・5・28刑集12巻8号1718頁）は、「憲法38条3項の規定は、……わが刑訴318条で採用している証拠の証明力に対する自由心証主義に対する例外規定としてこれを厳格に解釈すべきであって、共犯者の自白をいわゆる『本人の自白』と同一視し又はこれに準ずるものとする

1　学説・実務状況　279

ことはできない。」とし、「共同審理を受けていない単なる共犯者は勿論、共同審理を受けている共犯者（共同被告人）であっても、被告人本人との関係においては、被告人以外の者であって、被害者その他の純然たる証人とその本質を異にするものではない」から、「共犯者又は共同被告人の犯罪事実に関する供述は、証拠能力を有しないものでない限り、独立、完全な証明力を有する」との立場を示した。この判例の重要な点は、補強法則を自由心証主義（318条）の「例外」として位置づけ、それゆえ「本人の自白」を狭く、限定するという意味で、「厳格に解釈すべき」と判示したことである。

　もっとも、この判決には複数の裁判官の少数意見が付されていることを看過してはならない。これによれば、自白の内容が被告人である自白者自身の犯罪事実であると同時に、共同審理を受けている他の共犯者（共同被告人）の犯罪事実である場合、「当該自白のみで自白者を処罰できないとされる以上、その自白だけで犯罪事実を否認している他の共同被告人を処罰することは、もちろん許されない。」という。なぜなら、そのように解釈しなければ、自白者たる被告人本人はその自白によって有罪とされないのに、同一犯罪事実を否認している他の共同被告人は、当該自白によって処罰されるという「不合理な結果」を招くからだとする。さらに「一人の被告人に対してその自白だけでは有罪とされないことを好餌として自白を誘導し、その自白によって他の共同被告人を有罪とするため、それを利用する不都合な捜査が行われる弊害を生ずるおそれがないとは言えない。」とも指摘している。その結果、「憲法が自白偏重の悪弊を防止しようとする意義を没却することになる。」との結論を導いている。この指摘は、「引っぱり込みの危険」、「切り違え尋問」といった共犯固有の取調べの問題点を鋭く突いたものといえ、さらに刑事司法改革における「司法取引」に内在する問題点とも通じる面があり興味深い。

2　学説史的意義と位置づけ

　上述したような学説、判例状況の中で公刊されたのが基本文献であった。これが書かれたモチーフは、その「はしがき」に端的に記されている。これによれば、「当時のわが国における英米法研究は、少なくとも証拠法の分野に関す

る限り、引用判例を含め英米の権威書ないし著名論文の引き写しにすぎず、判例集の未整備や時間的制約など止むを得ぬ事情があったにせよ、英米法における判例の重要性に対する認識が必ずしも十分ではなかった。……わが国では権威書の翻訳とその解釈にとどまり、第1次資料たる判例に直接当たりこれを読みこなすという基本的作業が十分になされていないのではないだろうか。」という。また、「共犯者の自白」にかかわる問題関心は、伝聞法則および反対尋問権の保障にある。すなわち、基本文献が書かれた当時の議論状況として、「共犯者の自白」は、補強証拠の要否の観点から、もっぱら証明力（すなわち自由心証主義の領域）の問題として扱われてきたが、平野が問題提起したような証拠能力（伝聞法則および反対尋問権の保障）の観点が軽視されているという点にあった。小早川義則の言葉を借りれば、この点は「ややなおざりにされた感」が否めないというわけである。そこで、小早川は、「この際、伝聞法則を緩和した近時のアメリカ法の動向を参考にしつつ、伝聞法則の『日本的変容』について、とりわけ共犯者の公判廷外の供述を比較的容易に伝聞例外として許容するわが国の判例の問題点について、憲法37条2項の観点から再検討する必要がある」との課題を設定し、膨大なアメリカ法判例の紹介とその分析を踏まえ自己の主張を展開された。

　基本文献が執筆されるまで、アメリカ判例を詳細に紹介、分析し、そこから共犯者の法廷外供述の取り扱いを明らかにした文献は乏しかったといえる。それだけに「調書裁判」と批判され、伝聞例外を比較的容易に認めてきたわが国のこの分野のあり様を再検討するに際して、基本文献が果たした役割は大きい。

3　文献紹介

▶基本文献の構成および内容

　基本文献は、序章から終章まで合わせて全10章から成る。小早川の問題意識が簡潔に示された序章に続き、第1章「わが国の問題情況」では、「共犯者の自白」が「本人の自白」に含まれるかどうかをめぐる日本の判例および学説状況を踏まえた上で、上述した伝聞法則を緩和したアメリカ法の動向を参考としつつ、反対尋問権保障の観点から「共犯者の自白」を分析する必要があると指

摘される。

　第2章「英米法の概観」では、1975年アメリカ連邦証拠規則（以下、連邦証拠規則と略す）の制定経緯、条文を紹介する。英米法が被告人の反対尋問権を十分に保障した上、さらに共犯者の供述は危険であるとの説示（「共犯者の警告」）が必要、あるいは補強証拠が不可欠だとしてきた考え方から踏み出したこと、「利益に反する供述」を緩和して「刑事上の利益に反する供述」をも伝聞例外とし、また「不一致供述」を伝聞ではないと定義することによって、これらを実質証拠として許容するに到ったことが明らかにされる。

　第3章「共犯者の供述（証言）と補強証拠」では、共犯者の証人適格、補強証拠の要否と範囲、程度に関するコモン・ロー、イギリス法、アメリカ法を踏まえる。「共犯者の警告」が慣行上の原則から法原則にまで高められたイギリス法や、多くの法域において補強法則が制定法化されているアメリカ法の状況が説明される他、英米では被告人と犯人との結びつきにまで補強証拠が必要とされることが示されている。さらに2人以上の共犯者の供述を相互に補強証拠とし被告人を有罪とするのは英米では消極に解されていること、さらに配偶者の証人適格は、従前と異なり肯定されるに到ったことも紹介される。

　第4章「伝聞法則と証人対審権をめぐる米連邦最高裁判例の動向」では、証人の以前の不一致供述を一定の要件の下で伝聞ではないとした連邦証拠規則では、憲法上の証人対審権に直接、触れられていないこと、しかし、伝聞法則と証人対審権との関係が問題となったアメリカ連邦最高裁判例の大半が共犯者の公判廷外供述にかかわる事案であったことが示され、1960年から70年に出されたダグラス、ブルートン、ダットンの各判決が挙げられている。とくにブルートン判決では、併合審理を受けている共同被告人の被告人に対する不利益供述は、たとえその不利益供述を無視せよとの説示を受けていたとしても、真実であると陪審が信ずる可能性が高く、また共同被告人は証人台に立っていないために反対尋問を受けずに被告人の有罪を認定したこととなり、憲法上の対審権の侵害にあたるとの重要な判断が下されたことが紹介されている。

　第5章「共犯者の自白と共謀者の供述」では、「不法な目的を遂行すること、または不法な手段により適法な目的を遂行することについての2人以上の者の合意」、すなわちコンスピラシーの存在を立証するために、「共謀者の供述」は

伝聞ではない、とされた根拠、許容性の要件を連邦最高裁の諸判例および連邦証拠規則制定の経緯から探る。連邦証拠規則は、「コンスピラシーの過程において、かつコンスピラシーを推進するためにした」共謀者の供述は伝聞ではないと定義し、共謀者に不利益な証拠として用いることを許容している。

　第6章「共犯者の自白と刑事上の利益に反する供述」では、金銭上あるいは財産上の利益に反する供述（たとえば、原告に財産を付与したとか、代金を受領した旨の故人記載の書面など）のみを伝聞例外としてきたコモン・ロー上の法則が緩和され、「刑事上の利益に反する供述」をも伝聞例外とした連邦証拠規則と「共犯者の自白」との関連を分析する。利益に反する供述ほど確実な根拠に基づいて許容される伝聞例外はない、とする常識論、経験則から導かれるこの考え方が、アメリカでは徐々に「刑事上の利益に反する供述」にまで拡張されてきた。基本文献では、ホウムズ、ウィグモア、ジェファソン、マコーミックといった著名な論者の見解や、連邦証拠規則の制定経過、判例を詳細に追っている。とくに「共犯者の自白」との関連では、訴追側が連邦証拠規則にいう伝聞例外に該当するとして、「刑事上の利益に反する供述」を被告人に不利益な証拠として提出する事案が少なくないという。小早川は、アメリカ連邦控訴裁判所の諸判例を踏まえ、とくに共犯者の身柄拘束中の自白は、捜査官に迎合し自己の利益のためになされたものと考えられるから、「利益に反する供述」の伝聞例外に該当しない、このような共犯者の自白を被告人に「決定的に」不利益な証拠として許容するのは憲法上の対審条項を侵害する、という一致した判断が下されていることを明らかにした。

　第7章「共犯者の自白と不一致供述」は、証人の以前の不一致供述を伝聞でない、とする連邦証拠規則の制定経緯に関する判例・学説を紹介する。不一致供述が実質証拠として許容されたため、「寝返り証人」の公判廷外供述に証拠能力が付与され、その分、「共犯者の自白」とのかかわりが重要な問題となる。本章では、コモン・ローでは、不一致供述を実質証拠として用いるのは伝聞法則違反となり、ただ自己矛盾供述として弾劾証拠として用いられたに過ぎないこと（正統説）、しかし、アメリカの各法域においては、原供述者は事後であっても公判廷における反対尋問に服しているため、これを実質証拠として用いてもよいとする見解が有力となったこと、判例上、正統説に立つサポーレン、ブ

リッジスなどの判決が出されたが、1970年グリーン判決では、少なくとも予備審問における不一致供述については、これを実質証拠として許容しても証人対審権に違反しないとの判断が示されるに到ったこと、また連邦証拠規則でも上述したように証人の不一致供述を伝聞ではないと定義され、実質証拠として許容されるようになったことが紹介されている。これら一連のアメリカの動向に対して小早川は、「証拠規則(A)号は不一致供述の許容性の範囲を限定したが、訴追側に有利な規定であることは明らかである。しかも『寝返り証人』の大半は純然たる証人ではなくいわゆる共犯者であるところから、被告人をまきこむ共犯者の自白が同号が定義する非伝聞に該当するとして被告人に不利に用いられる余地が残されており、どの範囲でこれを認めるかが問題となる。」(基本文献245頁)と指摘しつつ、同時に14の連邦控訴裁判所判例の動向を踏まえ、「少なくとも一度は、『全面的かつ効果的な反対尋問』の機会を被告人に与えなければ証人対審権を侵害したことになるとの観点は、われわれにも重要な視座を提供している。」(基本文献271頁)と述べている。

第8章「問題点の検討」では、とくにアメリカ法との対比において日本の議論を検討し、終章では、「共犯者の自白」は自白法則と伝聞法則とが複雑に絡み合う問題だという一貫した問題意識の下、日本の最高裁判例の見直しを求めて結語としている。項を改めて小早川の主張(骨子)を第8章からまとめておこう。

▶基本文献の主張の骨子

(1) アメリカ法との対比

小早川は、「本人の自白」に「共犯者の自白」を含められるかが争われているわが国の議論につき、積極説は憲法38条3項の解釈論としては説得力に欠ける憾みがあることは否定できず、他方、消極説も必ずしも明確に憲法37条2項の証人対審権とのかかわりに言及せず、伝聞法則の弛緩という現状の枠組みの中で問題点を指摘するにとどまっている点に限界があると指摘する(基本文献279頁)。そして、伝聞法則と証人対審権との関係、刑事上の利益に反する供述、不一致供述の各論点におけるアメリカ法の議論と日本法とのかかわりを知ることが日本法の解釈指針を獲得する上で必要だと次のことを指摘している(基本文献293頁以下)。

このようにみてくると、日米の接近とその限界は明らかである。とりわけ「自己の有罪を認め、かつ他人をまきこむ供述は、それが身柄拘束中になされたときには、当局に迎合したいとしてなされたものと考えてよい」から、利益に反する供述の伝聞例外に該当しない、そして供述を翻した共犯者が公判廷で十分な反対尋問を受けた場合であっても、予備審問や大陪審のような「正式手続における宣誓下の証言」に限られ、捜査機関に対する以前の不一致供述は一般に除外されて実質証拠として許容できないとのアメリカ法の態度はわが国における取扱いとは相当に異なる。しかしいずれにせよ、このように信用性に欠ける共犯者の自白を伝聞例外として許容しこれを決定的な証拠として被告人を有罪とすることは合衆国憲法修正第6条の証人対審権に違反し、そして少なくとも一度は「全面的かつ効果的な反対尋問」の機会が被告人に与えられていない限り証人の以前の不一致供述を実質証拠として許容することは証人対審権に違反するとのアメリカ法の態度は、憲法上の手がかりを与えるものであるだけに、われわれにとっても看過できないことのように思われるのである。

もっとも、アメリカ法では依然として共犯者の公判廷外の自白の許容性の範囲がきわめて限定されているとしても、公判廷では必ずしも真実を語らないのが日本人の国民性で、このことは共犯者と称する犯罪者であっても異なるところはない、そしてわが国では素人の陪審員ではなくいわば玄人の職業裁判官が事実認定者であるから「自由心証主義の合理的な運用」で共犯者の自白の危険性に対処できるというのであれば、それなりに理解できないことはない。問題は、しかし本当に対処できるかである。

(2) 共犯者供述の偏重と誤判

上記の問題提起を踏まえ、小早川は下記のように共犯者供述の危険性を説く（基本文献297頁）。

共犯者供述の危険性は、古くは松川事件や八海事件あるいは最近の梅田事件再審無罪判決等にみられる明白な誤判例に照らしても明らかであり、ましてや共犯者と称する者の捜査段階での自白だけで被告人の有罪を認定してもよいというのであれば、誤判の危険性はさらに高まるだろう。むろん「自白が真実に合する限り自白した共犯者甲の自白のほかに甲について、補強証拠が全くないというようなことは実際上には殆どないであろう」し、実務上も通常は「被告人と犯罪事実との結びつきについて補強証拠を必要とする運用が妥当」とされているのであろう。しかし、共犯者の法廷証言であればまだしも、共犯者の公判廷外の自白についてもこれを比較的容易に伝聞例外としてその証拠能力を肯定し、そしてその信用性の評価を裁判官の自由心証に委ねる判例の態度では誤判を防止できず、やはり問題があるように思われる。

このことを踏まえた上で、小早川は、第一に、法廷での供述よりも捜査段階の供述を信用する日本の裁判には問題がある、第二に、英米法では裁判官であれば共犯者供述の真贋を見抜きうるといった見解は見当たらない、第三に、十分に反対尋問を経た法廷証言であれば格別、共犯者の公判廷外の自白は密室で作成された「作文」であり、捜査官の思い込みと「共犯者」の利害とが完全に合致するところに危険性があるだけに、「作文」の危険性は本人の自白調書の比ではない、との指摘を行っている（基本文献298頁以下）。そして、共犯者の供述に対する評価を誤ったゆえに、逆転無罪判決が出されたわが国の事案を提示して、「『自由心証主義の合理的運用』では、共犯者供述の危険性に対処し切れない日本の刑事裁判の現実を如実に示している。」（基本文献300頁）と述べている。

▶共犯者の自白と伝聞例外

「共犯者の自白」がとくに法廷外の検察官面前調書として公判廷に顕出された場合、とくに321条1項2号の例外要件の適用が重要な論点としてある。共犯者の供述を考察するに際し、補強証拠の要否だけを問題にするには、「何か物足りなさ」（基本文献はしがき）を感じていたという小早川が、アメリカ法を分析道具として共犯者の供述調書の取り扱いについて述べただけに説得力がある（基本文献308頁以下、310頁）。

一　2号前段
……判例、学説は、原供述者や供述内容等を個別化することなく一律に2号前段の合憲性を肯定しあるいは否定するが、少なくとも共犯者の検察官面前調書については、「供述不能」というだけで伝聞例外とすることには頗る疑問がある。……単独犯の自白の場合とは異なり、自己の有罪を認めつつ同時に被告人──誰でもよい──を自己の犯罪にまきこむ共犯者の自白は一見、供述者本人の利益に反する供述であるようにみえてその実むしろ供述者本人の利益に適うことなのである。したがって刑事上の利益に反する供述を伝聞例外としても共犯者の自白はこれに該当しないというこのようなウィグモアの綿密な分析は、身柄拘束中の共犯者の自白は「当局に迎合したいとしてなされたものと考えてよい」との連邦証拠規則諮問委員会の指摘とともに、われわれにとっても決して無縁なことではなく、むしろ取調べの可視性に乏しいわが国に一層妥当するといってよかろう。
二　2号後段
共犯者が被告人の面前でも被告人に不利な供述を維持して被告人側の反対尋問の風雪に耐えたというのであれば、その証拠能力を認めることに何ら支障はない。ところ

が共犯者の検察官面前調書は、繰り返し指摘したように、宣誓による担保もなく外部から隔離された密室の取調室において作成されたもので、被告人をまきこむ点においてむしろ共犯者自身の利益に適う内容が記載されているのであって、しかも調書の供述内容に関する事後の反対尋問は必ずしも容易ではないのである。

この点、米連邦証拠規則第801条(d)(一)(A)が以前の不一致供述を実質証拠として許容しつつ、いわば特信情況の存する「正式手続における宣誓下の証言」に限定し、捜査機関に対する供述を一般に除外したことは注目されてよい。……このほか、事後ではあるが反対尋問が可能であるから合憲性に欠けるところはないとする以上、反対尋問の要件は厳しくならざるを得ないわけで、両供述に関する反対尋問および再尋問の必要性を強調し、そして少なくとも一度は「全面的かつ効果的な反対尋問」の機会を被告人に与えなければ証人対審権を侵害したことになるとのアメリカ法の態度は、われわれにとっても有益な視点を提供しているように思われる。

いずれにせよ、共犯者が被告人の公判で従前の供述を翻した場合に、特信情況の存在を肯定し直ちに検察官面前調書に証拠能力を認めるのは妥当ではなく、まず被告人側の反対尋問権が十分に保障される必要があるわけで、被告人側に反対尋問の機会を与え、その間の事情がるる明らかにされた後で証拠としての採否を決定すべきである。ただ、被告人側の事後の反対尋問は被告人に有利に供述（証言）する共犯者に対しては困難であり、また共犯者の検察官面前調書は一般に信用性の情況的保障に欠けているとしても、それは証明力の問題として別途考慮すべきことであって、共犯者が公判廷に出頭して供述し、そして現に両供述に関して被告人側の反対尋問に曝されている以上、伝聞例外として以前の不一致供述に証拠能力を認めても憲法37条2項の証人審問権に違反しないと解するのが相当というべきであろう。

▶「共犯者の自白と補強証拠」

「共犯者の自白」に対する補強証拠の要否の問題について、小早川は以下のように指摘する（基本文献314頁以下）。

英米法で共犯者の法廷証言につき補強証拠ないし共犯者の警告を不可欠とするのは、たとえ公判廷で被告人側の徹底的な反対尋問に曝されたとしても、他人に責任を転嫁するという共犯者供述の危険性は払拭できないということにつきる。被告人本人の自白は一般に信用できるが、共犯者の供述はおよそ信用できず被告人側の反対尋問だけではその固有の危険性を除去するに十分でないというのである。ところが、わが法は、このように危険きわまる共犯者供述よりも一般にはるかに信用性の認められる被告人本人の自白について、たとえ裁判官が被告人有罪の心証を得たとしても他に独立の補強証拠がない限り被告人の有罪を認定できないとして自由心証主義を規制しているのである。とすると、わが法が被告人本人の自白については補強証拠を不可欠と

しつつ、同時にそれよりもはるかに信用性に欠ける共犯者供述についてはその評価を裁判官の自由な判断に委ねているというのはまさに自家撞着というほかなく「全く考えられない」態度であると評して差支えあるまい。

このようにみてくると、両者の異質性を強調するあまり、明文規定のないことから直ちに共犯者の自白は「本人の自白」に含まれない、したがって補強証拠を要しないと結論する消極説には論理の飛躍があるように思われる。……

いずれにせよ、共犯者の自白は被告人「本人の自白」とは異質なものであることは認めざるを得ないが、より信用できる「本人の自白」についても自白偏重による自白強要の弊に陥ることを避け万一にも起り得る誤判を防止しようとする憲法38条3項および刑訴法319条2項の趣旨に照らし考えると、少なくとも共犯者一人の法廷証言を「唯一の証拠」として被告人の有罪を認定することには重大な疑義があるといわなければならず、その限りにおいて憲法上の明文規定を拡張して解釈適用することはあながち不可能とはいえず、団藤博士の主張は、現行法の解釈としても十分に可能な立論であるといえよう。

4　残された課題

▶法的規制の必要性

既述したように、「共犯者の自白」は「本人の自白」に含まれないというのが判例の基本的な態度だとしても、このことから直ちに実務が「共犯者の自白」のみで被告人の有罪認定を許容しているとまではいえない（たとえば、最判昭和59・4・24刑集38巻6号2196頁、最判平成元・6・22刑集43巻6号427頁、最判平成21・9・25判時2061号153頁など）。むしろ、判例においては、「共犯者の供述について客観的証拠の裏付け、客観的状況との整合性を重視する判断」が下されてきているという指摘もある（中野目善則「共犯者の自白」井上正仁・大澤裕・川出敏裕編『刑事訴訟法判例百選〔第9版〕』〔有斐閣、2011年〕173頁）。

しかし、「共犯者の自白」に対する評価手法が法文で明確に規定されているわけではなく、あくまで自由心証主義の枠内で捉えられていることから、そこに誤判の生じる危険はないのかという懸念は常に残る。元刑事裁判官である下村幸雄は、「共犯者の自白」に起因する誤判を避けるために、単に事実認定上の準則と留意点を裁判例から抽出して確立するだけでなく、法律上の準則にまで高め、自由心証主義を規制する必要があると説いている（下村幸雄『共犯者の

自白』〔日本評論社、1996年〕445頁）。また、後藤昭は、犯人と被告人との結び付きについて補強証拠は必要ないという判例理論自体が、「実務上、活きているか疑問で、とくに被告人が公判で犯罪事実を否認している場合、被害発生に関する客観的証拠と捜査段階の被告人の自白さえあれば有罪にできると考える実務家はいないだろう」としつつも、このことを明文で規定しておく有用性を説いている（後藤昭「自白法則と補強法則」法律時報61巻10号〔1989年〕37頁）。

　たしかに自由心証主義も裁判官の恣意的判断を許すものではなく、その時々の科学則、経験則に基づいた合理的なものでなければならないと一般に説かれてはいる。しかし、「共犯者の自白」を適正に評価する手立ては何か、という観点で考えるとすれば、裁判官の自由心証はやはり一種の「ブラックボックス」であるということを前提に論理を組み立てる必要があろう。現に「身代り事件」では、共犯者間で口裏が合わされ、客観的事実に符合するように供述が行われるであろうから、犯人性を特定するのは至難の業であるといわなければならない（この点に関して、上田信太郎「補強法則再論」浅田和茂ほか編『人権の刑事法学──村井敏邦先生古稀記念論文集』〔日本評論社、2011年〕634頁以下、同「自白と補強証拠を要する範囲について」井戸田侃ほか編『誤判の防止と救済──竹澤哲夫先生古稀祝賀記念論文集』〔現代人文社、1998年〕419頁以下）。

　また、共犯者（共同被告）の供述調書を採用する場合、小早川が正当にも指摘するように、被告人の反対尋問権の保障がどこまで担保されているのかという問題は残る。反対尋問権行使のスキルの問題、提示命令（刑訴法規則192条）の実情などを検証する必要があるように思われる。

5　現代的意義

▶刑事司法改革との関係

　法務省は、2011年6月、時代に即した新しい刑事司法制度を構築するため、法制審議会内に「新時代の刑事司法制度特別部会」を設置し、取調べ可視化を含む種々の刑事司法改革について論議を進めた。第1回会議から約1年半を経過した2013年1月に、「時代に即した新たな刑事司法制度の基本構想」を公表、次いで2014年7月には、「新たな刑事司法制度の構築についての調査審議の結

果【案】（最終的な取りまとめ）」（以下、「取りまとめ」）を全会一致で採択しその役割を終えた。

　「共犯者の自白」と強い関連をもつ論点が「取りまとめ」で示された刑事免責制度の導入である。これによれば、検察官が証人尋問を請求し、あるいは証人尋問開始後に、裁判所による免責決定の下で証人に刑事免責を与え、「自己が刑事訴追を受け、又は有罪判決を受けるおそれのある証言」を強制的に獲得する道を開いた。補強証拠を必要としない、こうした形での共犯者供述の獲得方法を承認することによって、前述の「引っぱり込みの危険」が助長されないか懸念される。とくにわが国では、自白の証明力の評価方法に関して補強法則を擁しながら、それでもなお看過できない誤判事例が散見される。無罪や誤判事例の原因を解明し、補強法則を実践的に意義あるものとして再構成する必要がある中での刑事免責制度の導入は、事実認定適正化の流れに逆行することにならないか、その運用を慎重に検証する必要がある（共犯者供述と司法取引との関連をアメリカの議論を素材に論じたものとして、池田公博「共犯者の供述による立証」井上正仁・酒巻匡編『三井誠先生古稀祝賀論文集』〔有斐閣、2012年〕630頁以下、「取りまとめ」における刑事免責の議論に関しては、高田昭正「刑事免責制度と被告人の証人適格」川崎英明・三島聡編『刑事司法改革とは何か』〔現代人文社、2014年〕126頁以下）。

　上述したように共犯者自白の虚偽性を見抜くことは相当に困難である。「共犯者の自白」を実質証拠として用いることに扉を開いたが、しかし同時にそれを限定する方策も採るアメリカ法およびその判例を詳細に紹介し、彼我の相違点を明らかにした基本文献を読み解く作業は、公刊後四半世紀が過ぎた今でも十分に意義のあることと思われるし、刑事司法改革の流れを考えれば、むしろその必要はますます強まったというべきであろう。

22 違法収集証拠

●基本文献
井上正仁
『刑事訴訟における証拠排除』
(弘文堂、1985年)

中島 洋樹

1 学説・実務状況

▶**違法収集証拠排除法則に関する学説の状況**

　基本文献は、刑事手続における証拠排除に関する法則のうち、とりわけ違法収集証拠排除法則（以下、排除法則と表記する）に関する考察を主眼に置いた論攷である。そもそも違法に収集された証拠に関して明文規定はなく、わが国における排除法則の議論は、アメリカ合衆国判例における排除法則の生成と発展に多大な影響を受けたものであり、デュー・プロセスの理念に伴い、戦後の刑事訴訟法学に大きな転換を招来させる契機となった。排除法則を支える論拠として、アメリカの議論から、①憲法上、証拠収集のルールを保障していること自体、それに反する証拠の排除を要求していると考える憲法規範説（憲法保障説）、②証拠排除は将来にわたり違法捜査を抑止する手段だと考える抑止効説、③捜査の違法を認識しながら、それによって獲得された証拠を裁判所が許容することは司法の信頼が損なわれると考える司法の廉潔性（無瑕性）説が挙げられる。これら各論拠に対しては批判もあり、また、排除法則を肯定的に捉える論者の中でも、いずれに重きを置くか見解が分かれる。

　当初、排除法則を理論化するにあたり、平野龍一は、「違法に収集された証拠を許容すると、審判の公正を害する、デュー・プロセスに反する」ことをその理論的根拠に据え（平野龍一「証拠排除による捜査の抑制㊁」刑法雑誌7巻2＝3＝4号〔1957年〕165頁）、「訴訟においては、ただ実体的真実を発見しさえすれ

ばよいのではなく、公正な手続によってのみ、真実は発見されなければならない」として、違法捜査の防圧には証拠排除が有効であるから、「違法に取得された証拠は証拠能力がないと解すべき」と論じた（平野龍一『刑事訴訟法』〔有斐閣、1958年〕239頁）。学説の多くも違法収集証拠の原則的排除を認め、その理論的根拠は、適正手続論を基盤に置きながら違法捜査に対する抑止効を期待するというものであった。そして、そこにいう「違法」には程度があり、「手続上の単純な瑕疵があったような単に訓示規定に違反するにすぎない場合」には排除に足る違法ではないと考えられ（光藤景皎「違法収集の証拠」〔日本刑法学会編『刑事訴訟法講座(2)』〔有斐閣、1964年〕232頁所収〕同『刑事訴訟行為論』〔有斐閣、1974年〕267頁、286頁）、憲法35条の捜索・押収の規定に反する場合や、刑事訴訟の規定に照らして捜索・押収が無効である場合に排除が認められると解された（平野・前掲書239頁）。このように、抑止効を期待しながらも適正手続保障を背景ないし中核とする憲法規範を理論的根拠とし、一定程度の違法の存在を排除基準とする絶対的排除論（画一的排除論）が学説において有力だったといえる。

▶実務の違法収集証拠への対応

　当初、裁判所は違法収集証拠の排除に関して消極的であり、最判昭和24・12・12裁判集15号349頁では、「押収物は押収手続が違法であっても物其自体の性質、形状に変異を来す筈がないから其形状等に関する証拠たる価値に変りはない」と論じられた。その後、学説における議論の高まりを受けて、昭和30年代から、排除法則を採用する下級審裁判例が散見され始める。その先鞭を付けた大阪高判昭和31・6・19裁判特報3巻12号631頁は、緊急逮捕着手前の捜索・差押えについて、「刑事訴訟法第220条の規定に適合せず且つ令状によらない違法の捜索差押であるから憲法35条に反する」として、本件麻薬、捜索差押調書等の証拠利用を禁止した。「違法に押収された物件も適法な証拠調を経たときは証拠として利用できるとするならば憲法の保障は有名無実となってしまう」として憲法規範説に立脚し証拠排除を認めるものであった。上告審では捜索・差押えは適法と判断されたが、6人の裁判官が手続に重大な違法を認めて、端的にこれを排除すべきとの意見を付したことも注目されていた。

2　学説史的意義と位置づけ

　排除法則は、わが国の多くの学説によって肯定的に受け入れられたものの、常に理念的対立やその理論上の問題により批判に晒されてきた。信用性に欠くわけではない証拠を排除することは、真実発見を妨げ、犯人の処罰を免れさせる結果をもたらす。そこで、基本的人権の保障と真実発見という価値的平面での衝突において後者を鎮撫する必要が生じ、そのためにデュー・プロセス理念の提唱が大きな役割を担った。そして、このデュー・プロセスないし適正手続保障の内実を明らかにすると同時に、そこから説得的な排除基準を具体的に定立するという課題が、わが国の学説に対して突きつけられたのである。

　排除法則は、理論的にもその困難さが常に指摘されてきた。明文で自白の証拠使用に対する制約を規定する憲法38条2項の場合とは異なり、憲法35条が保障する不当な捜索・押収を受けない権利に対する侵害は、捜査手続の目的である刑事裁判における訴訟法的評価とは独立した実体法的評価の問題であり、別個の民事手続や当該行為を処罰する手続で扱われるべき問題だというのである。そして、証拠の許容性は、証拠収集の適法性とは無関係であり、また、裁判所による違法収集証拠の許容は、違法捜査の是認を意味するわけではないなどと批判される。英米法でも、伝統的に、裁判所が証拠収集手続に関する適法性の判断を行うことは、正式な訴訟手続に則った審理を経ずに法違反を認定する審判を行う不当な手続であり、審理を遅延、混乱させ、犯罪事実の認定に無関係な付随的争点の創出するものとして原則的に許されなかった。また、ドイツ法でも、従来、実体空間と訴訟空間の峻別が主張され、実体的な違法性が訴訟空間に影響を与えることは原則として認められないと考えられてきたのである。

　このような批判にもかかわらず、下級審において排除法則の展開が見られるようになり、学説においても憲法保障の要請と捉える排除法則を理論的に根拠付ける議論の深化とそれから導かれる排除基準の明確化ないし具体化が待たれていたところ、基本文献の「第1篇」にあたる井上正仁の論文が公表された。本研究は、「手続の違法」と証拠排除を直截に結びつけることに対する批判を正面から受け止め、排除法則の理論化の実現可能性について多角的かつ詳細な

理論的検討を遂行したものである。そこから導き出された排除法則は、適正手続に反する場合に証拠排除を認めるものの、それはきわめて限定的であり、いわゆる絶対的排除説といわれる従来の学説とは一線を画するものであった。そして、最も注目すべき点は、政策的根拠として「抑止効論」と「司法の廉潔性（無瑕性）論」を軸に、手続違反以外にもさまざまな要素を総合的に考慮して排除を判断する「相対的排除論」を展開したことであった。

　上述のように絶対的排除説を採っていた平野も、いかなる場合にどの程度まで排除するか、その判断に際して、「証拠排除が実際上どういう機能を営むであろうか、という見とおしが、大きな影響を持つであろう」と述べている（平野・捜査の抑制167頁）。この「証拠排除が実際にどのような機能を営むか」が、基本文献における考察全体を貫く重要な視座となっている。また、団藤重光は、憲法違反を伴う違法収集は格別としながら、手続の違法と証拠排除の関係について必然と考えることも等閑視することも妥当ではなく、違法収集の弊害を防止する趣旨をも総合的に考えて、個々の場合に解決すべきと主張していた（団藤重光『新刑事訴訟法綱要〔7訂版〕』〔創文社、1967年〕271頁以下）。本研究において井上は、手続の違法から論理必然に画一的な証拠排除を導く従来の学説に対して理論的な困難さを見出すのみならず、法政策的な面からも慎重な態度をとり、諸外国の動向をふまえた上で、団藤のいう「総合的な考察」に該当するであろう、排除判断において具体的に考慮すべき事項を排除法則の根拠から抽出し、わが国の実務で現実に機能しうるように排除法則の再構築を試みたのである。

3　文献紹介

▶基本文献の構成

　基本文献は、1976年から1979年まで7回にわたり法学協会雑誌に掲載された論攷に補正を加えた第1篇「刑事訴訟における証拠排除」と、同誌掲載時以降の問題状況の展開について、その後に書き下された第2篇「証拠排除論の新展開」からなる。第1篇は、「序」、「第1章　わが国の問題状況」、「第2章　アメリカにおける証拠排除論の動向」、「第3章　ドイツにおける証拠禁止論の展開」、「第4章　証拠排除論の再検討」、「結語」、第2篇は、「第1章　アメリカ

における排除法則の修正」、「第2章　他の国々における展開」、「第3章　わが国における『相対的排除法則』の採用とその展開」、「結語」という構成である。

▶本研究の基本姿勢

　昭和30年代に入り、下級審において排除事例が散見されるようになるが、井上は、全体としてみるとこれは一般的な傾向とはいえないとする。むしろ、それらと同種事案において排除の結論を回避する裁判例が少なくない点に着目し、証拠排除という効果の重さが手続の違法性の認定を必要以上に慎重にさせているのではないかとの懸念を抱き、従来の証拠排除論自体が問題を抱えている証左であるとの認識を示す。そこで、井上は、従来の証拠排除論はアメリカ法の影響を強く受け、アメリカの抱える現実的・社会的な事情を色濃く反映したものであり、日本の実情に合っていたのか疑問視し、また、デュー・プロセスがその指導理念として重要な役割を担ったのは確かであるが、従来の主張が証拠排除をデュー・プロセスの論理必然的な帰結とすることは「議論の短絡化」を引き起こし、「十分な論証に支えられていない」のではないかという観点から、証拠排除論の再検討の必要性を論じるのである。(第1篇・第1章)

▶比較法的検討

(1)　アメリカ法の動向

　アメリカにおける排除法則の論拠としては、第一に、合衆国憲法修正第4条、第5条が保障する違法な捜索・押収を受けた者の権利と考える「個人権説」、ないし、それらの者への救済と考える「救済説」が、第二に「司法的無瑕性説」が、第三に「抑止説」が挙げられ、これらは時に競合して排除法則を根拠付けてきたが、第一の論拠から第三の論拠へと重点が変遷してきたといえる。これらに対しては、主に、犯人不処罰の帰結そのものへの反発から激しい批判に晒されてきたが、近時、実証的観点から、不処罰というコストに対する抑止効の有無および程度について疑問が呈されている。また、これらの展開を受け、アメリカ法律協会によって排除法則を制限する立法提案が模範捜査手続法典に盛り込まれた。この影響は州議会や連邦議会にまで及び、より急進的な法改正や立法提案へとつながった。

　井上は、排除法則が修正第4条から論理必然に導かれるものではなく、むしろ、それに反する捜査が常態化しており、その保障の実効性を確保するために

3　文献紹介 | 295

他に方法がない以上、排除法則を採用して保障の実現を図ることは同条の要求するところであるという「解釈」の媒介を前提とする憲法上の存在にすぎないと考える。さらに、「司法の無瑕性」の観念だけでは排除法則を正当化することはできず、副次的論拠に止まり、それのみで排除法則批判に対抗するほど説得力を有するか疑問を呈する。他方で、井上は、排除法則が抑止機能を果たしていないという批判に対して否定的であり、理論的な説明や経験的な証明ではなく、刑事司法に対する公衆の不満の増大という政治的圧力としてのコストを減少させる修正が肝要とする見解を参照し、「排除法則が所期の抑止機能を実際に果たしているかどうかということよりも、そのようにみえるかどうかということの方が、遥かに大きな意味を持つ」と論じる。そして、証拠排除に対する代替策はいずれも不十分あるいは不適切であるとして、排除法則の完全廃止は考えられず、今後、排除法則の適用範囲を制限するという形で漸進的に展開すると予測する。(第1篇・第2章)

(2) ドイツ法 (旧西ドイツ) の動向

　1900年代の証拠禁止論「草創期」において、ベーリングは、「真実究明」と「訴訟外の利益」の衡量の問題として、証拠禁止による真実究明活動を制限し、訴訟法上の証拠使用不可能を導く。それは具体的には、証言拒絶権を中心とする範囲に限られ、保護利益と証拠方法の特殊な結びつきを理由とする獲得・使用の禁止であった。1950年代の「過渡期」では、麻酔分析による供述採取が問題となり、一般的に「人間の尊厳」や「意思の自由」を重視する観点から利用を禁止する見解が強かった。これを受けて刑訴法136条aが新設されたが、本条項は広く供述の自由を侵害するような取調べを排斥するものであり、憲法上の「人間の尊厳」の尊重を根拠とすると解され、のちの「憲法的証拠禁止」への展望を開いた。また、同条は、上述のような証拠方法それ自体の特殊な性質に由来するのではなく、証拠収集の態様に着眼した証拠禁止を認めた点が注目される。これにより証拠禁止論も旧来の形式的な「証拠方法の禁止」から実質的な「証明手段の禁止」へと変容し始める。1960年代以降の展開期になると、「録音テープ判決」と「日記帳判決」の連邦裁判所判決において、刑事訴訟における真実究明義務は絶対的ではないとされ、人間の尊厳および人格の発展を根拠とする憲法的証拠禁止が認められた。しかし、本判決は、使用禁止に関して「権

衡の原則」に則り利益衡量の介在を認め、「証拠禁止（証拠獲得の禁止）」と使用禁止を区別しており、前者の違反が当然には後者を導かないこと、証拠使用による人格権侵害の拡大が使用禁止を決定づける要因であることから、その禁止は絶対的なものではないと井上は指摘する。このような展開を経て「現況」として、ドイツの証拠禁止論の焦点は、違反の効果に拘らず遵守されるべき裁判・訴追機関に対する禁止命令である「証拠収集・提出の禁止」から「使用禁止」の問題へと移ってきているという。証拠獲得手続の瑕疵が使用禁止を導くためのメルクマールについては諸説分かれており、一元的な解決を図るものと、侵害が即成的か非即成的か、被告人の利益に対する侵害か、一般的予防機能など、個々の禁止の保護目的の確保という観点から個別的・実質的に問題の解決を図る多元説が紹介される。井上は、総合的な利益衡量が一般的に重視されていること、従来関心が薄かった手続的保障に関する違反についても使用禁止を認められる余地が出てきたことを指摘しつつ、ドイツの証拠禁止論は目下生成中であると評する。(第1篇・第3章)

(3) その他の外国における動向

　大陸法系諸国においては、一般的に実体的真実主義・自由心証主義の支配が強く、証拠能力に対する制限は例外的なものにとどまるが、証拠排除的な問題意識が芽生えつつあるとされる。ローマ法系では、予審処分として無効と判定された場合に、反射的に証拠排除を認める構成がとられる。その中でもイタリアでは、明文規定による無効の制裁がきわめて狭く限定されているのに対し、フランスでは、判例上、「法規上無効」に加えて、「実質的な規定に対する違反」、とりわけ防御権侵害の場合にも無効と解され（「実質的無効の理論」）、学説では利益の「権衡」を確保する「公正さ」の基準を取り入れることが主張される。他方、ベルギーでは、一般的に、適法に獲得・提出された証拠に限り許容され、犯罪の不処罰という帰結よりも司法の尊厳や公正の基本原則に反することの方が公の秩序を大きく阻害することが強調される。また、スイスでは、違法性の程度と関係する利益・権利との衡量により個別的な事案ごとに証拠の採否を決定することの必要性が学説により指摘されており、ドイツ法の影響の強いオーストリアにおいても、ドイツの証拠禁止論の影響を受けて証拠排除の問題を論じる動きが出てきているという。

3　文献紹介　297

英米法系諸国では、コモン・ロー上、不法に獲得された証拠も許容すると解されてきたが、1950年代のイギリスの判例において、この「許容性の原則」を維持しつつ、被告人に対する公正さの確保の観点から、一定の場合に裁判官の裁量により例外的に証拠を排除しうるという「裁量的排除の法則」が示された。イギリス法の動向に影響を与えたといわれるスコットランドでは、判例は「許容性の原則」に依っていたが、20世紀半ば頃から、多様な要因を考慮して裁判所の裁量による柔軟な問題解決が図られるようになった。このような問題解決は、アイルランドにおいても支持され、違法の程度等あらゆる事情を勘案して個別的に排除される。これらに対してカナダでは、判例上、「許容性の原則」が厳格に堅持されているものの、学説や立法提案においてスコットランド的解決が主張されてきており、また、1974年にはワイヤー・タッピングという狭い領域に限定されるが、証拠排除に関する規定が新設された。以後、裁量的な証拠排除の考え方が有力な地位を占めてきている。(第1篇・第4章)

⑷　検　　討

　以上のように、証拠排除を認めようとする世界的な潮流において一般的に志向されるのは、アメリカのような「絶対的・画一的な問題の解決」ではなく「より相対的ないしは個別具体的な問題の解決」であると井上は指摘し、「アメリカ法的な問題解決の仕方は、比較法上むしろ特異な現象」だと論じる。その要因として、警察活動を抑制する政治的圧力形成の困難さ、警察に対する中央集権的コントロールの欠如、警察の違法活動の蔓延等の「特殊アメリカ的事情」を挙げ、事情を共通しない他の国々がアメリカのような先鋭的対応を採らないことは十分理解し得るとする。(第1篇・第4章)

　このように諸外国が個別・具体的な事情を考慮して衡量的に証拠排除を認めるのに対して、絶対的・画一的な排除法則という解決方法を採ったアメリカの対応の特異性を強調することにより、アメリカの排除法則に多大な影響を受けたわが国の従来の証拠排除論、とりわけ絶対的排除論に対して疑問を呈するのである。

▶理論的検討

　井上は、考え得る証拠排除の論拠として、論理的なものから政策的なものの順に、①収集行為が法規に反し「無効」であれば証拠調べも無効とする考え方、

298　22　違法収集証拠

②違法な証拠収集行為による権利侵害に対する救済とする考え方、③違法収集証拠の使用は訴訟手続の公正さを損ね、適正手続の要請に反するという考え方、④抑止論、を挙げる。

　①の論拠に関して、実体的価値判断を異質なものとして排斥する「訴訟空間」の特性は、該行為が何を基準に有効・無効と判定されるのかとは別問題であり、違反行為が無効か有効かは、該法規の強行規定性によるが、それは自明ではなく、ある法規の保護目的たる利益の確保が訴訟進行を犠牲にしてでも必要な場合に強行規定性が認められると指摘する。そして、違反行為により利益確保が覚束無くなった場合に、「その行為の効果を否定し、その行為がなされなかったも同然の状態を維持ないしは回復することによって、所期の目的である利益の確保を図る」ことが、無効評価の本質であるという。このように、有効・無効の評価が、結局、個々の場合の「利益状態」＝利益衡量に懸かるとすれば、プライヴァシーや住居の平穏といった実体的利益も訴訟上の問題となる限り衡量の対象たり得る。それゆえ違法に収集された日記や盗聴のように、証拠調べ自体が収集行為に対する無効を要求するほど「利益（に反する）状態」を維持・拡大する場合、証拠調べも無効となるが、違法な捜索・押収の場合、保護利益への侵害は既に完了しており、証拠調べによる「利益状態」の維持や拡大は見られないため、証拠調べの無効化は不可能と考える。そして、利益衡量は③、④の論拠に収斂され、訴訟行為の無効を独自に問題とすることの意義は疑わしいと論じる。

　②の論拠に関して、一般に救済とは原状回復が考えられ、その効果としての押収物還付から証拠使用不可能を導くが、このような還付の反射効は、直接に証拠排除を求める独立の根拠たり得ず、また、押収物還付の帰結として構成する以上、還付後の適法な再押収を想起すると証拠排除の理由までは存在しえないという。また、違法な収集による権利侵害と証拠使用により被るであろう不利益は「相殺」し得るような論理的関係にはないため、救済として当然に証拠排除を導くことに井上は疑問を示す。

　論拠③に関して、井上は、個人の権利・利益を手続的な面から保護しようとする「適正手続」の保障と、国民の信頼を失わないよう司法制度自体に内在する規範的要請である「司法の無瑕性（廉潔性）」を明確に区別する。そして、憲

法31条の適正手続保障の基本的内容をなす32条以下に規定された権利の中でも弁護人依頼権（37条3項）や自己負罪拒否特権（38条1項）のように、保護目的への侵害が違反行為自体では完了せず、証拠使用により決定的になる場合、証拠排除は適正手続保障の要求するところであるが、他方、違法な身柄拘束を受けない権利（33条、34条）や違法な捜索・押収を受けない権利（35条）のように、保護目的の侵害が「即成的」であり、証拠使用により侵害が拡大されるわけでもない場合は、捜査における違法行為がもたらす権利侵害と公判における証拠使用により被告人として被る不利益との間に本来的な同一性・連続性は認められず、証拠使用が必ずしも適正手続に反するとはいえないという。そして、被告人の権利・利益を侵害して獲得された証拠を利用して被告人を処罰することが一体として『正義の観念』に反する場合に適正手続保障が奪われるのであり、「訴訟手続を一体として不当なものにするほどの実質を有する違法が、当の被告人に対する証拠収集手続きについて認められる場合」に初めて証拠排除は適正手続保障の要求するところとなると主張する。これに対して、「司法の無瑕性」の観点からの排除は、「適正手続の保障」による排除より広範であり、国民の信頼確保の見地から判断に一種の権衡を要求すべきと論じる。

　論拠④について、井上は、違法捜査抑止のために証拠排除が政策的に必要かつ妥当かが問題であり、そのためには、i)抑止を必要とするほどの事実的前提の存在、ii)証拠排除が十分効果的であること、iii)他の有用な手段の不存在、iv)証拠排除による不利益がその効用からして受忍し得る範囲であることが必要だと指摘する。その上で、iii)については既存の他の手段による抑止効は充分とはいえず、iv)は結局、i)とii)が問題となり、最終的な犯人処罰に向けられた警察官の関心、法的規制への即応が可能な中央集権化された警察組織と教育システム等を挙げて、少なくともアメリカ以上にはii)について期待できると考える。しかし、i)については明確な法規制を無視した捜査活動が頻発する状況ではなく、むしろ違法収集の問題の多くは適法・不適法が不分明な行為に関するものであるから、抑止の手段として絶対的・一般的証拠排除を選好するほどの政策的根拠を欠き、個別事案に応じた権衡による運用が必要だと論じる。以上の理論的検討を踏まえて、井上は、次に引用するような相対的排除を中軸として構成される排除法則を提唱したのである。（第1篇、第4章）

▶基本文献のエッセンス

　以下は、基本文献第1篇・第4章の403頁から406頁までの本文の引用である。

　一　以上のような検討の結果、わが国における証拠排除問題の解決は、差し当たり、次のように構成されるべきだと思われる。

　第一に、被告人に対する適正手続の保障を確保するために、法律上当然に証拠が排除されなければならない場合である。前節でもみたように、それは、当の被告人に対する証拠収集の手続に、後続の訴訟手続全体を一体として不当なものにするほどの実質を有する違法が存在し、従って、その結果たる証拠を利用して被告人を処罰することが、基本的な「正義の観念」に反することになると認められる場合だといえよう。そして、具体的に何がそのような違法の内容をなすものであるかは、一般的・抽象的な形でこれを規定し尽すことはできないが、少なくとも、証拠収集の手続に明白でしかも著しい違法があったような場合などは、明らかにそれに当たるものであるように思われる。すなわち、この場合には、先ず、手続が違法であることが「明白」であったのであるから、捜査機関としては当然そのことを知っていた、あるいは知り得べきであったのに、敢えてそのような違法な手続に訴えて被告人の処罰を勝ち得ようとしたものといえ、従って、その結果たる証拠を利用して被告人を処罰することは、そのような違法行為の目的をそのままに実現するものにほかならないこととなろう。しかも、その違法の内容が「著しい」、すなわち当の被告人の憲法上の権利等重要な利益の甚しい侵害を伴うものであったのであるから、そのような行為の結果を利用した被告人の処罰は、まさに「一体として不当な」性格を帯びることになると考えられるのである。

　第二に、それに当たらないときにも、証拠が排除される場合がある。その一つは、裁判所として、「司法の無瑕性」を維持し、司法に対する国民の信頼を確保するために証拠の排除が必要とされる場合であり、いま一つは、同種の違法な手続の再発を抑止するために証拠の排除が必要とされる場合である。ただ、この場合には、前述のような趣旨から、個々の事案毎に、証拠排除の結果生ずるであろう不利益との対比の下に証拠排除の必要性の程度を評量し、その間に適正な権衡が保たれるよう、証拠の採否を判定していくことが必要であろう。

　この点で、……わが国における右のような証拠の採否の判定に際しても、例えば、次のような事項が考慮に入れられるべきだと思われる。

　①　手続違反の程度　　これは、適法な手続からの逸脱の程度、それによって害される利益の重要性、および、その損害の程度などの要素により規定されよう。

　②　手続違反がなされた状況　　例えば、緊急・危急の状況で、法の遵守が極めて困難であったといったような事情の存否が、ここでは考慮されよう。

　③　手続違反の有意性　　それが計画的になされたものであるのか、その違法性を

当然認識し、あるいは、少なくとも認識し得べき状況の下でなされたものであるのか、それとも、違法であることを認識しなかったとしても止むを得ないような性質のものであるのか、などが区別され得よう。

④ 手続違反の頻発性　現に頻発しているということに限らず、その性質からみて、繰り返し行なわれる虞のあることも、その要素となろう。

⑤ 手続違反と当該証拠獲得との因果性の程度　例えば、手続が合法的に行なわれていたとしたらそれが獲得されていなかったかどうかということなどが、一つの指標となろう。ただ、それを全くの抽象的な可能性の問題として考えるときには、手続的な保障の違反はほとんど等閑視されてしまうことにもなるので、あくまで、実際にもその合法的な手続の利用が可能であったことが、ここでの考慮の前提とされなければなるまい。

⑥ 証拠の重要性　立証趣旨からみて、その証拠が当該事件の証明にとってどの程度の重要性をもつものであるのか、ということも考慮されるべき一要素であろう。

⑦ 事件の重大性　基本的には、法定刑の程度や罪質が基準とされようが、より具体的に、個々の事件の特性、それに対する社会的関心の強弱なども考慮に入れられてしかるべきだといえよう。

もっとも、これらの要因の中にも、「司法の無瑕性」の保持という視点からする場合と、違法な証拠収集活動の抑止という視点からする場合とでは、その比重が必ずしも一様ではないものも存在する。例えば、前者の場合には、①⑥⑦という要因のほか、③⑤の要因が比較的重要な意味を持つのに対して、後者の場合には、むしろ、②④の要因がより重要な地位を占めるものと考えられるのである。

いずれにしろ、ここでの証拠の排除は、個別的・具体的な事案に応じた衡量によって決定される。従って、その運用は、第一次的には、事実審裁判所の裁量に依るところが大きいといえよう。しかし、そのことは、必ずしもそれが、各裁判所の全くの裁量に委ねられるということまでをも意味するものではない。衡量ということの性質上、判断主体による個々の要因についての評価の差は不可避であるとしても、結論に至る判断の筋道自体は少なくとも合理的なものでなければならないのである。しかも、「司法の無瑕性」を維持し、司法に対する国民の信頼を確保する、あるいは、違法な証拠収集活動の再発を一般的に抑止するというここでの証拠排除の目的からして、その判断は司法機関の統一的所見であることが望ましいといえるから、その判断内容についても、上級審による審査の途を開いておくことが肝要であるように思われる。それ故、右のような証拠の採否の判定には必ず理由が示されることが必要であろう。

しかも、ここでの証拠の採否の判断は、あくまで、その時点、その事案についてのみ、妥当し得るものであることに注意する必要があろう。例えば、ある事案において、収集手続は違法であるが証拠は排除しないという判定が下されたとしても、後に同種の事案が問題になった場合に、それと同一の判定がなされるとは限らない。むしろ、

先の判定により違法とされた手続を再度繰り返したという要素が加わることにより、反対に、証拠排除の判定が下されるべきだということにもなり得るのである。更に、このような証拠排除の範疇と第一の適正手続の保障という観点からする証拠排除の範疇との分界自体、必ずしも固定的なものではない。前者の運用に際して示される手続の適法・違法の限界に関する判断により、手続の違法であることが明白な範囲が拡げられ、その結果、後者の適用範囲も次第に広いものとなっていくことが考えられるからである。それどころか、前者のような柔軟な対応の可能性は、手続の違法の認定と証拠排除の帰結とを直結させるアメリカ法的な解決方法の下では往々みられ勝ちな重い心理的負担から裁判所を解放し、そのような手続の違法性の認定を、それ自体としてより厳密なものとさせるに至ることが期待されよう。

このように、漸進的・段階的な性格を持つ前示のような解決こそが、むしろ、わが国におけるこの問題の望ましい展開を可能にするものであるように思われるのである。

▶その後の問題状況

(1) 諸外国の動向

1980年代に入りアメリカでは排除法則に対する批判が激しさを増し、全面廃止または制限方向の修正を唱える主張は沈静化せず、州・連邦における立法活動にまで進展した。1984年には修正論の提案のうち、「善意の例外」法理が連邦最高裁判決により採用されるに至る。井上は、抑止力の観点、要件の適用困難性、適法性判断が回避されるおそれから、これに疑問を呈する。(第2篇・第1章)

西ドイツでは、判例において、使用禁止の前提として問題となる権利・利益の侵害にも、①私生活上の不可侵の中核領域(内密領域)に対する侵害、②それ以外の私生活上の権利ないし人格権に対する侵害、③それら以外の場合があり、①は当然に使用禁止が、②は権衡の原則の下での利益衡量による使用禁止、③は原則として使用禁止は問題とならないとされた(3段階説)。

英法系諸国を見ると、イギリスでは、「裁量的排除の原則」を理論的にきわめて狭く限定する判例が現れた。この判例に対する批判は強く、1984年警察・刑事証拠法78条により、公判の公正性確保のために証拠排除が認められ、裁判官の裁量に委ねる規定が設けられた。オーストラリアでは証拠収集手続の違法性や不公正さに着目した裁量的排除が採られた。判例上、許容性の原則を堅持してきたカナダでは、証拠排除の可能性について議論が展開され、1981年人権

憲章24条において、同憲章が保障する権利・自由を侵害して得られた証拠について総合的考慮による証拠排除を認める旨が定められた。(第2篇・第2章)

(2)　日本における証拠排除論の動向

　基本文献の第1篇にあたる井上の研究論文が公表されたのち、最高裁は排除法則を初めて認め、結論として排除を否定した（最判昭和53・9・7刑集32巻6号1672頁）。本判決は、①排除法則を憲法上の保障ではなく刑訴法の解釈の問題と捉え、②令状主義を没却するような重大な違法があり、③証拠の許容が将来における違法捜査抑制の見地から相当でないと認められる場合に証拠排除を認めるものであり、相対的排除の立場を採ったと考えられる。①について、憲法35条あるいは31条を根拠とする憲法規範説から批判されるが、井上は、35条違反は即成的な侵害であり、31条との関係では収集手続の違法が後続の訴訟手続を一体として不当にするほどの実質を有しないため、いずれも排除を根拠付けることはできないとする。②、③の排除要件については、必ずしも重畳的関係に立つものではなく、競合的関係に立つと理解するものの、井上は本判決への基本的支持を表明している。そして、本判決以後の下級審裁判例を検討した結果、当初懸念されたように、排除が極限的な違法の場合に限定されたり、捜査機関の意図が決定的要因になるような状況は見られず、わが国の証拠排除に関する裁判例は「概ね健全な方向を辿っている」と評価する。(第2篇・第3章)

4　残された課題

　まず、判例の相対的排除論採用による違法捜査件数の変動について、処分の類型や違反の態様ごとに継続的に検証する必要があるだろう。実証的研究の集積は抑止効を根拠とする排除の重要な理論的基盤であるし、具体的事案の集積により柔軟な対応の可能性をもち、「漸進的・段階的性格を有する排除法則」が実際にそのように機能しているのか、また、違法事例が減少傾向にあったとしても、実際に抑止効が機能しているのか、あるいは排除法則が閉塞的状況に陥っているのか、確認されなければならない。

　また、本研究は排除法則の基礎理論を構築するものであり、そこから新たに派生する問題は多い。それらに関して少なからず基本文献においても言及され、

一定の指針が示されているものの、自白法則との関係における排除法則の位置づけについては必ずしも明らかではない。当時の学説の方向性としては、とりわけ、虚偽排除を軸とする任意性判断を行ってきた従来の自白法則を排除法則から一元的に捉え直す違法排除説が自白の領域において大きな展開を見せた。自白に関しては排除法則において「ドラスティックな問題解決」が可能なものもあると基本文献でも指摘されており、詳細な検討が期待されると同時に、刑訴法319条１項のいわゆる不任意自白との関係が明らかにされることが望まれる。

5　現代的意義

　本研究により相対的排除論が理論的に構築・展開され、昭和53年判決が相対的排除の観点から排除法則を初めて採用して以来、この基本的枠組みは現在まで引き継がれている。他方で、憲法規範説もさらなる発展を見せて有力に主張されるものの、「司法の無瑕性」と「抑止」の観点からの衡量的判断に基づく相対的排除の考え方は、学説においても少なからず支持を得るに至っている。

　最高裁は、派生的証拠の問題に関する判例を積み重ね、「違法の承継」理論を展開したが、最高裁初の排除事例である最２小判平成15・２・14刑集57巻２号121頁において、端的に違法捜査と証拠の関連性を問題として、「違法な逮捕に密接に関連する証拠」を排除した。同判決以前にも学説において、利益衡量に基づく相対的排除を前提として、基本文献が列挙した考慮要素を判例のいう「重大な違法」と「排除相当性」に振り分け、その一要素である「因果性」において派生的証拠の問題を考察することが試みられている（川出敏裕「いわゆる『毒樹の果実論』の意義と妥当範囲」芝原邦爾ほか編『松尾浩也先生古稀祝賀論文集下巻』〔有斐閣、1998年〕513頁、530頁以下）。このように、判例のいう「密接関連性」が「因果性の程度」に解消されるなら、派生的証拠の問題も通常の場合と同様の基準で扱われ、「司法の無瑕性」と「抑止」の観点からの排除における衡量の一場面にすぎなくなる。本研究において提示されたこの基本的枠組みは、現在の新たな問題状況の展開においても理論的基盤として存在感を示している。

23 証明の権利

●基本文献

田淵浩二
『証拠調べ請求権』
（成文堂、2004年）

笹倉　香奈

1　学説・実務状況

▶証拠調べ請求権

　裁判所の事実認定は、証拠に基づくものでなければならない（刑事訴訟法317条）。証拠の取調べを請求するのは、現行法の下では基本的に当事者である。そこで、裁判のために必要であると当事者、とくに被告人が考える証拠について、裁判所が証拠採用するか否かが問題となる。憲法37条2項はすべての証人に対して審問する機会と公費による証人の強制喚問権を被告人に保障しているからである。

　しかし、現行法は、証拠調べ請求権について詳細な規定を置いていない。刑訴法298条1項が公判での検察官、被告人・弁護人の証拠調べ請求権を、同条2項が裁判所の職権証拠調べ権限を規定し、さらに刑訴規則188条ないし191条に証拠調べ請求が行われた場合の手続に関する規定が存在するが、それにとどまる。裁判所がいかなる場合に当事者の証拠調べの請求を認めるか却下するかについて、具体的な規定は存在しない。裁判所は証拠の採否に関し、自由裁量を有しているとされてきたのであった。

▶判　例

　たとえば最高裁は、被告人が取調べを請求した証人について、「健全な合理性に反しない限り裁判所は一般に自由裁量の範囲で適当に証人申請の取捨選択をすることができる……憲法37条第2項……は、裁判所がその必要を認めて訊

問を許可した証人について規定しているものと解すべきである。この規定を根拠として、裁判所は被告人側の申請にかかる証人の総てを取調ぶべきだとする論旨には到底賛同することができない」とした（最大判昭和23・6・23刑集2巻7号734頁）。その後、最高裁は証拠採否の自由裁量性を再度確認しつつも「裁判所は、証人申請の採否について自由裁量を許されていると言っても主観的な専制ないし独断に陥ることは固より許され難いところであり、実験則に反するに致ればここに不法を招来することとなるのである」（最大判昭和23・7・29刑集2巻9号1045頁）としたが、「不法を招来する」ときがいかなる場合なのかは明らかではなかった。

▶学　説

　証拠調べ請求権は、学説でもそれほど注目されるテーマではなかった。伝聞法則や違法収集証拠、科学的証拠の許容性などの証拠能力の問題については議論が盛んであったものの、証拠能力が認められる証拠について裁判所が取り調べる段階や、その段階における裁判所の取調べの必要性判断をどのように規律すべきか、という問題については、それほど注目されなかった。

　この問題を当事者の権利としての取調べ請求という観点から取り上げた先駆的な業績は、鴨良弼「当事者の証拠調の請求」同『刑事証拠法』（日本評論社、1962年）270頁であった。鴨は、日本法の、とりわけ証拠調べの手続について、大陸法と英米法の理論が微妙に交錯しており、英米法的な当事者主義の背景に大陸法的な職権主義が根強く作用していることに注目する。そして、ドイツ法における「証拠価値の事前評価の禁止の法理」（証拠予断禁止原則）が、真実発見の原則や自由心証主義、証拠裁判の原則からみて日本でも当然認められるべきであるとする。これは、事実認定を行う者が、証拠調べ以前に証拠評価を意味するような証拠決定をしてはならないことを示した法理である。事実認定者と証拠決定者とが同一の主体に属し、しかも当事者の証拠申立を裁判所の事実認定の協力的な手段と解する日本のような法制では、とくにこの法理の適用が考えられなければならない。そして、自由心証主義と当事者主義とのバランスをはかり、当事者の証拠調べ請求権を保護するためにも、この法理が認められねばならないとしたのであった。

　鴨と同様に英米法・大陸法の交錯を意識しつつ、この問題にさらに焦点を当

てたのが、光藤景皎「証拠調請求権の復権」（守屋克彦ほか編『刑事裁判の復興
──石松竹雄判事退官記念論文集』〔勁草書房、1990年〕所収、後に光藤景皎『刑事証
拠法の新展開』〔成文堂、2001年〕に収録）であった。

　光藤は、1877年のドイツ帝国刑事訴訟法の成立から1950年代頃までの立法・
学説の展開をたどり、「職権主義の下にあるドイツの方が、当事者主義のもと
にあるわが刑事訴訟法よりも、当事者の証拠申立権を尊重してきた」ことを発
見する。そして、ドイツにおいては軽微な犯罪の場合を除き、当事者の申請し
た証拠を裁判所が取り調べるのが原則であること、証拠申請がされた場合の却
下は例外的であって、ライヒ裁判所判例中で展開され当時の刑訴法に掲げられ
た事由にあたる場合に限られていること、その構造を支えているのが、証拠の
不利益的先取り評価の禁止（証拠予断の禁止）原則であることを明らかにした。
ドイツにおけるこの原則の生成と変容を見てみると、この原則にしたがった証
拠申請の採否の決定方法（つまり、当事者とくに被告人の申請した証拠を原則として
取り調べるということ）の背景には、当事者のイニシアティブを尊重する方が自
由心証の前提となる資料を公平かつ広く集めることができるという「実質的当
事者対等」を志向する思想があったとする。このような状況では、証拠の採否
が裁判所の自由裁量であるという発想は出てこないのである。光藤はさらに、
英米法の分析を通じて、証拠調べ請求権保障の重要性を説いた（光藤景皎「証
人喚問請求権の再生」・「被告人の証拠提出権」同・前掲『刑事証拠法の新展開』）。

2　学説史的意義と位置づけ

　以上のような議論は見られたものの、比較法を参照しつつ、当事者の証拠調
べ請求権についてさらに深く考察する研究が待たれた。このような中で、主と
してドイツ法の歴史・判例分析を通じた初めての網羅的研究を行い、被告人の
防御権の観点から分析を行った諸論文をまとめたものが、基本文献である。

　基本文献の「はしがき」において、田淵浩二は、「現在進行中の司法制度改
革の中で証拠調べ請求に関する日本の実務も転換点にさしかかっている」とい
う。基本文献の刊行当時、裁判員制度の導入を含めた改革が行われており、そ
の中で、一般人たる裁判員の負担軽減のために裁判の迅速化をすることの必要

性が強調され、裁判所によって証拠を「厳選」することが必要であるとの議論が出現した（その後の状況について、下記「4」を参照）。当時の実務状況に対抗するためには、理論的に裁判所の証拠採否裁量を規制する必要があった。このような中で基本文献は刊行された。

3 文献紹介

▶基本文献の構成

　基本文献は、序章「刑事訴訟における証拠調べ請求権」、第1篇「証拠調べ請求権の発展」、第2篇「証拠調べ請求権の制限論」から成る。序章は証拠調べ請求権の意義を明らかにし、ドイツ法と日本法それぞれの状況を概観する、いわば基本文献全体の解読部分である。基本文献は、「証拠調べ請求権」を「訴訟関係人が裁判所または裁判官に対し裁判のために必要と考える証拠の取調べを要求する権利」と定義づけた上で、単なる証拠の「取寄せ」や「調査」の請求とは区別する。

　第1篇は、証拠調べ請求権の内容を詳細に論じており、ドイツにおける証拠調べ請求権の立法史（第1章「1877年ドイツ帝国刑事訴訟法の制定」）、判例（第2章「判例における『証拠予断の禁止』原則の形成」）、そして主要な学説（第3章「マックス・アルスベルクの証拠申請権論」）に触れた上で、証拠申請の形式要件および証拠調査申請に関する判例の立場について記述した部分（第4章「証拠申請の形式要件」）から成る。以上で、ドイツ刑訴法においては、証拠調べの必要性に関する事実審裁判所の裁量の余地が「証拠予断禁止の原則」に基づいて厳格に規制されていることが明らかになる。

　しかし、それには最小限度の例外があり、第2篇はこの例外について扱う。ドイツにおける証拠調べ請求権の例外としては、「自由な証明論」（第1章）、「公知の事実論」（第2章）、「真実推定の法理」（第3章）、「訴訟遅延目的の証拠申請の却下の法理」（第4章）があるほか、1970年代後半以降、時期的制限や裁量的却下事由の拡大が提案されたが、そのほとんどが採用されなかったという経緯（第5章「ドイツ刑事公判改革と証拠申請権制限論」）があったことが明らかにされる。

3 文献紹介 | 309

なお、基本文献の序章部分をコンパクトにまとめたものとして、田淵浩二「当事者の証拠調べ請求の権利」村井敏邦・川崎英明・白取祐司編『刑事司法改革と刑事訴訟法　下巻』（日本評論社、2007年）所収641頁がある。

▶基本文献のエッセンス

以下は、基本文献4頁から6頁までの本文である。

訴訟構造と証拠調べ請求権

証拠調べ請求権自体は、旧法以来認められてきた訴訟関係人の権利である。とくに、現行法では当事者主義の見地から証拠調べは原則的に当事者の証拠調べ請求によって行われることになったため、証拠調べ請求の重要性がはるかに加わったとされる。しかし、証拠調べ請求権を当事者ごとに考察するならば、職権主義か当事者主義かという訴訟構造と証拠調べ請求権との関係はそれほど単純でないことがわかる。

まず、検察官の証拠調べ請求にとって職権主義か当事者主義かは決定的な意味をもつ。すなわち、職権主義下では公判開始期日にむけて必要な証拠を取り寄せ、また公判審理中に新たに必要になった証拠を取り寄せるのは裁判所の責任である。検察官は形式的挙証責任を負わず、検察官による証拠調べ請求は裁判所の実体的真実発見義務に仕えること以上の意味をもたない。裁判所が証拠調べ請求に応じるべき範囲は実体的真実発見義務から導き出される。これに対して、当事者主義下では必要な証拠の取調べを請求するのは当事者の責任であり、裁判所は、原則として職権による証拠調べや検察官に立証を促す義務を負わないとされる。したがって、証拠調べの範囲を決定する上では当事者の証拠調べ請求こそが重要になる。現行法が298条1項においてまず検察官、被告人および弁護人の証拠調べ請求権を定め、2項において「裁判所は、必要と認めるときは、職権で証拠調をすることができる」と定めたのは、こうした当事者主義理論の反映とされる。また、実際問題としても、当事者主義と同時に採用された起訴状一本主義および予断排除の原則の結果、裁判所は第一回公判期日前に起訴事実に関する証拠の有無について一切の予備知識をもたないため、訴訟の初期段階においては証拠調べの範囲の決定につき検察官による証拠調べ請求に依存せざるを得ない。

次に、被告人の証拠調べ請求権の観点から職権主義と当事者主義を比較してみる。この場合も、一般的には検察官との関係において述べたことが妥当するが、次の点に特殊性が認められる。

第一に、通説は当事者主義の下においても裁判所が後見的立場から被告人に有利な方向で職権証拠調べを行う義務を肯定する。その理由としては、実質的公平、当事者対等の原則、無辜の不処罰があげられている。

第二に、上述のように検察官が冒頭陳述に続けて証拠調べ請求を行う場合、裁判官

は証拠の存在につき白紙の状態であるから、これを尊重せざるを得ないのに対し、被告人の証拠調べ請求は検察官による立証後に行われるのが通常だから、すでに裁判所は有罪または無罪の心証を得ており、場合によっては確信するに至っている。したがって、当事者主義の結果、裁判所は被告人の証拠調べ請求まで事実上尊重せざるを得なくなるわけではない。そこで、もし裁判官の自由な証拠評価の権限に証拠調べの範囲を決定する自由まで含めて理解するならば、とりわけ被告人の証拠調べ請求が尊重されない危険が大きくなる。したがって、証拠調べ請求権の保障の問題は、当事者主義という観点以上に、早すぎる有罪確信およびその結果としての冤罪を防ぐという観点を主眼に検討する必要がある。

第三に、当事者主義は被告人にとって証拠調べの請求を現実により難しくする側面がある。というのも、当事者主義の結果、証人の取調べは両当事者の交互尋問を通じて実施されることになり、当事者の反対尋問権の保障のために伝聞法則が採用された。しかし、訴追側にとっては、検面調書（刑訴321条1項2号）にみられるように、比較的緩やかな伝聞例外が認められるのに対し、被告人側にとってはより厳格な要件（同項3号）の下においてしか例外が認められない。被告人にとって伝聞法則の適用はそのまま証拠調べ請求の可能性の制限を意味する。したがって、被告人の証拠調べ請求権を論じる上では武器の平等という視点も考慮に入れる必要がある。

このように、刑事訴訟における証拠調べ請求権は、検察官のそれと被告人のそれとで問題の所在が異なっており、とくに被告人側にとって権利性の保障が重要であることがわかる。刑事訴訟法における当事者の証拠調べ請求権論は、防御権としての証拠調べ請求権をいかに保障するかを議論の本質とする。

▶ドイツにおける証拠調べ請求権

基本文献は以上のような問題意識の下、ドイツにおける証拠調べ請求権の詳細な検討に移る。1877年ドイツ帝国刑事訴訟法制定以降、ドイツでは判例により証拠予断禁止の原則が形成され、訴訟関係人による証拠調べ請求に基づいて裁判所が証拠調べの取調べを義務づけられるということが確立された。裁判所の証拠採否裁量が厳格に規制されていった歴史的な過程を、基本文献は丁寧にたどる。

ドイツでは証拠調べ請求権に「2つの行使形態」が認められてきた。基本文献の序章および第2篇の記述に従い、紹介しよう。

1877年ドイツ帝国刑事訴訟法では、「証拠申請の権利」（当事者が裁判所に証拠調べを申し立てる権利、243条3項）と、「証拠顕出による取調べ強制」（当事者が

3 文献紹介 | 311

公判廷に顕出した証拠〔在廷証拠〕を取り調べる裁判所の義務、244条1項）が規定された。後者は、1877年刑訴法案の法案審議の過程で、「当時の裁判実務において無罪証拠の取調べが疎かになる傾向があったことへの反省から、証拠調べの対象は被告人も独自に決められるようにすべきだという意見が多数を占め、政府提出案を修正して法律に盛り込まれることになった」（第1篇第1章）。さらに、証拠顕出による取調べ強制を裏付ける考え方は、判例を通じて証拠申請の却下事由を巡る解釈にまで反映された。つまり、証拠申請権と取調べ強制の規定は、いずれも裁判所の自由心証による事実認定が、早すぎる有罪確信に基づく誤判に結びつくのを防止することを共通の目的としている。したがって証拠申請に対しても裁判所は自由裁量による却下権限をもたないという判例・学説が支配的になった。判例が蓄積され、裁判所は法律の定める個別事由に該当する場合しか証拠申請を却下する権限をもたないことが基本原則となった。なお、その後ライヒ裁判所によって証拠申請の却下事由の類型化が進められたが、その個々の却下事由を巡る議論の詳細については、第2篇で紹介されている。

　なお、在廷証拠の取調べ義務に関する規定は1979年刑事手続改正法により、①直ちに取調べ義務が生じる場合（245条1項）と②さらに公判で証拠申請を行う必要がある場合（同条2項）に分けられた（同改正の経緯については第2篇第5章）。その結果、被告人が顕出した証拠については、改めて公判で証拠申請をしなければならなくなった。1990年代にかけても証拠申請権を制限する立法の試みはあったが、改正提案が実現に至ったものは少ない。それは、刑訴法の手続構造からは、法治国的要請と両立する形でこれ以上の証拠申請権制限をすることが困難である、との理解が多数を占めたからである。

　このように被告人の証拠顕出による取調べ強制権は制限されたのであったが、弁護実務からもさほど強い批判はなかった。それは、判例の発展と立法化により、「証拠予断の禁止」原則に従った証拠申請の採否基準が明確にされたこと（第1篇第2章参照）と、当該権利を有効活用するには、事実経過と記録についての詳細な知識が必要であり、証人等の直接召喚に費用と手間がかかることから、弁護人がためらってしまったこと、裁判所もこの制度を正しく理解していなかったことなどが原因として指摘されている。なお、1880年代までに判例はすでに先取り的証拠評価に基づいて証拠申請を却下することを許されない

としていた。当時の教科書によれば、当事者の証拠申請に応じる裁判所の義務は、真実発見義務ないし職権探知主義から説明されている。

証拠予断の禁止の確立によって証拠調べ請求権は法的請求権となったとし、「証拠申請は事案解明義務を超えた範囲の証拠調べを裁判所に義務づける」としたのが、ワイマール時代に活躍したマックス・アルスベルク弁護士であった。彼が築いた理論により、証拠申請の正当な却下事由の類型化が進んだ。現行ドイツ刑訴法244条3-5項にはアルスベルクの理論が実現され、証拠申請の却下事由が法定されている。これらの却下事由に該当する場合以外で証拠を取り調べない場合には、事案解明義務に反することになる。

なお、1979年改正法のもとでも、証拠を法廷に顕出させた上での証拠申請の場合は、単なる証拠申請の場合よりも正当な却下事由の範囲が狭い。つまり、ドイツにおいて訴訟関係人は証拠を直接公判に顕出することで、より強い証拠調べ請求権の保障を受けている。

▶証拠予断の禁止原則

アルスベルクの時代から今日に到るまでの主張をふまえたフリスターの整理によれば、一般に、「証拠予断の禁止」には、2つの意味が含まれる。第一に、「証拠申請人によって取り調べられるべき証拠が取捨選択された場合には、原則としてそれが裁判所の判断よりも優先されねばならない」という規範から、「裁判所と証拠申請権者への権限分配」が図られ、第二に、「裁判所は全ての証拠を取り調べた後に初めて、最終的な全体評価を下す事ができる」、すなわち裁判所の自由な証拠評価に対する実体的な規制が図られている。後者はいわば、裁判所の自由心証を規制するための実体的法則（経験則）としての証拠予断の禁止である。この意味での証拠予断の禁止は、裁判所の事案解明義務からも等しく要求されうることが明らかにされる。

このように、ドイツでは①「証拠予断の禁止原則」によって、職権主義の下でも当事者の証拠申請が裁判所の裁量よりも優先され、②自由心証が採用されているからこそ、証拠予断禁止によってその合理的な規制が行われているということが指摘された。

▶ドイツにおける証拠申請の手続

ドイツにおいて、「証拠申請」とは、訴訟関係人が行う①特定の事実に関する、

②特定の証拠方法による、③証拠調べの要求である。裁判所は、訴訟関係人からの証拠調べの要求を、法定の却下事由（後述）が存在する場合にのみ却下できる。

　①から③のいずれかを満たさない申立ては「証拠申請」とは区別され、「証拠調査申請」とよばれる。これらについて、裁判所は事案解明義務に反しない限り、裁量に基づいて却下できる。

　証拠申請は、裁判所に対して、特定の事実を特定の証拠方法により証明すべきことを要求する形で行われなければならない。「証明事実」の特定にあっては、事実の「主張」と「具体的事実」の摘示が要求される。証拠申請人が、単に可能性があると考えている事実や、推測に基づく事実を証明の対象とすることも妨げられないというのが、判例の支配的立場である。推測にまったく根拠が欠ける場合は、「証拠調査申請」または「遅延目的の証拠申請」として扱われ、後者の場合には証拠調べ請求が却下されうる（ただし、確信に基づかない推測に基づく事実主張でも許され、過度に具体的事実の主張が求められるわけではない）。

　証拠方法の特定については、事案解明義務を負う裁判所が特定の証拠の所在を突き止めるために十分な手がかりを示せば足りるし、判例を見れば、それが比較的緩やかなもので足りることがわかる。複数の証拠方法ないし証拠群を申請する場合は、そのうち重要性を有する証拠方法が特定されているのでない限り、「証拠調査申請」として扱われる。そして、裁判所は、不十分な証拠申請を補完する機会を与えるために釈明義務を負い、証拠申請の解釈は申請の文言ではなくその趣旨に従って行われるべきことが判例法理として確立している（被告人を法の無知から保護するためである）。証拠申請の時期的限界はなく、証拠申請は判決言い渡しの直前まで可能であるとされてきている（以上、序章・第1篇第4章）。

　そして、ドイツでは、法律の明示する理由によらない限り、裁判所は当事者の要求する証拠調べを拒否できない。判例は、「証拠予断の禁止」原則を形成しており、それによれば、①裁判所が証拠の取調べをしないまま証拠調べを拒否することと、②予測される証明結果よりも既存の心証を優先させて証拠調べを拒否することは禁止される。単なる証拠申請の場合については、証明すべき事実が裁判にとって「重要でない」場合などは却下できるが、その範囲は広くない。

314 ｜ 23　証明の権利

さらに、ドイツ刑事訴訟法338条8号は、「裁判にとって重要な点において裁判所の決定により防御が不法に制限された場合」を絶対的上告理由とし、ライヒ裁判所は初期の頃から証拠申請の却下が不当と考える場合にこれを理由として事実審裁判所の判決を破棄してきており、このことによって証拠申請権が被告人の権利論として発展するための基礎が与えられた。

▶証拠調べ請求権の制限論

　基本文献の第2篇は、ドイツにおける証拠申請の却下事由について個別に紹介し、日本の証拠法理論に当てはめた検討が行われている。ドイツ刑事訴訟法244条によれば、①証拠の取調べが不適法となるとき、②公知の事実の場合、③証明されるべき事実の重要性が欠けるとき、またはすでに証明されているとき、④証拠方法が完全に不適切であるときまたは入手不能であるとき、⑤訴訟遅延目的で申立がなされるとき、⑥被告人に有利な重要事実が証明の対象とされ、かつその主張事実を真実と見なすことができる場合、そして鑑定申請の場合にはこれらに加え、⑦裁判所自身が必要な専門知識を有している場合には、当事者からの証拠申請を却下できる。田淵は、ドイツにおける証拠予断の禁止原則と、これらの証拠申請が許される事由に照らして、日本の証拠法理論への示唆を得ようと試みる。たとえば、ドイツでは訴訟遅延目的で申立がなされるときに証拠申請の却下を行いうるが、「訴訟遅延目的」を認定するためには、判例上、「請求された証拠調べが手続を著しく遅延させうるものであり、それが被告人の利益になりうる事実を何らもたらしえないことを裁判所が確信しており、また申請人もこのことを認識しており、かつ当該申請は専ら手続の遅延を目的としている」ことが必要である。裁判所はこの要件が満たされていると確信した理由を、却下決定の中で具体的に説明しなければならず、これが可能な場合はきわめて例外的である。つまり、証拠申請権の濫用を防止するためではなく、証拠申請権の法的保障が安易な権利濫用論により回避されることを防ぐために発展した却下事由なのである。このように、ドイツでは、裁判所が却下事由を緩和することの歯止めが判例・学説によってかけられていることが、第2篇で明らかにされている。

▶日本法における証拠調べ請求権

　日本の刑訴法は公判手続以外の審判手続における証拠調べ請求権に関する規

3　文献紹介　315

定を設けていないが、公判以外の審判手続においても、必要に応じて事実の取調べは予定されている（刑訴法43条３項）。ここでいう「事実の取調べ」は証拠調べに他ならないのであるが、それを行う際には訴訟関係人に証拠調べ請求権が認められるのかが問題になる。たとえば再審請求手続において、再審請求人による証拠調べ請求が是認されてきたが、それは請求権の行使であって、裁判所には正当な理由に基づく証拠決定が要求されるのか、あるいは単なる職権証拠調べを促す行為に過ぎないのか（「自由な証明」における証拠調べ請求権の問題）。田淵は、主張と立証が裁判における当事者の基本的訴訟行為であることからすれば、一律に訴訟関係人の証拠調べ請求権を否定すべきではなく、個々の裁判の性質に応じた議論が必要であり、罪責に関する証拠の吟味が裁判に決定的な影響を及ぼすような再審請求手続や準起訴手続においては、請求人に対する証拠調べ請求権の保障が重要になる、という（以上、序章第１節）。

　それでは、日本法において証拠調べ請求権はどのような変遷をたどってきたのか。大正刑訴法でも、証拠調べ請求権に２つの行使形態を認める方法が採用されていた。ただし、訴訟関係人は直接公判廷に証拠を顕出することでは取調べを強制できず、公判準備段階であらかじめ裁判所に証拠を提出しなければならなかった。また、証人、鑑定人等の召喚については、人証の召喚の請求が却下された場合に被告人に直接召喚権を認めていた。要するに、旧刑訴法においては訴訟関係人の証拠顕出による取調べ強制権という発想がなかった。証拠申請の拘束性についても、大審院は、裁判所が必要な証拠調べを行う権限を有していることを理由に、明確な採否の基準を示さなかった。

　現行法は起訴状一本主義を採用し、公判準備における訴訟関係人における証拠提出規定を廃止して、第一回公判期日後の証拠調べ請求権規定のみを残した。そして当事者が自ら証拠を収集・吟味して証拠調べ請求するための十分な手段は与えられていないし、ドイツにおけるような「証拠予断の禁止」と同様の議論がないなど、実質的対等ないし武器対等の観点から証拠調べ請求のための手段が解釈・立法の面で不十分にとどまっている。

　刑訴規則189条１項は、証拠調べ請求の方式として、証拠と証明すべき事実との関係を具体的に明示する必要があるとする。弁護側が冒頭陳述を行わない場合には、証拠調べ請求の都度、具体的な事実を適示する必要があるが、日本

316 ｜ 23　証明の権利

においても推測に基づく証明事実の主張を適法とすべきである、と田淵は主張する。

証拠方法の特定に関してみれば、日本の刑訴法および規則には、当事者が証拠申請の前に申請すべき証人等の所在を確認し、証拠書類・証拠物を入手しておくことを前提とする規定がある（刑訴法299条、規則188条の2）。しかし、現実に被告人・弁護人は証拠の調査・収集能力が乏しい。したがって、裁判所の権限を通じた証拠の調査収集をできるだけ活用できるよう工夫しなければならない、といわれる。

証拠申請の時期的制約については限界がないが、これは防御活動上の必要が考慮されたからである。

なお、新設された公判前整理手続後の証拠調べ請求の制限については、ドイツにおいては、弁護人に事前に取調べが必要な証拠を判断するための必要な調査手段が保障されていないことから、法治国原則にかんがみて、制限を疑問視する見解が支配的であったことを想起すべきである。

判例実務は、証拠能力があり関連性のある証拠が取調べ請求されても、証拠調べの「必要性」の有無を基準に証拠決定を行うことができるとする。しかし、証拠評価の段階のルールである自由心証の問題と、証拠調べの範囲を決定する際のルールとを混同するべきではない、と田淵は主張し、証拠調べ請求が当事者から行われた際の裁判所の裁量権を規制すべきであると主張する。

4　残された課題

▶基本文献が積み残した問題

日本の現行訴訟法は当事者主義を基調とするものの、運用においてはドイツ法を継受した職権主義的な影響を色濃く残している。証拠の採否に関しても、職権主義的な訴訟指揮権に基づいて、裁判所の自由裁量に委ねられているという理解が根強く存在する。

しかしながら、職権主義の理念を指導原理として採用している法制度においても、実は証拠調べの範囲は当事者に委ねられている。特定の法定事由が存在しない場合にこれを却下することは、事案解明義務から許されないのである。

基本文献は1877年ドイツ帝国刑事訴訟法にさかのぼってこのことやその背景を明らかにした。

では、当事者主義を採用している法制にあってはどうか。おそらくこのような関心もあって、その後田淵はアメリカ法における証拠法の諸問題の検討を被告人の防御権という視点から行った（「アメリカにおける弁護人の事前証人面接権」『小田中聰樹先生古稀記念論文集──民主主義法学・刑事法学の展望　上巻』〔日本評論社、2005年〕所収232頁、「米国連邦刑事訴訟における証言録取手続」法政研究76巻4号〔2010年〕627頁、「米国刑事訴訟における証拠開示目的の証言録取手続」法政研究78巻3号〔2011年〕647頁）。ただし、アメリカ法において証拠採否の問題がどのように扱われているかという点については、さらに検討が必要であった。

また、裁判所が具体的な場面で、証拠採否裁量をいかに行使すべきか、どのような事情を考慮しなければならないのか、その際の基準はいかなるものであるかについてもさらなる議論が必要であった。

▶証拠の厳選論と証拠採否裁量権

基本文献の刊行後、2004年の刑訴法改正に伴って刑訴法規則189条の2が挿入された。同条は、「証拠調べの請求は、証明すべき事実の立証に必要な証拠を厳選して、これをしなければならない」として、証拠の「厳選」を当事者に求める。その後、司法研修所編『裁判員制度の下における大型否認事件の審理の在り方』司法研究報告書第60輯第1号（法曹会、2008年）が刊行された。そこでは裁判員への負担軽減のために、とくに間接事実を積み上げて立証しなければならないような場面において、状況証拠の必要性を厳格に判断し、証拠の厳選を推し進めるべきであるとの最高裁判所の考え方が明らかにされた。つまり、当事者に証拠の厳選を義務づけ、証拠能力・関連性のある証拠についても、裁判所は取調べの必要性を今まで以上に厳密に判断して、「事件の核心」に証拠調べを集中させるべく証拠の採否を行うことが強調されたのであった。

5　現代的意義

▶近時の文献

司法研究報告書を受けて、田淵浩二「大型否認事件の審理上の課題──部分

判決制度を含む」法律時報81巻 1 号（2009年）47頁は、アメリカ法における証拠の許容性の考え方に触れつつ、「証拠調べの必要性がないという理由で請求を却下する場合、その中身がより個別・具体化されるべきである」（同53頁）と結論づけた。また、裁判官からも、アメリカ法の「関連性概念」を参照し、「証拠調べの必要性」の判断内容を個別具体化するべきであるとの主張がなされた（佐々木一夫「証拠の『関連性』あるいは『許容性』について——裁判員制度の下での証拠調べを念頭に」『原田國男判事退官記念論文集』〔判例タイムズ社、2010年〕183頁）。同様の視点から、笹倉宏紀「証拠の関連性」法学教室364号（2011年）26頁も、「関連性」概念の整理が必要であると指摘した。しかしその具体的内容についてはなお議論の集積が待たれた。

　上述のような課題を意識しながらとりわけアメリカ証拠法を詳細に分析しつつ、「証拠採否の裁量性とこれに対する規律」という根本的問題を扱い、裁判官に対する注意則を具体的に示したのが、角田雄彦『刑事裁判所の証拠採否裁量を規律する準則——「証拠の厳選」論に対する批判的考察』（一橋大学博士論文、2009年。一橋大学機関リポジトリ http://hdl.handle.net/10086/18058）であった。同論文は、当事者主義を採用するアメリカでも、職権主義を採用するドイツでも証拠予断禁止原則の精神が共有されていることを改めて確認した。そして、取調べ請求された証拠は関連性が肯定されれば、弊害（事実認定者に対する不当な偏見、争点の混乱、立証の重複、不当な訴訟遅延）が証拠価値を著しく凌いでいる場合にのみ、取調べを否定できると主張する。証拠価値の見積もり方については、請求証拠が要証事実を推認させる力の程度を推測して判断することは証拠予断による先取り評価として許されず、要証事実として主張されている事実が訴訟の結果に及ぼす影響度を論理法則・経験則に従って判断するし、要証事実が間接事実である場合には、間接事実による証明しようとしている主要事実の影響度で判断する、という。また、要証事実に関する主張態度、すでに採用した証拠の証拠価値やそこから得た心証を斟酌してはならない、とする。実務家の視点から、研究者らによるこれまでの研究成果や比較法的な研究成果を昇華させ、裁判官に対する注意則として具体化した業績である。同著者はさらに、角田雄彦「『必要性』判断から『許容性』判断への一元化へ」後藤昭・高野隆・岡慎一編著『実務体系　現代の刑事弁護　第 2 巻　刑事弁護の現代的課題』（第一

法規、2013年）303頁において、証拠の採否について「必要性」の有無に基づく選別をするのではなく、「証拠の許容性」（証拠能力）の問題として判断すべきであり、そこでは類型的な判断による準則主義が妥当すべきであると主張した。証拠に関連性があれば許容性は推定され、「適格性を欠く」類型（類型的に信頼性を欠く不任意自白や伝聞証拠）にあたらない限りは許容性が否定されない。つまりは証拠排除の裁量を限定する、類型的な判断基準を重視する立場が明確にされた。

▶判　　例

　上記・司法研究報告書の刊行後、実務において極端な証拠の厳選論はやや後退したように思われた（たとえば、河本雅也ほか「模擬裁判の成果と課題」判例タイムズ1287号〔2009年〕5頁）。その後、最高裁判所は広島女児殺害事件（最判平成21・10・16刑集63巻8号937頁）において、「当事者主義（当事者追行主義）を前提とする以上、当事者が争点とし、あるいは主張、立証しようとする内容をふまえて、事案の真相の解明に必要な立証が的確になされるようにする必要がある」としつつも、やはり「証拠の採否は、事実審裁判所の合理的裁量に属する事柄である」と判示した。この判決をもって、最高裁が公判前整理手続や裁判員裁判における実質的当事者主義な運用を意識したものであるとする見解もある。しかし、証拠の採否を裁判所の「合理的裁量」に属すると言い切っていることからも、やはりこの問題について裁判所の態度変化があると結論づけることは難しいように思われる。

▶基本文献の現代的意義

　このような判例の立場を見ると、結局、裁判所の証拠採否裁量の具体的な行使のあり方については、日本ではいまだブラックボックスであると言わざるをえない。ドイツにおける証拠予断禁止原則を素材に、裁判所の裁量権規制をするべきであるとした基本文献の主張は、現在なお実務・学説の重要な課題である。

24 証拠評価

●基本文献
① 守屋克彦『自白の分析と評価——自白調書の信用性の研究』（勁草書房、1988年）
② 渡部保夫『無罪の発見——証拠の分析と判断基準』（勁草書房、1992年）
③ 木谷明『刑事裁判の心〔新版〕——事実認定適正化の方策』（法律文化社、2004年）

豊崎 七絵

1 学説・実務状況

▶証拠評価の難しさ

　日本の刑事裁判においては、証拠に対する評価について、特段の注意を払う必要がある。すなわち、証拠の中心は捜査段階で作成された自白調書であり、「自白の過程を直接観察できない裁判所が、事後的にその信用性を評価する」ことになる（基本文献①・5頁）。同様に、被告人以外の者の供述調書にせよ、物的証拠にせよ、捜査段階で作成ないし採取された証拠について、裁判所は、そのプロセスを直接観察できない。また、法廷で供述がなされる場合であっても、その前に行われた取調べ、面割、証人テストなどのプロセスについて、やはり裁判所は直接観察できない。

▶自白をめぐる「通念」

　もっとも、こと自白については、「人間は一般に、自分に有利な嘘はついても不利な嘘をつくものではない。それゆえ、あえて自分に不利な事実を自白したとすれば、それはなにより信用に値する」というのが「通念」とされてきた（浜田寿美男『自白の研究〔新版〕——取調べる者と取調べられる者の心的構図』〔北大路書房、2005年〕21頁）。

　このような「通念」の下では、いかにして自白調書はつくられてきたかとい

321

うプロセスは軽視され、「自白した」という結果が重視される。そして、たとえ自白に矛盾点があっても、「自己の責任を軽くするために、そのようなことを述べたという説明が可能である」とか、「供述の内容は大筋で一貫している」といったかたちで、自白の信用性を肯定する可能性論や大筋論（大綱論）が支持されがちになる。

▶捜査をめぐる「通念」

このような可能性論や大筋論は、捜査をめぐる「通念」によっても支えられていよう。すなわち、真相解明に向けて徹底的な捜査が行われるのが通例で、無理な取調べといった違法・不当な捜査によって虚偽証拠がつくり出されることはまずない（自白に矛盾点があっても、その原因は取調べのやり方ではない）との見方である。

この「通念」は、自白に限らず、捜査段階で作成ないし採取された証拠全般に対する信頼感を生み出しうる。

▶裁判官の法意識、直感的印象重視の証拠評価

もっとも、第三者が、証拠の作成ないし採取のプロセスについて、リアルタイムはもちろん、（録音・録画によって）事後的にも観察できない以上、上述の「通念」は実証なき観念論に止まる。それにもかかわらず、職業裁判官をして、可能性論や大筋論のような証拠評価の手法が、少なからず支持されてきたのはなぜか。

1つには、社会秩序維持を重視し、安易に合理的疑いを認めるべきでないという裁判官の法意識が指摘されている（基本文献③・vi頁）。この法意識は、裁判官の人権感覚の不足や検察・警察に対する仲間意識（基本文献②・414頁以下）ともつながるものであろう。またもう1つには、証拠評価（心証形成）のあり方について、裁判官の抱く直感的な印象を重んじる考えが挙げられる。ここには、証拠評価は裁判官のテリトリーで、他者は容喙すべきでないという心証論や、直感的な印象を通じてこそ、実体的真実に迫ることができるという事実観（本書25 事実認定（構造）論参照）が潜在している。

このような法意識や直感的印象重視論の下では、当該証拠の信用性（真正性）だけでなく、狭義の証明力や間接事実の推認力についても、チェックが緩やかになってしまう。

▶先駆的取り組み

　もとより直感的印象重視の証拠評価の当否については、1950・60年代の松川事件や八海事件などをめぐる公正裁判要請運動（裁判闘争、裁判批判）や裁判実務において、激論が交わされてきた。

　すなわち、公正な裁判を求めて事実を争う被告人や弁護人、そして彼らを支援する人々にとっては、裁判官の直感的な印象といった、第三者によるチェックを不可能にする証拠評価の手法は、克服の対象と目されてきた。しかしこれに対しては、直感的印象重視論に加え、第三者による裁判批判は「裁判の権威」を侵害するとの言説が、裁判官を中心に唱えられてきた。

　もっとも、直感的な印象に捉われず、より分析的・客観的に証拠を評価すべきであるとする流れは、裁判官の中からも出てくるようになる。それは、松川事件第一次上告審判決（最大判昭和34・8・10刑集13巻9号1419頁）、同第二次上告審判決（最判昭和38・9・12刑集17巻7号661頁）の各多数意見、八海事件第一次上告審判決（最判昭和32・10・15刑集11巻11号2731頁）の多数意見、同第三次上告審判決（最判昭和43・10・25刑集22巻11号961頁）といった裁判例、あるいは斎藤朔郎『刑事訴訟論集』（有斐閣、1965年）、青木英五郎『刑事裁判の論理――裁判の弁証法的考察』（酒井書店・法政書房、1961年）、同『誤判にいたる病』（一粒社、1967年。『青木英五郎著作集Ⅱ』〔田畑書店、1986年〕に収録）といった著作にみることができる。

　他方、この問題に対する刑訴法学界の反応は全般的に鈍かったところ、当事者主義論の先覚であった平野龍一は、裁判批判に対して消極の論陣を張った（同『刑事訴訟法』12頁〔弘文堂、1954年〕、同「刑事裁判を崩壊させるもの」思想355号〔1954年〕32頁参照）。そこには、民衆とは一線を画した裁判官に裁判の近代化・合理化を期待すると同時に、当事者による攻防の末になされる証拠評価は裁判官に委ねられた領域（実体面）であるとの見方があった。

2　学説史的意義と位置づけ

▶再審による誤判救済の動きと学界の変化

　1950・60年代における、松川事件や八海事件といった、通常審のうちに辛く

も救済された誤判事件の衝撃に続いたのは、1975年の最高裁・白鳥決定（最決昭和50・5・20刑集29巻5号177頁）、翌76年の同・財田川決定（最決昭和51・10・12刑集30巻9号1673頁）を契機とする、再審における一連の誤判救済の動きであった。この動きは、誤判原因論を活性化させると同時に、取調べ（自白獲得）中心の捜査や直感的・印象的な判断方法による自白依存の事実認定に対する反省を改めて喚起するものであった。分析的・客観的な判断方法に立脚して自白の信用性を否定した1980年代の最高裁判例は、その象徴的出来事とみなされた（最判昭和55・7・1判時971号124頁、最判昭和57・1・28刑集36巻1号67頁、最判決昭和57・3・16判時1038号34頁）。

　学界においても、1970・80年代になると、消極的法定証拠主義の史的意義に関する研究（佐伯千仞「フォイエルバッハと法定証拠主義の運命——1813年のバイエルン刑訴法の証拠法を中心として」立命館法学102号〔1972〕4頁以下、103号〔同年〕7頁以下、光藤景皎「自由心証主義の反省」法学雑誌25巻3＝4号〔1979年〕646頁以下、川崎英明「ミッターマイヤーの刑事司法論」法学雑誌25巻2号〔1978年〕179頁以下、同3＝4号〔1979年〕416頁以下、光藤景皎「19世紀ドイツにおける消極的法定証拠主義のもとでの証拠法則」法学雑誌32巻4号〔1986年〕731頁以下）や「合理的疑い」に関する研究（後藤昭『刑事控訴立法史の研究』〔成文堂、1987年〕306頁以下、同「自由心証主義・直接主義と刑事控訴——平田元氏の論文を契機として」千葉大学法学論集2巻2号〔1988年〕21頁以下）を通して、分析的・客観的な証拠評価のあり方に関心が寄せられるようになった。

▶基本文献の意義

　1980年代以降、裁判官もしくはその経験者によって、「自白の信用性に合理的な疑いが残るというための諸特徴について、類似の事例を検討し、一般化することの出来る要素があるかどうかを検討する」（基本文献①・2頁）という作業、すなわち自白の信用性評価における注意則の定立が探究された。かかる成果は、1982年の渡部保夫「自白の信用性の判断基準と注意則について」（基本文献②のII1として収録）を嚆矢として、1985年の守屋克彦「いわゆる『秘密の暴露』について」（基本文献①の第四篇として収録）、1986年の同「自白調書の真実性の分析」（基本文献①の第五篇として収録）、1991年の木谷明「犯行と被告人との結びつきについて」（基本文献③の第三章として収録）などにみることができる。さ

らに注意則の定立に向けた研究は、犯人識別供述や情況証拠等についても及んでいった。

　これらの論文を収録する基本文献の意義は、証拠評価を担ってきた裁判実務家自身が、直感的な印象によって無辜を処罰することのないよう、注意則に該当したときには合理的疑いが生じることを確認したところにある。それは、自白の信用性を肯定できる要素を「原則論」と位置づけるといった、犯人性の認定に資する指標を重視する裁判実務家の研究（司法研修所編『自白の信用性——被告人と犯行との結び付きが争われた事例を中心として』〔法曹会、1991年〕等）とは、スタンスを異にするものである。

3　文献紹介

▶基本文献の構成

　基本文献①について。第一篇「自白の信用性をめぐる諸問題——序にかえて」は、本書が、現在の捜査慣行を前提にして作成されている自白調書を念頭においた上で、自白調書の証明力に対する裁判所の判断基準を探ることを主要テーマとすることを説明する。第二篇「自白調書の効用と限界」は、供述全部の録取でなく、また取調官自身の要約でもある供述証書について、聴取書の形式が捜査慣行として継承されたことを確認した上で、取調べへの立会人の介在と全部録取との必要性を指摘する。第三篇以下は、判例の整理検討によって、主に自白調書の信用性について、裁判所の判断基準を探るというものであり、第三篇「取調べに関する事実認定と自白の任意性——無罪事例などの検討を通じて」、第四篇「いわゆる『秘密の暴露』について——自白の信用性の評価に関する一考察」、第五篇「自白調書の真実性の分析——無罪事例の検討から」、第六篇「自白と補強を要する範囲に関する覚書——被告人と犯罪事実との結び付きについて」から成る。

　基本文献②について。Ⅰにおいては、自白の信用性、犯人識別供述の信用性、そして情況証拠の評価について、主に注意則に基づく分析的客観的な評価方法という観点から、論じられている。Ⅱにおいては、米谷事件、板橋強制わいせつ事件、山中事件を具体的素材として、誤判原因ないし誤判防止策が探究され

る。Ⅲは、「虚偽自白と弁護活動」、「公判廷における自白の信用性」、「被疑者尋問のテープ録音制度」、そして「職業裁判官と事実認定」というテーマから成る。

　基本文献③について。序章「刑事裁判の心」は、木谷が扱った詐欺事件を題材に刑事裁判官のあり方を総論的に描く。第一章「事実認定の適正化」は、裁判官としての経験に即して、正しい事実認定のあり方を説く。第二章「裁判官からみた弁護人活動——とくに否認事件の争い方を中心として」は、木谷が扱った事件を具体的例として挙げながら、弁護人活動のあり方を論じる。第三章「犯人の特定」は、主として最高裁判例を材料とした、犯行と被告人との結びつきに関する判例研究である。この章では、たとえば自白の信用性にかかる分析的・客観的な判断の手法について「実務上、既に基本的コンセンサスが得られた」ものの、なお「実務上の問題が一掃されたということを意味しない」として（196頁）、いくつかの最高裁判例に対しては疑問も投げかけている。第四章「いわゆる臭気鑑別書の証拠能力」は、警察犬利用による臭気鑑別書の真の問題点は法律的関連性の有無の点にあるとして、法律的関連性を肯定するための要件の立証が必要であるとする。

▶基本文献のエッセンス

　基本文献①の中核的内容は、以下の記述に表れている（236-239頁、334-339頁、344-345頁）。

> 今日慣行として作成されている自白調書は、例外を除いて取調官の質問と被疑者の答の部分が区別されておらず、被疑者がすべて任意に、その生い立ち、経歴、犯行の動機、実行行為、犯行後の行動などの体験を、順序よく、筋道立てて、物語風に独白した形式の、いわゆる要約調書になっている。……弁護人の立会や速記録の作成など供述録取の正確性を担保する制度の裏付けはない。取調べに際して必ず調書を取ることも義務づけられていないし、取調べに要した時間、その雰囲気などを供述調書の文面から正確に窺い知ることは難しい。……自白一般の信用性と調書化された自白の信用性とが同一に論じられるべきものでないことは、さきに述べた作成の要領からいっても明らかであろう。例えば、自白一般においては、詳細かつ具体的で客観的事実に合致している自白の信用性は高いといわれるのが普通であるが、自白調書の場合は、詳細な供述内容が取調官の知識の反映であるかも知れず、客観的な証拠に合致する供述内容は取調官の誘導の産物である疑いを抱かせる場合もあるのである。……捜査段階

において作成される自白調書が、一応は読む者の心証に訴える力を持ちながら、なおその中に虚偽の自白が入り込んでいる可能性を持ち、そのために、できるだけその可能性を有する自白を排除しなければならないという刑事裁判の視点を中心に考えると、どのような自白調書が信用できないか、という消極的な基準の面から、吟味の基準をまとめることが、より実践的であるように思える。信用性の積極的な基準に該当するようにみえることが、調書作成の技術による見せかけのものであるという陥り易い誤謬を避けるうえからもそのようにいえるであろう。

（以上、236-239頁からの抜粋）

自白調書の供述内容が被告人の真の体験を正確に記述しているかどうかは、独立した立証テーマになると考えられることである。……自白は、主要な立証テーマを直接立証する証拠方法いわゆる直接証拠として論じられるのが一般であった。しかし……自白調書の記載は、被告人の供述そのものではなく……被告人側の要因と……取調官側の要因とが取調官の言葉によって表現された複雑な性格を有するのである。……何故立証テーマに拘泥するかというと、自白調書の真実性が、独立した立証テーマになるということは、とりもなおさず、自白調書に記載された供述の真実性は証明の対象として別個の証拠によって証明される必要があることを意味するのであり、証明手段として当該自白調書を持ち出すことは、論理的に矛盾することになるからである。……結局は、自由心証の問題であり、自白調書の供述内容の真実性を直観力で把握し、細部の変遷、矛盾に動かされない心証を得て、結果として事案の真相を見抜いている場合もあるであろうが、部分部分の解析に先立つ全体の証明力のよってくるところの根拠が明確にされないと、もともと部分部分の証明力によって帰納的に構築されるべき全体の証明力すなわち立証テーマそのものによって、立証方法の証明力を論議するという循環論法になる危険をはらんでいることが見落とされることになりかねない。

（以上、334-339頁からの抜粋）

自白調書の真実性を帰納的に、緻密に、審理しようとする立場を貫くとすれば、自白の変遷の程度と変遷の経過、変遷した自白の内容をより正確に法廷に反映させようとする方針とともに、自白がなされた状況と捜査官側での情報の管理についても正確な事実を法廷で明らかにするように、審理の方針が立てられるであろうし、訴訟指揮もそのような方向に向かうことが予想されよう。また、そうあるべきである。そうだとすれば、そのような課題に答えるために、日頃から捜査官側に準備が望まれることはいうまでもない。取調べの全過程の記録化など、取調べの過程が法廷に客観的に明らかにされるための準備がなされるような方向に向かうことが期待される。そのような点での改善がなく、自白調書の任意性、信用性をめぐって従来のまま不透明な状況の解明に労力を強いられる立証が続く間は、さまざまな人々に辛酸を強いた冤罪事件の

貴重な教訓を生かすことができないと思えるのであるがいかがなものであろうか。
（以上、344-345頁からの引用）

　基本文献②の中核的内容は、以下の記述に表れている（45-46頁、411-412頁）。

自白の暗示的影響力を排除して、適正に証拠関係を検討する一つの方法は、「自白を除いて、他に被告人と犯行を結びつける証拠として、何があるか」を考察してみることであろう。……もう一つの方法は、被告人の否認弁解を基にして種々の無罪仮説をたてて、探索的態度で釈罪的証拠の有無を吟味してみることである。刑事事件では、真相は往々にして覆われている。強力な捜査が先行して多数の帰罪的証拠が収集され、それが整然と体系づけられて公判に提出されるため、釈罪的証拠は往々にして帰罪的証拠によって覆われ、時には、ひっそくせしめられ、歪められ、引き裂かれた形で存在する。したがって、探索的態度で検討しなければ釈罪的証拠を発見できない。
（以上、45-46頁からの抜粋）

わが国の刑事裁判を見渡すと、事実認定において非常に優れた裁判例が少なくない……。他方、甚だ感心できない裁判例……がある。この両者を比較すると、証拠評価及び事実認定の方法において次のような根本的な思考の差異を指摘することができよう。
　前者は、各証拠の証明力の限界についてあらゆる角度から検討をし、決して安易にそれを信用しない。供述証拠についてはその内容を厳密に検討するほか、供述の変化にも注意を向け、供述史を検討する。自白についてもその内容と客観的な証拠との連結点の検証、その内容の合理性の検討のほか、自白の原因・動機についても十分な考慮を払う。鑑定の結論をうのみにすることなく、その誤謬可能性について十分な吟味をする。数個の証拠が符合しているからといって安易に信用せず、人為的に符合させられた可能性の有無を必ず検討する。証拠と証拠との間隙を解釈や推認などによって安易に埋めない。証拠の一面的な評価を避ける。被告人の公判における弁解に十分に耳を傾ける。このような証拠の精密な検討によって、何人にも異論のない確実な事実認定の基礎を確定しようとし、このような評価と推論に到達できなければ、必ず証明不十分として無罪を言い渡すことを心がけているようである。
　他方、感心できない判決は、右に指摘された態度とほとんどの点で反対方向に向いているようである。安易に証拠を信用し、その信用すべき理由を明らかにしようとしない。証拠を被告人に不利な方向にも有利な方向にも評価できる場合、合理的な理由を示すことなく被告人に不利な方向に評価する。多くの場合、自白を中心にすべての証拠を配列し、自白と他の証拠との間に間隙や矛盾があれば想像や推測や解釈によって埋めてしまう。鑑定を安易に措信してしまう。数個の証拠に符合があれば直ちに信

用してしまう。弁護側からいろいろな反証があげられても、これらを各個撃破的に排斥することに終始し、それらの集積する証明力について考慮を払わない。疑わしきは被告人の利益に従うとの原則に忠実ではない、などである。

　この違いを要約すると、ペータースのいう、他の裁判官による追検証可能な（Nachvollziehbarkeit durch andere Richter）客観的心証形成理論（Objektivierung der Überzeugunsbildung）と自由心証主義との対立のように思われる……。

（以上、411-412頁からの抜粋）

　基本文献③の中核的内容は、以下の記述に表れている（41頁、49-50頁、231-232頁）。

事実認定を適正に行うための方策として、私が特に考慮したことをまとめてみますと、以下の五点になると思います。すなわち、

　　1　被告人の弁解を真摯に受け止め、十分に事実審理を尽くすこと
　　2　証拠調べの結果に対しては、証拠に忠実に、虚心に判断すること
　　3　謙抑主義に徹し、有罪証拠の不足を推測や想像で補うようなことはしないこと
　　4　手続の適正を守り、特に不意打ちや肩すかしは絶対に避けること
　　5　判決文は分かりやすい言葉と論理で詳細に作成し、盲点を作らないこと

（以上、41頁からの抜粋）

これらの事件を処理する経過の中で、事実認定に関し私が痛感した点を思いつくままに挙げた……い。

　　1　物的証拠についても捜査官の作為があり得ることを率直に認めるべきである……。
　　2　自白の任意性に関する判例の基準は緩やかに過ぎる。また、自白の任意性を厳密に判断するためには、緻密な審理と厳格な事実認定が必要である……。
　　3　別件逮捕、余罪取調べの限界については、なお検討すべき問題がある……。
　　4　任意性に関する判例の基準を前提とする限り、自白の信用性をよほど慎重に判断しないと事実認定を誤る虞がある……。
　　5　適正な事実認定をする上では検証がきわめて有用である……。
　　6　人物識別供述の信用性の判断や情況証拠の証拠価値の評価は、厳密に行う必要がある……。
　　7　事実認定については、誤解を受けないように十分に言葉を使って説明することが大切である……。

（以上、49-50頁からの抜粋）

それでは、前記第二の立場（「自白の信用性の評価にあたり、供述内容の具体性、詳細性等による直感的な印象に捉われることなく、①自白の変遷の有無・程度、②物的・客観的証拠による裏付けの有無等の検討を通じ、より分析的・客観的に判断しようとする」立場〔187頁〕のこと——引用者注）に基づき、自白を正しく分析・評価するためには、更にどのような点に留意すべきであろうか。

第一に……各観点からする自白の分析は、厳密かつ実質的なものでなければならない。……具体的事実を詳細かつ具体的に、しかも、極めてまことしやかに述べた自白が、客観的証拠に照らして明らかに虚偽であるとされた事例……や、自白が真実であるとすれば、当然犯罪の痕跡が残って然るべきと思われる場合に、その痕跡を示す確実な証拠（指紋、血痕、凶器等）が収集されていないのに、安易な推定により、捜査の不備を補ったのが不当とされた事例が多数あること……を想起すべきである。また、自白内容の合理性の有無の検討にあたっては、抽象的・観念的にではなく、当時の具体的・客観的状況のもとにおいて、自白にかかる犯行が行われたと考えて不自然・不合理でないかどうかが、慎重かつ実質的に検討されなければならない。……

第二に、右のような分析の結果、自白にかなりの問題があることが判明した場合には、たとえ自白内容が詳細・具体的で迫真力に富むように思える場合でも、総合判断の際、安易にこれに引きずられないようにすることが肝要である。わが国の捜査実務においては、自白調書は一問一答式ではなく、要領調書の形で詳細かつ具体的にまとめられるのが常であるが、右のような具体的で迫真力に富む描写が、被疑者自身の口から語られた言葉ではなく、じつは、取調官の押しつけや誘導による作文に過ぎない場合が少なくないことは、既に指摘した一連の破棄判決に照らして明らかであるから、右自白調書の表現に引きずられることは、結局、前記第一の立場（「自白の信用性評価において、その内容自体の具体性、詳細性、迫真性等からする直感的な印象を重視し、その変転の状況、細部におけるくいちがいなどは、重要性のないものとして、これを切り捨てようとする」立場〔184-185頁〕のこと——引用者注）と同じ誤りを冒すことに連なることを銘記すべきである。

第三に、自白の信用性判断にあたっては、自白の内容自体の分析・検討のほかに、自白の採取過程の問題点を重視すべきことである。……取調べの過程で右のような違法・不当な方法がとられたことが判明したときは、右は、これによって獲得された自白の真実性を疑わせる一つの有力な事情というべきであり、かりに任意性否定の結論に至らない場合でも、その信用性判断は、そのような事情の存しない場合と比べ、いっそう慎重・厳密にされる必要がある。

（以上、231-232頁からの抜粋）

▶証拠評価のあり方

基本文献には、証拠評価のあり方について多くの共通項が存在するところ、

その主なものは以下の通りである。

第一に、合理的疑いを発見するための注意則の定立に現れているように、無辜を処罰しないための分析的・客観的な証拠評価のあり方が追究されていることである。

第二に、検察官の有罪立証にかかる証拠について、安易に信用性を肯定せず、むしろ虚偽証拠が入り込んでいる可能性を考えて検討するということである。なかでも証拠の作成ないし採取プロセスすなわち捜査の違法・不当な方法が、証拠の信用性ないし真正性を損ねる問題が深刻視されている。たとえば自白の信用性については取調官の誘導や押しつけが、犯人識別供述の信用性については捜査官の暗示が、物的証拠の真正性については捜査官の作為が、それぞれ挙げられる。このような問題意識は、被告人の弁解を真摯に受け止める重要性や、検察官の立証責任の原則に立ち返る必要性についての主張にもつながっていよう。

第三に、密室での取調べに代表されるように、それによって裁判所が自白調書の作成プロセスを観察できないといった、証拠評価の妨げになりうる実務慣行や、取調べ受忍義務や取調べでの弁護人不在といった、手続の適正に欠ける実務慣行を前提とした上で、証拠評価のあり方が検討されていることである。そこには、かかる実務慣行の下でも最善を尽くすことによって無辜の処罰を防止しなければならないという、裁判実務家ならではの思考がある。ゆえに、それらの実務慣行は肯定的に受け止められているわけではない。なかでも、密室での取調べに対する問題意識から、「取調べの全過程の記録化」、すなわち取調べを終始録音する制度（可視化）の導入の必要性が主張されるところ、それは自白の任意性や信用性の判断に直接かかわるからであろう。

4　残された課題

▶日本の刑事手続の構造的改革との関係

基本文献が提示する証拠評価のあり方は、捜査段階で作成ないし採取された証拠に関する証拠能力の要件の厳格化、捜査手続の適正化・弾劾化、ひいては公判中心主義の実質化という、日本の刑事手続の構造的改革の必要性を示唆す

るものとして、発展的に理解してゆくべきであろう。たとえば基本文献①ならびに③では、自白の任意性の要件を緩やかに解釈する判例に対する問題意識が示されつつも、かかる実務の下での自白の任意性ないし信用性の判断のあり方が検討されている。もっとも、さらに進んで、任意性の要件の厳格化ひいては取調べの規制・抑制によって、取調べ（自白獲得）中心の捜査と自白依存の裁判を変える構造的改革に至らなければ、被疑者の権利保障に十分でないのはもちろん、構造的誤判原因を取り除くことにも限界が生じよう。

▶証拠評価プロセスとの関係

　基本文献で論じられている注意則は、たとえば自白の変遷が有ったという一事をもって、直ちに合理的疑いが発生することまでも求めるものではない。すなわち変遷が有ったとしても、さらに変遷の理由に合理性があるか否かが問題とされ、その評価は裁判官次第である以上、ここに「直感的判断を許容する隙間が存在している」（中川孝博『刑事裁判・少年審判における事実認定──証拠評価をめぐるコミュニケーションの適正化』〔現代人文社、2008年〕74頁）。ゆえに、「注意則や判断方法の適用を裁判官に委ねてしまうことでは『事実認定の適正化』は全うできない」（川崎英明『刑事再審と証拠構造論の展開』〔日本評論社、2003年〕217頁）。

　このような注意則の限界に対する解決策として、①経験から帰納されるタイプの注意則は人によって判断が分かれ、水かけ論となりやすいので、証拠評価に関するレトリック（判決理由の書かれ方）を対象として、裁判官と当事者間における、証拠評価をめぐるコミュニケーションが適正に行われているかを検討し、その適正化に資する注意則を示すべきである（中川・前掲書）、②検察官に有罪主張たる訴因事実を支える証拠構造を明示させ、合理的疑いの有無の判断を、証拠構造が維持できるかどうかの判断に収斂させることによって、事実認定の過程を可視化・客観化すべきである（川崎・前掲書215頁以下）、③「手続を反映せず、手続上確認・控制されない実体はない（あってはならない）」という基本的思考（事実観）の下、事実認定の可視化・客観化の担い手を当事者に求めるという事実認定の当事者主義的構成が図られるべきである（豊崎七絵『刑事訴訟における事実観』〔日本評論社、2006年〕73頁以下）といった主張がある。

　これらの主張は、証拠評価のプロセスに着目することによって、ひとり裁判

所による評価の問題に止めず、むしろ当事者による統制やチェックが可能な証拠評価を志向している点で共通するものである。

　もっともこれらの主張は、それぞれ固有の内容をもつものであり、また残された課題もあるようにみえる。すなわち、経験からの帰納に帰因する証拠評価の難しさというもの自体が、証拠評価をめぐるコミュニケーションの適正化（論理則遵守の徹底）や証拠構造論の活用（不意打ち認定防止の徹底）等によって、どこまで、あるいはどのように、解消されうるかということである。

　今後、この課題を具体的に検討する必要がある一方、注意則自体については、次の基本線が堅持されるべきであろう。誤った有罪という数々の経験から抽出された、合理的疑いが残るというための類型（注意則）に則ってなされた消極的な証拠評価は、実体的真実主義というような観念論によって批判される余地はない。裁判が人の営みである以上、異なる経験のぶつかり合いだけがありうるのであり、こと刑事裁判においては「疑わしきは被告人の利益に」の鉄則に従い、ぶつかり合いを解決するほかない。ゆえに証拠評価に際してどうしても水かけ論になるというのであれば、この鉄則に従い、合理的疑いが存在するといわねばならない。

▶科学的知見と証拠評価

　科学の知見が証拠評価を科学的かつ合理的なものにするということは、鑑定制度によっても前提とされているところである。

　たとえば自白の心理過程ひいてはその信用性評価については心理学が関連しうるところ、心理学の立場からも、被疑者の供述そのものを分析対象とすることができず、また自白の過程を直接観察できないという日本固有の状況が問題視されてきた。

　このように困難な自白の分析に取り組み、『自白の研究〔新版〕──取調べる者と取調べられる者の心的構図』（北大路書房、2005年。初版は1992年）などの先駆的業績をあげた浜田寿美男は、「虚偽自白は、日常世界から遮断され拘束された被疑者が、その異常な事態に対して行ったひとつの正常な反応」であり、取調官に支持される「共同的な嘘」であるという、虚偽自白の心理的構造を分析した。また、基本文献が直感的・印象的な証拠評価に陥るものとして警戒してきた、自白の内容自体の具体性、詳細性、迫真性などについては、嘘でねつ

4　残された課題 | 333

造できるレベルを超えているという意味で「体験した者にしか語りえない」供述でなければ信用できないという供述心理学の基準を満たしえないとした。浜田の研究は、「自白した」という結果ではなく、自白調書がつくられるプロセスに注目する点で、基本文献と共通しているのはもちろん、注意則が虚偽自白の特徴であることを心理学的に明らかにする点で、基本文献を裏付けるものである。

このようにして心理学の観点や成果は、分析的・客観的な証拠評価と軌を一にする一方、直感的・印象的な証拠評価とは対立する。そうすると、裁判官が心理学に対し過小評価することがあるというのは、その専門性に対する疑問（村井敏邦「刑事司法における心理学の活用可能性について」同編『刑事司法と心理学——法と心理の新たな地平線を求めて』〔日本評論社、2005年〕12頁）に加えて、端的に証拠評価の際に直感的な印象を捨てきれないことに由来する可能性がある。

以上の通り、基本文献が定立した注意則は、合理的疑いを発見するためのもので、誤った有罪の防止に向けられているところ、その妥当性を裏付ける科学的な知見が、心理学の立場から提供されたということである。しかし、これとは逆に、真実自白を裏付けるといった内容の、つまり有罪方向の科学の知見が提供された場合、どのように取り扱われるべきか。

たしかに科学の知見それ自体は、合理的疑いを容れない証明、「疑わしきは被告人の利益に」の鉄則といった採証法則による規制を受けない。たとえば、鑑定によって科学の知見が刑事裁判で報告される際、鑑定人自身が採証法則に従うことは法的に要求されていない。しかし、その科学の知見を事実認定で利用する際には、採証法則に従わなければならない。この意味において、科学の知見を丸飲みしたり、過大に評価したり、あるいは都合の良いところだけを抜き出したりするなどして、安易に有罪認定の基礎にしてはならない。

また科学の知見自体、それによってもたらされる社会的影響・結果——ここでは、刑事裁判に与える影響・結果——とまったく無関係に追究されるものか、あるいは追究されてよいか、という問題もある。科学者といえども一市民として刑事裁判のあり方について何らかの考えをもっており、まして鑑定人といったかたちで関与するのであれば、自身の関与が刑事裁判に与える影響・結果を意識せざるを得ないはずである。少なくとも、この問題について無自覚になら

ぬよう、科学に携わる者と法学に携わる者は常に対話してゆくことが重要である。

5　現代的意義

▶裁判員制度の導入による変化？

　裁判員制度の導入によって、①書証（調書）は減少し、厳選された人証中心による連日開廷の審理がもたらされ、また②裁判員の多様な経験が証拠評価に反映される点で、注意則の適用も含め、従来の証拠評価の手法が通用しなくなるのではないかという見方がありうる。かような見方は果たして妥当か。

　まず、捜査が抜本的に抑制される改革がなされない限り、①に関しては、捜査の結果としての、かつ選り抜きされた証拠が出されるだけで、証拠の作成ないし採取のプロセスは一層不透明になってしまう危険がある。しかし他方で、全面に亘る証拠開示や取調べの可視化の必要性が、もはや専門家だけの議論にとどまらず、法制審議会・新時代の刑事司法制度特別部会での民間有識者の発言に現れたように、一般社会においても認識されてきている。これは、捜査の結果としての証拠に依存して、証拠の作成ないし採取のプロセスを検討しなければ誤った有罪を引き起こすということが、常識化してきている状況を示している。そうであるならば、裁判員が加わった証拠評価においても、このプロセスが軽視されるべきでない。かかるプロセスに向けられる関心は、「自白した」といった結果を重視する直感的印象重視論とは一線を画し、むしろ分析的・客観的な証拠評価に赴くであろう。そうであるならば、誤った有罪という数々の経験から抽出され、かつ心理学的にも裏付けられた注意則は、誤った有罪を防止する方向で一層発展することが予想される。しかし、もしも直観的印象重視論に逆戻りすることがあるとすれば、それは、証拠の作成ないし採取のプロセスに対する関心が稀薄化しているか、正しく向けられていないことの証であるところ、それによって生じる矛盾（証拠評価の誤り）は、かえって基本文献の再評価、ひいては、証拠評価の方法について、より高次の段階へ進む契機となるはずである。ゆえに基本文献のエッセンスは、現代においても衰えていない。

　もっとも、前述の通り（「4　**残された課題**」参照）、取調べ（自白獲得）中心の

捜査と自白依存の裁判そのものを改める構造的改革が、さらに追求されなければならないであろう。

▶情況証拠による事実認定

情況証拠による事実認定については、間接証拠それ自体の信用性ないし真正性に加え、主要事実に対する間接証拠の狭義の証明力、すなわち（間接証拠によって直接証明される）間接事実の推認力が問題になるところ、基本文献②ならびに③においては、この推認力の評価に関する注意則も論じられている。

もっとも、主要事実の安易な推認を警告する注意則とは逆に、一定の間接事実が証明されれば、特段の事情がない限り、主要事実が推認されうるという事実上の推定（経験則）が、裁判員制度の導入とも絡めた、証拠の厳選、ひいては間接事実の厳選の必要性という命題の下、一層推進される傾向もみられる（司法研修所編『裁判員制度の下における大型否認事件の審理の在り方』〔法曹会、2008年〕、違法薬物密輸入事案にかかる最判平成25・10・21刑集67巻7号755頁等）。

他方、大阪母子殺人放火事件にかかる最判平成22・4・27刑集64巻3号233頁は、「情況証拠によって認められる間接事実中に、被告人が犯人でないとしたならば合理的に説明できない（あるいは、少なくとも説明が極めて困難である）事実関係が含まれていることを要する」という説示によって、慎重な推認力評価を要請している。

情況証拠による事実認定については、事実上の推定にいう特段の事情と合理的疑いとの関係、経験則と注意則との関係など、今後、解明すべき問題が残されているといえよう。

25 事実認定（構造）論

●基本文献
豊崎七絵『刑事訴訟における事実観』
（日本評論社、2006年）
中川孝博『合理的疑いを超えた証明』
（現代人文社、2003年）

田淵　浩二

1　学説・実務状況

　近代刑事訴訟法は、訴訟における真実発見の手段として直接証拠（自白、目撃証言）の獲得を絶対視すること（〔積極的〕法定証拠主義）を改め、有罪判決のための証拠の十分性を裁判官の自由な判断に委ねる「自由心証主義」に転換した。自由心証主義は裁判官の理性に依拠した制度であると同時に、その採用は、裁判官の恣意を許さないための新たな事実認定の控制システムの構築を課題とすることとなった。

　正確な事実認定の実現は、職務上事実認定に携わる裁判官が高い関心をもって研究に取り組んできたテーマである。もっとも、事実認定に関する研究対象、目的および方法は、証明論、証拠調べの方式、尋問技術、取調べ技術、供述分析法等をテーマに、法学、哲学、論理学、社会学、心理学的等の手法を交えた、純粋な理論研究、過去の事例の実証的研究、あるいは誤判原因の究明と除去、有効な証人尋問、適切な訴訟指揮等をめざした実践的研究など多彩であって、決して裁判官のための技術論にとどまるものではない（なお、この点につき、田辺公二『事実認定の研究と訓練』〔弘文堂、1965年〕が、アメリカにおける事実認定の研究を、①証明過程の論理的分析、②事実認定の心理学的研究、③審判者の判断作用の実証的研究、④経験的実践的研究に分類して、概要を紹介していることが参考になる）。

　国内においては、現行法制定後、当事者主義下における職業裁判官による事

実認定のあり方に理論的な関心が集り、欧米における先行研究の紹介が活発に行われた。1950〜60年代の代表的な研究としては、斎藤朔郎『事実認定論』（有斐閣、1954年）、ゼーリッヒ［植村秀三訳］『ゼーリッヒの供述心理学』刑事裁判資料119号（1957年）、司法研修所編『供述心理』（1959年）、藤本英一『事実認定における実験則の実証的研究』司法研究報告書11輯2号（司法研修所、1959年）、青木英五郎『証拠評価の方法——自由心証主義における論理法則および経験法則の分析』司法研究報告書10輯2号（司法研修所、1960年）、同『刑事裁判の論理』（酒井書店、1961年）、R・E・キートン［川崎義徳ほか訳］『法廷技術——主尋問および反対尋問』（司法研修所、1964年）、平田勝雅『裁判における心証形成の諸問題』司法研究報告書14輯8号（司法研修所、1965年）などがある。

1970年代頃からは、国内の裁判例の分析を通じて主要事実の認定のために重要な間接事実を抽出しようとする実証的研究が組織的に行われるようになった。大阪刑事実務研究会による事実認定の実証的研究（1969年から1975年まで判例タイムズに連載）に始まり、小林充・香城敏麿編『刑事事実認定論——裁判例の総合的研究(上)(下)』（判例タイムズ社、1992年）、小林充・植村立郎編『刑事事実認定重要判例50選(上)(下)〔第2版〕』（立花書房、2013年）へと続いている。要件事実的事実認定論の視点から書かれた事実認定論の概説書として、植村立郎『実践的刑事事実認定と情況証拠〔第2版〕』（立花書房、2011年）も版を重ねている。

1975年には、白鳥決定（最決昭和50・5・20刑集29条5号177頁）が再審開始要件を定めた刑訴法435条6号にいう「無罪を言い渡すべき明らかな証拠」の判断においても「疑わしきは被告人の利益に」の原則が適用されるべきとの立場を明確にしたことから、その後、死刑確定四事件を含む重大事件の再審開始決定が続く（1976年：加藤老事件、米谷老事件、弘前事件、1979年：松川事件、1980年：免田事件、滝事件、1981年：財田川事件、1983年：徳島ラジオ商事件、1985年：梅田事件、1987年：島田事件）。その結果、1980年代終わり頃になると、国内における事実認定研究はとくに活発になる。この時期の研究の特徴としては、過去の裁判例の分析を通じて、誤判を避けるための証拠評価上の注意則を導き出す研究が現れてきた点があげられる。代表的な研究として、守屋克彦『自白の分析と評価——自白調書の信用性の研究』（勁草書房、1988年）、渡辺保夫『無罪の発見——証拠の分析と判断基準』（勁草書房、1992年）の他、司法研修所編の『自白の信

用性』（法曹会、1991年）、『情況証拠の観点から見た事実認定』（法曹会、1994年）、
『共犯者の供述の信用性』（法曹会、1996年）、『犯人識別供述の信用性』（法曹会、
1999年）の四部作をあげることができる。

2　学説史的意義と位置づけ

　今日の学説における事実認定論の礎となっているのは、1970年代中盤から開
始した再審の扉を開くための理論研究といってよかろう。その成果として、日
本弁護士連合会編『再審』（日本評論社、1977年）、鴨良弼編『刑事再審の研究』
（成文堂、1980年）、ペータース［能勢弘之・吉田敏雄編訳］『誤判の研究——西
ドイツ再審事例の分析』（北海道大学図書刊行会、1981年）、小田中聰樹『誤判救
済と再審』（日本評論社、1982年）、日本弁護士連合会編『続・再審』（日本評論社、
1986年）、などが公表された。

　1980年代後半には、個々の裁判官の証拠評価の際の不注意というよりも、供
述調書に頼った「事実認定構造」そのものに誤判原因があると考え、調書裁判
の克服を訴える論文が目立つようになる。代表的なものとして、横山晃一郎『誤
判の構造——日本型刑事裁判の光と影』（日本評論社、1985年）、石松竹雄『刑事
裁判の空洞化——改革への道標』（勁草書房、1993年）などがあげられる。誤判・
冤罪を生み出す事実認定構造の改革を訴える主張はその後、被疑者弁護の活性
化や証拠開示制度の充実を求める運動を通じて、2004年の司法制度改革に結び
つき、さらに今日の取調べの可視化を求める動きなどの、刑事手続全般の改革
論へと結実していく。

　2000年頃からは事実認定の適正化論が強まり（代表的な著作として、木谷明『刑
事裁判の心〔新版〕』〔法律文化社、2004年〕、同『事実認定の適正化』〔法律文化社、
2005年〕）、裁判官は分析的・客観的な事実認定に徹するべきことを理論付けよ
うとする研究が現れ始める。検察官の主張する証拠構造を弾劾対象とし、証拠
構造が崩れれば無罪とすべきことを唱える見解（川崎英明『刑事再審と証拠構造
論の展開』〔日本評論社、2003年〕、水谷則男「適正な事実認定と証拠構造論」刑法雑誌
39巻2号〔2000年〕312頁）が、その代表であり、「規範的・構成的事実観」に基
づく事実認定（有罪事実の認定）を説く豊崎論文はこの流れに位置づけることが

できる。一方、控訴審における「あとづけ可能性審査」を説く中川論文は、有罪心証よりも、一応説明が可能な無罪心証の方を絶対的に優先させることにより、有罪方向での直感的要素の影響をできる限り排除しようとする試みと言うことができる。そこで以下、執筆内容の一部に止まるが、二人の著作の特徴的な点を紹介したい。

3 文献紹介

▶豊崎論文

豊崎七絵が基本文献で主張している内容は多岐にわたるところ、そのエッセンスは、誤判救済手続を含め、訴訟手続の枠組の中で、無辜の不処罰という意味での正しい事実認定が行われることを、被告人の刑事手続上の絶対的権利として構成しようとする点にある。豊崎は、従来の事実認定論が「認識論的限界・制度的限界、そして相対的な訴訟的事実といった言説を生み出す源泉には、具体的に認識されていないにも拘わらず、もとよりどこかに在ると抽象的に観念される裸の価値中立的・絶対的存在としての事実と、これとの比較で相対的に位置付けられる訴訟的事実という二項対立的思考がある。」とし、この思考を、「価値中立的・絶対的存在としての事実観」もしくは「二項対立的事実観」とよぶ。そして、二項対立的事実観に基づく事実認定として、不可知論、可能性論、大綱論、アナザー・ストーリー論をとりあげ、こうした事実認定の手法を被告人の応訴の負担を加重にするものとして批判する（159頁以下）。そしてさらに、二項対立的事実観に対置されるべき事実観として、次のような「規範的・構成的事実観」を提唱する（211頁以下）。

【規範的・構成的事実観】

「規範的」とは、訴訟的事実は一義性・経験性・特定性を以て認定（認識）されなければならず、これによって被告人の応訴の負担を最小限にしながら、無辜を絶対処罰してはならないという意味である。

また「構成的」とは、訴訟的事実は捜査・訴追・公判過程（場合によっては上訴・再審過程も含む）という広い意味での訴訟のプロセスを通じて、痕跡（trace）や原料（raw material）を素材としてコンストラクトされるものであるという意味である。

> 従って規範的・構成的事実観とは、刑事訴訟を規定する「規範」に則って痕跡・原料を素材としてコンストラクトされた一義性・経験性・特定性のある訴訟的事実だけが、訴訟においてその正当性を主張し得る事実であるという考え方である。

　豊崎は、一義性・経験性・特定性のある訴訟的事実だけが、訴訟においてその正当性を主張し得るという立場から、裁判所がその価値中立的・絶対的存在としての事実なるものに接近しようとして、検察官の主張する「証拠構造の組み替え」、「行きつ戻りつの判断過程」、「心証形成上のなだれ現象」、そして「可能性論」といった手法をとることは、規範的に正当化され得ない訴訟的事実の構築であると批判する（333頁）。なかでも、詳細な議論が展開されているのが、情況証拠による事実認定論である。豊崎は、間接事実を媒介として最終的に主要事実を推認させる基礎として認められるためには、次の4つのハードルをクリアーしなければならないと主張する（326頁以下）。

【状況（情況）証拠による事実認定】

> 　第一に、間接証拠の証拠能力が、次に間接証拠それ自体の信用性（信憑力）が、それぞれ厳格に吟味されなければならない。
> 　第二に、個別の第一次間接事実が、間接証拠（群）から（直接的に、あるいは間接事実を媒介にして）、利益原則に則り合理的疑いを容れずに証明されなければならない。
> 　第三に、証明された第一次間接事実がそれぞれ、主要事実に対して有している推認力の程度を評価して、少なくとも論理的可能性を超える十分な推認力を有する場合に限り、その第一次間接事実に対して総合評価への参加資格を付与し得る。
> 　第四に、総合評価の参加資格を得た第一次間接事実群について、それぞれ主要事実に対して有している推認力の程度に応じて、それが支柱的間接事実であるのか補助的間接事実であるのかといった位置付けが手続上明かにされた上で、それらを総合評価したときに、果して合理的疑いを容れない主要事実を認定し得るか否かが問われ、合理的疑いを容れる場合には利益原則に則らなければならない。

　豊崎は、総合評価に参加できる資格のある間接事実を、合理的疑いを容れずに証明され、かつ主要事実に対して論理的可能性を超える十分な推認力を有する「第一次間接事実」に制限すべきだと説く。主要事実を推認させる間接事実が確実に証明されたものでなければならないことや、推認力の弱い間接事実を積み重ねても合理的な疑いを超えた証明にならないことは、最高裁の判例においても指摘されてきたところである。また、総合評価に参加するための間接事

実に対して要求されるべき推認力は単なる論理的可能性では足りないことを説く学説も以前からみられた。豊崎説の特色は、間接事実がこうした条件を満たすことが総合評価の参加資格であるとの立場を明確にしている点にある。豊崎は基本文献執筆後も自説を補強するために、「間接事実の証明と総合評価——情況証拠による刑事事実認定論(1)」法政研究76巻4号667頁、「間接事実の証明・レベルと推認の規制——情況証拠による刑事事実認定論(2)」浅田和茂ほか編『村井敏邦先生古稀記念論文集　人権の刑事法学』(日本評論社、2011年) 697頁、「最高裁判例に観る情況証拠論——情況証拠による刑事事実認定論(3)」法政研究78巻3号 (2011年) 709頁を公表している。

▶中川論文

　中川論文は、刑事裁判における証明基準である「合理的（な）疑い」の意義の理論的解明を試みたものである。中川孝博は、疑いの「合理性」をめぐる下級審と上級審の裁判官の間の理解の齟齬が、結果的に下級審裁判官が無罪判決を出すことを委縮させ得ることを問題視し、有罪立証の基準となる「合理的疑い」を、多数決で決める問題ではなく、個人の納得の問題と捉え、以下の要素をその定義に盛り込む（279頁）。

【「合理的疑い」の定義】

　第1に、証拠あるいは証拠の不存在に基づかない一般的抽象的疑いであるならば、それは合理的疑いではない。証拠あるいは証拠の不存在に基づく疑いであるならば全て合理的疑いである。

　第2に、自身の疑いが証拠のどこから生ずるかを一応言語で指摘できるならば、それは証拠に基づく疑いである。

　第3に、自身の疑いが第三者を納得させうるものであるかを考慮してはならない。

　第4に、自身の疑いを解消させうる説明が「可能」であるというだけで自身の疑いを否定してはならない。疑いを解消させる説明を自己のものとし、疑いは解消されたと自身が納得しないかぎり、自己の疑いを否定してはならない。

　以上の要素をまとめて合理的疑いを定義するならば、「合理的疑い」とは「証拠を適正に検討した結果残る個人的疑い」である、ということになろう。……

　重要なのは、合理的疑いを客観的絶対的疑いと捉えてはならないということである。英米におけると同様、主観的には、当該疑いが合理的疑いといえるかについては、個人によって判断が異なることを承認しなければならない。このように解してこそ、判断に迷う裁判官に無罪を出させることができるのである。

また、「合理的疑い」を判断者自身の納得の問題として定義する関係で、下級審の有罪判決を破棄する場合と無罪判決を破棄する場合とを区別し、前者の場合は上級審の心証の優越を許容し、後者の場合は、心証比較による審査を認めず、明白な経験則・論理則違反の指摘を要求する（313頁以下）。

【事実誤認審査基準の片面性】

　有罪判決破棄の場合は、心証の優越は一般に許されるといわなければならない。なぜなら、合理的疑いを超えた証明は、事実問題について判断する権限と責任を有する者全てが合理的疑いを超える証明があると判断すること（moral certainty）を要請しているからである。……したがって、控訴審裁判官は、原審裁判官の認定と関わりなく、1審と同様の基準で、自由に判断すればよい。1審の有罪判決が誤っていることを逐一論証する必要はない。

　しかし、無罪判決破棄の場合は、そうではない。なぜなら、控訴審裁判官の判断を優先させるならば、事実認定の責任を有する者全てが合理的疑いを抱いていない場合に初めて客観的に合理的疑いを超えた証明があったといえるという原則が崩れるからであり、それによって原審裁判官は高度な疑いを提示しなければならなくなるからである。控訴審裁判官が無罪判決を破棄できるのは、個人によって合理的疑いに関する判断が異なり得ることを前提にしてもなお、原審裁判官の疑いが合理的疑いではないといえる場合でなければならない。すなわち原審裁判官の疑いはあり得ないということを指摘できなければならない。これまでの実務は、原審裁判官の疑いがあり得ることの説明責任を原審裁判官に課してきた。これは妥当ではない。反対に、原審裁判官の疑いがありえないことを証明する責任を控訴審裁判官に与えなければならないのである。すなわち、明白な経験則違反、論理則違反の存在を具体的に叙述し、原審の疑いが証拠に基づくものでない旨具体的に論証することが要請される。不合理であると一言ですませることは許されない。

さらに、中川は、控訴審における事実誤認の審査基準の片面性を審査方法にも反映させるべく、無罪判決に対する審査は判決理由のみから原裁判所の判断の「あとづけ可能性」を審査すべきであり、他方、有罪判決に対する審査は記録等に基づき自己の心証を形成し、これを優越させてよいと説く。この「あとづけ可能性審査」とはドイツの上告審における審査方法をめぐる議論に倣ったものであり、あとづけ可能性審査の一般基準として次の5点をかかげている（304頁以下）。

【「あとづけ可能性審査」の一般基準】

①証拠内容の説明が十分か否かである。証拠内容の説明が十分でない場合には、当該証拠を適切に調べていないとみなされる。

②証拠評価を尽くしているか否かである。証拠評価過程審査の一般的基準となる。なお、「総合評価が十分か否か」は、論証なき心証の優越につながるので、基準とすべきではない。

③一般的経験則・論理則違反である。経験則については、ドイツと同様、およそ存在しえない経験則を適用した場合と、具体的事情如何によるにもかかわらず具体的事情の検討が全くない場合に限定されるべきである。「具体的事情に基づく具体的経験則」は、経験「則」たる確実性・安定性を備えていないので、これも論証なき心証の優越につながる。

④注意則違反である。自白の信用性を判断する際に要求される検討をしたことを叙述せず、ただ「大筋において一貫している」との叙述ですませた場合などである。

⑤合理的疑いの意味を誤って解した場合である。「それなりに信用できる」などの表現、あるいは「証拠は十分だが何となく疑わしい」などの表現がこれに該当する。この類型は、無罪判決に対する心証の優越に転化する危険が高いため、無罪判決破棄の際には慎重を要する。

　もっとも、法定刑の重い事件に対して二審制をとるドイツでは、現実問題として法律審としての上告審もある程度、事実誤認の救済機能を果す必要がある。ドイツにおけるあとづけ可能性審査は、判決理由の不備という法律問題を媒介として、原判決に十分な証拠説明を要求することで、それを欠いていることを理由に原判決を破棄することを可能にするための議論である。これに対して、日本法は事実誤認自体を控訴理由としており、控訴審における無罪判決に対する事実誤認の審査を抑制する意図から、判決理由中の証拠説明から事実誤認の有無を審査すべきことを説くことは、ドイツにおける「あとづけ可能性審査」とは似て非なるものということになろう。この点はさて置き、中川が「合理的疑い」を本人の納得の問題として捉え、疑いの「合理性」を判断者が証拠から抱いた疑いの言葉による説明可能性と定義付けたことは、注目すべき提言であった。

4 残された課題

　豊崎の唱える情況証拠による事実認定論は、総合評価の中で間接事実が確証される場合もありうるのではないかという見解との間で論争を巻き起こした（光藤景皎「間接証拠論　その3」寺崎嘉博・白取祐司編『激動期の刑事法学──能瀬弘之先生追悼論集』（信山社、2003年）190頁以下）。具体例をあげて説明するならば、①「犯行現場から被告人の指紋が発見された。」ことが証拠上確実であっても、さらに②「被告人の指紋は犯行時に付着したこと（＝犯行時以外に被告人の指紋が付着する機会はなかったこと）」が証明されなければ、①事実が主要事実に対して有する推認力はほとんど認められない。しかし、②事実の証明を欠いても、①事実を総合評価に加えることで、他の証拠が補強され、これが②事実の認定に影響を及ぼすことは考えらないだろうか。たとえば、検証や目撃供述から推認できる犯行状況と指紋の付着位置が整合するとき、犯行現場から発見された指紋は犯行時に付着した指紋である可能性がより高まる。そして、被告人の指紋は犯行時に付着したことを推認させる他の情況証拠と合わせれば、「合理的な疑い」を超えて「被告人の指紋は犯行時に付着した」と認定してよい場合は生じないだろうか。情況証拠による事実認定の仕組みは複雑であり、果して豊崎説のように割り切ることが妥当かどうか、豊崎のいう「第一次間接事実」の定義も含めて、ひとつの論点となっている。

　また、中川は「合理的疑い」を判断者の主観の問題ととらえ、「自身の疑いが第三者を納得させうるものであるかを考慮してはならない」と述べる一方で、別著の『刑事裁判・少年審判における事実認定──証拠評価をめぐるコミュニケーションの適正化』（現代人文社、2008年）において、「事実認定の適正化」を果たすためには、裁判官の事実認定が客観的手法により行われると同時に、裁判官の事実認定を第三者が検証・統制できるシステムが構築されなければならない。」との課題を指摘している。そこで、「合理的疑い」の有無が本人の納得の問題であるとしても（そうであるがゆえに）、その疑いを抱く過程や理由は、第三者により検証・統制可能なものとすることが重要になる。中川は裁判官の事実認定を第三者が検証・統制できるシステムとして、弁論と判決理由間のコ

ミュニケーションや、コミュニケーション・ベースとしての証拠構造分析の重要性を説いているものの、これらは課題としての整理にとどまっている。また、提唱する「あとづけ可能性」審査についても、純粋な法律審であるドイツの上告審とは異なり、日本の刑事訴訟法は、事実誤認自体を控訴理由として認めていることから、たとえ無罪判決に対する審査に限定しても、事実誤認の審査が判決理由の記載内容の審査に尽きると唱えることは、解釈論としてはやや無理があるだろう。さらに、必要があれば控訴審における新たな事実調べも可能であり、第1審判決における証拠説明が一応の説明になっていても、控訴審の事実調べで判明した事実に基づけば結論的に第1審の事実認定が論理則・経験則に反していると言わざるを得ないこともあり得ることから、控訴審における事実調べのあり方も合わせて主張を組み立てる必要があるだろう。

5 現代的意義

▶注目すべき新判例

　裁判員制度導入後、事実認定の適正化にかかわる注目すべき2つの最高裁判例が出された。ひとつは、情況証拠による証明の基準につき判示した、最判平成22・4・27刑集64巻3号233頁（以下、「最高裁平成22年判決」と記す）である。もうひとつは、控訴審における事実誤認の審査基準について判示した、最判平成24・2・13刑集66巻4号482頁（以下、「最高裁平成24年判決」と記す）である。

　情況証拠による証明の基準について、最高裁は平成19年10月16日決定（刑集61巻7号677頁）において、「刑事裁判における有罪の認定に当たっては、合理的な疑いを差し挟む余地のない程度の立証が必要である。ここに合理的な疑いを差し挟む余地がないというのは、反対事実が存在する疑いをまったく残さない場合をいうものではなく、抽象的な可能性としては反対事実が存在するとの疑いをいれる余地があっても、健全な社会常識に照らして、その疑いに合理性がないと一般的に判断される場合には、有罪認定を可能とする趣旨である。そして、このことは、直接証拠によって事実認定をすべき場合と、情況証拠によって事実認定をすべき場合とで、何ら異なるところはないというべきである。」と述べ、直接証拠による場合であれ、情況証拠による場合であれ、証明基準は

異ならないことを強調していた。しかし、直接証拠による事実認定が当該直接証拠の信用性の有無の判断のみで決まるのに対し、情況証拠による事実認定の場合は、個々の間接事実の認定に加えて、各間接事実を総合判断して主要事実を認定する過程が加わる分、判断が複雑になる。当該総合評価のプロセスにつき、最高裁平成19年10月16日決定は特別には言及していなかったのに対し、最高裁平成22年判決は、19年決定を引用しつつも、さらに「直接証拠がないのであるから、情況証拠によって認められる間接事実中に、被告人が犯人でないとしたならば合理的に説明することができない（あるいは、少なくとも説明が極めて困難である）事実関係が含まれていることを要するものというべきである。」との説明を付け加え、有罪判決を破棄差し戻した。その後、最高裁22年判決が付言したフレーズを用いて無罪を言い渡す裁判例が続くようになった（たとえば、鹿児島地判平成22・12・10，LEX/DB 25443123、福岡高判平成23・11・2，LEX/DB 25443956、高松高判平成24・6・19，LEX/DB 25500095)。

　もう一方の最高裁平成24年判決において、最高裁第１小法廷は、「刑訴法は控訴審の性格を原則として事後審としており、控訴審は、第１審と同じ立場で事件そのものを審理するのではなく、当事者の訴訟活動を基礎として形成された第１審判決を対象とし、これに事後的な審査を加えるべきものである。第１審において、直接主義・口頭主義の原則が採られ、争点に関する証人を直接調べ、その際の証言態度等も踏まえて供述の信用性が判断され、それらを総合して事実認定が行われることが予定されていることに鑑みると、控訴審における事実誤認の審査は、第１審判決が行った証拠の信用性評価や証拠の総合判断が論理則、経験則等に照らして不合理といえるかという観点から行うべきものであって、刑訴法382条の事実誤認とは、第１審判決の事実認定が論理則、経験則等に照らして不合理であることをいうものと解するのが相当である。したがって、控訴審が第１審判決に事実誤認があるというためには、第１審判決の事実認定が論理則、経験則等に照らして不合理であることを具体的に示すことが必要であるというべきである。」と述べ、事後審としての控訴審が第１審の事実認定を覆すための要件を明確にした。当該審査基準も、その後の判例が用いるところなった（たとえば、東京高判平成24・6・19，LEX/DB 25482210、最決平成25・4・16刑集67巻4号549頁、最決平成25・10・21刑集67巻7号755頁、最決平

26・3・10判タ1401号167頁、最判平成26・3・20刑集68巻3号499頁）。

　いずれの判例にも数多くの評釈があり、豊崎、中川両氏も評釈を加えている。そこで、最後に当該判例の評釈を通じて、筆者らが自説の現代的意義をどのように理解しているかをみておく。

▶情況証拠による証明基準

　豊崎は、最高裁平成22年判決の「被告人が犯人でないとしたならば……」のフレーズの意味につき、⑦総合評価の結果として、そうした事実関係が必要とされるのであって、総合評価に参加する各間接事実の推認力の程度を問うものではないとする理解（堀籠裁判官反対意見、鹿野伸二調査官解説・ジュリスト1426号〔2011年〕176頁）と、⑦単体としての間接事実の推認力の程度を問うものであるとする理解があることを指摘する。そして、さらに後者の中には、①積極証拠（間接事実）の中には推認力が相当程度高いものが含まれていることを要求する趣旨と解するもの（中川孝博）、②少なくとも、単独で主要事実を推認するに足る間接事実、いわば犯人性推認の「決め手」の存在が必要であることを示したもの（村岡啓一）があるのに対し、豊崎は、③「第一次間接事実でなければならないという意味で、全ての事実に相当強度の推認力を要する」という意味に解釈する（豊崎七絵「最高裁判例に観る情況証拠論——情況証拠による刑事事実認定論(3)」法政研究78巻3号（2011年）727頁以下）。すなわち、情況証拠からの事実認定のあり方につき判示した、最判昭和45・7・31刑集24巻8号597頁（仁保事件）や最判昭和48・12・13判時725号104頁（長坂町放火事件）と整合的に解釈するならば、情況証拠のみによる立証の場合に、総合評価に参加する資格のある間接事実を、合理的疑いを超えて証明された「第一次間接事実」に限定するのが最高裁昭和48年判例の趣旨と解すべきであり、ただ、当該判例は「相互補完的な関係にない間接事実」からの総合評価が問題となった事案であったことから、「相互補完的な関係にある間接事実」に関する事案においても、総合評価に参加する資格につき同様の解釈が妥当すべきことを明確にしたのが、最高裁平成22年判決の意義であるという（同前730頁）。

　しかし、上記「被告人が犯人でないとしたならば……」のフレーズは、「刑事裁判における有罪の認定に当たっては、合理的な疑いを差し挟む余地のない程度の立証が必要である。」ことの意味を説明する中で語られているのである

から、総合評価に参加するための各間接事実の推認力の程度を問うたものと解する決め手はなかろう。また、総合評価の結果として情況証拠に要求されるべき証明力について言及したものと解すると、平成22年最高裁判決が19年決定の判示に付け加えた部分が特別の意味が失われるということにもならないだろう。増田豊『刑事手続における事実認定の推論構造と真実発見』（勁草書房、2004年）は、情況証拠からの事実認定過程においては、蓋然的推理であるアブダクションだけでは不十分であり、他の可能な競合仮説を消去するための、帰謬法（背理法、逆理法）的論証が必要不可欠であることを説いている（58頁以下）。最高裁平成22年判決が用いた、情況証拠による証明の十分性につき、「情況証拠によって認められる間接事実中に、被告人が犯人でないとしたならば合理的に説明することができない（あるいは、少なくとも説明が極めて困難である）事実関係が含まれていること」というフレーズも、訴訟における証明が、反対事象が成り立つあらゆる可能性を否定しなければならない数学的証明とは異なることを承知しつつも、有罪仮説の蓋然性の判断の際に直観による有罪方向への論理の飛躍が生じることを防止するために、情況証拠の十分性につき無罪仮説に立った上での帰謬法的・背理法的論証を用いた厳格な審査を要求する趣旨に理解することができる。こうした趣旨に解しても、当該判例が事実認定の適正化のために果たし得る意義は小さくないように思う。

　なお、情況証拠による事実認定の際は無罪仮説に立った上での帰謬法的・背理法的審査を行うべきことは、既に不破武夫『刑事法上の諸問題』（弘文堂、1950年）27頁以下においても指摘されていた。最高裁平成22年判決の意義を、この不破論文の見解を受入れた点に見出す論文として田中輝和「間接証拠による事実認定の『準則』・覚書──最高裁平成22（2010）年4月27日判決を機縁として」東北学院法学71号（2011年）474頁がある。

▶控訴審における事実誤認の審査

　最高裁平成24年判決が、控訴審が第1審判決に事実誤認があるというためには、第1審判決の事実認定が「論理則、経験則等に照らして不合理」であることを具体的に示すことを求め、控訴審がこの要求を満たさないまま事実誤認で破棄することは、刑訴法382条の法令違反に当たると判示したことにつき、中川は、現行刑事訴訟法が制定されて64年目にして、「証拠評価に関する説明を

判決理由中に示すべきことを法的に要求する判例が遂に登場した」ことの意義はとても大きいと評価する（中川孝博「最一小判平成24・2・13の意義と射程」季刊刑事弁護71号〔2012年〕132頁）。そして、「論理則、経験則等に照らして不合理」という審査基準につき、最高裁が、上告審における職権破棄事由のひとつである411条3号の「重大な事実誤認」の有無を判断において、同一の審査基準を用いつつ、①有罪判決に対しては、上告審が合理的疑いを抱くことが「不合理」であるとし、②無罪判決に対しては、あらゆる無罪仮説を消去できると上告審が考えたときに「不合理」と判断してきたと分析した上で、これと同様の基準を、控訴審が第1審判決破棄の場合にも妥当させる趣旨に解釈する。そしてこのように解釈するならば、最高裁の求める事実誤認の審査基準は、中川が上記論文において説いているところの、有罪破棄の場合は控訴審として、証拠から具体的にどのような疑いが生じたかを言葉で説明できれば足り、無罪破棄の場合は、論理則・重大経験則に照らして第1審の合理的疑いはありえないことの論証を求める自説に近いと評価している（中川・前掲論文135頁）。

　もっともこの点、最判平成26・3・20刑集68巻3号499頁は、第1審の有罪判決を破棄し差し戻した控訴審判決に対して検察官が上告した事案においても、第1審判決について論理則・経験則等に照らして不合理な点があることを十分に示したものと評価することができないことを理由に、原判決を破棄し事件を控訴審に差し戻しており、中川説に近いとは言えない。そうではあっても、「合理的な疑いを超える証明があった」という認定の不合理性の審査と、「合理的な疑いが残る」という認定の不合理性の審査とでは、不合理性の説明に要する検討範囲に違いが生じ、自ずと前者より後者の方が詳細な説示を求められることにはなるであろう。したがって、このような意味で、最高裁平成24年判決に事実誤認の適正化の促進効果を期待することができる。

26 裁判の効力

●基本文献
田宮裕
『一事不再理の原則〔刑事訴訟法研究 3〕』
（有斐閣、1978年）

加藤　克佳

1　学説・実務状況

▶裁判の効力と確定力の理論

　裁判は、確定によりその本来的効力を生ずるが、これを確定力という。確定力の理論・体系については、学説の激しい対立・変遷がある。

(1)　伝統的構成

　旧法下以来の通説（たとえば団藤重光『新刑事訴訟法綱要〔7訂版〕』〔創文社、1967年〕310頁以下）によれば、裁判が通常の上訴により争えなくなった状態を形式的確定といい、この不可争力を形式的確定力とよぶ。これに伴い裁判の意思表示的内容も確定するが、これを内容的確定といい、その効力を内容的確定力とよぶ。内容的確定力は、一方で執行力として現れ（内部的効力）、他方で同一事情のもとでは同一事項につき異なる判断を許さないという拘束力として現れる（外部的効力）。以上は実体裁判でも形式裁判でも同様であるが、実体裁判（および免訴）の内容的確定力をとくに実体的確定力とよぶ。これは、やはり、一方で刑の執行力として現れ、他方で法的安定性の要求から、再訴禁止すなわち一事不再理効として現れる。そして、この一事不再理効をとくに既判力とよぶのである。

　この立場は、①確定力の中核は具体的な法（規範）形成力たる内容的確定力であり、②一事不再理効はその反射的効力にすぎず、③実体裁判では拘束力は

351

一事不再理効に転化するので別事件への拘束力は予定されず、拘束力が意味を
もつのは形式裁判についてだけであるとする3点に特色がある。そして、確定
力の体系構成は、この3点をどのように考えるかに帰着するとされる（田宮裕『刑
事訴訟法〔新版〕』〔有斐閣、1996年〕433頁以下参照）。

(2) 学説の新たな展開

　これに対しては、まず②に対して批判が出された。すなわち、現行法上訴因
を審判の対象と解するならば判断内容の効果は訴因にしか及びえないはずで、
一事不再理効が公訴事実の同一性の範囲に及ぶことの説明に窮する、憲法39条
は英米の二重危険の原則を採用したといわれる（判例として最大判昭和25・9・
27刑集4巻9号1805頁）ので、一事不再理効もこの原則に沿って説明すべきであ
る等の理由から、一事不再理効は判断内容の効力から切り離して構成すべきこ
とが提唱された（たとえば平野龍一『刑事訴訟法』〔有斐閣、1958年〕281頁以下）。
また、③の点に対しても、一事不再理効を内容的効力から切り離したので、残っ
た内容的効力、とくに拘束力は、内容的確定力の不可欠の構成部分として実体
裁判でも広く機能すべきものと批判される。さらに進んで、①に対しては、裁
判の意思表示的内容の効力（これを確認効とよぶ）自体は確定力の前提ではある
が確定力の概念そのものからは外すべきであるとする（したがって、執行力も確
定力として捉えない）との批判も向けられる（これが基本文献・田宮裕『一事不再理
の原則』、同・前掲刑訴法437頁以下である）。

　その後、これを踏まえつつ、やや旧来の見解との統合を志向する見解が登場
した（田口守一『刑事裁判の拘束力』〔成文堂、1980年〕、同『刑事訴訟法〔第6版〕』〔弘
文堂、2012年〕441頁以下）。これは、従来理論的問題と考えられてきた拘束力論
に政策的考慮を導入するとともに、一事不再理効を二重危険の原則と解しつつ
なお裁判の効力論として論じている点に特色がある。

(3) 確定力の本質

　確定力（既判力）の本質・根拠については、実体法説、具体的規範説、訴訟
法説がある。このうち、実体法説（確定裁判により新たな実体法が創造されるとす
る見解）はすでに克服されたが、後の2説がなお対立している。

　具体的規範説は、従来の通説的見解である（たとえば団藤・前掲綱要310頁以下）。
これは、裁判の意思表示的内容の効力が確定により妥当性（通用力）をもつこ

と自体を既判力とするものである。そして、このように既判力があるからこそ確定裁判は具体的法ないし規範とされ、規範であるから執行力、一事不再理効、拘束力が効果として認められると説く（ただし、二重の危険説では一事不再理効は除かれる。平野・前掲刑訴法284頁）。

　これに対して、訴訟法説（たとえば田宮・前掲刑訴法439頁以下）は、たしかに裁判の確定によりその判断内容は不動のものとなる（確認効）が、確定力論で重要なのは、そのような裁判をなぜ訴訟上維持し判断の抵触を回避しなければならないかを機能的に考察することにあると考える。すなわち、訴訟は争いのある事項ないし不明の法律関係を裁判所の公権的判断により終局的に解決する機能をもつが、こうした判断（裁判）がいつまでも不安定では裁判制度の趣旨に反するうえ、被告人の法的地位の安定もはかれないので、確定力の制度が要請されるとし、したがって、既判力（実質的確定力）とは、確定裁判の後訴への影響にほかならず、具体的には後訴で取消し・変更できなくなるという不可変更的効力（すなわち拘束力）を意味すると説く。これが、今日の有力説である。

▶一事不再理の効力と二重の危険

(1)　確定力と二重の危険

　審理が終了した以上同じ事件は二度と取り上げないという原則を、一事不再理の原則（憲法39条）という。その本質・根拠については、学説の激しい対立・変遷がある。つまり、①確定力説、②公訴権消滅説、③二重の危険説である。わが国における戦後の発展は、確定力理論（前述）と密接に関連して、①説から（②説を経て）③説への展開という形をとってきた（田宮・前掲刑訴法445頁以下）。

(2)　二重の危険の発生事由

　確定した実体裁判には、いずれの見解でも一事不再理効が生ずる。実体裁判によって実体的法律関係が確定すればもはや変動を容認すべきでないし、「危険」とは、有罪の危険（つまり実体裁判の危険）を意味するからである。

　これに対して、形式裁判は実体的法律関係について判断がなされていない以上実体的確定力は発生しえず、また、実体判断の前提としての実体審理がむしろ禁止される場合であるから、二重の危険という観点からも、危険が生ずるとはいえない。しかし、通説は、形式裁判説を前提に、免訴判決だけには一事不再理効があるとする。その根拠として、とくに二重の危険説からは、例外的に

1　学説・実務状況　353

危険が発生したといえる場合が想定できるとされる。

(3) 二重の危険の発生時期

　一事不再理効が二重の危険の問題だとすると、発生時期（段階）が裁判の確定時に結びつく必然性はなくなり、確定以前の手続段階へ遡上する可能性が出てくる。そこで、英米で禁止される無罪判決に対する検察官上訴の当否が論ぜられるに至る。判例（前掲・最大判昭和25・9・27）は、第１審から上訴までが１つの「継続的危険」だとして二重の危険に反しないとしたが、批判も強い。

(4) 二重の危険の範囲

　客観的（事物的）範囲については、①訴追・判決された訴因と公訴事実を同一にするすべての事実に及ぶとする説（公訴事実同一説）のほか、②公訴事実の同一性外の余罪でも量刑に斟酌されれば及ぶし、同一性の範囲内でも法律上または事実上審判が不可能であれば及ばないとする説（事実的審判可能性説）、③１個の犯罪のほか、同時立証可能な場合や、以前に判断された事項が争点の拘束力として働く場合をも含める説（多元的危険説）もある。①説が通説である。

　時間的範囲については、原理的考え方は客観的範囲の場合と同様である。つまり、どの時点まで実体裁判の危険が及ぶかであり、事実審理の法律上可能な最終時が基準となる。具体的には、①弁論終結時説、②第１審判決宣告時説、③原則は第１審判決時、例外的に控訴審破棄自判時説（判例・多数説）がある。

2　学説史的意義と位置づけ

　基本文献（書評：田口守一・Law School ６号〔1979年〕113頁、光藤景皎・法律時報51巻４号〔1979年〕117頁）の巻頭を飾る田宮裕の処女論文「刑事訴訟における一事不再理の効力(1)～（３・完）」（初出は法学協会雑誌75巻３号〔1958年〕296頁～76巻１号〔1959年〕17頁。当時の学界への衝撃につき、平場安治「日本刑法学会受賞論文紹介」刑法雑誌13巻１号〔1963年〕75頁）は、田宮刑訴法学の源泉といってよい。そして、この論文を礎石としつつ、研究を深化しかつ拡大した関連諸論文を体系的に編んだのが基本文献であり、政策と理論の統合を果たして刑事司法の機能に迫る「現代の刑事裁判論」となっている（はしがきⅰ）。そこには、デュー・プロセス保障の一貫した太い基調と、歴史的・現実的分析に支えられた理論的

基盤を看取することができる（光藤・前掲121頁）。

　同論文では、2つの大きな試みがなされた。すなわち、いわゆる二重危険説と新たな既判力論である。田宮は、第一に、一事不再理に関する学説の詳細な比較法的・歴史的研究を行い、大陸における一事不再理論も英米法における二重の危険の原則も共にローマ法のレス・ジュディカータ（res judicata）という共通の源をもつことを論証した。そして、それにより、現行法の一事不再理効を二重の危険の原則として基礎づけた。これは、戦後、わが国刑事訴訟法が、大陸法から英米法への継受へと転換したことによって生じた、とりわけ審判対象論の大幅な変化（職権主義から当事者主義へ、公訴事実から訴因へ）にも適切に対応するものであった。これに依拠して、第二に、従来の既判力論から一事不再理効を抜き出して新しい既判力論を構成した。ここでの既判力は、純粋に訴訟的・制度的効力であるとし、伝統的な見解（具体的規範説〔団藤〕）を退けると共に、確定力論を新たに体系的に構築したのである。

　これがその後の学説に多大の影響を及ぼしたことはいうまでもなく、論争の超克・通説の確立に大いに寄与するとともに、多くの争点も提示され、新たな論争も引き起こしている。たとえば、当該手続限りでの裁判内容の確定を前提としつつ他の裁判への影響を問題とする拘束力論のあり方、機能的概念としての公訴事実概念の妥当性（その実質化の必要性）、さらには、二重危険の原理的理解と一事不再理との関係、など多岐に渡っている。しかし、そのような議論をよんだのも、基本文献の学説史的意義の大きさを物語るものといえよう。

3　文献紹介

▶基本文献の構成

　基本文献は4編からなる。第1編第1章に収録された「刑事訴訟における一事不再理の効力」では、2つの大きな試みがなされた（いわゆる二重危険説と新たな既判力論）。第2章「英米における二重の危険の原則」は、英米法におけるその後の展開を詳細にフォローしている。ついで、いわば各論的検討が進められる。すなわち、第3章「公訴棄却と免訴」、第4章「少年審判の不開始決定と一事不再理の効力」であり、第2編「裁判の確定と再審」では、第1章「刑

事再審制度の考察」、第2章「再審の新しい動向」により、二重の危険説から「人権問題としての再審」が位置づけられ、白鳥決定も分析されている。ついで、このような二重の危険説と既判力論を可能にする裁判論が、第3編「裁判の本質と機能」で論じられる。すなわち、第1章「裁判の意義」、第2章「刑事裁判官論」、第3章「刑法における決定基準の現実的機能」、第4章「立法と司法の交錯」からなり、全体として「現代の刑事裁判論」（はしがきⅰ）という内実を備えている。最後に、第4編「補論」では、第1章「日本における刑事既判力の比較法的特色」、第2章「判例評釈」が収められている。以下では、第1編第1章を検討の中心とする。

▶基本的視座

(はしがきⅰ)

〔本書は〕それまで純理の問題と考えられてきた既判力論に憲法政策的な光をあてて、刑事訴訟における理論と政策の交錯という課題にとりくんだひとつのデュー・プロセス論である。

　冒頭に、裁判の効力論ないし既判力論がデュー・プロセス論の一環であることが示されている。デュー・プロセス論の旗手ならではの斬新な視座を看取することができる

▶一事不再理の本質①──歴史的考察

(55頁)

一事不再理の効力は、大陸では確定力の理論において扱われ、英米では二重の危険として、これとは異別の取扱いをされる。しかし、大陸においても、元来一事不再理は、実は公訴権消滅という事実的効果がその本質をなし、これが裁判の確定に結びつけられたにすぎず、確定力と称されはするものの、それも確定裁判の効力というほどの意味にすぎない。……他方、英米においても、一事不再理は独自の様相を呈しつつも、元来訴訟の終結という観念と無関係のものではなく、最近はレス・ジュディカータの名称さえも見受けられる状態にある。

　「一事不再理」については、歴史的に、大陸と英米とでまったく異なった本質をもつものだと通常いわれてきたが、田宮はそれを単純に前提とすることはできないのではないかと批判する。すなわち、「両者における一事不再理の共通の祖国がローマ法にあること、および極端な糾問主義の時代を除けば、一事不再理は、いずれにあっても、ひとしく被告人の自由権の一つとして擁護され

続けてきたこと」から、田宮は、両法系において一事不再理の本質・理論的性格は相等しいものだ（刑事ではいずれにおいても二重の危険の禁止である）とする。これは、従来の歴史認識を大きく変えるものである。

▶一事不再理の本質②──一事不再理効と二重危険禁止

（78頁以下）

〔二重の危険〕説によれば、憲法の文言中「既に無罪とされた行為については、刑事上の責任を問はれない」とは「前の無罪」を規定したものであり、「又、同一の犯罪について、重ねて刑事上の責任を問はれない」とは、「前の有罪」を規定したものだということになる。……憲法上の文言もさることながら、憲法制定の経過および憲法全体の傾向にかんがみて、アメリカ憲法からの影響の大きいことは疑いの余地がない。……一事不再理についてもそうである。そこで、わたくしもまた憲法三九条は二重の危険の規定と解する。……しかし、わたくしが二重の危険の理論をとろうとする理由は以上に止まらない。右の形式的な根拠に加えて、さらにより実質的な理由が考えられるのである。その第一は、……元来一事不再理は被告人の利益のための訴訟手続の効果であって、大陸といい英米といっても、歴史的には同一の根源にさかのぼることができるからである。第二は、これを理論的に眺めるならば、一事不再理は判断の通用という観念からでる内容的効果ではなく、訴訟手続じたいの事実的・具体的効果であって、刑事訴訟における諸現象をよく説明するためにこれをさらに徹底するならば、結局二重の危険の原則に至らざるをえないからである。第三は二重の危険は、既判力の理論とちがって端的に人権思想と結びつくことをあげなければならない。危険の制度の意味は、被告人の刑事手続の負担・苦痛とそれからの解放という問題にあり、その理論的基礎は、国家権力からの個人の保護ということにある。

わが国では、従来はドイツの影響を受けて、一事不再理は既判力の１つの効果とされてきたが、戦後憲法39条が設けられたことによって、「二重の危険」との関係が問題とされるようになった。田宮は、憲法の文言が単にアメリカ法に倣っているからではなく、実質的理由（大陸と英米の根源の同一性、訴訟の事実的・具体的効力性、人権性）からも、一事不再理は二重の危険の禁止（国家がある犯罪について刑罰権の有無を確かめるために、被告人を一度訴追したならば、もはや同一人を同一事実について再度刑事的に追及することは許されないとみなければならない）であるとする。これによって、両者の関係がきわめて明瞭に示されている。

▶一事不再理の要件と効果

（88頁以下）

(1)〔一事不再理の要件（訴訟のいかなる段階で「前の危険」が発生するか）について〕

> 危険の本質は第一義的には有罪判決のおそれ、したがって刑罰執行のおそれにあるから、執行可能性（有罪の場合）ないしは執行可能性の消失（無罪の場合）をもって危険と解してよいと考えられる。……一事不再理の効力が発生するのは判断内容の効果としてではないから、実体裁判でありさえすれば、その裁判内容のいかんにかかわらずその効力を発生する。そうだとすれば、実体判決が確定、正確には形式的に確定してさえいれば、……一事不再理の効力が発生しないとする理由はない。

「前の危険の発生段階」については、刑訴法が執行力を判決の確定にかからせた（471条）ことから、確定にこれを求めた。その際には、判断内容が不明であったり、判断内容に致命的な瑕疵があって判決の意思表示としての効力が生じなかったりしたときでも、同様に解されるとした。また、当然無効の判決も、既判力は発生しないが、一事不再理効は発生するとする。確定を時期として重視する立場からは、自然な結論であろう。

（106頁以下）

> (2)〔一事不再理の効果一般について〕検察官の被告人に対する不利益上訴が許されないか……。しかし、わが法における危険は、……判決確定をもってはじめて発生するというべきであるから、これは肯定的に解してよいことになる。わたくしは、検察官上訴の不能をもって二重の危険の法理の固有必然的な内容だとは考えない。したがって、憲法が二重の危険を採用したからといって直ちに検察官上訴を違憲としなければならない論理的必然性はないというべきである。……わが法における危険が有罪・無罪の判決の確定をもって発生するのだとすれば、一度確定判決があったのちには、国家としては被告人に不利益な再審……の申立はできないとしなければならない。〔他方で〕英米において、検察官の不利益上訴が禁止されるのに反して被告人の上訴が許されるのは、被告人みずから危険の抗弁権を放棄したと解されるためであるが、わが法における利益な再審の許容性も同様の根拠に立って考えることができるであろう。

　検察官の不利益上訴については、危険の発生が確定段階にあることから不能とはいえないとする。他方で、二重の危険は被告人の利益のための制度であるから、原則として不利益なものは許されないが、利益なものであれば許される（したがって、利益再審は許されるが不利益再審は許されない。これは、逆に憲法が二重の危険の原則を採用したという主張の１つの根拠となる。これに対して、既判力は被告人に有利にも不利にも働くから例外は被告人に利益な方向でしかありえないわけではない）とする。いずれも重要な論点について、今日の通説的立場から明快な結論を示している。

（118頁以下）

(3)〔一事不再理の客観的範囲について〕検察官は一個の刑罰権を実現するために、〔公訴事実〕の範囲の事実はいつでも訴訟の内部へとりこむことができるとしなければならない。……この全範囲は検察官の絶えず注目するところであり、むろん捜査は可能であり、有罪判決をうる見込みがあるかぎり、いつでも訴訟物として訴訟の内部へとり入れられる可能性をもつ。〔法がその全範囲をただちに訴訟物としない〕ときでも、公訴事実は少なくとも可能的には訴訟物たりうる潜在的性質をもっている。したがって、そのある部分にたとえ一時的に訴追にとって現実の障害があっても、全体的に考察するならば、訴追は決して妨げられてはいない。これを被告人について眺めれば、一個の刑罰を加えられるべき一定範囲の事実について、絶えず現実の訴追の可能性におびやかされているということになる。かような意味で被告人は公訴事実について、刑罰＝訴追の危険におかれたと解することができる。……かかる二重の危険の禁止の反射として、国家の側に公訴事実については一個の訴訟しか許されないという要請が生まれる。……以上のように、公訴事実の同一性の範囲内で被告人のために危険の概念を認めるならば、国家すなわち検察官側には、もしそのつもりなら、訴追は一回でやってしまわなければならないという制約のでてくるのは当然のことである。

　1個の犯罪事実に対して1個の刑罰が加えられるべきことは、刑事実体法上当然の原則である。この実体刑法上1個の刑罰が加えられるべき犯罪事実が訴訟上からみて公訴事実と称される。これは刑罰権が国家に存在し、国家がそのための訴追権を検察官に与えていることの当然の帰結である。しかし、審判の範囲と一事不再理の範囲とのくい違いは（旧法下では限定されたが）、新刑訴法が訴因の制度を導入したために、今日では理論上いかなる場合にも一般に生起しうる問題となった。なぜなら、公訴事実の同一性がある範囲については1個の刑罰が加えられうるわけであるが、今や訴因を超えて審理・判決はできないことになったからである。そこで、田宮は、訴因は公訴事実の同一性の範囲内であれば、訴因変更によって変更できる（つまり、検察官は公訴事実を同一にする範囲内で、いつでも訴因変更をして訴訟対象を新しく構成して出直しをすることができる）ことに着目し、被告人は公訴事実について危険にさらされたと解する。そして、一度危険にさらされたのであれば、二度と刑事訴追の危険にさらされない権利が与えられる、という。「一回で解決される利益をもつのは、被告人が前訴で危険におかれたから〔である〕。そうだとすれば、もっと直接的に危険を理由に、公訴事実の同一性の範囲で再訴がはばまれると説けば足りる」。一事不再理の客観的範囲は、戦後の新刑訴法が投げかけた難問であるが、田宮はこ

3　文献紹介　359

れに明快な回答を示したものであり、その後の通説の基礎をなしている。

▶一事不再理と既判力

(129頁以下)

(1)〔既判力について〕裁判とは、一般的に裁判機関（裁判所または裁判官）の意思表示的訴訟行為であるが、それは一つの意思表示であるから、意思表示内容の効力をもつ。これは裁判の目的とするところであって、裁判の本質的意義がそこから流出する。裁判の確定とは、この裁判の内容的意義がいわば不動のものとなることを意味する。正確には、裁判内容が、当該裁判を下した審級の内部で不可変更的……になると同時に、通常の上訴方法をもってしても不可変更となることを意味する。前者は、通常、裁判の羈束力ないしは拘束力と呼ばれる効力……によって保障されるのであるが、後者は形式的確定力の発生を意味する。……つぎに、形式的確定力とは、当該裁判の上級裁判所による取消不可能性ないし不可変更性を意味する。拘束力は当該審級というかぎられた範囲内で取消・変更ができないという効力として働くのに対して、形式的確定力は、さらに上級審との関係でも取消・変更ができないことを意味する。……しかし、両者は、その効力の本質じたいはひとしいものである。……形式的確定力により当該訴訟手続内で取消・変更できなくなった裁判が、さらに進んで、同一訴訟物に関する別訴においても取消・変更できなくなる効力を実質的確定力という。通常これを既判力と呼ぶ。つまり、形式的確定力が裁判を下した当該訴訟手続内での不可変更的効力であるのに対して、実質的確定力とは、当該訴訟手続を超えて、さらに後訴に対する不可変更的効力を意味する。……既判力を以上のように概念構成すると、一方では、いわゆる一事不再理の効力は既判力の範疇から排斥されることになる。従来、刑事訴訟では、一事不再理の効力をまさに既判力と構成してきた。しかし、まず、既判力とは本来判断内容の規準的効力であるが、一事不再理の効力は裁判じたいの効果ではなく、……二重の危険として理解されなければならない。つぎに、一事不再理は、一方確定裁判にかぎって発生するわけではなく……、他方確定裁判のうち、有罪・無罪などの実体裁判に発生するだけである。……第三に、一事不再理は裁判された訴訟物を超えて、さらに広い効力をもつ場合がある。これらの理由によって、一事不再理を既判力と解することは、理論上不可能である。そればかりでなく、一事不再理を発生しない裁判、たとえば公訴棄却や免訴の裁判にも規準的効力を認めることは、実際的観点からも必要といわねばならない……。ところが、他方において、既判力は裁判の意思表示内容の効力じたいでもない。……従来、既判力学説は実体法説・訴訟法説の対立として説かれてきたが、わたくしはむしろ……、内容的効力か不可変更的効力かとしてとらえた方が、それぞれの主張をより本質的に理解しうるのではないかとおもう。そしてわたくしは、後者の主張つまり確定裁判の訴訟上の不可変更的効力を既判力たる実質的確定力とし、意思表示的効力たる規範設定的効力は訴訟上の技術的制度としての既判力論で扱うべきでないと考える。……訴訟法の問題として重要なのは、

> この規範的効力をもつ裁判を訴訟上維持する効力（制度的効力）を論ずることであり、またそれで足りる。こうしてわたくしは、結局既判力についていわゆる訴訟法説をとりたいとおもう。ただこの場合、その効力を拘束力とするか遮断効とするかは問題であるが、論理的には、裁判上判決内容が定まっている以上、これに反する主張はできないのであって、理念としては拘束力とすべきであるが、現象としては再訴は遮断されることになろう。

　確定力の新しい体系構成を如実に示すという意味で、基本文献の中核をなすものである。すなわち、①意思表示的内容の効力（確認効ないし判断効）は、確定力の前提ではあるが、確定力概念そのものからは外される。したがって、執行力も確定裁判の一効力ではあるが、確定力として捉えられてはいない。②一事不再理については、その二重の危険としての本質や判断事項以外にも働くこと等から、既判力とは別に位置づけられる。そして、③拘束力は、実質的確定力の中核部分とされる。

（140頁以下）

> (2)〔形式裁判の効力について〕既判力は、裁判の下された当該訴訟を超えて有する効力であるから、……当該手続を終結させるいわゆる終局裁判……であれば、ひとり実体裁判ないし実体関係的裁判のみならず、形式裁判にも発生する。……たとえば、強姦致傷で起訴された事件が、審理の結果、単純な強姦と認められる場合に……、告訴が存在しないかぎり、公訴棄却の判決が下される（刑訴法三三八条四号）。この場合、最小限度単純な強姦での再起訴が許されないことは問題がないとして、強姦致傷で再起訴することはできるであろうか。……たとえはじめの訴因が強姦致傷でも、のち強姦と判明して、それについて、公訴が棄却されたならば、後の関係でだけ確定力を発生する。……つぎに、以上の効力は、同一訴因の再訴に対してどのような形であらわれるか。……たとえば、管轄違を言い渡された同一事件を、訴因を構成し直さないで同一裁判所に再度もっていけば、新たな管轄原因が生じていないかぎり、三三八条四号により公訴棄却の判決でしりぞけられる。

　形式裁判にこそ既判力の発生が意味をもつとの問題意識から、既判力の発生事項について訴因対象説から考察がなされている。

（150頁以下）

> (3)〔免訴判決の効力について〕現行法においては、訴訟物は表層たる訴因であり、訴訟条件は訴訟物たる訴因を標準として判断されなければならない。……そうすると、免訴はたとえば当該訴因は大赦にかかった罪であって、これについて訴追が許されないということを宣言する形式的な裁判たるにすぎない。このように、免訴が訴因を標

> 準とする形式裁判であることは、理論的に訴訟条件は訴訟物を標準として判断される
> というだけでなく、訴訟条件は、とくに刑訴においては、実体判決要件に止まらず、
> 訴追じたいの要件だということにもなる。……以上のように、免訴を純粋の形式裁判
> としてとらえると、まず、裁判の性質として公訴棄却、管轄違の裁判と区別がないこと
> になり、したがって、また、一事不再理の効力ももちろん発生しないことになる。
> ……〔しかし〕免訴は形式裁判ではあるが、国家機関たる裁判所の終局的裁判である
> から、既判力は発生するのである。……そうすると、確定判決、大赦、時効、刑の廃
> 止などの場合は、結局事件についてのしゃ断効がなく、再訴禁止は訴因についてしか
> 認められないことになるのかというと、そうではない。……これらの免訴事由じたい
> は、事件そのものについて訴訟を排除する効力をもつのである。

　免訴判決は形式裁判ではあるが、既判力のみならず、一事不再理効は二重の
危険に由来するとの立場を貫き、例外的に危険が発生したといえる場合が想定
できる（したがって、免訴に一事不再理効を肯定したのと同じ結論となる）、という
重要な帰結を示している。この点には批判も強い（平場・前掲76頁は、通説との
妥協のために理論の一貫を躊躇したことを本研究の唯一の欠点とする）。しかし、危険
を根拠にするならば、ひとり免訴の場合だけでなく、公訴棄却等でも類似の例
を考えうる（たとえば、非親告罪で起訴されたが親告罪とわかり告訴がないため公訴
棄却を言い渡された場合も、非親告罪での再起訴は許されない、とされる。田宮・前掲
刑訴法451頁）二重の危険原則が再訴を禁止する場合があるということになろう。

▶むすび

（169頁以下）

> これまで既判力とよばれたものは、有罪・無罪の確定裁判に発生する付随効たる、二
> 重の危険の禁止としての一事不再理の効力である。これに対して刑事訴訟においても、
> 実体裁判であれ形式裁判であれ、終局裁判一般に通ずる後訴に対する不可変更的効力
> が発生するが、これが本来の既判力つまり実質的確定力なのである。そうすると、確
> 定裁判の効力の理論としては、この「いわゆる既判力」と「本来の既判力」の二つが、
> 別個のものとして、それぞれ独立に理論構成されることになってくる。……本稿はこ
> ういう基本的な方向に指導されながら、……前者の方法論〔当事者主義化に伴う理論
> 構成の要請〕にしたがって、一事不再理の効力を国家と個人の対立を前提とする二重
> の危険の原則と理解し、後者の方法論〔訴訟の機能〕にしたがって、既判力を何らか
> の規範設定的効力から切り離してもっとファンクショナルな訴訟上の制度的効力その
> ものととらえてみようと努力したもの〔である〕。

戦後わが法が大幅に英米法化・当事者主義化したことに伴って、刑事訴訟法学にも新しい方法論的展開が示された。すなわち、一方で、刑事手続が刑罰という国家目的を追求する単なる過程に止まらず、国家と個人の赤裸々な対立を含むきわめて政策的な制度であることを素直に承認し、当事者主義化した以上、それに応じた理論構成が要請されるとする。他方、刑事訴訟も訴訟である以上、紛争解決の方法として訴訟という制度・形態を利用するので、訴訟そのものの機能は、民事でも刑事でもまったく同じである、というのである。田宮は、このような2つの方法論に従って、一事不再理効＝二重の危険禁原則とする一方で、新たな機能的既判力論を展開したものといえよう。

4　残された課題

▶刑事裁判の拘束力論

　既判力本質論についての具体的規範説から訴訟法説への流れが、二重の危険論ではなく拘束力論についてどうなるか。この問題を研究したのが、田口守一『刑事裁判の拘束力』（成文堂、1980年）である。同書は、当該手続限りでの裁判内容の確定という問題と、これを前提とする政策的拘束力論という体系構成を基づいて、拘束力論に新たな地平を開いた。これは、伝統的見解（団藤）の③ではなく）①（確定力の中核〔拘束力は裁判の意思表示的内容の効力（確認効）そのものとする〕）を批判し、拘束力はこれと区別すべき手続的効力だと主張する。すなわち、拘束力の根拠を、（国家ないし裁判所の権威でなく）当事者（ことに訴追側）の矛盾行為の禁止（禁反言）に求め、それは形式裁判のみならず実体裁判にも生ずるとする（田口・前掲拘束力255頁以下）。これはいわば純訴訟法的な拘束力論であり、実質的確定力（既判力）は確定裁判の後訴への影響を意味し、そこに拘束力と一事不再理効が含まれることとなる。こうして、確定力の構成は、団藤説の3特徴をめぐって「戦国時代」さながらに多彩に展開されることとなり（田宮・前掲刑訴法437頁）、今なお帰一していない。

▶その後の一事不再理効力論と二重危険論

　一事不再理効の客観的効力、すなわち「公訴事実」論については、戦後の刑事訴訟法学において、訴因変更の枠としての公訴事実から実体的要素を払拭し

ながら、通説もなお、客観的範囲として機能概念としての公訴事実概念を維持した。しかし、これは公訴事実概念の実質を見失うものであるところ、大陸法制でも（公訴）事実の同一性が問題とされており、前訴と後訴の判決対象となった仮説的実体の比較という実質的考察が必要であると説かれた。また、実体法上の罪数論にあまりに従属しているとの疑問が提起された。これが、白取祐司『一事不再理の研究』（日本評論社、1986年）である（同様の疑問に基づく最近の研究として、辻本典央『刑事手続における審判対象』〔成文堂、2015年〕がある）。同書では、フランス法を背景として、二重の危険説（田宮）にとらわれない一事不再理の基礎理論として、公訴権消滅論が再構成され、その客観的効力として、前法律的な自然的事実としての「公訴事実」が積極的に基礎づけられた。結論として、公訴事実の同一性は、①自然的・社会的に1個の行為（事実）が認められる場合、②それが複数の場合でも、(i)罪数論上一罪とされる場合、(ii)非両立の場合は、それらが密接に関連する場合として同一性が認められている。この見解の要諦は、一事不再理効の客観的範囲を訴因変更の呪縛から一端切り離して再考し、公訴事実概念に自然的・社会的事実という内実を与えている（いわば復権させている）点にある。田宮説の問題性を提示しその克服に取り組んだものといえよう。もっとも、通説が公訴事実の観念と実体とを切り離そうと努力してきたことに重要な意味を求める批判も強く出され、訴訟法的方法論を含めてなおも課題となっている。

　他方、英米法（とくにアメリカ法）の二重危険法理を日本国憲法39条が継受したとする立場から、（一部は一事不再理と結論を同じくする部分があるものの）基本的には両者は決定的に異なるとする視点からの立論がある（中野目善則『二重危険の法理』〔中央大学出版部、2015年〕）。これは、田宮説（両者の間には基本的ないし本質的相違はないとし、両者の接近や融合を説く）とは大きく異なる見方に立っている。同じく英米法に（も）依拠しながら、その基礎ないし本質につき大きく異なる理解の妥当性については、さらに検討を要するといえよう。

　なお、さらにその後も、いくつかの関連する研究が行われている（たとえば、髙倉新喜「一事不再理の効力と既判力（拘束力）について(1)～（4・完）──コラテラル・エストッペル（collateral estoppel）を参考にして」北大法学論集51巻1号1頁～4号1頁〔2000年〕、小島淳「アメリカ合衆国における二重の危険の政策的基礎──連邦最高

裁判決を中心に」刑法雑誌50巻2号〔2011年〕199頁）。これらの研究の成果を考察する際には、田宮説との比較検討も必須の重要な課題となろう。

5 現代的意義

　田宮説（二重危険説、新たな既判力論）の登場により、刑事裁判の効力論の多くは解決策ないし解決の方向性が提示され、その後も田宮自身により、とくに二重の危険説が着実な発展をみせ、学説に多大の影響を及ぼした。そして、今日の学説上も裁判効力論の堅固な基礎となっている。刑事訴訟法学の基礎理論研究が少なくなった今、現代的意義は計り知れないほど大きいといってよい。ただ、田宮自身も認めるように、二重の危険は「本質的にカズイスティックな内容をもつ原則」である（田宮・前掲刑訴法453頁）。したがって、課題としては、いかにして確定力論の残した画一性という遺産を継承しつつ、そこに新しい内容を盛り込むかということであろう。

　二重の危険論との関係で今日なお投げかけられている課題としては、二重の危険の発生時期と検察官上訴の当否があり、また、とくに二重危険の事物的範囲に関する諸問題（①訴因内・公訴事実の同一性の範囲内の危険とは何か、②審判の法的可能性がなかった場合の処理〔たとえば、科刑上一罪の一部が親告罪で告訴がないため非親告罪で判決後、告訴を得て再起訴できるか〕、③併合罪の関係に立つ数罪でも、同時捜査・同時立証が通常であるような場合には、同時訴追が要求され一事不再理効が及ぶのではないか、④起訴されていない場合でも一事不再理効が生じうるか、⑤常習犯における一事不再理効の範囲〔最判平成15・10・7刑集57巻9号1002頁参照〕など）が残されている。さらに、既判力論の意義・内容もなお再検討が待たれる。これらは、二重の危険原則の内容をさらに発展させることで解決することが期待されるが、その際にも田宮・二重危険論は大いに手がかりを与えるであろう。「まことに本書は、田宮刑訴の、否、戦後刑訴法学の一つの到達点」であるとの評（田口・前掲 Law School 6頁）は、今日にも妥当するといえよう。

27 控訴審

●基本文献
後藤昭
『刑事控訴立法史の研究』
（成文堂、1987年）

斎 藤 司

1 学説・実務状況

▶日本における控訴審をめぐる議論の特徴

　日本では、控訴審をめぐる問題について議論する際に、控訴審（や上訴審）の手続に関する理念型として、「覆審」（前審の審判を御破算にして事件につきまったく新たに審判をやり直すもの）、「続審」（前審における判決前の審理手続を引き継ぎ、さらに新たな証拠資料を補充して事件につき審判を行うもの）、そして「事後審」（事件そのものではなく、原判決の当否を審査する）が存在するとし、現行法上の控訴審がそのいずれに当たるかを論じたうえで、その理念型を踏まえ、控訴審における判断のあり方や破棄判断の基準、事実の取調べ、破棄や自判という控訴審の判断の性格など、控訴審をめぐる立法論や解釈論などを論じる手法がとられてきた（控訴審の構造論）。

　旧刑訴法においては、被告人尋問と証拠書類の読み聞かせを中心とする第1審の審理を控訴審においても繰り返すことは可能であることを理由に、覆審が採用されていた。これに対し、現行法の公判中心主義や伝聞法則による第1審の審理を控訴審で繰り返すことは、時間と手間がかかり、また証人に過度の負担を強いるという意味で不適当であり、さらに「生き生きとした口頭主義・直接主義は、二度目に繰り返すときは、死んだものになる」という意味で不可能である（平野龍一『裁判と上訴』〔有斐閣、1982年〕145頁）。また、続審も、第1審に現れた証拠を、それを直接調べていない控訴審裁判所が事実認定や量刑の資

料とすることは、直接主義の要請に反し、第1審の軽視などにつながる。それゆえ、通説は、現行法における控訴審の理念型を事後審であるとしてきた。

もっとも、現行法は、事後審に適合するとされる法律問題（訴訟手続の法令違反や法令適用の誤り）だけでなく、覆審や続審に適合するとされる事実問題（事実認定の誤りや量刑不当）も控訴理由として認めるという複雑な性格の控訴審を採用している。それゆえ、現行法において、事後審を徹底することは可能なのか、とくに事実問題について、事後審の立場を徹底して審査することの可否や適否、そしてその具体的な審査方法などが問題とされてきた。

▶控訴審の構造論と日本の学説

団藤重光は、「事後審査である以上、事実問題についても、端的になまの事実が直接に問題となるのではなく、第一審判決の事実認定を一定の制限された資料で批判することが問題となる」として、事後審査という以上、その審査は原審裁判所の立場に立って行われるはずであるから、①時期的には原判決時を基準とし、②審査の資料は、原審に現れた証拠によることを原則とすべきとした。他方で、刑事訴訟法（以下、刑訴法とする）382条や383条、そして393条といった規定は、あくまで例外として厳格に解釈すべきとした（団藤重光『新刑事訴訟法綱要〔7訂版〕』〔創文社、1967年〕519頁など）。

この見解は、事後審論を徹底したものといえるが、控訴審における真実発見の要請、そして控訴審の目的である被告人の具体的救済の要請に適さないことなどを根拠に実務や学説において批判された。

この団藤説に対し、平野龍一は、現行法における事後審について、「自ら事件について判断せず、ただ原判決の当否を判断する点にとどまる点にある。すなわち、審判の対象は、第一次的には、原判決を不当とする当事者の申立であり、それが理由ありと判断され、いわばその殻が破られた後、はじめて裁判所は、その内容たる事件そのものに直面する」とした。この見解の特徴は、団藤説のように「事後審査」を「原判決の判断の過程の審査」ではなく、「原判決の当否」の（「事後」ではない）審査と解することで、①②の問題について事後審の構造ではなく法政策や法解釈の観点から緩やかに解することにあった（平野龍一『刑事訴訟法』〔有斐閣、1958年〕303頁以下、平野・前掲書146頁以下。さらに、その他の重要な見解〔接木説〕として、小野清一郎「新刑訴における控訴審の構造」刑

法雑誌1巻3＝4号〔1951年〕385頁以下も参照）。

　また、実務においては、とくに②の問題について、事実の取調べ（刑訴法393条）を緩やかに認める方法が定着した。たとえば、裁判官でもあった平良木登規男は、法令違反を審査する限りにおいては、団藤説のように厳格な事後審性を貫くことができるとしたが、事実誤認の事後審査については、「基本的に、控訴審が事後審であることを前提に、……控訴趣意書を通して主張されているところをもとに、訴訟記録と原審において取調べられた証拠によって、原判決の事実認定の当否を審査すれば足りるものである。しかし、その結果、原判決の事実の認定に疑問を差し挟む余地が生じれば、控訴審においても、例外的とはいえ、ある程度徹底した事実の取調べが許容されると解すべき」とし、事実の取調べの範囲について、実体的真実発見の見地からも、これをあまり狭く解することは相当でないとして、原判決に疑いが生じた場合には、当事者救済の見地からも、ある程度徹底した事実の取調べを許す余地を残すべきとした（平良木登規男『刑事控訴審』〔成文堂、1990年〕79頁以下、174頁以下）。この見解は、当時の裁判実務を支える論理の1つといえるが、事後審を前提としても一定程度の事実の取調べが許容されるべきことなどが示されている。このような実務の状況に対しては、とくに事後審論を支持する立場から、控訴審の続審化傾向・覆審化傾向であって、現行法における事後審という理念に反するとの批判が示されていた。

▶控訴審の構造論とその問題点

　このように学説や実務は、事後審や事後審査という概念についてさまざまな主張をしてきたこと、平野説のように事後審概念ではなく法政策や法解釈から見解を導く立場も主張されていたことがわかる。控訴審の構造論には、基礎となる概念の不明確性などの問題があったとの評価は可能であろう。

　他方で、事実の取調べを緩やかに認める実務に対しては、それを過度に緩やかに認め、さらに自判を常態化させることは、事実上の続審化や覆審化を招くとの批判も存在した。もっとも、その批判の有効性についても、控訴審の理念型の不明確性に鑑みれば、疑問が生じることになろう。

　以上のように、控訴審をめぐる議論や問題の解決にとって重要なのは、控訴審の「構造」だけではないということになる。

2　学説史的意義と位置づけ

▶控訴審の構造論とは異なるアプローチ

　このように従来の控訴審の構造論というアプローチには問題や限界が存在したという評価が可能となる。では、このことを踏まえた解決方法をどのように考えるべきか。たとえば、以下のアプローチが考えられるだろう。

　第一に、控訴審の構造論とは、別の議論の機軸や議論の方法を設定する方法である。たとえば、団藤説のような厳格な事後審論に基づく見解は、真実発見の放棄を招くことになり、憲法や刑訴法が保障する被告人の基本的人権、すなわち被告人の具体的な救済という控訴の目的にそぐわないとして、誤判救済という控訴審の機能、控訴審にも当事者主義構造が妥当すること、二重の危険の禁止といった憲法上の諸原則などを理由に、控訴審の構造を目的論的に決定しようとする立場などがみられた（井戸田侃、小田中聰樹、鈴木茂嗣など。詳細は後述する）。

　第二に、上記の控訴審の構造論の問題点を踏まえながら、控訴審の構造論（とくに、事後審論）を再構成するという方法が考えられる。たとえば、平田元は、有罪判決には、裁判官の「確信」に加え、認定事実についての「客観的な蓋然性」が必要であるとしたうえで、前者は第1審の口頭・公開の審理によってもっとも正確に形成されるものであり、またその真の理由を記載することはできないことを理由に、上訴裁判所は事後的にその成否を審査できないとし、後者については、裁判官が判決書にその理由を記載することが可能な論理的なものであって、その判断に対する評価は、直接主義・口頭主義をとらない上訴審の事後審査によっても可能とする。そのうえで、平田は、無罪に対する上訴は、前者の正確さを争う上訴であって、論理的に認められないとする。この見解は、事後審論を維持しつつ、第1審の事実認定のあり方や証明基準、そして諸原則という観点から、再構成を図ろうとするものといえる（平田元「上訴審による自由心証主義のコントロール」九大法学52号〔1986年〕45頁以下）。

▶基本文献の学説的な意義と位置づけ

　基本文献は、従来の控訴審の構造論に基づくアプローチの問題点を踏まえつ

つ、同アプローチが根拠としてきた日本の控訴審手続法の有する実質的特徴や問題点を、比較法的・歴史的な理解から検証しようとする。議論の基本的視点を、構造論以外に求めようとする点では、第一の方法に属するものといえる。他方で比較法や歴史研究によってそれを明らかにしようとする点、また従来の構造論、とくに事後審論の意義をも再検討しようという点でその独自性が認められる。

3 文献紹介

▶基本文献の構成

以上の問題意識のもと、基本文献は、第1編において、フランスにおける控訴審手続の特徴を、1808年治罪法を中心に検討している。フランス治罪法は、日本の治罪法や第2編で検討される19世紀のドイツの刑事訴訟改革においても模範とされているからである。

第2編では、この第1編の成果も踏まえて、フランス法的な控訴制度が、19世紀以降のドイツ諸領邦における「改革された刑事訴訟」から1877年の帝国刑訴法制定に至る過程で、どのように変化を遂げたかを中心として、ドイツ法における控訴審手続の特徴が検討されている。

第1編および第2編の検討も踏まえて、第3編では、日本における治罪法、明治刑訴法、そして大正刑訴法から現行刑訴法に至る、それぞれの控訴制度の特徴とその生成過程が検討されている。

以上の検討結果に基づき、終章では、日本の控訴審手続法の有する実質的特徴や問題点、現行法における通説的な事後審論の意義について検討が行われている。

▶基本文献のエッセンス

基本文献のエッセンスは、下記の記述のとおりである（306-318頁）。

治罪法から大正刑事訴訟法までの我が国の実定法は、第一審において直接主義を確立していなかった。そのため、控訴審で証人尋問の繰返しを保障しなくても、直接審理による事実認定を書面審理によって左右するという矛盾は、——全く存在していなかった訳ではないが——それほど目立つことがなかった。

しかし、現行法は伝聞法則採用の結果とはいえ、第一審証拠法の直接主義化を実現したのである。それにも拘らず、控訴審では、原審記録の証拠能力を無条件に認め、証人等人証の尋問の繰返しを保障していない。ここには、……直接主義の第一審の上に書面主義の控訴審を重ねるという矛盾は存在しないのであろうか。

　従来、学説は、控訴審は「事後審」であると説明することによって、この問題を解決しようとしてきた。序章でも述べたとおり、事後審観念の内容は論者により異なっている。しかしいずれにせよ、事件についての判断をやり直すのではなく、原判決の当否を審査するというのが、従来の事後審観念に共通した最も基本的な内容である。つまり事後審たる控訴裁判所は、事実誤認や量刑不当が主張された場合でも、自ら事実認定や量刑をやり直してその結果を原審の判断と比較するのではなく、単に原判決の当否を審査するのだと言われる。だから、第一審と同じような直接審理を行わなくても矛盾はないということになるのである。

　しかし、このような説明が論理的に成功しているか、また現行法の条文に適合しているかは、問題である。

　いったい自ら事実認定、すなわち心証形成をせずに原判決の事実認定の当否を審査するという作業は、いかにして可能なのであろうか。換言すれば、現行法の第一審と控訴審における事実判断には、どのような性質上の違いがあると言えるのだろうか。……

　現行法（382条）は、単に「事実の誤認」を控訴理由としており、しかも原判決を破棄して自判する場合にも、破棄と自判とは同時に行われ、二つの間には時間的な段階差は認められていないのである。さらに繰り返し指摘するまでもなく、現行法は、有罪判決についても証拠の標目以上の事実認定の理由の説明を要求していないのである。だとすれば、現行法の下において、事実誤認を主張された控訴審の裁判官は、多くの場合、自ら実体的事実について心証形成、すなわち事実認定をしてそれと原審の認定とを比較する以外に判断の方法がないし、またそのような判断が予定されているのではなかろうか。このような方法も広い意味で「審査」の一態様ではあるが、しかしだからといって第一審と違った固有の事実判断の方法がある訳ではないのである。後に述べるように、筆者も、あらゆる場合に、控訴審裁判官の心証が原審裁判官のそれに対して単純に優越させられてよいと考えるものではない。しかし、事実認定の「審査」の方法が、基本的に心証の比較であることは認めざるを得ないのではないか。その実質は、敢て端的に言えば、争われた限りでの判断のやり直しであるように思われる。……

　こうして、我が控訴審が、事実誤認が主張された場合に自ら事実認定を行うことによって原判決を審査するものであるとすれば、そこには、直接主義の第一審に記録中心の控訴審を重ねるという、外国でも我が国の大正刑訴の立法過程でも指摘されてきた矛盾が含まれていることを認めなければならない。

　思うに、現行法の下における事後審論は、客観的に見れば、控訴審の抱えている右

のような問題を曖昧にし、控訴手続の書面中心性を合理化する機能を果たして来たと言えよう。立法論として、「続審」制を採り得ない理由として、「第一審に現れた証拠は、……控訴裁判所が直接に取り調べたものではなく、これを事実認定や刑の量定の資料にすることは、刑事訴訟における直接審理主義の要請に背馳する」と言われることがある。しかし客観的に見れば、「事後審」という命名によって、「直接審理主義の要請に背馳する」手続が正当化されてきたというほうが、むしろ真実に近いのではなかろうか。この意味で、旧法の「覆審」に対して現行法の控訴審が「事後審」になったというのは、控訴審手続の実質が変わったのではなく、第一審手続が変わったのに応じて控訴審手続が変わらなかったために、控訴審の名前が変えられなければならなかったという側面を持つ。

　勿論、これは、事後審論がそのような意図をもって唱えられたという意味ではないし、事後審論の機能は右のような正当化の機能に尽きるものでもない。しかし、客観的には、これが、少なくともその主要な機能の一つであったことは、否定しがたいように思われる。

　とはいえ、従来、控訴審手続の持つ右のような矛盾が充分意識されなかったのは、事後審論の作用だけによるのではない。むしろ基本的には、第一審が法の建前ほどには直接主義化されず、依然として書面が重要な位置を占めているという現実が、控訴審手続の書面性に対する問題意識を曖昧にさせて来たと見るべきであろう。しかし、第一審の手続が法の理想に近づけられるとき、第一審と控訴審手続との矛盾は顕在化するであろう。そのとき、「控訴審は事後審だから」というだけでは問題は解決しないのである。……

　現行法の控訴審手続が、人証の直接的取調を原則とする第一審に、記録中心の控訴審を重ねるという矛盾を含むとすれば、その矛盾はどのように解決されるべきであろうか。

　まず、立法論的に言えば、……控訴審が事実認定を繰り返す審級であることを承認したうえで、それに合わせて、事実審理の手続を整備することである。……

　おそらく、我が国では、証人尋問の全面的な繰返しを当然の原則とする必要はないであろう。その供述内容の真否の判断が有罪認定の前提となった証人につき、被告人が尋問の繰返しを求める限り、それを行わなければ、原審公判調書に記載された供述の信用性を被告人の不利に評価すること（原審の行った不利な評価を維持すること含めて）はできないことを原則とすれば足りるであろう。これは、実質的には、制定過程での第九次案に示されていた控訴審の証拠法に近いとも言える。併せて、原審証人の供述の信用性評価を原判決よりも被告人の不利に変更する場合には、直接的な証人調の繰返しを条件とすべきであろう。

　なお、新証拠提出の可能性が、大陸法において、控訴審の主要な利点の一つとされてきたことから見ても、控訴審における、被告人からの新証拠提出の可能性を原則と

して明示することが望ましい。

　これに対して、控訴趣意書の提出義務や、控訴審における審査範囲の限定は、当事者主義に見合った控訴審手続のあり方として、承認されるであろう。

　右に述べた第二の解決の方向は、現行法の解釈運用によってもある程度実現することができよう。……

　……別の角度から見れば、解釈上の観念としての「事後審」概念にも、存在価値がないわけではない。……

　旧法と現行法の違いが、右のように審査範囲の違いにあることを確認したうえで、旧法と比較した現行法の控訴審の特徴を「事後審」と表現するとすれば、「事後審」とは、申立人が控訴の理由を主張する責任を負い、審査の範囲が原則として申立人の主張した点に限定される上訴審を意味することになる。このような意味での「事後審」こそ当事者主義の訴訟構造に適合した控訴審の形態であるといえよう。現行法における控訴審の「事後審」化は歴史的経過においてはもっぱら裁判所の負担軽減を計るために企図されたものではあるが、これを今日の時点において、「控訴審の当事者主義化」として、積極的に捉え直すことが可能であると思う。このような意味で「事後審」の観念を用いるのであれば、それには現行法の控訴審の特徴を表す観念としての有効性が認められる。

▶フランスおよびドイツ刑訴法における控訴審手続の特徴

　基本文献は、まず、フランスの控訴立法史を検討し、次のようにまとめる。(7-58頁)。1808年フランス「治罪法における控訴審手続の最大の特徴は、第一審が口頭主義を原則としたのに対し、控訴審では原審記録が無条件で証拠とされ、証人尋問の繰返しが原則とされず、その有無が裁判所の自由な裁量に委ねられていることにあった。……その結果、控訴審の審理は書面中心の手続で、証人尋問の実施は例外的なものとなった」(53頁)。そして、この特徴は、1959年施行のフランス刑訴法にも基本的に引き継がれていることが指摘されている。

　次に、ドイツの控訴立法史が検討され、その控訴審手続の特徴が、次のようにまとめられる (59-159頁)。19世紀前半の糺問手続においては、被告人の権利保護の要求を原動力として控訴制度は広く認められる傾向にあり、さらに第1審が書面主義を採用していたので、控訴審での立証手続についても固有の困難は生じなかった。その後の「改革された刑事訴訟」のドイツ諸領邦における立法は、さまざまな修正を加えながら、上記のフランス治罪法の記録による事実判断を中心とする控訴審を基本的に継受したが、同改革後には、第1審におけ

る「口頭主義」の理念と控訴審の実態との矛盾が鋭く指摘され、控訴制度は立法上安定した地位を得ることはできなかった。以上の状況を前提に、帝国刑訴法の制定過程においては、被告人の権利保障のために控訴制度を必要とする立場から、「口頭主義との矛盾」という批判に対して、証拠調べの繰返しを原則とし、原審公判調書中の供述記載の証拠能力も制限される控訴審が提案され、結局、事件の範囲は限定されつつも、これが採用された。フランス法と比べたドイツ控訴制度の特徴は、証拠調べの実質的意味での繰返し（証人尋問の繰返し）を原則とするところにある。そして、この特徴は、ドイツ法が、証拠法において口頭主義・直接主義に忠実であったことが背景にあるとされる。

このように大陸法の控訴制度においては、第1審の証拠法の原則である直接主義との調和を保持すること、すなわち、控訴審手続における直接主義の貫徹の程度が最大の問題であった。

▶日本における控訴審手続の特徴

以上の成果を踏まえ、基本文献は、日本の控訴立法史について以下のように検討する（161-303頁）。①治罪法は、控訴審における証人尋問の裁量性と記録を基にした判断というフランス法の特徴を継受していた。さらに、「第一審で直接主義の規制が厳格でないために、控訴審ではそれが増々緩められるという第一審証拠法と控訴審手続法の相関性を（おそらくフランスにおけるよりもいっそう明瞭に）認めることができる」。

②明治刑訴法については、多くの点でドイツ法との類似がみられるものの、ドイツ刑事控訴法の特徴というべき証拠法に関する条文が継受されていなかった。すなわち、証人・鑑定人の尋問の繰返しを控訴審の判断に委ねた点で治罪法と本質的には同じ制度を維持したこと、明治刑訴法の第1審における証拠法も治罪法と基本的に同一であった。

③明治刑訴法下の立法過程における議論、学説などに関する検討も踏まえ、大正刑訴法の控訴制度の特徴は、次のようにまとめられる（184-260頁）。大正刑訴法の控訴審に関する規定は、たしかに、審判の対象や審判の範囲に着目する限りでは、第1審との間に違いはなく、その意味でこれを「覆審」とよぶことは間違いではない。現に、当時の学説も、大正刑訴法における控訴審を「覆審」とか「第二の第一審」とし、判例も、控訴審が「覆審」であることを根拠

374 27 控訴審

に多くの重要な結論を導いていた。「しかし、控訴審における事実調の方法に着目すると、大正刑訴法における『覆審』制は、控訴審で第一審と同様の証拠調の繰返しを原則とするものとは言えないのである。……第一審において尋問された証人の供述を控訴審が利用しようとするときには、原審の調書を朗読すれば足り、たとえ当事者が再尋問を求めたとしても、これが繰り返されるという法律上の保障は、全くなかったのである。確かに、大正刑訴法の控訴審では、証拠調手続は繰り返されるが、それは原審と同じ証拠の取調が繰り返されることを意味しない。大正刑訴法の控訴審においては、第一審と同じ証拠法則が適用されるからこそ、かえって第一審と同じ証拠の取調は保障されなかったのである。……原審記録の証拠能力が無条件で認められ、証人の再尋問が裁判所の裁量に委ねられているという点で、大正刑訴法の控訴審は明治刑訴法のそれと同様であり、またフランス法的であった」（傍点ママ）。このように、大正刑訴法の控訴審の「覆審」制は、第1審と同様の人証の取調べの再現を保障するものではなく、控訴裁判所の審判権の独自性・無制約性を保障する職権主義的控訴観の表現であった。

　④現行法における控訴法の特徴について、その制定過程に関する検討を踏まえ、以下のようにまとめられる（261-303頁）。「こうして、控訴審『事後審』化の決定的な要因が、第一審の証拠法の変化に対応した全体としての裁判所、特に控訴裁判所の負担軽減策にあったことが確認できよう。……明治・大正・昭和を通じた我が国の刑事手続立法史の中に、現行法の制定過程を位置付けてみれば、『事後審』化が、直接審理主義を採用するならば裁判所の事務負担の抑制のために控訴審手続を簡略化しなければならないという、我が国の立法に一貫した考え方の、現行法における発現であることが了解されよう。この意味で、現行法における『事後審』制は、明治34年案における『補修主義』ないし『続審』と共通した意味を持つのである。『補修主義』においても『事後審』制においても、控訴裁判所の審査義務の範囲は申立人の主張する点に限定され、また、直接主義の第一審に、記録中心の控訴審が重ねられるのである。……現行法の制定過程において、第一審で供述録取書の証拠能力を原則として否定したうえで、控訴審でも同様の直接審理を保障しようという考え方は、一度も真剣に検討された様子がない。……この点においても、現行法の制定過程と明治以

来の立法過程の連続性を見ることができる」（293頁以下）。このような論理により、現行法は、第1審では、伝聞法則を採用し判決裁判所の面前での人証の取調べを原則としながら、控訴審では記録中心の事実判断を許すという矛盾を内包することになった。

▶問題の解決方法

以上の検討を踏まえ、基本文献は、控訴審手続における直接主義の貫徹の程度という点においては、日本の控訴審に関する立法は、治罪法から現行法に至るまで、一貫してフランス法的であったと評価する。それゆえ、従来の控訴審の構造論が前提とする、大陸法的な「覆審」と現行法の「事後審」とを対比するという把握方法では、現行法の控訴審手続の実質的特徴を捉えきれないとする。その上で、以下のような問題点の把握とその解決方法が示される。

まず、基本文献は、通説的な事後審論の意義について、「事後審」という命名により、「直接審理主義の要請に背馳する」手続を正当化するという上述の現行法の矛盾を曖昧化する機能を果たしてきたことを指摘する。

次に、基本文献は、控訴裁判所の審判権の独自性・無制約性を保障する職権主義的控訴観をとる旧刑訴法と比較した現行法の特徴について、「申立人が控訴の理由を主張する責任を負い、審査の範囲が原則として申立人の主張した点に限定される上訴審」という意味での事後審であるとし、これこそ当事者主義の訴訟構造に適合した控訴審の形態であるとする。

さらに、基本文献は、「あるべき議論の方向性として、控訴審が、事実が争われる限りでは事実認定を行う審級であることを承認したうえで、それに適した手続規定の整備・解釈・運用すべき」とする。立法論としては、エッセンス部分を参照してほしい。また、解釈論としては、控訴審で無罪判決を破棄して有罪の自判をするには、事実の取調べを経なければならず、証人の繰り返しをすることなく証言の信用性評価を被告人の不利益に変更して自判することは禁止されること、有罪判決に対して事実誤認を理由に控訴した被告人が、原審がその証言の信用性を被告人の不利に判断した重要な証人の再尋問を求める限り、原則として刑訴法393条1項本文にいう「必要がある場合」に当たると解すべきこと、これに対し検察官による証人再尋問や新証拠の請求については、二重の危険禁止の観点から限定的に解釈されるべきことなどが提案される。

そして、「事後審」の観念によって、控訴審手続に関する問題（たとえば、判断の基準時や新証拠の許容性の問題）をすべて解決しようとすることは不可能であり、かつ、有効な方法ではないとされる。たとえば、いわゆる判断の基準時や新証拠の許容性の問題は、立法論的には独自の政策的判断によって、解釈論的には個々の条文の合理的解釈によって解決されるべきとされる。

4　残された課題

▶憲法上の諸原則と控訴審論

　基本文献は、個々の条文の具体的な解釈について、控訴審の構造論で議論されている諸問題の一部について検討されているが、たとえば「自判の構造」の理解、さらには不利益変更禁止の原則や一部上訴については、申立人が不服を主張する点に限定された審査であるが、事実認定が争われれば心証を形成し、量刑が争われれば、量刑判断をやり直す審級という意味での「事後審」が手掛かりになることが示されているにとどまる。その意味では、基本文献のいう当事者主義構造を前提とした控訴審のあり方を具体的に示すことが課題となる。

　この問題については、たとえば、①上訴審にも当事者主義構造が妥当することを前提に、被告人のための救済手続という上訴審の目的も踏まえ、被告人に不利益な検察官上訴は、重要かつ明白な誤りがあったときに限り例外的にのみ許されるとし、被告人上訴に際しては積極的に被告人の能力の補助という意味において被告人の利益のために活動すべき義務が検察官や上訴審裁判所にはあるとする見解（井戸田侃『刑事手続構造論の展開』〔有斐閣、1982年〕237頁以下）、②二重の危険の法理、「疑わしきは被告人の利益に」原則、迅速裁判を受ける被告人の権利、控訴審における法廷の構成を理由に、「控訴審は、検察官にとっては原資料に基づく事後審として、また被告人にとっては原資料のみならず新資料を含む資料による事後審」とする見解（小田中聰樹『刑事訴訟と人権の理論』〔成文堂、1983年〕387頁以下）、③「審査審としての原判決の当否の審査は、控訴審の権力抑制的・当事者主義的構造に照らすと、まず当事者の申立に対する判断を通じてこれを行うのを建前とし、職権判断は補充的に被告人に利益な方向でのみ行うにとどめる」べきとする見解（鈴木茂嗣『続・刑事訴訟の基本構造　下

4　残された課題　377

巻』〔成文堂、1997年〕618頁以下）などが、すでに示されている。

　さらに、不利益変更禁止の原則について、従来の通説のように上訴の奨励か濫上訴の防止かという単なる政策の選択ではなく、控訴審で救済を求める被告人こそが手続のイニシアティブをとるという「控訴審の手続の当事者主義構造」のコロラリーとして捉え、この「法的救済手続に主体的にアクセスする被告人の権利」を擁護するために、控訴審における裁判所の職権調査権限や検察官の訴訟活動内容・機能を制限する原則として捉える見解がある（たとえば、高田昭正『刑事訴訟の構造と救済』〔成文堂、1994年〕）。

　これらの見解は、控訴審の当事者主義的構造を重視する点、二重の危険の禁止の趣旨などを踏まえて、（その程度には差異があるものの）被告人に有利な方向に片面的に構成する点で、基本文献とも共通している（この問題に関する近年の文献として、緑大輔「刑事控訴審の構造──当事者主義とのかかわりを中心に」法律時報86巻4号〔2014年〕114頁以下など）。もっとも、被告人に利益な方向でのみ控訴審を片面的に構成することについては争いもある。

▶控訴審による事実誤認の判断

　基本文献は、控訴審における事実誤認の判断を、争われた限りで、自ら事実認定を行うことによって原判決を審査する「心証の比較」としている。このような主張については、「現状を直視して『王さまは裸だ』と喝破したようなものである。なぜなら、実務は、事後審という“たてまえ”にこだわるとみせかけて、事実認定の全面くり返しをかろうじて避けようとしてきた……にすぎないからである。しかし、それだけに事実の取調論を中心に真の問題があいまいなままに残されているので、今後は、右のような控訴審における事実認定論の本質をふまえて、問題の明快な解明・発展が望まれる」という評価がある（田宮裕『刑事訴訟法〔新版〕』〔有斐閣、1996年〕488頁）。

　基本文献は、第1審と控訴審の事実判断の性質の違いについて、事後審論の立場から試みられた説明は、いずれも成功しているとはいえないとして、控訴審は、事実認定をしてそれと原審の認定とを比較する以外に判断の方法がないとし、第1審と違った固有の事実判断の方法があるわけでもないとする（後藤昭「自由心証主義・直接主義と刑事控訴」千葉大学法学論集2巻2号〔1988年〕21頁以下も参照）。これに対し、平良木登規男は、第1審における事実認定と控訴審に

おける事実誤認に対する判断との間には、審判の対象、審判の権利や義務などの点で相違点があるとして、「事後審においても、審査の方法として、場合によって訴訟記録及び原審裁判所において取り調べた証拠から心証をとることはあるが、それは、あくまでも控訴理由をとおして原判決の当否を事後審査するためのものにほかならない」（平良木・前掲書178頁）として、控訴審が自ら心証をとって、原審の認定と比較する手法によって事実誤認の有無を判断できるとしている。この立場は現在も有力である。

　もっとも、このような心証の比較を事実誤認の有無の判断の方法として採用するとしても、控訴審における事実認定の具体的内容、さらには控訴審の心証が原審の心証よりも優越される理由は十分に明らかにされていないとの批判も可能である。この点、中川孝博が、合理的疑いを「個人の疑い」であるとして、有罪判決破棄の場合は心証の優越は一般に許され、無罪判決破棄の場合は、控訴審は、原審裁判官の個人の疑いはあり得ないということを指摘しなければならないとしていることが注目される（中川孝博『合理的疑いを超えた証明』〔現代人文社、2003年〕294頁以下。同書については、本書25　事実認定（構造）論）。この見解は、第1審における事実認定のあり方から、控訴審における事実誤認の判断方法にアプローチするものであるが、近年、一連の最高裁判例における事実認定のあり方の変化やその検討が進んでいることも踏まえると、さらなる議論の展開が期待される（たとえば、井戸俊一「刑事控訴審における事実誤認の審査方法について」判例タイムズ1359号〔2012年〕63頁以下を参照。さらに、近年の実務やそれを支える論理については、石井一正『刑事控訴審の理論と実務』〔判例タイムズ社、2010年〕）。

▶裁判員裁判における控訴審のあり方

　基本文献は、「第一審の手続が法の理想に近づけられるとき、第一審と控訴審手続との矛盾は顕在化するであろう。そのとき、『控訴審は事後審だから』というだけでは問題は解決しない」とし、その注において「第一審の審理が直接主義に徹するほど、控訴審の書面審理の問題は顕在化する」と指摘している（313頁）。この指摘との関連で重要と思われるのが、裁判員裁判と控訴審との関係である。なぜなら、第1審に市民参加することの意味だけでなく、直接主義・口頭主義との関係でも、控訴審の役割が変化しうるからである。この点に

4　残された課題　379

関する研究も近年多く示されているが、事後審を徹底すべきとする見解が多くみられる（たとえば、司法研修所編『裁判員裁判における第一審の判決書及び控訴審の在り方』〔法曹会、2009年〕など）。これは基本文献の示した立場とは異なるものである。

　最高裁は、裁判員裁判による無罪判決を破棄した控訴審判決を破棄するに当たり、「第一審と同じ立場で事件そのものを審理するのではなく、当事者の訴訟活動を基盤として形成された第一審判決を対象とし、これに事後的な審査を加えるべき」とし、「控訴審が第一審に事実誤認があるというためには、第一審判決の事実誤認が論理則、経験則等に照らして不合理であるということを具体的に示すことが必要であるというべきである。このことは、裁判員裁判の導入を契機として、第一審において直接主義・口頭主義が徹底された状況においては、より強く妥当する」とした（最判平成24・2・13刑集66巻4号482頁）。この判示も、一見、上記の基本文献の指摘とは異なるものである。最高裁のいう「事後的な審査」や「論理則、経験則等に照らして不合理であるということを具体的に示す」という審査方法は具体的にどのようなものなのか、この審査方法は第1審有罪判決の場合においても同様なのか、さらに最高裁の立場の当否なども含めて、今後の重要な課題である（植村立郎「最近の薬物事犯を中心とした最高裁判例に見る刑事控訴事件における事実誤認について」刑事法ジャーナル40号〔2014年〕31頁以下および同論文で引用されている諸文献などを参照）。

5　現代的意義

　以上のように、基本文献によって示された内容は、現在の控訴審をめぐる議論における主要論点だけでなく、その議論方法についても基礎となるものを提供しているといえる。そして、基本文献は、現在の議論においても、なお主要な見解を示すものとして位置づけられるべきものである。

　日本における控訴審論を検討・研究するうえで、基本文献は、欠くことのできない業績であることは明らかである。

28 再　審

●基本文献
鴨良弼編
『**刑事再審の研究**』
（成文堂、1980年）

中川　孝博

1　学説・実務状況

　「開かずの門」と言われた刑事再審の閉塞状況を打開すべく、1972年に日本弁護士連合会は人権擁護委員会内に再審問題研究会を発足させた。学界においても、翌年の1973年、日本刑法学会第47回大会において再審制度をテーマとする共同研究「再審制度の検討」が行われ（刑法雑誌20巻1号〔1974年〕1-150頁にその内容が収録されている）、1974年には、基本文献を生み出した「刑事再審制度研究会」が発足した。

　このような実務界・学界における動きが生じた直後の1975年、白鳥決定（最決昭和50・5・20刑集29巻5号177頁）が出され、翌1976年には財田川決定が出された（最決昭和56・10・12刑集30巻9号1673頁）。

　この後、実務界および学界は、白鳥・財田川決定をどのように理解すべきか、白鳥・財田川決定を受けてどのように実践活動および理論研究を展開していくかを意識しながら動いていくことになる。

2　学説史的意義と位置づけ

　基本文献は、刑事再審制度研究会による共同研究の成果をまとめ、1980年に刊行されたものである。「はしがき」において研究会代表の鴨良弼は次のように記し、白鳥・財田川決定によって風通しが良くなった再審の状況のさらなる

381

改善が主要なテーマであることを明らかにしている。

「周知のように、再審は、長いこと『厚い壁』と評され、『開かずの門』と嘆かれてきた。再審は、もともと誤判に哭く者の救済の制度でありながら、その任務を十分に果たしてこなかったからである。それどころか、誤判救済の途を絶つに等しい動きをさえ示してきたといってもいいすぎではないであろう。しかし、このような再審の閉塞状況は、再審事件関係者の血のにじむような努力に促されながら、最高裁白鳥決定（一九七五年）以後、誤判救済に向けて大きく動きだしたようにみえる。『疑わしいときは被告人の利益に』という刑事裁判の鉄則を再審請求手続に適用すべきことを判示したこの決定に支えられ、弘前事件、加藤事件、米谷事件、財田川事件、免田事件、松山事件について再審開始決定が出された。そのうち、弘前、加藤、米谷の各事件については無罪判決が確定したのである。このように再審は、誤判救済に向けて大きく動きだした。とはいえ、この動きがスムーズに進展しているわけではない。いったん再審開始決定がなされた財田川、免田、松山の各事件について、検察側は不服を申し立てて争う態度を示しているし、再審請求が棄却される例も依然として多いからである。再審のこのような複雑な動きのなかにあって、私達は、再審制度の基本的な理念と手続構造を歴史的、比較法的研究を踏まえながら理論的に検討するとともに、実務上に生じている具体的な問題を正確に把握し、これに理論的分析を加える研究を積み重ね、その成果を機会あるごとに刑法学会や法律雑誌などに発表してきた。このようにして私達は、再審の閉塞状況を打ち破り、その活性化をめざす新しい動きの形成と展開に対し、幾分なりとも理論的寄与をしてきたのではないかと思う。そして今、私達は、再審が誤判救済の制度として名実ともに確立することを願いつつ、これまでの共同研究の成果を集成し発表することにした」。

共同研究の成果は膨大なものとなり、基本文献は629頁におよぶ浩瀚な書物となった。気鋭の研究者たちによる先鋭的な問題意識がよくあらわれた、熱気にあふれる共同研究の集大成である。この基本文献を量的に超える再審研究書は今なお登場していない。

3 文献紹介

▶基本文献の構成

　基本文献は、再審の基本的な指導理念、基本構造、法制史等の基礎理論を扱う第一部、主要な論点につき法解釈論を展開する第二部、ケース研究を行う第三部、比較法を扱う第四部に、序章と終章を付けた構成となっている。

　以下、タイトルと執筆者名を列挙しておこう。序章「再審研究の課題と方法──現代法的課題としての再審制度」（鴨良弼）、「第一部 再審の基本問題」「第一章 再審の指導理念」（田宮裕）、「第二章 再審の基本構造」（光藤景皎）、「第三章 再審法制の沿革と問題状況」（小田中聰樹＝大出良知）、「第二部 再審の理論的諸問題」「第一章 証拠の新規性」（鈴木茂嗣）、「第二章 証拠の明白性」（福井厚）、「第三章 再審手続の構造」（三井誠）、「第四章 既判力と再審」（坂口裕英）、「第五章 再審と鑑定」（庭山英雄）、「第六章 上訴と再審」（井戸田侃）、「第七章 比較誤判研究」（能勢弘之）、「第八章 誤判救済と再審」（田中輝和）、「第三部 再審運用の実態」「Ⅰ 吉田事件」（川崎英明）、「Ⅱ 加藤事件」（大野平吉）、「Ⅲ 免田事件」（横山晃一郎＝鯰越溢弘）、「Ⅳ 弘前事件」（田中輝和）、「Ⅴ 財田川事件」（福井厚）、「Ⅵ 白鳥事件」（松岡正章）、「Ⅶ 米谷事件」（田中輝和）、「Ⅷ 徳島事件」（高田昭正）、「Ⅸ 島田事件」（村上健）、「Ⅹ 松山事件」（大出良知）、「Ⅺ 徳本事件」（浅田和茂）、「Ⅻ 江津事件」（竹内正）、「第四部 比較再審法」「Ⅰ フランス」（内田博文）、「Ⅱ ベルギー」（内田博文）、「Ⅲ イタリア」（小田中聰樹）、「Ⅳ オランダ」（大出良知）、「Ⅴ ポルトガル」（村上健）、「Ⅵ エジプト」（高田昭正）、「Ⅶ 西ドイツ」（浅田和茂）、「Ⅷ デンマーク」（大出良知）、「Ⅸ オーストリア」（鈴木茂嗣）、「Ⅹ スイス」（斉藤誠二）、「Ⅺ イギリス」（庭山英雄）、「Ⅻ アメリカ」（岡部泰昌）、「ⅩⅢ 社会主義国──東ドイツ・ソビエトを中心に」（横山晃一郎）、「終章 総括と展望」（松尾浩也）。

　以上のタイトル一覧からも覗われるように、基礎理論研究、歴史研究、実証研究、比較法研究、法解釈論、立法論と、法律学の主要な研究手法を駆使してまとめあげた研究者陣のエネルギーには驚嘆の念を禁じ得ない。志を同じくするトップレベルの研究者が集まった刑事再審制度研究会ならではの成果物とい

えよう。紙幅の制約がある中、できるだけ多くその内容を紹介してみたい。

▶序章　再審研究の課題と方法——現代法的課題としての再審制度

　旧法では手続全体が「犯罪抑止」の理念を基本とする治安型の手続構成がとられていたのに対し、現行法は「公正な裁判」の理念を基調とする原手続と「犯罪抑止」の理念を基調とする治安型の再審手続（治安重視の理念のもと、極端に救済の道を制約している手続）との間に著しい不協和を生じさせており、その矛盾が種々の問題を生じさせている。

　具体的な矛盾要因として、①訴訟に関係する者の法意識の対立相剋、②判決の確定力と誤判救済の必要性の相剋、③再審の審判手続が挙げられる。①については訴訟審理の側面に関する実証的研究が必要であり、②③については、「公正な裁判」の理念を重くみる現行法の建前を重視すべきである。

▶第一部第一章　再審の指導理念

　再審を説明する図式として「法的安定性に対する正義の回復」が用いられることが多いが、それは現行法を前提にすると適切でない。法的安定性とは本来被告人の法的地位の安全をさす用語であり、確定判決における法的安定性とは、無罪のそれをさすのが通常である。これを踏まえると、有罪の是正のために認められる現行法の再審は、有罪判決の維持ないし刑罰権の確保か無辜の救済かの対立・相克にその本質があり、再審の諸規定は、「どの程度法的安定性を犠牲にしてよいか」ではなく、「無辜の人権のためどの程度救済の手をさしのべるべきか」という観点から解釈・構成するという新しい課題がたち現れるであろう。

　そして、二重の危険により一事不再理を捉え直した結果、再審は、誤った有罪の是正のために、憲法の要請に支えられて認められるものであり、その指導理念は、「無辜の救済」である。そうである以上は、憲法の要請に適合したものにすべく、再審においても、請求理由のみならず手続全体についてデュー・プロセスが問題にされねばならない。

　以上の方向に抑制的に働きうる観念として、①非常救済性、②当事者主義、③事実審理の充実が考えられる。しかし、①「非常」とは救済の例外性を意味すると解すべきではなく、②むしろ当事者主義こそが再審に適合的であり、③事実審の充実、口頭主義・直接主義の徹底が再審を遠ざけることにはならない。

もっとも、無辜の救済という指導理念を挙げさえすれば万事解決するというものではなく、理念は理論に体現されて真にその目的を達成することができる。

▶第二章　再審の基本構造

「真実と見做される既判力＝法的安定性」対「真実発見」との対抗の中で再審制度を考えると、真実と見做される既判力の側に秤はどうしても傾かざるをえないことになるが、田宮裕による新しい既判力論をもって、無辜の救済のための制度と位置づける理論付けがようやく果たされた。

法的安定性という概念のうち、「確定前に一、二、三審を通じて（もっとも一審だけで確定もありうるが）、手続にしたがい認定がなされてそれが終局に至った」ことを尊重する意味での「一般的安定性」とだけ、再審は対抗関係に立つ。しかしこれは「みだりに再審請求をし、又はくり返すことを防止する程度のものと考えれば足る」。

明白性判断にあたり「疑わしきは被告人の利益に」原則の適用はあるのかという問題については、再審請求審を「将来の実体判断の予測を含む形式裁判」と捉え、合理的な疑いを超えた証明がないという意味での無罪の蓋然性があるかがテーマであり、原確定判決に対する合理的疑いが提出されていれば足りる。そして、旧証拠の全体と新証拠との総合評価が妥当であり、心証引継説は採用すべきではなく、旧証拠の積極的評価、認定の入れ替えも行ってはならない。

本論文はその後、「手続の違法と再審」、「再審の手続」、「再審開始決定」、「再審公判」と論を進めていくが、詳細は割愛する。

▶第三章　再審法制の沿革と問題状況

治罪法の時代から白鳥決定に至るまでの再審法制と運用状況が分析されている。詳しく紹介することはできないが、日本における再審制度の歴史を学ぼうとする者にとって必読の論稿である。本論文の最後に、白鳥・財田川決定の「前進的内容を基礎」とした、無辜の救済のための制度に適合した新たな明確な基準の創出や、手続保障の早急な整備が提唱されている。

▶第二部第一章　証拠の新規性

新規性の要件は、原判決の既判力を免れ、異なる判断に至るために必要な「新資料の追加」を要求するところに、その意義がある。われわれは精密型の権力抑制型刑事訴訟をめざすべきであり、当事者の自己責任の強調ないし自業自得

論の導入には十分慎重でなければならない。

▶第二章　証拠の明白性

　既判力論から二重の危険論に移行したが、「裁判の権威の維持」を強調する、新しい既判力論も生じている。しかし、裁判の権威は公正な裁判を受ける権利の十全な保障の積み重ねによって生じるものといえるため、既判力よりも再審が優位になるはずである。

　以上のような考え方が明白性解釈に決定的な意味をもたらす。すなわち、総合評価＝再評価説の採用、記録のみによる不利益再評価の禁止等である。また心証の程度については、判決確定前の無罪心証より緩やかなもので足りるとすることが、二段階構造の趣旨に合致する。

▶第三章　再審手続の構造

　「手続問題の未解明状態が再審の扉を開きにくくしている主因」であり、再審の手続構造論の検討が必要である。

　まずは再審請求手続について。再審請求手続は、これまで、当事者主義構造にはなじまず、職権主義の原理が支配し、非公開であって口頭主義・弁論主義は妥当しないと指摘されてきた。再審請求手続の構造は「職権・密行主義構造」ないし「請求人不関与構造」と解されてきたといえる。しかしそうではなく、「請求人関与構造」と解すべきであるし、実務においても、証拠調べ等における当事者の立会いの徹底化、意見聴取の実質化、尋問権の保障等の動きが目立ち始めている。

　請求人の手続的権利を保障すべき根拠としては以下の３点が挙げられる。第一に、現行法の利益再審制度の意義・目的に照らせば、可及的に請求人の請求趣旨を反映するような手続構造の設定は必然である。第二に、請求手続も一種の訴訟手続だという点である。その内容は事実の取調べが主軸をなし、「明白性」の審理は、罪責問題そのものの審理に近いものである。第三に、条文解釈である。憲法における被疑者・被告人の人権保障の抜本的強化、現行法における基本構造・原則の変革、不利益再審の否定といった旧刑訴法下との基盤や背景の違いからすれば、規定が同一であるからといって意味内容も同じと解する必要はない。これは規定を欠いた、いわゆる空白部分の解釈についても同様である。当事者の事実取調立会権規定新設の動きをはじめ、現行法の制定経緯をみても、

旧刑訴法の再審手続を積極的に承継するというよりも当面意見聴取のみを規定しておいて他の手続規定の「空白」は、手続の基本的あり方と共に、判例・学説の展開に委ねたと推測できるふしがある。現行法上の再審規定の解釈は、利益再審への転換を基軸にして現行法の基本構造・原則にそって独自に展開されてよいのである。となると、現行法の再審手続の規定の仕方は、意見聴取を例示的に定め、その他は請求人側の手続的権利保障をできるだけ広範囲に認める余地を残した趣旨と解するのが妥当であろう。

ただし、請求人の手続的権利保障が進めば進むほど、新たな問題を派生させることに注意しなければならない。第一に、再審請求段階における検察官の積極的な活動を容認することになりはしないか。第二に、再審請求手続と再審公判手続が実際上等質化してしまい、制度としての二段階構造が無意味になりはしないか、である。

次に、検察官関与をめぐる問題について。現行法は検察官関与を予定していない、とはいえない。第一に、対審構造を基軸とする現行刑訴法は、いずれの段階でも本質的に二面構造を訴訟手続として予定していないと思われる。第二に、450条の再審開始決定に対する即時抗告の主体は検察官と解さざるを得ないし、規則286条および284条にいう「相手方」の文言は検察官の存在を前提とせざるを得ない。

しかし、検察官関与は限定的なものであるべきである。第一に、現行再審の趣旨・目的に照らし、請求手続における請求人の地位の主体性・主導性を認めなければならない。第二に、請求審理の対象は再審請求理由の有無であるから、当事者としての検察官の関与は理論上必須ではなく、通常の公判審理において被告人に対する攻撃をし尽したという点でも検察官の登場は問題がある。すなわち検察官は顕在的ないし積極的意味での当事者とはいいにくい。とすれば、検察官の関与は、法が消極的な当事者として政策的に請求手続の職権化を避け、適正な請求手続の進行を図るために認めたと解するのが妥当である。

二段階構造に鑑みると、再審請求手続では、開始決定後の公判手続で無罪判決を得る可能性があるかの判断であり、見込み判断にすぎない。したがって検察官の積極的な立証活動は差し控えられ、その活動は再審公判手続に移されることになる。

3　文献紹介　387

以上より、検察官が再審請求審理に関与する場合の活動内容は、意見陳述ないし証拠調における立会い等が中心であって、証人尋問とか反証活動になると問題が出てくる。少なくとも、確定有罪判決の資料となった証拠、すなわち旧証拠の証明力を補強する証拠の提出は消極に解すべきであろう。したがって、立証活動は許されるにしても、それは請求人の提出にかかる新証拠の証明力を争うための活動に限られることになる。

　再審開始決定に対する即時抗告（ないし異議申し立て）の問題も、同様の視点から捉えることができる。刑事再審における抗告の性質の特殊性も否定の論拠として考慮されよう。付審判請求手続の場合と同様に、再審開始決定は、再審公判に付するもので、そのまま再審公判手続に移行する効力をもつとすべきかもしれない。ただし、現行法には即時抗告の規定が明文としておかれている。これを検察側に関するものではないと解することは理論的には不可能ではないが、それが無理であるとすれば、現実には、事例に応じて、即時抗告権の濫用という形で争うしか当面方法はないといわざるを得ない。

　さらに、二段階構造の位置づけについて。立法論として再審手続の一段階化を図る考えは十分に検討に値するが、現行法の枠内においても二段階構造には積極的意味がある。第一に、請求人の罪責問題そのものを審理するというよりも無罪判決の見込みの有無を判断する手続であること、第二に、検察官の活動内容が両段階で異なる面がいくつかあること、第三に、内容は近似していても、二段階であること自体が再審手続の慎重かつ厳正な運用に役立つこと、である。

　その他本論文では、開始決定後の請求人の地位、再審開始決定の拘束力、検察官の立証活動の制限の可否、訴因変更・追加の可否等についても論じられている。

▶第四章　既判力と再審

　既判力は、客観的世界まで作りかえることはできない。有罪判決が誤判であれば、客観的には、刑罰権は不存在であるが、法律上の判断の上では存在することになり、その判断に拘束力が与えられるため、刑罰権がないという主張ができなくなるのである。既判力のこの効果によって、無実の人は、まさに無実の罪になくことになる。

　民事訴訟とは異なり、刑事訴訟では既判力を強調する真の原因は、歴史上も

二重危険禁止のためにこそあったといえる。今では、二重の危険禁止の原則は、確定力のまといを脱いで一本立ちすることになった。そうすると逆に、あとに残った既判力は、ただ利益再審を制限する効果しかもたないということになった。しかしそれはそれでよしとしなければならない。有罪判決の執行の安定のためには、利益再審といえども無制限に許されるわけはない。それは適当な限度で制限される。今ではそれが既判力の主要な効果である。

判決の判断に既判力が与えられる根拠は、判決の判断が、当事者の訴訟追行の結果であり、その手続が、とくに被告人側の実質的防御権の行使を内容とした、いわゆるデュー・プロセスであったことにある。しかしそれ故に、既判力にはそれなりの限界がある。それは、その判断が、手続的にいかに適正になされたとしても、それだけでは訴訟終結後に新しく発見された新事実、新証拠の提出を失権させることはできないということである。

十分に争い得た証明力の確実な証拠にもとづくであろうという推定が、判断に信用性を与えるにすぎない。再審は、信用性の回復という意味で、既判力と対立するものではなく、むしろ既判力を補完するものなのである。

したがって、判断をくつがえす可能性をもったものでなければ、再審事由にいう『明白性』ある証拠とはならないが、既判力が証拠の評価を拘束することはない。

▶第五章　再審と鑑定

詳述する余裕はないが、本論文は法医学鑑定に焦点を絞り、鑑定が誤判をもたらす主要因を抽出している。再審に限らず刑事手続のあらゆる段階で問題になりうる重要テーマである。

▶第六章　上訴と再審

確定終局裁判があったということは、被告人の不利益に、その意思に反して再度の審理をなすことは許されないことを意味し、また同一事実関係のもとでは内容的拘束力をもつということを意味する。したがって有罪の言渡をうけた者の利益のために、そのものの意思にもとづく場合には問題にする必要がなく、事実関係を異にすれば内容的拘束力からも解放される。原裁判を維持することによって生ずる国家的利益よりも、無実の者を処罰し、あるいは不当に重い罪で処罰することを避けることによる国家的利益および個人の基本的人権尊重の

方をはるかに重視すべきであることは言をまたない。

　再審手続は第4審ではなく、むしろ条件変更を前提としてもとの手続を再び開いてそれを続行すべきかどうかを決める手続なのである。再審を考える側からは、上訴理由がどうなっているかは関係がない。

　証拠の新規性という要件は、原手続の基礎をなした条件に、一定の条件変更が生じたかどうかの問題である。原確定判決の認定条件の基礎に変更があったとしてもそれによって直ちに原確定判決の裁判の効力をくつがえし、新たな実体形成をなすべき必要ありとはいえない。新しい手続を再開するのにふさわしいものであるために、事実誤認の疑いが明白であるという要件を法は設定した。ただしこの要件は、訴訟経済や再審制度濫用防止などの政策的な理由にのみ基づくものであるにすぎないため、あまりに厳格に解すべきでない。

▶第七章　比較誤判研究

　詳述することはできないが、本論文では、誤判事例を収集、調査し、誤判原因を解析する実証的研究の必要性、および、研究成果にもとづいて再審理由を検討することの重要性が具体的に論じられている。

▶第八章　誤判救済と再審

　本章についても詳述することはできないが、誤判救済のために再審はどうあるべきかを、日本における再審運用の実態分析を通して概観し、基本文献の第三部と第一、二部を架橋することを目的としている。そして、第三部で取り上げられるさまざまな事件にみられる問題を抽出し、「誤判原因」と「再審閉塞原因」とに分けて論じている。前者については、虚偽証拠に基づく身体拘束、別件逮捕・勾留、証拠偽造の疑い、証拠の紛失、裁判所が被告人・弁護人の主張を軽視すること等が挙げられ、後者については、「疑わしきは確定力の利益に」と解する態度、心証引継説、確定判決の証拠構造の変更等、再審の基本理念を無辜の救済と捉えないこと、請求人の手続的権利保障の軽視等が挙げられている。

▶第三部　再審運用の実態

　第三部では、12の事件につき分析がなされている。どの論稿もおおむね、事件の概要を紹介した後、事実認定上の問題点、確定前の手続（とくに捜査）上の問題点、再審手続上の問題点に分けて論じている。

紙幅の制約上、各論稿の内容を詳述することはできないが、準拠法の問題、同一の理由に基づく請求か否かに関する解釈の問題、「行動証拠」の問題、費用補償の問題、訴訟記録廃棄の問題、新規性・明白性の問題、拘束力の問題、請求人の手続的権利の問題（裁判所による裁量の余地が大きいこと、意見聴取義務違反があったこと）、検察官による即時抗告の問題　死刑の執行部分に限った執行停止の問題、法医鑑定の対立の問題、435条2号「確定判決」の解釈問題、証拠開示の問題、公平な裁判所の問題（別件審理を担当した裁判官の関与）等が指摘されている。

▶第四部　比較再審法

　第四部では12ヶ国および社会主義国における再審法制の紹介・検討がなされている。詳細は割愛せざるを得ない。

▶終章　総括と展望

　基本文献の内容が総括されている。「われわれの努力を向けるべき方向」として、①誤判原因の解明とその防止策の採用、②再審手続法の整備が挙げられ、「昭和五〇年代の後半には、おそらく前記両方向における論議の進化を見ることができるだろう」と書かれてある。

▶あとがき

　基本文献には、刑事再審制度研究会事務局（庭山英雄・田中輝和・光藤景皎・大出良知・小田中聰樹）によるあとがきが置かれている。基本文献のエトスが凝縮されている文章を以下引用する（612頁）。

> 　いま共同研究を終えるに当り、さまざまな感慨が私達の胸を去来する。その感慨は、潮騒のように押しよせる、冤罪を訴え再審に救いを求める悲痛な声のなかから、真実と正義を聴きとり、それに応えようとして、懸命に理論的な営為を積み重ねてきた、という思いから生ずるものといっていい。……
> 　もとより、私達は、理論だけで再審制度を改革できるとは考えない。しかし、理論が、その改革を正しく方向づけ、促し、そしてそれを定着させる重要なファクターであることを信じる。私達は、このような期待をこめて、本書を刊行するのである。

▶基本文献に共通する特徴

　以上、駆け足で基本文献の内容を見てきたが、基本文献に収録された論稿の多くは、共通する特徴をもっている。第一に、当時においてもなお新鮮かつ衝

撃的であったであろう、田宮裕が提唱した二重の危険に基づく既判力論等に依拠して、再審を無辜の救済のための制度と構成し、確定力重視の考え方を退けようとしている。第二に、当時出されて間もない白鳥・財田川決定に高い評価を与え、明白性判断における疑わしいときは被告人の利益に原則を採用すべきこと、孤立評価説、心証引継説を否定して総合評価説、再評価説を採用すべきこと、ただし証明力のかさ上げや証拠構造の組替えをしてはならないことを力説している。第三に、再審手続における請求人の権利保障が不十分であることを指摘し、法改正が必要であることを強調している。

4　残された課題

▶逆流の動き

　基本文献が刊行された後、再審開始決定が出された例もある（島田事件等）が、1980年代後半に至ると、丸正事件、布川事件（第一次）、名張事件（第五次）等、再審請求を棄却する決定が目立つようになり、この事態は「逆流の動き」とも称された。これらの棄却決定はいずれも白鳥・財田川決定を援用してはいるが、実際の判断手法は、「限定的再評価説」（新証拠の立証命題と直接かかわりのない旧証拠の総合評価・再評価をすべきでないという考え方）とよばれるものに沿ったものであった。なお、限定的再評価説は白鳥決定の解釈という形で提唱されたものであり（田崎文夫「判批」最高裁判所判例解説刑事篇昭和五〇年度〔法曹会、1979年〕）、基本文献刊行時には既に発表されていたが、刊行直前の時期であったためであろうか、基本文献においては紹介・検討がなされていない。

　また、名張事件第五次再審請求において特別抗告を棄却した最高裁決定（最決平成9・1・28刑集51巻1号1頁）は、旧証拠の証明力をかさ上げしたかのような判断を行った。

　実務におけるこのような流れを受け、学界では、白鳥・財田川決定の意義をあらためて確認し、逆流の動きを止めようとする機運が高まった。この時期の代表的な研究書として、川崎英明『刑事再審と証拠構造論の展開』（日本評論社、2003年）、小田中聰樹『誤判救済の課題と再審の理論』（日本評論社、2008年）がある。もっとも、これらの見解を批判し、限定的再評価説とも異なる「二段階

説」（佐藤博史『刑事弁護の技術と倫理——刑事弁護の心・技・体』〔有斐閣、2007年〕339-369頁参照）や、それに対抗する「一段階説」（中川孝博「布川事件最高裁決定の意義——最高裁判例における明白性判断の動的性格」浅田和茂ほか編『人権の刑事法学——村井敏邦先生古稀記念論文集』〔日本評論社、2011年〕767頁参照）も提唱され、白鳥・財田川決定およびそれ以後の最高裁決定群に対する解釈論争、そして、白鳥・財田川決定に依拠して棄却決定を批判するというアプローチは、いわばたこつぼにはまってしまった感がある。

▶近時における実務の動き

限定的再評価説または二段階説に基づき、かつ、証拠構造の組替えや証明力のかさ上げも辞さない明白性判断手法に基づいてもなお再審開始を導くためには、全方向的に新証拠を揃えるしかない。そのような中、実務においては、証拠開示を積極的に求め、新証拠を多数取り揃えることによって、再審開始決定を導こうとする動きが活発化した。実際、布川事件や東電 OL 事件など、実際に多数の証拠開示がなされ、そこから発見された新証拠群によって再審開始決定が導かれた事例も登場し始めている。

もっとも、再審請求審における証拠開示に関する明文規定は存在しないこともあり、証拠開示にどの程度積極的な姿勢を示すかは裁判所によって異なる。冤罪被害者がどの裁判官に当たったかによって雪冤が実現したりしなかったりするという事態を「再審格差」と称し、批判する論者も出てきた（鴨志田祐美「再審弁護と日本国憲法」鹿児島大学法学論集49巻 2 号〔2015年〕353、374-375頁参照）。

さらに、確定力を重視する考え方も検察実務では依然として根強いようである。「再審請求事件は、確定判決の存在を前提としており、確定判決の事実認定は、検察官と被告人・弁護人という当事者が主張・立証活動を尽くし、裁判所が第三者的な立場から公正に判断した結果なのであるから、これを真実とみなすことは合理的であり、逆に、これを覆すことは、例外的な現象である」から、確定判決を守るための検察官の行動は積極的に認めるべきだと説く検察官の論稿も最近刊行されている（福島弘『再審制度の研究』〔中央大学出版部、2015年〕64頁参照）。

▶学界の課題

以上のように基本文献刊行以後の状況を垣間見る限り、事態は基本文献が目

指していた方向には必ずしも進んでいないと評価せざるを得ない。前述した基本文献の特徴3点のうち、第1点につき、依然として確定力神話の信奉者は多い。第2点については、「裸の事実認定」を再審請求審において許容する動きが固まってしまったといってよい。第3点についても、再審手続に対する法改正はまったくなされておらず、裁判所の広汎な裁量に運用が委ねられている。再審請求審における証拠開示問題のみは「新時代における刑事司法特別部会」で議論されるなど、政治の場において立法課題として浮かび上がったが、結局刑事訴訟法改正法案（2015年国会提出）には盛り込まれなかった。

　このように現状を評価したうえで、あらためて基本文献以後における学説の展開状況を振り返ってみると、①確定力神話を打破すべきという意識は、少なくとも学界においては共有されているが、みだりに再審請求がなされないように一定のしばりをかけるべきであること自体もまた広く認められており、その基準については十分に詰められていないように思われる。②証拠構造の組替えや証明力のかさ上げを否定するという理論が果たして実務において適用可能なのかに関する照らし合わせが不十分であるように思われる（この点につき、中川孝博『刑事裁判・少年審判における事実認定――証拠評価をめぐるコミュニケーションの適正化』〔現代人文社、2008年〕284-286頁参照）。③白鳥・財田川決定につき一定の解釈を行い、その解釈に基づいて実務の動きを批判するというアプローチは袋小路に陥っているように思われる。④再審手続を整備させるための立法論を深める動きはほとんど進展していないように思われる。

　これらの問題を打開するためには、白鳥・財田川決定から離れ、確定力に関する理論をさらに深化させると同時に、再審請求審において実体判断をどこまで認めるべきなのかという根本問題をより突き詰め、解釈論等に反映させる必要がある。そして、これらの理論的検討と連動して、再審手続に関する立法論を具体的に立ち上げる必要がある。再審に関して残されている理論的課題は、たいへんに多く、たいへんに重い。

5　現代的意義

　小田中聰樹は、基本文献を刊行して28年後、自著のはしがきにおいて、前に

引用した基本文献のあとがきを引用し、「そういう思いをこめたささやかな営みが、再審事件弁護人の方々の献身的な弁護活動を支え再審の活性化に向けて少しでも貢献することがあったとすれば、研究者としてこんなに嬉しいことはない」が、依然として未救済のままにある再審事件が数多く存在することに触れ、「そうであればこそ私たち研究者は、誤判の被害者や弁護団とともに、この現状に諦めたりすることなく、なお一層力を尽さなければならない」、「私たちには、『何よりも先づ正しい道理の通る司法』にしなければならない責務がある」と述べている（小田中・前掲書、はしがきⅲ頁参照）。

　基本文献を刊行した刑事再審制度研究会は、名称やメンバーの変遷を経ながら、現在まで継続して営まれている。「起訴前手続研究会」という名称であった時代の研究成果として、井戸田侃編集代表『総合研究＝被疑者取調べ』（日本評論社、1991年）が刊行されている。1994年3月19日には、一橋大学で行われた刑事再審制度研究会創立20周年記念シンポジウムが行われた（このシンポジウムの内容を伝えるものとして、小田中聰樹『現代司法と刑事訴訟の改革課題』〔日本評論社、1995年〕281-285頁参照）。そして、「上訴・再審研究会」という名称であった時代の研究成果として、光藤景皎編『事実誤認と救済』（成文堂、1997年）が刊行されている。

　2015年現在においては「刑事司法研究会」という名称で研究活動が営まれている。研究会が扱うテーマの範囲は広くなってきており、それに伴って研究会の名称も大きくなってきている。しかしながら、刑事司法の閉塞状況を打ち破り冤罪の救済に資するような学問的な寄与を目指すという意気込み、そして、誤判を争う人びとを招いて行われるケース研究と研究者による理論研究とを並行させるという運営の基本スタイルは踏襲されている。

　刑事再審制度研究会の創立メンバーの中には、既に鬼籍に入られた方も少なからずいらっしゃる。定年を迎えられた方も多い。創立メンバーのスピリットや学問的方法論を直接継承する機会は今後どんどん減っていくだろう。研究者を目指す若い世代の方には、40年以上にわたる研究の営みの原点といえる基本文献をあらためて読み込んでいただくとともに、ぜひこの刑事司法研究会に参加していただき、交流を深めていただきたいと思う。

29 簡易手続

●基本文献
福島至
『略式手続の研究』
（成文堂、1992年）

宮木 康博

1 学説・実務状況

▶簡易手続

「簡易手続」は、法令用語ではなく、講学上、当事者間に争いのない（比較的軽微な）事件につき、簡易・迅速に処理する審判手続の総称として用いられている。現行刑訴法の制定当初、わが国では、①いわゆる「通常の公判手続」と②旧法から引き継いだ「略式手続」のみが規定されていたが、その後の刑訴法改正により③簡易公判手続（1953年）が、交通事件即決裁判手続法の制定により④交通事件即決裁判手続（1954年）が創設された（この他にも、交通事件については、交通切符制度〔1963年〕や交通反則金制度〔1967年〕などが導入されている）。また、基本文献の公刊以降も、刑訴法の改正により即決裁判手続（2004年）が導入されたほか、今なお新たな簡易手続の創設が検討されている（「時代に即した新たな刑事司法制度の基本構想」など）。

▶略式手続の研究・実務の状況

基本文献は、これら簡易手続のうち、「略式手続」を研究対象に据えたものである。略式手続とは、検察官の請求により、簡易裁判所がその管轄に属する軽微な事件につき、公判を開くことなく非公開の書面審理によって一定額以下の罰金・科料に処すことを可能にする科刑手続である。現行の略式手続の沿革は、1913年の刑事略式手続法にさかのぼり、1922年に刑訴法に組み込まれて以降、幾度の改正を経て現在に至っている。当初より、略式手続は、非公開の書

面審理である特性をめぐって、存廃論が展開されたが、1947年の日本国憲法の施行に伴って、憲法37条、38条、82条等を論拠とする違憲論が顕在化した。

実務では、制度導入後ほどなくして定着をみたが、違憲論が裁判所の内部からあがったこともあり、運用への影響は少なからずみられた。そうした中にあって、最高裁大法廷が、被告人に「公開した公判廷で正常の公判手続によつて裁判される」請求権が保障されていることを主たる論拠に、全員一致で合憲との判断を下したことから（最大決昭和23・7・29刑集2巻9号1115頁）、実務の運用は統一が図られることになった。

学説も、同年7月の新刑訴法によって事前手続に配慮がなされるなどしたことから、上記被告人の諸権利については、従前よりも権利放棄とする理論構成が説得力を増し、被告人の利便性と裁判所の負担軽減の必要性という実質的根拠と相俟って合憲説が有力化した。こうした状況を受けてか、1950年代以降は、略式手続の許容性について疑問を呈する論稿はみられない時期が続いた。この頃の実務では、刑事第1審の事件総数に占める略式事件の割合が70～80％台で推移し、1963年以降は90％台にのぼるなど、事件処理の量的側面からみれば、中心的な科刑手続になったといえる。

もっとも、1970年代に入ると、ディバージョン（diversion）など軽微事件処理への関心が高まりをみせ、略式手続の事前手続には権利放棄に際して被疑者に適切な意見陳述の機会がないことを主たる論拠に、批判的に再考する研究が公表されたほか、日本刑法学会においても、1982年（第59回大会ワークショップ「軽微な犯罪の処理」）と1987年（第65回大会共同研究「軽微事犯の処理」）に取り上げられている。しかし、全体を通してみれば、当時の実務・学説は「手続の有用性を鮮明にし、同時に違憲論を雲散霧消させた」と評される状況にあった（松尾浩也「迅速な裁判」法学協会編『法学協会百周年記念論文集　2巻』〔有斐閣、1983年〕581頁）。

2　学説史的意義と位置づけ

▶略式手続の先駆的業績

現行刑訴法制定当初の先行研究には、①被告人の「公開裁判を受ける権利」

（憲37条1項、82条）の侵害、②証人尋問権の剥奪（同37条2項）、③自白の補強法則を潜ることになることへの懸念（同38条3項）、④迅速な裁判を受ける権利の侵害（同37条1項）を理由に違憲論を展開した大野実雄「裁判の民主化――略式命令の違憲性と封建性」早稲田法学25巻1号（1949年）56頁がある一方、③については、自白を唯一の証拠にすることができないことは略式手続にも妥当するとした上で、事後に正式裁判の請求権が認められていることや事前の承諾を条件としている点を論拠に、その余の①②④の権利は被告人による放棄ないし不行使を許さないほどの意味をもつものとは解されないとして合憲論を展開した団藤重光『新刑事訴訟法綱要』（弘文堂書房、1948年）330頁、柏木千秋「略式手続」日本刑法学会編『刑事法講座　第6巻』（有斐閣、1953年）1341頁などがある。

　最高裁大法廷の合憲決定以降、略式手続が実務において定着をみる中で、学説上の議論も沈静化の方向を辿ったが、1970年代に入ると、①略式手続の合憲性を再検証した松尾浩也「略式手続の合憲性(1)～(3)・完」法学セミナー273号（1977年）54頁、同274号（1978年）88頁、同275号（1978年）82頁、②略式手続の問題点について適正手続の保障の観点から整理し、憲法上の疑義を呈した金子與「略式手続と適正手続保障の原則」判例タイムズ257号（1971年）14頁、③告知・聴聞の保障の不十分性を指摘して改革案を提示した佐藤文哉「簡易公判手続の簡易化と略式手続の改善」『刑事裁判の課題――中野次雄判事還暦祝賀』（有斐閣、1972年）255頁、④告知・同意手続の充実を求める荒木伸治「略式手続の問題」『刑事訴訟法の理論と実務』別冊判例タイムズ7号（1980年）217頁、⑤略式命令を発する手続の合憲性が問題となる場合に事後の正式裁判請求権が認められていることは論拠にならないと説く小田中聰樹「略式手続」高田卓爾・小野慶二編『刑事訴訟法の基礎』（青林書院新社、1975年）396頁のほか、⑥立教大学交通法研究会による一連の実態調査に基づく研究などが公表された。

▶基本文献の意義

　多くの先行研究があるものの、福島至が基本文献に結実する「略式手続の研究(1)・(2)・(3)」を順次公表していく1990年前後になると、略式手続は量的に益々中核の科刑手続となっていく一方で、研究対象とする動きは稀有なものになっていた。こうした状況下において、基本文献は簡易手続の不可欠性に配慮しつ

つも、現実に、あるいは潜在的に生じているであろう略式手続の問題状況に改めて光をあて、「刑事裁判はどうあるべきか」を問い直した点が意義深い。

3　文献紹介

▶基本文献の構成

基本文献は全5章からなる。第1章「視覚」では、略式手続をめぐる議論状況および問題性が確認され、検討すべき課題設定と分析方法が提示されている。比較対象としては、ドイツの略式命令手続 "Verfahren bei Strafbefehlen" とアメリカ合衆国における（答弁取引 "plea bargaining" による）有罪答弁 "plea of guilty" を挙げる。まず、第2章「ドイツの略式手続」において、日本の略式手続の範とされるドイツの略式手続の特徴、歴史的展開の分析および現在の問題状況の整理を行い、続く第3章「日本の略式手続」においても同様の手法で分析・検討が行われている。第4章「アメリカ合衆国の軽微事犯処理と答弁取引（有罪答弁）」では、前章までに展開されたいわば理念的考察を補完するために、法社会学的分析も含めた研究が盛んなアメリカ合衆国の議論に示唆を求める。最後に、第5章「総括」において、全体を敷衍し、具体的な改革の方向性を提言する。

▶基本文献のエッセンス

以下は、基本文献281頁から287頁までの本文である。

> 四　改善への一提言
>
> (1)……現行の略式手続は、違憲の疑いが強いと考える。その意味で、この手続はできるだけ速やかに廃されるべきである。しかし、そうであるからといって、これまで略式手続によって処理してきた事件を、全て公判手続によって処理すべきであるということにはならない。一定の軽微な事件については、特別な簡易な手続によって処理する途も開いておくべきである。というのは、軽微事件の被疑者・被告人の立場からすれば、さほど争うつもりのない場合までも、公判手続によって処理されるのは、酷でありうるからである。軽微な事件については、被疑者・被告人に迅速処理の利益を承認してよく、それ故に、簡易な手続の導入の必要性が認められると考えるべきである。
>
> (2)これまで、略式手続の改善に向けて、……いくつかの提言がなされてきた。それらの多くにおいては、被告人の意見表明の機会を確保するための方策が模索されてきた。

その方向性は正しいと考えるが、……それは、あくまでも裁判官による直接の告知と聴聞とを具備した手続によって、実現されなければならないのである。

　具体的には、……交通即決裁判手続を、他の軽微事件にも適用を拡大して、軽微事件全体に対する公判前の特別手続として構想すべきであると考える。即決裁判においては、裁判官は、あらかじめ事件の要旨を告げ、その上で被告人の陳述を聴取する手続が保障されており、憲法上の疑義はほとんど解消されよう。さらに、この措置を実効あるものとするため、正式裁判へのアクセスを確保する方向の措置も、いくつか講ぜられる必要があろう。……

(6)略式手続には様々な問題があるが、それを解決するためには、この手続の構造に変革をもたらさなければならない。私は、解釈上からいっても、実際上からいっても、裁判官による直接の「告知」と「聴聞」を導入することが必要であると論じてきた。そして、その変革は、決して空想事ではなく、予算上も不可能ではないことを提示したつもりである。また、略式命令の発付手続の変革だけではなく、裁判へのアクセスの改善—なかでも弁護人の援助を十分に得られるようにすること—も不可欠であることを提起した。もし、これらの提案が実行されることになれば、その影響は、単にこの手続レヴェルにとどまらず、もっと広範にわたると思う。裁判を受ける権利の発展に寄与することにより、他の手続にも影響を及ぼし、また、国民の法意識や権利意識の深化にも結び付きうるであろう。

　本書は、裁判を社会の中でどう位置づけるかということについての、私の一つの試論であった。

▶略式手続研究の方法と課題設定

　基本文献は、上記改革案を提示するための研究の方法論として、現行制度を肯定的評価と否定的の評価とに整理し、①大量迅速な事件処理の要請に応えるものとして肯定的に評価するアプローチ（「合理化アプローチ」）と②被疑者・被告人の権利保障の点で問題が多いとして否定的に評価するアプローチ（「権利保障アプローチ」）との対抗関係として、学説と判例による略式手続の評価を把握する。

　そして、合理化アプローチには、①「事件の大量性」と「財政の制約」という前提への疑問、②合憲論への疑義、③問題性の認識と改革案の不十分さなどがあるため、権利保障アプローチを妥当とし、その理念的正当性を説得力のある具体的な提案に昇華させるため、同アプローチの深化・再構成に必要な素材を求めて、（西）ドイツと日本の略式手続およびアメリカ合衆国の答弁取引による有罪答弁を取り上げる。その際、三者には、①検察官の裁量権の存在およびその行使に際して検察官と被疑者・被告人側との間に内密な接触があるこ

400　29　簡易手続

と、②権利放棄を促す圧力が存在すること、③検察官による事実認定や量刑判断に依存する裁判であることの３点に共通性が認められるとし、これらを「簡易処理モデル」と称して分析対象に設定する。その上で、「簡易処理モデル」の検討課題として、①裁判としての最低限の要素を具備した手続であるといえるか、②通常の公判手続によるか否かの選択に際し、被疑者・被告人に不適当な圧力が加えられていないかを挙げ、これらの考察を通して権利保障アプローチの精緻な理論化が目指される。

▶ドイツの略式手続論議の史的変遷──第二次世界大戦まで（拡張期）

ドイツの略式手続は、19世紀半ばに各ラントで立法化された刑事裁定手続（被告人が請求しない限り裁判官による審問なしに有罪決定を可能にする制度）に由来し、違警罪とごく一部の軽罪を対象に、区裁判所判事の略式命令によって150マルク以下の罰金または６週以下の自由刑、ならびに没収を科すことができる一方、被疑者には事後の異議申立て権を認める制度として、1877年帝国刑訴法に規定されたことが紹介される。

同制度をめぐっては、主に対象犯罪が議論の中心であり、略式手続の採用自体の当否については、非公開・書面審理の観点から、公開主義・口頭主義の例外として許容し得る理論的根拠に対立がみられたものの（簡易明白説と処分可能説）、それ以上に司法の負担軽減に資するという実際上の必要が導入根拠であるとの認識が支配的であり、事前手続や事後手続は議論されず、被疑者・被告人の利益は副次的に顧慮されていたに過ぎないと指摘する。もっとも、こうした合理化アプローチに対しては、ビンディングが裁判官による審問の欠如等を理由に批判した点を取り上げ、ここに権利保障アプローチの萌芽をみる。

当初より略式命令による事件処理は安定した実績を挙げ、1895年改正草案や1908年草案では適用犯罪の拡大・科刑範囲の拡張が検討された。これらの草案はいずれも法律として成立には至らなかったが、第一次世界大戦中の1917年の暫定立法（刑事裁判簡易化法）によって対象犯罪がすべての軽罪に拡大されるとともに、罰金刑の上限が撤廃され、1921年の裁判所の負担軽減化法によって暫定措置が恒久化されることになった。また、1924年の裁判所構成と刑事裁判に関する命令により、自由刑科刑の上限が３月にまで拡大され、1939年に戦争状態に突入するに際して、裁判の一層の合理化の要請から、自由刑の科刑が６月

になるとともに、適用犯罪に6月以下の重罪も加えられることになった。

このように第一次世界大戦から第二次世界大戦までの約30年間で急速に適用範囲（適用範囲と科刑範囲）の拡大が図られた背景には、戦時下における裁判の合理化の要請や戦後の犯罪急増への対処の必要性など、合理化アプローチを優勢にする要因が存在していたと指摘し、そのような中にあっても、大幅な拡張にまで至らなかったのは、マイヤーに代表される権利保障アプローチ（犯罪の性質と手続構造とを結び付けた分析に従い適用犯罪を限定すべきとする見解）が説得性をもった歯止めとして機能していたと評価する。

▶ドイツの略式手続論議の史的変遷──第二次世界大戦以降（再編期）

第二次世界大戦後は、「ナチス的不法の除去」および「法状態の統一化」を図るべく、1950年の統一化法によって略式手続は違警罪および軽罪に関し、罰金刑や3月以下の自由刑ならびに没収、違法状態の除去を命じることができるなどの制度となったほか、統一化法が目指した「法治国家的刑事手続」を形成するための1964年の刑訴法改正法によって、弁護権の拡充や捜査機関による被疑者尋問の措置が施された。また、この間には、連邦憲法裁判所1953年判決において、法律上の審問の保障は、事後の異議申立権を保障していることで十分であるとして略式手続を合憲とする判断が示されたことが紹介される。

学説上も、従来のように自由刑を科すことを可能とする点に疑問を呈する見解がみられたものの、合理化アプローチが大勢を占めていたとされ、そのような中にあって、事前審問がないことを主たる論拠に事前手続の改革を志向したエーザーの見解が以後の改革提案の先鞭をつけた初めての本格的な権利保障アプローチであると位置づける。

1970年代に入ると、1974年の刑法施行法に伴い、略式命令の適用犯罪が軽罪に限定されるとともに、自由刑の科刑は排除されることになったが、実務では、1975年以降、略式命令請求の全刑事事件に占める割合は漸減傾向となる一方で、異議申立てが増加傾向を示すなど、略式手続の機能低下が認識されるようになり、1980年代の刑訴法改正作業の中で取り上げられることとなった経緯が紹介される。

この間、学説では、エーザーの見解以降、略式命令の発付手続自体を改正しようとする主張が展開されるようになったが、被疑者の事前審問を求める主張

は1987年刑事手続改正法には反映されなかった。その理由としては、手続の実効性を改善し、司法の負担軽減機能を回復させることを主たる目的とする徹底した合理化アプローチが採られたためであると指摘する一方、その効果に当初から疑問が呈されるレベルの改正にとどまったのは、権利保障アプローチによる法治国家原則の壁を越えられなかったことの証左であると分析し、今後の改正論議においても、同様の視点から根強い批判にさらされるであろうとする。

▶日本の略式手続論議の史的変遷——第二次世界大戦まで（拡張期）

　日本の略式手続は、1913年の刑事略式手続法によって導入されたが、制定過程では、①在野法曹によって口頭・直接審理主義に反し、違警罪即決例と並ぶ人権蹂躙の手続であるとして手続自体の排斥が目指されたこと、②科刑範囲については自由刑の削除に向けた議論があったものの、主たる争点は対象犯罪ではなく、予告制度や正式裁判申立権をめぐる事前手続や事後手続の構成に置かれたことなどを挙げ、当初より権利保障アプローチが一定の機能を果たしていた点にドイツにおける導入時の議論状況との違いを指摘する。

　1922年刑訴法による略式手続の編入に際しても、科刑範囲や適用犯罪についての議論はなかったが、在野法曹を中心に略式手続自体の廃止を求める声があがっていたほか、正式裁判申立権の放棄規定の新設をめぐる議論が中心であったことなど、当初の略式手続をめぐる2つのアプローチの対抗関係は明白であったとされる。もっとも、最終段階では、在野法曹も制度自体の廃止は求めず、正式裁判請求権の放棄規定を削除する修正案を出すにとどまった審議過程が紹介され、結果的にこのことが同手続における被告人の弁解・防禦の機会をより少なくし、手続の運用をさらに迅速・確実なものにしたと指摘する。

　1943年の戦時刑事特別法の改正により、略式手続の適用範囲は拡大し、手続自体の迅速化・効率化が図られるとともに、科刑範囲は1年（場合によっては3年）までの自由刑に及んだほか、命令の即時の確定も可能になったこと、検事にも正式裁判請求権が付与されたことを紹介し、略式手続の合理化は最高潮に達したとする。他方で、戦時下にあっても、審議の過程では、①裁判官が被告人の弁明を直接聴くことなしに書面審理で自由刑まで科しうる点や②権利放棄の強要に繋がりかねない正式裁判請求権の放棄規定の復活については、権利保障アプローチからの抵抗が示されていたことを評価する。

▶日本の略式手続論議の史的変遷——第二次世界大戦以降（再編期）

　1945年の戦時刑事特別法の廃止により、略式手続は大正刑事訴訟法下の状態に戻り、1947年の刑訴応急措置法が略式手続に触れなかったため、新憲法の下でも存続することになったが、1948年の刑訴法制定の前後において、合憲性が各所で問題となるなど、存続に至るまでの紆余曲折や新刑訴法下における議論が詳細に紹介され、ここにおける合憲論と違憲論の対立は、2つのアプローチの対抗関係に他ならないとする。

　この時期、権利保障アプローチからは、新憲法の人権規定を背景とした主張が展開され、科刑範囲の縮小や事前の異議申立期間が設けられるなど、被告人の権利保障に配慮した規定が盛り込まれることに繋がった一方、新法下ではより一層被告人の権利放棄と構成しやすくなったこともあり、被告人の利便性と裁判所の負担軽減を実質的根拠に加える合理化アプローチを前に、その正当性は利便性や効率性の壁を越えることはできなかったと指摘する。

　1953年の刑訴法改正では、急激なモータリゼーションの進展から膨大な数の事件をより迅速に処理することが要請されるようになったことを背景に、①異議申立て期間の規定が削除される一方、代替手段として検察官による告知手続と被疑者の同意書の添付が規定されたこと、②1954年の交通事件即決裁判手続法によって交通事件（道路交通法の罰則事件）に即決裁判手続が創設されたこと、③1963年に交通切符制度、④1967年に交通反則金制度がそれぞれ導入された経緯が紹介されるとともに、この時期以降、学説では、1970代以降になると批判的見解が散見されるものの、略式手続の廃止を提起する主張はみられなくなり、権利保障アプローチは後退したと評する。

▶アメリカ合衆国の答弁取引による有罪答弁の考察

　ドイツと日本における略式手続論議の史的変遷を踏まえ、権利保障アプローチを正当なものと評価しつつも、そこでは大量迅速処理の要請にどのように応えていくのかといった現実的な検討に欠ける嫌いがあったのであり、理念的な違憲論を展開するだけでは現実を前に十分な力にならないとの認識が示される。そして、権利保障アプローチの深化・再構成のためには、被疑者・被告人が略式命令を受容するにあたって、いかなる状況の下におかれ、どのようなメカニズムで意思形成を行うかの検討も必要であるとして、アメリカの軽微事件

処理と答弁取引（有罪答弁）の議論に示唆を求める。

　とくに注目したのは、1970年代以降の一連の連邦最高裁判例を契機とする答弁取引違憲論であり、被告人に有罪答弁を促すプロセス・コストなどの誘因（圧力）が被告人の権利行使を不当に妨げていると主張する点であった。また、違憲論が有罪答弁の誘因を前提に「違憲条件の法理」によって厳格な合憲性基準の適用を提起していた点に着目し、同法理の採用が権利保障アプローチの深化・再構成に対する解答であるとする。

▶略式手続の憲法的評価

　以上の検討を踏まえ、略式手続の問題状況は裁判官による略式命令の作成過程と被告人の略式命令への服従過程の二重構造になっており、憲32条を根拠に、前者については手続的保障を、後者についてはアクセス権の保障を軸に考察を加える。

　手続的保障の内容として、略式命令による科刑手続であっても裁判としての最低限の要素は備えていなければならないとし、裁判官による直接の犯罪事実および権利についての告知と被告人の弁解・防禦についての聴聞とが不可欠であり、現行の略式命令の作成過程は、手続的保障をきわめて制限した科刑手段であるとする。また、アクセス権の保障については、諸権利が保障された正式な公判手続に到達するプロセスがアクセスの対象として保障されなければならないとし、現行の略式命令への服従過程におけるプロセス・コストや科刑限度といった誘因（圧力）の不当性が指摘される。そして、こうした権利制限や誘因（圧力）を正当化する事由を整理して「違憲条件の法理」を適用し、違憲の疑いが強いと結論付けて冒頭の改革提言に繋げる。

4　残された課題

　現行の略式手続は、罰金額の科刑限度額を定め、被告人の事前の同意および事後に正式裁判請求権を認めることを条件に、被告人の諸権利（公平な裁判所の迅速な公開裁判を受ける権利や証人審問権など）の放棄を許している制度であるため、「違憲とまでは言えない」とするのが学説および実務の支配的な考え方である。こうした理解の下では、被告人の「告知・聴聞」を受ける権利は、公

4　残された課題　405

判を受ける権利の中身として放棄されていると解されることになる。

　基本文献は、略式手続の合憲性を肯定するためには、裁判官による直接の「告知・聴聞」が保障されなければならないとの立場を堅持し、交通事件の即決裁判手続を軽微事件全体の公判手続前の特別手続として構想すべきであると提言する。学説上は、上記通説・実務に対し、基本文献の公刊前後において、事前の同意や事後の正式裁判請求権は合憲性を肯定するための必要条件であって十分条件ではなく、裁判官による「告知・聴聞」の保障ないし保障する趣旨は可能な限り活かされるべきであるという点では一定のコンセンサスが形成されていたといえる。

　もっとも、その方法論としては、大別すると、基本文献のように、①憲法32条を根拠に裁判官による告知・聴聞の保障を求める見解と、②憲法31条を根拠に適正手続の保障の実質的内容として、警察・検察および弁護士ないし弁護人による丁寧な説明などによって権利放棄の任意性・真摯性の担保を目指す方向がある。これらの相違の背景には、基本文献が問う「刑事裁判のあり方」やそれに伴う被告人の権利保障につき、①裁判官に期待される後見的な役割に求める発想と②被告人の活動を通して権利保障が図られるとして基本的にその自己決定権に委ねる発想をめぐるスタンスの違いがあるのかもしれない。この点は、基本文献が現行の略式手続の制定過程の分析において、「英米法的な制度の導入は拒絶され、大陸法的な制度が保持された」点を肯定的に評価しているところからも窺われるのであり、憲法論に加え、手続構造からのアプローチも今後の展開を占う上では意味をもつように思われる。

5　現代的意義

▶その他の簡易手続

　簡易手続は、基本文献が検討対象に据えた「略式手続」以外にも、公判手続の簡易化を主眼とする「簡易公判手続」（1953年）と「即決裁判手続」（2004年）が創設されている。

　簡易公判手続は、「審理の促進と事件の重点的処理」を目指し、いわば「通常の公判手続」と「略式手続」との中間的な手続として導入されたが、公判手

続の簡易化・迅速化の不十分さから、期待されたほどには利用されなかった。そこで、2001年に司法制度改革審議会は、「争いのある事件とない事件とを区別し、捜査・公判手続の合理化・効率化を図ることは、公判の充実・迅速化の点で意義が認められる」として、「現行制度（略式手続・簡易公判手続）の見直しも視野に入れつつ、検討すべき」と提言した。

　これを受けた検討過程では、①略式手続は罰金刑という科刑制限があり適用範囲が極めて限定的であったこと、②簡易公判手続は上訴制限がないことにも起因して、証拠調べ自体の省力化・迅速化に必ずしも寄与しているわけではない上、通常の公判手続にはない手続や判断が加わり煩雑であること、③公判の準備段階で簡易手続を見越した活動がとれないことから生ずる不都合性などを克服する制度の創設が目指された。

　しかし、こうして導入された即決裁判手続も、①執行猶予が明白なケースでないと使用しにくい、②自由刑の宣告には執行猶予が必要的であるため「感銘力」が弱い、③上訴制限はあるが、この手続によることの同意の撤回は可能であることから、捜査の省力化・迅速化には結びつかないなどの指摘がなされるに至った。そこで、2012年に立ち上げられた法制審議会「新時代の刑事司法制度特別部会」では、これらの指摘を踏まえた議論が重ねられ、翌年1月に取りまとめられた「時代に即した新たな刑事司法制度の基本構想」では、「供述への過度の依存からの脱却と公判審理の更なる充実化」の理念の下、「自白事件を簡易迅速に処理するための手続の在り方」が検討され、「自白事件のうち一定範囲のものを簡易迅速に処理することができる手続を設け、一定の制限以下の実刑も科すことができるようにするとともに、捜査段階の迅速化のための措置を講じる」として、具体的な改革提言がなされている。

　このように、略式手続に端を発した簡易手続をめぐる論議は、捜査段階までも視野に入れた刑事手続全体の合理化・迅速化が検討されるに至っている。

▶手続の合理化・迅速化と当事者主義

　こうした動向の中、簡易手続の研究は、手続の合理化・迅速化とは異なる観点からの検討もなされはじめる。田口守一『刑事訴訟の目的〔増補版〕』（成文堂、2010年）は、刑事事件の処理につき、自白事件（事実関係に争いのない事件）と自白事件以外（事実関係に争いのある事件）とに分け、前者の簡易迅速処理の必要

5　現代的意義 | 407

性に政策的根拠を求めつつも、当事者主義という訴訟原理から制度的根拠を構築する必要性を説き、被告人の主体性（自己決定権・処分権）を尊重し、実体的真実の相対性を肯定して簡易手続の制度構築を検討するものとして注目される。具体的には、米国の有罪答弁制度やドイツの合意制度が検討され、それらを積極的に評価して、日本型の簡易手続の方向性を模索する。

　中でも、有罪答弁制度については、それに先立って福島も考察を加えられており、①実体的真実主義との抵触、②裁判官による告知・聴聞の不可欠性、③補強法則の適用、③被告人の訴訟物処分権の原則的否定などにより消極的な態度が示されている（「アレインメント制度の当否」松尾浩也ほか編『刑事訴訟法の争点〔新版〕』〔有斐閣、1991年〕178頁、「有罪答弁制度導入論の問題」法学62巻6号〔1999年〕264頁。既に紹介した『略式手続の研究』第4章での言及は、ここでの議論とは異質のものである）。有罪答弁制度については、わが国の簡易手続の検討史において、常に浮沈を繰り返している議論であり、今後の展開が注目されるとともに、簡易手続の構想全般に際しても、上記見解の相違は「刑事裁判のあり方」をめぐる議論の新たな対立軸として検討されねばならないであろう。

　最後に、簡易手続の研究は、現在に至る議論の展開からも明らかなように、全制裁手続過程を射程において検討されなければならないテーマである。その際に、略式手続論議をめぐる史的変遷（問題情況や議論状況）が網羅的に捉えられた唯一無二のモノグラフィーとして基本文献が現在でも変わらぬ意義を有していることは言うまでもない。

30 裁判員制度

●基本文献
杉田宗久
『裁判員裁判の理論と実践〔補訂版〕』
(成文堂、2013年)

三島　聡

1　学説・実務状況

　司法制度改革審議会および司法制度改革推進本部裁判員制度・刑事検討会での検討を経て、2004年に裁判員の参加する刑事裁判に関する法律（以下「裁判員法」）が制定された。

　同制度の導入は、刑事手続に大きな変動をもたらすことになった。一般の市民を裁判に関与させるには短期間に集中して審理することが必要であり、その方策として、争点整理と証拠開示を主たる内容とする公判前整理手続が設けられた。また、法律の素人が「見て聞いてわかる」公判審理が求められるようになり、証拠調べは人証主体でおこなわれ、実況見分調書や鑑定書等の証拠調べも、朗読ではなく視覚的な方法を用いた形に変化した。くわえて、量刑に関しては、一般市民は裁判官のような「相場観」をもたないため、詳細な量刑データベースが作成され、裁判員裁判に活用されるようになった。

　裁判員制度は刑事手続に上記のような大きな変動をもたらすものであっただけに、同制度について、実におびただしい数の論稿が発表されてきた。2009年の裁判員法施行のころまでは、制度創設の趣旨や経緯、制度そのものの当否、制度運用の予測などに関する論稿が主であったが、施行後は、運用の実情およびそれを踏まえた現実的課題の検討に関心が移ってきている。

2 位置づけ

　裁判員制度は、施行からわずか 6 年あまりしか経っていない。徐々に定着してきたといいうるものの、2015年に法改正もあり、なお、流動的な部分、未解決の部分が多々残っている。

　そのため、現時点で、他の伝統的な分野の基本文献に匹敵するような、裁判員制度についての著作をあげることはきわめてむずかしい。どの文献も、その時点その時点に直面する具体的課題に対処すべく執筆されたものであり、これから10年先、20年先にも通用する「基本」文献といいうるものかは疑わしい。

　このことは、本稿でとりあげる杉田宗久『裁判員裁判の理論と実践〔補訂版〕』についてもあてはまる。ただし、本書が、基本文献とよべるものがないなかで、裁判員制度を深く学ぶうえで重要な 1 冊であることはまちがいない。

　杉田宗久は、裁判員裁判の第一線にいた元裁判官（初版発行直後に大学教員に転職、補訂版発行直後に死去）である。法施行前は法曹三者による模擬裁判に、施行後は多数の裁判員裁判に、それぞれ裁判長として関与した。本文献は、杉田のこれらの実務経験をもとにした裁判員制度に関する論稿集である。刑事訴訟法の立法過程や過去の研究業績を丹念に調べ、それをふまえて理論的な検討をおこない、その検討をもとに裁判の場で実践していく、というその過程を明快に示したものである。たんなる理論的な研究でもなく、また、たんなる実践談でもない。裁判員裁判を担当する裁判官として、両者の架橋をめざし、理論的な裏づけをもって新たな実践をし、その実践の意味を探っていく、という熱のこもった著作である。

3 文献紹介──手続二分論的運用を中心に

▶本文献の構成

　本文献は 2 部10章構成で、各章は独立の論文からなる。本文447頁の大著である。

　第 1 部は「裁判員裁判の公判前整理手続」で、4 章で構成されている。

Ⅰ「公判前整理手続における『争点』の明確化」、Ⅱ「公判前整理手続の現状と課題」、Ⅲ「裁判員裁判の公判前整理手続に関する今日的課題」の3つの論稿は、公判前整理手続について、同制度施行前、施行後3年で裁判員法施行前、裁判員法施行後のそれぞれの時点で直面する課題を検討したものである。他方、Ⅳ「立証趣旨と証拠決定」は、これらの論稿とはやや趣を異にし、裁判員法制定前において、立証趣旨の拘束力を検討したものである。

第2部は「裁判員裁判の公判手続」に関するもので、6章からなる。

Ⅴ「合意書面を活用した『動かし難い事実』の形成」とⅥ「裁判員裁判における裁判官の尋問の在り方」は、裁判員法施行前の論稿である。後者は、弁護士である後藤貞人と秋田真志の「裁判官は何でも尋問できるか?」という論稿（184頁以下に所収）に反論して、裁判官は究明型の尋問も躊躇すべきではない、それは裁判官裁判のみならず裁判員裁判でも同様である、と主張する。

Ⅶ「裁判員裁判における手続二分論的運用」とⅧ「裁判員裁判における対質尋問の活用」は、実際の裁判員裁判において、予断・偏見が生ずるのを回避したり尋問の効果を高めるために杉田が実践した手法について論じたものである。2で述べたように、従来の論稿や立法過程を丹念に調べ、現行の刑訴法の枠組みにも配慮しながら、どこまでの工夫が可能か、また、その工夫によってどのような効用が得られどのような問題が生じうるのかを丁寧に論じている。

残る2つの章のうち、Ⅸ「量刑事実の証明と量刑審理」は、量刑事実の証明責任・証明方法・証明水準一般について詳細に検討を加えたうえ、裁判員裁判における量刑審理のあり方について論じたものである。他方、Ⅹ「裁判員裁判における伝聞法則の運用と『分かりやすい』審理」は、裁判員裁判における伝聞法則の運用や、主張書面のあり方、統合報告書などの二次的証拠の活用にともなう問題点、死体写真・生前の被害者の写真等の取調べのあり方、手続二分論的運用などについて検討したものである。

▶手続二分論的運用に関する杉田宗久の主張の中核

上記のように、本文献の内容は多岐にわたる。そのうち、とくにⅨ「量刑事実の証明と量刑審理」は、従来、学説上でも十分に検討されてこなかった量刑事実一般の証明責任につき重要な問題提起が含まれており、大いに注目される論稿である。ただ、本稿に与えられたテーマは量刑手続ではなく裁判員制度で

あることから、ここでは、刑事法の研究者や実務家のみならず、マスコミの間でも関心を呼んだ杉田の手続二分論的運用について紹介することにしたい。

手続二分論的運用については、Ⅶ「裁判員裁判における手続二分論的運用」のほか、Ⅸ「量刑事実の証明と量刑審理」、Ⅹ「裁判員裁判における伝聞法則の運用と『分かりやすい』審理」でも論じられている。

以下、手続二分論的運用につき詳細に検討しているⅦを中心に紹介するが、引用については、簡潔に記載されているⅨやⅩを利用する。次の引用はⅨ345-350頁の抜粋である（原文中のかっこ書きの箇所は省略）。

　……裁判員裁判の下でもこのような運用〔＝罪体審理と量刑審理の区分が徹底されない運用〕を続けていくと、裁判員が、検察官の冒頭陳述で言及された同種前科の存在によって被告人の罪責に関する証拠を見る目が曇らされたり、あるいは、罪体に関する証拠と情状証拠とが混在して取り調べられることによって裁判員の心証に混乱が生じたりすることは避けがたいのではないかと思われる。……

　そこで、今後の課題は、罪体審理と量刑審理の区分をどこまで徹底していくのかである。

　……

エ　残された問題の第3は、罪体の審理が終わった段階で中間評議を行い、罪体に関する一応の結論を出してから量刑審理に移行するというような手続二分論的運用に踏み切るべきか否かである。

　……筆者は、裁判長役として裁判員制度模擬裁判を少なからず経験し、また、多数回にわたり同模擬裁判の傍聴を繰り返してきたが、その経験を通じて感じ取ったことの一つが、被害者本人や被害者遺族の被害感情・処罰感情の陳述が、裁判員に対し想像以上に大きなインパクトを与えているということである。それが、本来の量刑判断の場面でならまだしも、罪体の認定にまで影響を及ぼしているのではないかとの懸念を払拭できないのである。ことに被告人の責任能力が深刻に争われている事件に関しては、多くの一般人にとってその制度は必ずしも納得がいくものであるとは言い難いだけに、その存否・程度の判断に、被害者遺族等の悲痛な訴えが多少なりとも影響を及ぼすところがあったとしてもむしろ無理からぬところではなかろうか。それだけでなく、被告人の罪責に関する事実認定が深刻に争われている事件についても、その犯罪が重大であって有罪になれば言渡しの予想される刑が重くなればなるほど、被害者遺族や被告人の家族等のエモーショナルな訴え、更には被告人の前科の存在等が裁判員の事実認定に関する心証形成に事実上の影響を及ぼしてくる可能性を一概に否定することはできないのではなかろうか。筆者は、やはり、罪体に関する事実認定の純粋性は、単に裁判官が裁判員に繰り返し口頭で注意するだけにとどまらず、システムを

通じても守り抜かなければならないのではないかと思う［の］である。

▶手続二分論一般の意義、手続二分論（的運用）の根拠

Ⅶでは、まず、手続二分論を、「罪責認定手続と量刑手続とを手続上明確に区分し、罪責認定手続終了後、中間評議等により罪責に関する一応の結論を出した後、量刑手続段階に移行すべきであるとする主張」と定義づけ、これまでの手続二分論の議論を振り返る。そしてその議論の経緯をふまえて、手続二分論の根拠をつぎの５つに整理する。

①罪責認定の純粋性の確保、②刑罰個別化の要請、③弁護人のジレンマの解消、④訴訟手続の効率的運用、⑤被告人のプライバシー保護。

①は、前科や被害感情に関する証拠等が被告人の罪責認定に影響を及ぼすことを手続的に防止しようとするものであり、③は、被告人の無罪を主張する弁護人が、他方で寛刑を求めて情状立証もおこなうことについて困難を感ずることがあるため、手続を分離することでその困難さを緩和しようとするものである。また、⑤は、無罪となる被告人について、量刑手続をおこなわないことで、前科等のプライバシー情報が法廷であきらかになるのを阻止しようとするものである。

杉田は、今日では②と④はあまり重要性をもたないが、③は相当に説得力があり、⑤も副次的な根拠として軽視しがたい、しかし、運用による手続二分論の必要を基礎づける最大の根拠は①だとする。このことは、上記引用部分にも明確に示されている。

杉田は、当初、「罪体に関する事実認定の純粋性は、単に裁判官が裁判員に繰り返し口頭で注意するだけ」で確保可能と考えていたとされる。それが、「システムを通じても守り抜かなければならない」と考え方を改めたのは、裁判員裁判施行前に実施された法曹三者による模擬裁判「森一郎ケース」の評議の様子や判決内容を見聞きしたことがきっかけだという。

この「森一郎ケース」は、責任能力の有無が最大の争点であった事件である。捜査段階の簡易鑑定の結論は心神耗弱、裁判所の依頼した精神鑑定の結論は心神喪失であり、裁判官の感覚からすれば最低限心神耗弱の認定は免れない事案であった。ところが、傍聴した模擬裁判の最終評議では、裁判員の半数までが完全責任能力の意見であった。そして、評議での各裁判員の発言内容などから

は、裁判員全員が、被害者遺族の被害感情に関する証拠に強い影響を受けた様子が看取されたという。他の地域で実施された同事件の模擬裁判でも、被害感情に影響を受けたとみられる結果が生じており、その評議過程や結論は、「『罪責認定の純粋性』原理それ自体に正面から抵触する疑いがあると言わざるを得ない」と強い口調で述べている。

▶**手続二分論的運用で生じうる問題点への対処**

主として罪責認定の純粋性の確保の観点から、罪責認定手続と量刑手続を区分したほうがよいとしても、そのような仕組みが制度上用意されていない以上、運用で対処せざるをえない。現行法の枠内でそのような運用が可能なのかが問題となる。

杉田は、明文の根拠規定の要否、日本の量刑実務との関係、公判手続の中途に重い中間評議を介在させることの相当性、中間評議で無罪となったばあいの被害者等の意見陳述（刑訴法292の2）の実施の要否、訴訟進行遅延の懸念、中間評議の結論の実質的拘束力の6つの問題点をあげて検討している。

このうち、もっとも重要だと思われるのは、最後の中間評議の結論の実質的拘束力である。現行の刑訴法には、民事訴訟法245条の中間判決のような制度が設けられていない以上、手続二分論的運用において中間評議で有罪・無罪の結論を出し、それを何らかの形で外部に示したとしても、この判断をもって裁判体の最終的な結論とすることはできない。その意味で、中間評議の結論に「法的な」拘束力は認められない。そこで、とくに、最終評議において、裁判員が被告人の有罪・無罪に関して意見を変えたいと主張したばあいに、どのように対応すべきかが問題となる。

杉田はこれにつぎのように応答している。中間評議に法的拘束力が認められない以上、上記のようなばあいには、当該裁判員の意見変更をふまえて再度罪責問題に関する評議をやり直すことになろう。ただし、罪責に関する中間評議が充実したものであれば、短期間で裁判員が意見を変えるようなことは、実際上まれだと思われるので、このような事態が生ずる可能性があるからといって、手続二分論的運用の導入をためらうのは本末転倒である、と。

▶**手続二分論的運用にもとづく公判手続の概要**

具体的にはつぎのような手続で進められるとされる（X426頁）。

1 冒頭手続
2 罪責認定手続
(1) 罪責に関する冒頭陳述・証拠調べ
(2) 罪責に関する中間論告・弁論
(3) 罪責に関する評議
3 その後の手続は、罪責に関する評議の結果次第で、以下のとおり異なる。
 ア 罪責に関する評議の結果、有罪の結論に至った場合→量刑手続へ
 (1) 裁判長——量刑手続を行う旨の告知
 (2) 量刑事実に関する冒頭陳述
 (3) 採否を留保していた量刑証拠の採用とその取調べ
 (4) 最終論告・弁論——量刑に関する主張を中心に
 (5) 最終評議——罪責に関する評議結果を確認の上、量刑評議
 (6) 有罪判決
 イ 罪責に関する評議の結果、無罪の結論に至った場合
 (1) 採否を留保していた量刑証拠の取調べ請求をすべて却下
 (2) 最終論告・弁論——中間論告・弁論と重複のない限度で
 (3) 最終評議——罪責に関する評議結果を確認の上、最終評決
 (4) 無罪判決

　中間評議に法的拘束力が認められないことを考慮して、2(3)の罪責に関する評議後に、あらためて、論告・弁論をおこない（3ア(4)、イ(2)）罪責に関する評議結果を確認したうえで、最終評議をおこなうもの（3ア(5)、イ(3)）としている。

　2の罪責認定手続と3の量刑手続の区分については、基本的に純然たる量刑証拠は量刑手続で取調べ、その他の証拠は罪責認定手続で調べることになるとし、手続二分論的運用の最大の根拠が「罪責認定の純粋性」原理を貫徹することにあることから、罪責認定に影響を及ぼす危険の高い量刑証拠、ことに前科と被害感情に関する証拠を罪責認定手続から明確に区分して取り調べることに主眼を置いて考えるべきだとする。

　他方、杉田は、具体的な手続を構想するにあたっては、手続二分論（的運用）の別の根拠である「弁護人のジレンマの解消」にも考慮を払う。有罪・無罪の結論が出ない段階での量刑証拠の請求に躊躇する弁護人の姿勢に配慮し、被告人側の量刑証拠は、公判前整理手続段階ではなく、量刑手続における冒頭陳述が終わった段階（上記3ア(3)）で請求することも許容すべきだとしている（ただ

3　文献紹介 | 415

し、このような配慮をしても、弁護人のジレンマは解消するものではないとの指摘もな
されているところである。小坂井久「アスペルガー障害　起訴前鑑定人による『口頭鑑定』
が採用された事例」季刊刑事弁護69号〔2012年〕105頁註6参照)。

4　残された課題

▶手続二分を運用で実現することの限界

　以上紹介してきたように、杉田は、手続二分が立法化されていない現時点に
おいて、運用によりこれを実現すべきだと主張する。

　このような主張に賛同し、責任能力などが争われる裁判員裁判で手続二分論
的運用を試みる裁判体もあるが、この主張が裁判実務に広く受け容れられてい
るというわけではない。

　その主たる理由として、つぎの3つが考えられる。

　第一に、やや不自然な手続になってしまうことである。罪責認定に関する中
間評議をおこなっても拘束力がないことから、論告・弁論をあらためておこ
なったうえ(中間評議で無罪と判断したばあいの最終論告・弁論はまさに重複になる)、
最終評議で罪責の確認が必要になる。

　第二に、第1審無罪のばあいに控訴審の自判(刑訴法400条但し書)の余地を
残しておくためには、量刑審理もおこなう必要があり、上記3イのように量刑
審理なしにすますわけにはいかないと考えられることである(この点はXで論
じられている)。

　第三に、杉田の当初の考え方と同様に、多くの裁判官が、手続二分論的運用
によらずとも、罪責認定の純粋性は、裁判員への口頭注意などによって確保で
きると考えているとみられることである。

　第一の手続の不自然さは、手続二分されていない現行の刑訴法の規定を、手
続二分論的に運用しようとするところに生ずる不可避的なものであり、第二の
自判に関する支障も同様であろう。そして、裁定者の予断偏見によって、無罪
になるべき者が有罪になってしまうことの重大性に比べれば、手続の多少の不
自然さや自判できないことの支障は相対的に小さいと考えられる。それゆえ、
ここでの問題は、従来の運用だと、裁定者が予断偏見を抱いて無罪になるべき

者が有罪になってしまう危険が高いのかどうか、すなわち、手続二分論的運用によらなければ、罪責認定の純粋性が貫徹できないのかどうか、という点に収斂するものと思われる。

したがって、第三の点が、手続二分論的運用消極論の最大の理由といえよう。だが、杉田の改説の契機となった「森一郎ケース」で、「『罪責認定の純粋性』原理それ自体に正面から抵触する疑い」が具体的に示されたとすれば、手続二分論的運用に消極的な者は、他の方法によってこのような「疑い」を解消できることを積極的に示す必要があるはずである。たんに担当裁判官が口頭注意等をすれば防げると「思っている」だけではたらないのである。

だが、実際上は、個々の裁判体に広い裁量が与えられていることから、特段の根拠を示すこともなく、従来の手続一元的な運用が裁判員裁判でもおこなわれている。ここに運用による手続二分実現の大きな限界がある。

この限界を乗り越える根本的な方法は法改正して手続二分を明文化することであるが、そこに至る前段階として、罪責認定の純粋性の確保に不安のある事案につき、弁護人が公判前整理手続の際に、裁判官にたいして手続二分論的運用を強く働きかけることなどを通じて、運用の裾野を広げていくことが考えられよう。とくに前科証拠に関しては、その証拠能力を否定した最判2012〔平24〕・9・7刑集66巻9号907頁が出されているので、罪責判断のために前科証拠の取調べが予定されている事案のみならず、量刑判断のためにこれが予定されている否認事案においても、この判決を援用して、従来型の手続で量刑証拠として許容すれば「実証的証拠の乏しい人格評価によって誤った事実認定に至るおそれ」が依然として払拭できない、この「おそれ」を回避するためには手続二分が不可欠だ、と弁護人が強く主張していくことが考えられるであろう。

▶裁判官という立場からくる限界

本文献は、ここで紹介した手続二分論的運用に関する論稿も含めて、裁判官という立場から問題をとらえて論じたものである。裁判官という立場を離れて、一研究者として書かれたわけではない。そのためその内容は実務的・実践的なものを多分に含み、また、自身の裁判官としての経験への言及も数多くみられる。

くわえて、裁判実務家らしく、現行の枠組みのなかで問題を検討しており、

4 残された課題 417

その枠組みを超える主張は基本的に展開されていない。たとえば、手続二分論的運用に関する初期の論稿であるⅦでは、被害者参加人等の意見陳述について、過度に応報感情に走った意見の陳述がおこなわれ、手続二分論的運用の趣旨（罪責認定の純粋性の貫徹）が損なわれる可能性もありうることから、中間論告の際には、これを認めるべきではないという考え方も十分なりたつとしていた。しかし、裁判員法が改正されて77条3項で区分審理のばあいにこれが明示的に認められるようになると、Xにおいて、何の留保もなくあっさり「積極説に賛成したい」と述べている。たしかに手続二分論的「運用」の中味の問題なので、改正された裁判員法の77条3項の規定を重視し、その扱いに他の事件もそろえるというのはおかしいことではない。しかしそうだとしても、「罪責認定の純粋性」原理との抵触の可能性があることは否定できない。この点についてXにまったく言及がなく、手放しで積極説に賛同するのは、現行法制の枠内で考える傾向のある実務家だからではないか。

　本文献では理論面も詳細に検討されているが、あくまで実務家たる裁判官が書いた著作として読むのが適当だと思われる。裁判員制度「研究」のために本文献を読むばあいには、杉田の論述を、裁判官という立場と切り離したらどのように考えられるのかをたえず問いながら読む必要があろう。

5　現代的意義

▶裁判官の立場からの理論的検討とそれに裏打ちされた実践の、理論研究に与える意味

　4　末尾で、裁判官の著した本として読むべきだと述べたが、立法過程や理論について詳しく調べ、それらを踏まえて、これまでの実務でおこなわれてこなかった手続を提案し実際の裁判で実践してみせたり、理論的に検討が十分でなかった論点について杉田独自の見解を展開したりしており、非常に刺激的な本である。

　このような杉田の実践や問題提起は、裁判員制度、さらには刑事訴訟法学全体の理論的発展にとってもたいへん有益である。刑訴法の研究者は、真摯にこの本に向かいあい、理論的にどのような意味をもつのかを吟味し、裁判員制度をはじめとする関連分野の研究の発展に役立てていくことが求められよう。

著者紹介

白取 祐司（しらとり ゆうじ）	神奈川大学大学院法務研究科教授	冨田 真（とみた まこと）	東北学院大学大学院法務研究科教授
川崎 英明（かわさき ひであき）	関西学院大学大学院司法研究科教授	大久保 隆志（おおくぼ たかし）	広島大学大学院法務研究科教授
福島 至（ふくしま いたる）	龍谷大学大学院法務研究科教授	徳永 光（とくなが ひかる）	獨協大学大学院法学研究科教授
岡田 悦典（おかだ よしのり）	南山大学法学部教授	関口 和徳（せきぐち かずのり）	愛媛大学法文学部准教授
新屋 達之（しんや たつゆき）	福岡大学法学部教授	伊藤 睦（いとう むつみ）	三重大学人文学部教授
渕野 貴生（ふちの たかお）	立命館大学大学院法務研究科教授	上田 信太郎（うえだ しんたろう）	北海道大学大学院法学研究科教授
緑 大輔（みどり だいすけ）	一橋大学大学院法学研究科准教授	中島 洋樹（なかしま ひろき）	関西大学大学院法務研究科教授
髙田 昭正（たかだ あきまさ）	立命館大学大学院法務研究科教授	笹倉 香奈（ささくら かな）	甲南大学法学部教授
髙内 寿夫（たかうち ひさお）	國學院大學大学院法務研究科教授	豊崎 七絵（とよさき ななえ）	九州大学大学院法学研究院教授
正木 祐史（まさき ゆうし）	静岡大学大学院法務研究科教授	田淵 浩二（たぶち こうじ）	九州大学大学院法学研究院教授
京 明（きょう あきら）	関西学院大学大学院司法研究科准教授	加藤 克佳（かとう かつよし）	名城大学大学院法学研究科教授
辻本 典央（つじもと のりお）	近畿大学法学部教授	斎藤 司（さいとう つかさ）	龍谷大学法学部教授
葛野 尋之（くずの ひろゆき）	一橋大学大学院法学研究科教授	中川 孝博（なかがわ たかひろ）	國學院大學法学部教授
水谷 規男（みずたに のりお）	大阪大学大学院高等司法研究科教授	宮木 康博（みやき やすひろ）	名古屋大学大学院法学研究科准教授
指宿 信（いぶすき まこと）	成城大学法学部教授	三島 聡（みしま さとし）	大阪市立大学大学院法学研究科教授

＊執筆順

■編者紹介

川崎 英明（かわさき・ひであき）
　1951年生．大阪市立大学大学院法学研究科後期博士課程単位取得退学／博士（法学）
　現在、関西学院大学院司法研究科教授
〔主要業績〕
　『現代検察官論』（日本評論社、1997年）
　『刑事再審と証拠構造論の展開』（日本評論社、2003年）

葛野 尋之（くずの・ひろゆき）
　1961年生．一橋大学大学院法学研究科博士課程単位取得退学／博士（法学）
　現在、一橋大学大学院法学研究科教授
〔主要業績〕
　『刑事手続と刑事拘禁』（現代人文社、2007年）
　『未決拘禁法と人権』（現代人文社、2012年）

Horitsu Bunka Sha

リーディングス刑事訴訟法

2016年4月25日　初版第1刷発行

編　者　川崎英明・葛野尋之
発行者　田靡純子
発行所　株式会社 法律文化社

〒603-8053
京都市北区上賀茂岩ヶ垣内町71
電話 075(791)7131　FAX 075(721)8400
http://www.hou-bun.com/

＊乱丁など不良本がありましたら、ご連絡ください。
　お取り替えいたします。

印刷：亜細亜印刷㈱／製本：㈱藤沢製本
装幀：白沢　正
ISBN978-4-589-03714-5
Ⓒ2016　H. Kawasaki, H. Kuzuno Printed in Japan

JCOPY 〈(社)出版者著作権管理機構 委託出版物〉

本書の無断複写は著作権法上での例外を除き禁じられています。複写される場合は、そのつど事前に、(社)出版者著作権管理機構（電話 03-3513-6969、FAX 03-3513-6979、e-mail: info@jcopy.or.jp）の許諾を得てください。

中川孝博・葛野尋之・斎藤 司著

刑事訴訟法講義案〔第2版〕

B5判・238頁・2700円

情報量を抑えて要点を例挙し，基本的な論理の流れや知識間の関連づけを整理した講義パートと，そこで得た知識を定着させるための短答パートからなる好評のテキストの第2版。『判例学習・刑事訴訟法』とのリファーも充実。

葛野尋之・中川孝博・渕野貴生編

判例学習・刑事訴訟法〔第2版〕

B5判・350頁・2800円

法の適用部分をていねいに紹介し，当該判例の位置づけや学生が誤解しやすいポイントを簡潔に解説した定評書がバージョンアップ。刑事訴訟法を理解するために不可欠な102の重要判例を収録。学部試験・司法試験対策に必携の一冊。

浅田和茂・葛野尋之・後藤 昭・高田昭正・中川孝博編集委員
〔福井厚先生古稀祝賀論文集〕

改革期の刑事法理論

A5判・568頁・14000円

「未決拘禁制度改革の理論」を中心に，「刑事訴訟法・警察法」「刑法・刑事政策」にも目配りし，刑事司法改革を総合的に考察。裁判員裁判を機に激動する実務をふまえ，新時代の刑事法理論の来し方行く末を批判的に論じる。

斎藤 司著

公正な刑事手続と証拠開示請求権

A5判・426頁・5400円

日本とドイツにおける戦前からの証拠開示をめぐる史的展開をもとに，その構造をさぐる。規範的根拠や意義・機能を明らかにすることで，捜査・訴追過程の可視化という解釈や，立法論の視点を提示する。

比較法研究の基礎となる3国の刑事司法を概観
――基本的な用語の対照リストを示し，本格的な研究へと誘う

金 尚均・辻本典央・武内謙治・山中友理著

ドイツ刑事法入門

●A5判・320頁・3800円

島岡まな・末道康之・井上宜裕・浦中千佳央著

フランス刑事法入門

（刊行予定）

渕野貴生・本庄 武・永井善之・笹倉香奈著

アメリカ刑事法入門

（刊行予定）

日本の刑事法学がこれまで蓄積してきた知の財産目録
――現在までの到達点を示し，刑事法学の基礎を示す

伊東研祐・松宮孝明編

リーディングス刑法

●A5判・510頁・5900円

川崎英明・葛野尋之編

リーディングス刑事訴訟法

●A5判・430頁・5500円

朴元奎・太田達也編

リーディングス刑事政策

●A5判・400頁・5300円

――法律文化社――

表示価格は本体（税別）価格です